长沙市统计局
国家统计局长沙调查队 编

长沙统计年鉴

CHANGSHA STATISTICAL YEARBOOK

（京）新登字 041 号

图书在版编目（CIP）数据

长沙统计年鉴.2013/长沙市统计局，国家统计局长沙调查队主编.—北京：中国统计出版社，2013.8
ISBN 978-7-5037-6901-6

Ⅰ.①长… Ⅱ.①长… ②国… Ⅲ.①统计资料—长沙市—2013—年鉴 Ⅳ.①C832.641-54

中国版本图书馆 CIP 数据核字（2013）第 184005 号

长沙统计年鉴—2013

作　　者 / 长沙市统计局　国家统计局长沙调查队
责任编辑 / 陈越月　扶文武
责任校对 / 罗　颖
封面设计 / 孔江陵
出版发行 / 中国统计出版社
通信地址 / 北京市西城区月坛南街 57 号
邮　　编 / 100073
办公地址 / 北京市丰台区西三环南路甲 6 号
电　　话 / 邮购(010)63376909　书店(010)68783171
E-mail / yearbook@gj.stats.cn
印　　刷 / 长沙银都印务有限公司
经　　销 / 新华书店
开　　本 / 890 × 1240 毫米 1/16
字　　数 / 908 千字
印　　张 / 29.5
印　　数 / 1500 册
版　　别 / 2013 年 8 月第 1 版
版　　次 / 2013 年 8 月第 1 次印刷
书　　号 / ISBN 978-7-5037-6901-6
定　　价 / 280 元

《长沙统计年鉴—2013》编辑委员会

名 誉 主 任： 陈泽珲

名誉副主任： 黄雄姿

主　　　任： 刘金文　肖笃雄

副　主　任： 龚志坚　张罗先　邹国兴　韦　薇　张般海　赵安明
胡建中　曹敬波　陈万龙　余辉慧　何秋萍

委　　　员：（按姓氏笔划排列）
万　能　文　英　王　军　王务坤　刘　卫　刘　静
伍永发　孙铁如　朱继军　扶文武　欧阳湘江　罗　恒
易迪炯　周锦文　胡睿懿　唐晓军　夏晓辉　晏志波
袁中文　聂根深　郭正宜　熊应祥

责 任 编 辑： 陈越月　扶文武

《长沙统计年鉴—2013》资料整理人员

刘亦彪　罗　颖　邹俊平　周长胜　李　靖　杨　昂　樊小申
王　静　涂生辉　王　浩　廖　峰　刘　佳　梁沅芳　胡志伟
胡仙华　燕俊杰　曾劲松　任重远　胡　维　丁　伟　曾　勇
周飞跃　邓细锋　曾花林　赵嘉嘉　熊铁军　王灵芝　彭晔莹
梁娇娇　刘臻臻　左江龙　杨　斕

统计公报资料整理： 欧阳湘江　邹俊平

国民经济主要指标解释及计算方法整理： 罗　颖

编者说明

一、《长沙统计年鉴—2013》是一部全面反映长沙市国民经济和社会发展情况的资料性年刊。收录了全市及各区、县（市）2012 年经济和社会发展方面的大量统计数据，以及重要历史年份的主要统计数据，还包括全国三十五个直辖市、省会和副省级城市主要经济社会指标对比资料，是一本社会各界全面、深入了解研究长沙的重要工具书。

二、《长沙统计年鉴—2013》首卷为特载一《2012 年长沙市国民经济和社会发展统计公报》及特载二《主要经济社会指标统计图》。本年鉴正文内容分为 18 个篇章，即：1. 综合；2. 国民经济核算；3. 人口、就业和职工工资；4. 固定资产投资、建筑业；5. 财政、金融、保险；6. 物价指数；7. 人民生活；8. 城市建设、环境保护；9. 农业；10. 工业；11. 运输和邮电；12. 国内外贸易、对外经济和旅游；13. 服务业；14. 教育和科技；15. 文化、体育、卫生；16. 区县（市）主要经济和社会指标；17. 全国三十五个直辖市、省会和副省级城市主要经济社会指标；18. 国民经济主要指标解释及计算方法。附录为相关企业及乡镇、街道排名榜。

三、本年鉴资料大部分来自年度统计报表，一部分来自抽样调查。年鉴部分指标取自部门统计年报资料；各区、县（市）主要经济和社会统计指标取自当年各地统计年报资料；全国其他城市数据取自相关交换资料。

四、本年鉴部分数据合计数或相对数由于单位取舍不同及四舍五入处理所产生的计算误差均未作机械调整。

五、本年鉴按照《中国统计年鉴》的大体框架和规范要求编辑。统一使用《中国统计年鉴》指标解释，统一采用国际度量标准计量单位。

目　　录
Contents

一、综　　合

General Survey

二、国民经济核算

National Accounts

三、人口、就业和职工工资

Population, Employment and Wages

四、固定资产投资、建筑业

Investment in Fixed Assets and Construction

五、财政、金融、保险

Finance, Banking and Insurance

六、物价指数

Price Indices

七、人民生活

People's Livelihood

八、城市建设、环境保护

Construction of Cities and Environmental Protection

九、农　业

Agriculture

十、工 业

Industry

十一、运输和邮电

Transportation, Postal and Telecommunication Services

十二、国内外贸易、对外经济和旅游

Domestic and Foreign Trade, Foreign Economy and Tourism

十三、服务业

Service Trades

十四、教育和科技

Education, Science and Technology

十五、文化、体育、卫生

Culture, Sports and Public Health

十六、区县(市)主要经济和社会指标

Main Economic and Social Statistical Indicators of District, County and City

十七、全国三十五个直辖市、省会和副省级城市主要经济社会指标

Main Economic and Social Statistics Indicators of National Thirty-five Municipalities, Provincial Capitals and Cities of Sub-provincial Rank

十八、国民经济主要指标解释及计算方法

Explanatory Notes and Calculation Methods on Main Statistical Indicators of National Economy

附录:排名榜(2012)

APPENDIX:List of Top Strengths

特载一　2012年长沙市国民经济和社会发展统计公报

2012 年长沙市国民经济和社会发展统计公报

2012 年，在市委、市政府的坚强领导下，全市上下按照“稳中求进”的总体要求，积极应对各种挑战，努力化解不利因素，全力以赴“保增长、促和谐”，长沙经济总体保持平稳较快增长，各项社会事业取得新进步，为全面建成小康社会奠定了坚实基础。

一、综　　合

初步核算，全年实现地区生产总值（GDP）6399.91 亿元，比上年增长 13.0%。分产业看，第一产业实现增加值 272.31 亿元，增长 4.0%；第二产业实现增加值 3592.52 亿元，增长 14.5%，其中工业实现增加值 3051.94 亿元，增长 15.7%；第三产业实现增加值 2535.08 亿元，增长 12.0%。第一、二、三次产业分别拉动 GDP 增长 0.2、8.0、4.8 个百分点，三次产业对 GDP 增长的贡献率分别为 1.2%、61.5%、37.3%。按常住人口计算，人均 GDP 达 89903 元，比上年增长 12.1%。三次产业结构调整为 4.3∶56.1∶39.6。全部工业增加值占 GDP 的比重达 47.7%。全市非公有制经济实现增加值 3914.05 亿元，占 GDP 的比重达 61.2%。

图 1　2008–2012年地区生产总值及其增长速度

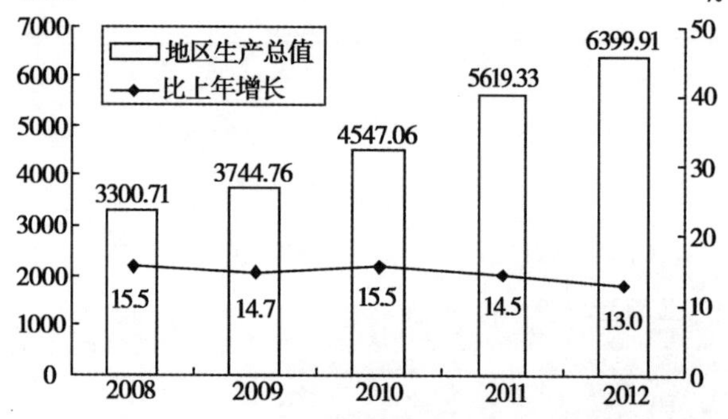

全年财政总收入 796.58 亿元，比上年增长 15.6%，其中公共财政预算收入 490.65 亿元，增长 15.2%。公共财政预算支出 616.59 亿元，增长 18.4%。

图 2　2008–2012年公共财政预算收入及其增长速度

GDP 总量在全省的占比为 28.9%，人均 GDP 为全省的 2.7 倍，经济总量在长株潭三市中的占比达 67.8%。工业增加值、固定资产投资、社会消费品零售总额占全省的比重分别为 33.4%、27.5% 和 31.3%。城镇居民人均可支配收入高于全省平均水平 8969 元；农民人均纯收入高于全省平均水平 8323 元。

为民办实事目标任务全面完成。全年投入资金 44.02 亿元，关系民生的省、市 37 项为民办实事工程建设全面或超额完成目标任务，在促进就业、扶贫解困、教育助学、社会保障、医疗卫生、百姓安居、道路畅通、环境治理等领域效果显著。

全市居民消费价格比上年上涨 2.0%，涨幅回落 3.5 个百分点；商品零售价格上涨 1.7%，涨幅回落 3.8 个百分点。城市居民消费价格上涨 2.3%，涨幅回落 3.2 个百分点；城市商品零售价格上涨 1.5%，涨幅回落 3.9 个百分点。原材料、燃料、动力购进价格总指数上涨 0.1%，工业出厂价格总指数回落 0.9%。固定资产投资价格总指数上涨 1.7%。

表 1　2012 年居民消费价格比上年涨跌幅度

单位：%

指　　标	全　　市	城　　市
居民消费价格	2.0	2.3
服务项目价格	1.5	2.1
食品	2.9	3.3
粮食	5.0	4.3
油脂	1.2	2.2
肉禽及制品	-1.0	0.3
蛋	-0.7	-0.2
水产品	10.1	10.4
菜	12.0	9.9
烟酒及用品	2.3	2.7
衣着	1.3	1.6
家庭设备用品及维修服务	1.7	2.3
医疗保健和个人用品	2.1	2.8
交通和通信	0.0	-0.3
娱乐教育文化用品及服务	1.8	2.1
居住	1.9	2.5

全年新增城镇就业人员12.48万人,年末城镇登记失业率为2.88%。

二、农 业

全年完成农林牧渔业增加值272.31亿元,比上年增长4.0%,其中农业增加值158.04亿元,增长4.7%;林业增加值12.45亿元,增长4.8%;牧业增加值87.18亿元,增长2.8%;渔业增加值9.68亿元,增长3.5%;农林牧渔服务业增加值5.00亿元,增长6.5%。

图3 2008-2012年农业林牧渔业增加值及其增长速度

年份	农林牧渔增加值(亿元)	比上年增长(%)
2008	172.11	6.8
2009	179.40	6.5
2010	202.01	4.5
2011	243.38	4.0
2012	272.31	4.0

全年粮食种植面积37.1万公顷,比上年增长1.3%,其中稻谷播种面积33.8万公顷,增长0.2%,优质稻种植面积所占比重为80.3%;蔬菜种植面积15.4万公顷,增长5.3%;油料种植面积5.0万公顷,增长2.3%;出栏肉猪833.2万头,增长3.5%。主要农产品产量保持稳定。

表2 2012年主要农产品产量及其增长速度

产品指标	计量单位	产 量	比上年增长(%)
粮 食	万吨	247.94	1.4
棉 花	万吨	0.11	-6.9
油 料	万吨	8.06	1.7
茶 叶	万吨	2.72	4.5
蔬 菜	万吨	496.69	5.5
禽 蛋	万吨	5.34	1.8
水产品	万吨	11.41	6.5
出栏肉猪	万头	833.2	3.5
肉类总产量	万吨	71.13	6.1
牛 奶	万吨	0.79	22.0

全市农产品加工企业7153家。55家国家级、省级龙头企业销售收入186.22亿元,实现净利润11.88亿元,上交税金7.87亿元。农民专业合作组织4038个,比上年增长75.4%;入社农户20.55万户。

农业机械总动力达542万千瓦,比上年增长4.9%;农业机械总值28.15亿元,增长5.7%。

农村基础设施建设投入力度加大,全年开工各类水利工程3万处,水利工程投入资金30亿元,水利工程完成土石方0.6亿立方米。

三、工业和建筑业

全市实现工业增加值3051.94亿元,比上年增长15.7%,其中规模以上工业实现增加值2309.62亿元,增长16.8%。

图4 2008-2012年全部工业增加值及其增长速度

年份	全部工业增加值(亿元)	比上年增长(%)
2008	1371.58	21.8
2009	1554.54	17.5
2010	2020.68	21.6
2011	2662.47	20.4
2012	3051.94	15.7

在规模以上工业中,全市重工业实现增加值1329.88亿元,比上年增长16.6%。重工业增加值占规模工业增加值的比重达57.6%,对规模工业增长的贡献率达57.1%。

表3 2012年规模以上工业增加值及其增长速度

指 标	增加值(亿元)	比上年增长(%)
规模以上工业	2309.62	16.8
按轻、重工业分组:		
轻工业	979.74	17.2
重工业	1329.88	16.6
按经济类型分组:		
国有企业	656.24	14.4
集体企业	22.51	24.3
股份合作制企业	15.23	20.1
股份制企业	1321.73	17.1
外商及港澳台投资企业	128.28	24.5
其他企业	165.63	16.7
总计中:		
非公有制企业	1235.15	18.9
国有及国有控股工业	1008.66	14.4
大中型工业	1591.89	13.2

全市园区规模以上工业增加值1302.68亿元，比上年增长18.5%，占全市规模以上工业的56.4%，对规模以上工业增长的贡献率达55.5%。

全市县域规模以上工业实现增加值999.94亿元，比上年增长18.1%，高于全市平均水平1.3个百分点。

全市规模以上工业统计的202种主要产品产量中，产量增长的有125种，占产品数量的比重为61.9%。

表4 2012年规模以上工业主要产品产量及其增长速度

产品名称	计量单位	产量	比上年增长(%)
原煤	万吨	627.07	8.4
卷烟	亿支	1837.73	1.2
焰火制品	亿元	256.91	24.1
化学农药原药	万吨	1.75	42.9
涂料(油漆)	万吨	26.34	45.7
合成洗涤剂	万吨	15.20	-0.2
中成药	万吨	1.32	-3.7
水泥	万吨	1318.91	-0.7
铝材	万吨	91.10	20.8
起重设备	万吨	77.20	-4.4
混凝土机械	万台	5.27	16.0
汽车	万辆	10.39	13.2
家用电冰箱	万台	16.5	-29.3
电力电缆	万千米	128.74	19.5

全市规模以上工业企业经济效益综合指数达385.0，比上年提高0.9个百分点；实现主营业务收入6683.38亿元，比上年增长16.4%；利润总额达523.28亿元，增长8.0%；利税总额1257.18亿元，增长11.7%；亏损企业亏损额为20.42亿元，增长26.5%。

全年具有建筑业资质等级的独立核算企业完成建筑业总产值2290.39亿元，比上年增长9.1%；实现利税总额165.01亿元；房屋竣工面积4532.43万平方米，增长7.5%。

四、固定资产投资

全年完成固定资产投资4011.96亿元，比上年增长20.3%。分城乡看，城镇固定资产投资3742.32亿元，增长20.8%；农村投资269.64亿元，增长14.0%。全市计划总投资超过5000万元的在建项目1094个，全年完成投资1453.74亿元，占固定资产投资总额的36.2%。

图5 2008－2012年全社会固定资产投资及其增长速度

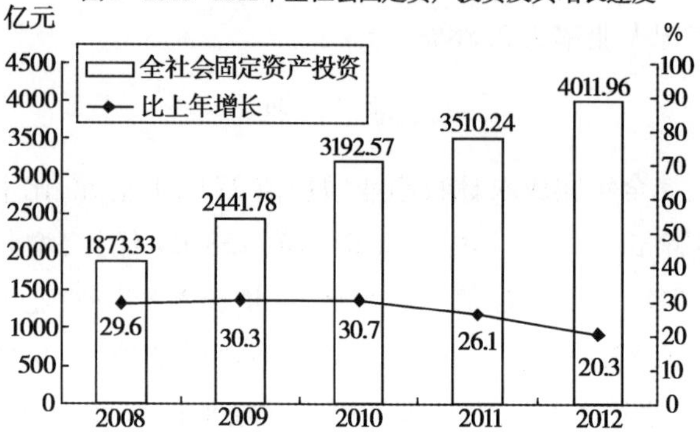

表5 2012年分行业固定资产投资及其增长速度

行业	投资额(亿元)	比上年增长(%)
总计	4011.96	20.3
农、林、牧、渔业	71.55	35.8
采矿业	25.98	30.0
制造业	1064.41	27.7
其中：农副食品加工业	38.92	12.4
印刷业和记录媒介的复制	21.85	14.6
化学原料及化学制品制造业	116.07	38.7
医药制造业	46.28	82.7
非金属矿物制品业	69.99	13.7
金属制品业	61.26	35.1
通用设备制造业	79.40	-8.0
专用设备制造业	104.45	55.3
交通运输设备制造业	121.01	-8.6
计算机、通信和及其他电子设备制造业	96.09	178.2
仪器仪表制造业	11.33	28.9
电力、燃气及水的生产和供应业	72.36	-16.9
其中：电力、热力的生产和供应业	35.84	-18.8
建筑业	30.86	189.2
交通运输、仓储和邮政业	340.30	50.1
信息传输、软件和信息技术服务业	30.94	-38.7
批发和零售业	226.58	4.4
住宿和餐饮业	67.11	21.9
金融业	30.80	116.5
房地产业	1325.93	21.3
租赁和商务服务业	130.97	-3.3
科学研究和技术服务业	85.62	-2.8
水利、环境和公共设施管理业	287.19	-4.0
居民服务、修理和其他服务业	25.27	35.3
教育	70.52	28.9
卫生和社会工作	32.05	3.6
文化、体育和娱乐业	42.89	67.6
公共管理、社会保障和社会组织	50.63	129.7

在固定资产投资中，第一产业完成投资(不含水利建设投资)71.55亿元，比上年增长35.8%；第二产业完成投资1193.60亿元，增长25.5%，其中工

业投资1162.75亿元,增长23.7%;第三产业完成投资2746.81亿元,增长17.8%。高新技术产业投资233.80亿元,增长117.4%。全年基础设施建设完成投资717.75亿元,增长14.2%。

全年完成房地产开发投资1032.00亿元,比上年增长16.4%。全市商品房销售面积1526.93万平方米,增长1.8%。全市商品房销售额931.56亿元,其中住宅销售额776.13亿元,增长2.1%。

五、国内贸易

全年实现社会消费品零售总额2454.71亿元,比上年增长15.7%。按经营地统计,城镇消费品零售额2354.44亿元,增长15.6%;乡村消费品零售额100.27亿元,增长18.3%。按消费形态统计,商品零售额2189.23亿元,增长15.9%;餐饮收入额265.48亿元,增长14.1%。

限额以上批发零售单位零售额比上年增长23.7%,分类别看,粮油、食品、饮料、烟酒类增长21.8%;服装、鞋帽、针纺织品类增长22.1%;化妆品类增长31.6%;金银珠宝类增长32.6%;体育、娱乐用品类下降19.5%;石油及制品类增长21.6%;通讯器材类增长28.2%;家用电器和音像器材类增长9.7%;汽车类增长25.4%。

表6 2012年社会消费品零售总额及其增长速度

指　　标	零售额(亿元)	比上年增长(%)
社会消费品零售总额	2454.71	15.7
按销售单位所在地:		
城镇	2354.44	15.6
其中:城区	2079.90	14.9
乡村	100.27	18.3
按行业分:		
批发业	267.66	22.0
零售业	1920.08	15.1
住宿业	51.76	12.5
餐饮业	215.21	14.7

图6 2008–2012年社会消费品零售总额及其增长速度

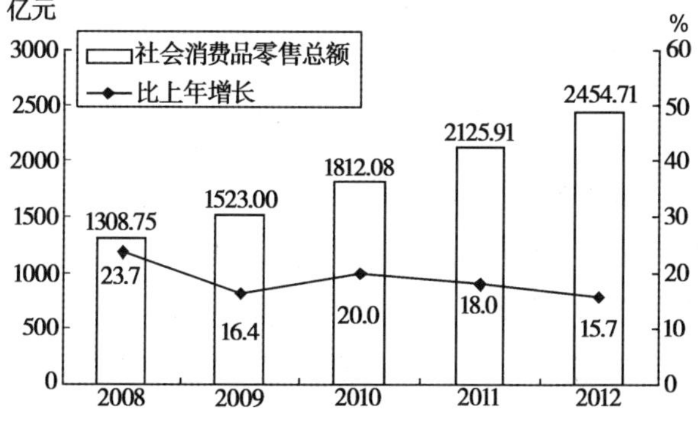

六、交通和邮电

全年全社会运输周转量372.04亿吨公里,比上年增长13.7%;旅客周转量增长4.2%;货物周转量增长17.3%。

表7 2012年交通运输业主要指标及其增长速度

指　　标	计量单位	绝对数	比上年增长(%)
货物周转量	亿吨公里	301.66	17.3
铁　路	亿吨公里	49.46	-5.2
公　路	亿吨公里	206.13	28.1
水　运	亿吨公里	42.57	4.1
航　空	亿吨公里	0.72	-3.7
旅客周转量	亿人公里	254.47	4.2
铁　路	亿人公里	52.37	-1.3
公　路	亿人公里	123.61	2.4
航　空	亿人公里	78.48	11.2

全年完成邮电业务总量(2010年不变价)114.98亿元,比上年增长8.9%,其中电信业务总量107.40亿元,增长8.7%。完成邮电业务收入102.32亿元,比上年增长8.8%,其中电信业务收入94.21亿元,增长8.8%。年末本地固定电话用户211.64万户,下降1.3%。移动电话用户984.45万户,增长9.6%。固定电话普及率为29.61户/百人,比上年减少0.63户/百人,移动电话普及率为137.75户/百人,比上年增加11.04户/百人。年末互联网宽带用户达134.25万户。

七、对外经济和旅游

全年进出口总额(海关口径)86.93亿美元,比上年增长16.1%,其中出口总额51.74亿美元,增长26.7%;进口总额35.19亿美元,增长3.3%。在出口总额中,机电产品26.74亿美元、高新技术产品9.15亿美元,分别占出口总额的51.7%和17.7%;在进口总额中,机电产品24.01亿美元、高新技术产品4.74亿美元,分别占进口总额的68.2%和13.5%。

图7 2008–2012年进出口总额及其增长速度

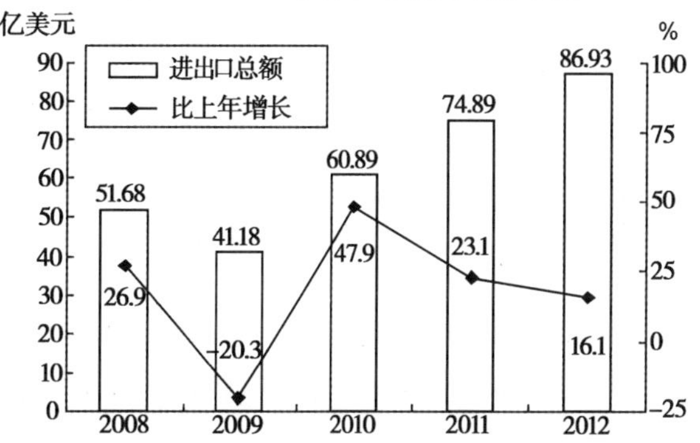

全年利用外资项目(企业)94 个。实际使用外商直接投资 29.77 亿美元,比上年增长 14.4%。全年新增实际到位省外境内资金项目 165 个,实际到位省外境内资金达 456.65 亿元,增长 16.9%。

图 8　2008–2012年实际利用外商直接投资金额及其增长速度

全年接待国内旅游者 7989.18 万人次,比上年增长 34.7%;国内旅游收入 741.13 亿元,增长 36.4%;接待入境旅游者 105.19 万人次,增长 26.0%;入境旅游收入 6.65 亿美元,增长 6.3%;国际国内旅游总收入 783.10 亿元,增长 34.4%。

八、金融和保险业

年末金融机构各项存款余额(本外币合计,下同)8800.66 亿元,比年初增加 1436.55 亿元,其中城乡居民储蓄余额 3004.07 亿元,比年初增加 477.14 亿元;年末金融机构各项贷款余额 8518.93 亿元,比年初增加 1035.11 亿元,其中短期贷款余额 1957.10 亿元,比年初增加 290.99 亿元,中长期贷款 6393.43 亿元,比年初增加 652.95 亿元。

图 9　2008–2012年城乡居民本外币储蓄余额及其增长速度

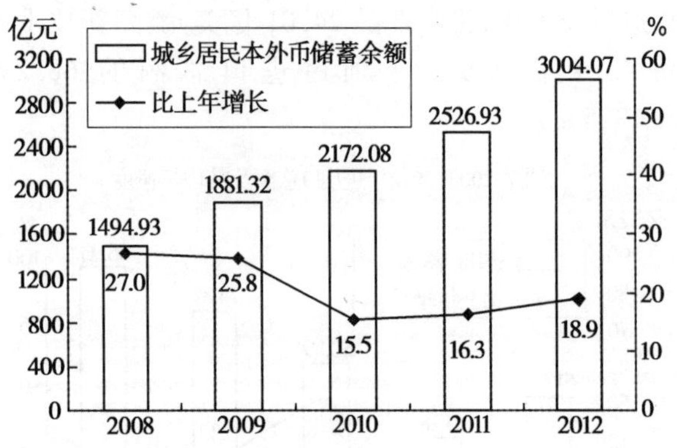

全年保险机构原保险保费收入 121.40 亿元,比上年增长 9.1%,其中财产险原保险保费收入 51.16 亿元,增长 17.9%;人身险原保险保费收入 70.24 亿元,增长 3.4%。赔付支出 38.61 亿元,增长 22.0%。

九、教育和科学技术

全市拥有普通高校 50 所,普通高中 71 所,初中学校 213 所,普通小学 939 所。在学研究生 5.06 万人,增长 3.3%;普通高校在校学生 52.32 万人,比上年增长 1.2%;普通高中在校学生 12.39 万人,增长 5.4%;普通初中在校学生 21.99 万人,增长 6.0%;普通小学在校学生 43.95 万人,增长 3.3%;幼儿园在园幼儿 20.51 万人,增长 6.0%。小学适龄儿童入学率 100%,小学升初中入学率 109.9%。全市共投入义务教育“免补”经费 5.12 亿元,121.4 万人次学生享受了“一费制”全免入学。免除了 129.8 万人次学生杂费,义务教育阶段学生杂费免除率达 100%。补助了 4.78 万人次农村贫困寄宿学生生活费。

图 10　2008–2012年高等学校、普通中学在校学生数

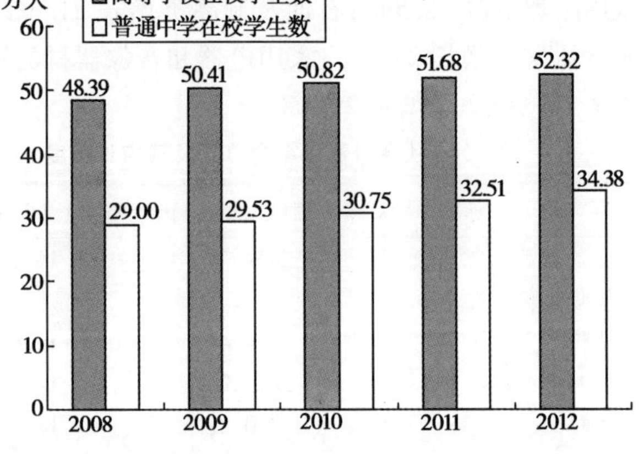

全市拥有科学研究开发机构 97 个。全年共取得省部级以上科技成果 540 项。专利申请 14973 件,比上年增长 14.1%,授权专利 10382 件,增长 55.1%;签订技术合同 3085 项,成交金额 19.85 亿元。高新技术产业增加值 1217.6 亿元,增长 16.0%。

十、文化、卫生和体育

全市拥有艺术表演团体 12 个,文化馆 10 个,公共图书馆 12 个,博物馆(纪念馆)15 个,档案馆 14 个。全市广播综合人口覆盖率达 99.3%;电视综合人口覆盖率达 98.6%;有线电视用户达 149.78 万户。

全市拥有卫生机构(含村卫生室)4270个,其中医院、卫生院254个;卫生防疫、防治机构12个;妇幼保健机构11个。卫生技术人员5.57万人,增加0.26万人,其中执业医师、执业助理医师2.03万人,增加0.12万人;注册护士2.50万人,增加0.20万人。卫生机构床位5.13万张,增加0.43万张,其中医院、卫生院4.64万张,增加0.34万张。

图11 2008-2012年卫生技术人员数及其增长速度

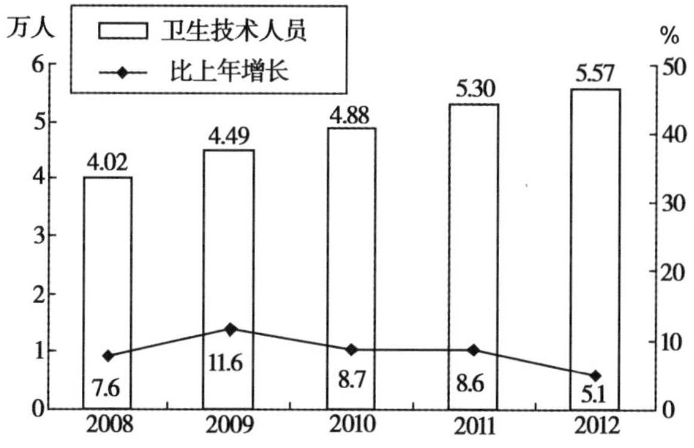

开展全民健身项目480项次,全市全民健身运动参加人数达430万人。社会体育指导员年发展数为400人,年末拥有各级社会体育指导员1.01万多人,健身辅导站750个,公共体育场地564个。

十一、环境、节能和安全生产

全市拥有国家级生态示范乡镇19个,国家级自然保护区1个,自然保护区面积0.67万公顷。全年空气质量优良天数332天,空气质量优良率达90.7%。城市生活垃圾无害化处理率100%。

初步核算,2012年全市万元规模工业增加值能耗比上年下降16.8%,重点耗能工业企业的单位产品能耗比上年有不同程度的下降,其中机制纸及纸板综合能耗下降16.8%;吨水泥综合能耗下降1.1%,吨铝加工材消耗能源量下降6.4%;电厂火力发电标准煤耗下降1.3%。

全年生产安全事故死亡29人,比上年下降32.6%;亿元GDP各类事故死亡人数0.044人,下降15.4%;煤炭百万吨煤生产安全事故死亡人数0.32人,下降59.0%;工矿商贸企业十万从业人员生产事故死亡人数0.86人,下降34.8%;道路交通事故死亡人数233人,下降0.85%;万车死亡人数1.71人,下降16.6%。

十二、人民生活和社会保障

年末常住总人口714.66万人,比上年增长0.79%。人口出生率为12.56‰,死亡率为6.46‰,自然增长率为6.10‰。城市化率为69.38%,比上年提高0.89个百分点。

全年城镇居民人均可支配收入30288元,比上年增加3837元,比上年增长14.5%。其中,人均工资性收入17699元,增长17.5%;人均经营净收入4455元,增长6.2%。城镇居民人均消费性支出19460元,增加1678元,增长9.4%,服务性消费支出5520元,增长10.6%。城镇居民恩格尔系数为35.8%。在城镇居民消费分类中,食品消费增长9.2%;衣着消费增长15.1%;家庭设备用品及服务消费增长16.1%;医疗保健消费下降7.0%;交通和通信消费下降0.2%;居住消费增长14.8%;教育文化娱乐服务消费增长12.0%;其他商品和服务消费增长32.1%。城市居民年末每百户家庭拥有家用汽车36.5辆,家用电脑96.4台,接入互联网的计算机76.2台。人均住房建筑面积33.08平方米。

图12 2008-2012年城镇居民人均可支配收入及其增长速度

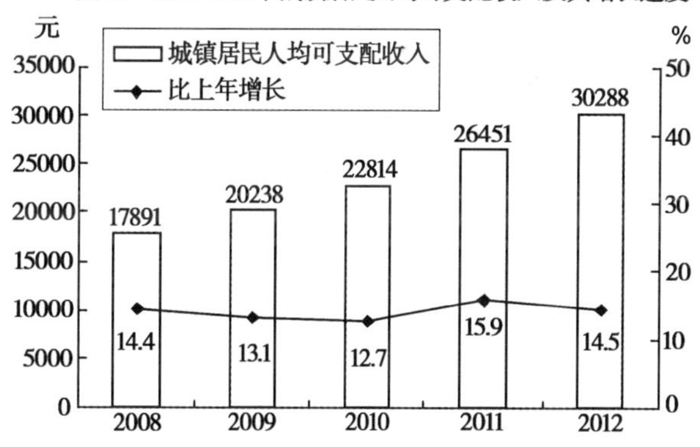

全年农村居民人均可支配收入15057元,比上年增加2339元,增长18.4%;农民人均纯收入15763元,增长17.6%,其中工资性收入8751元,增长29.0%。全年农民人均生活消费支出10155元,增长18.4%,在消费分类中增长较快的是衣着消费支出和文化教育娱乐消费支出,分别增长28.4%和27.8%。农村居民恩格尔系数为37.0%。农村居民平均每百户家庭拥有家用汽车17辆,家用电脑28台,移动电话机233台。农村居民人均住房面积62.57平方米,增加0.53平方米。

图13　2008-2012年农民人均纯收入及其增长速度

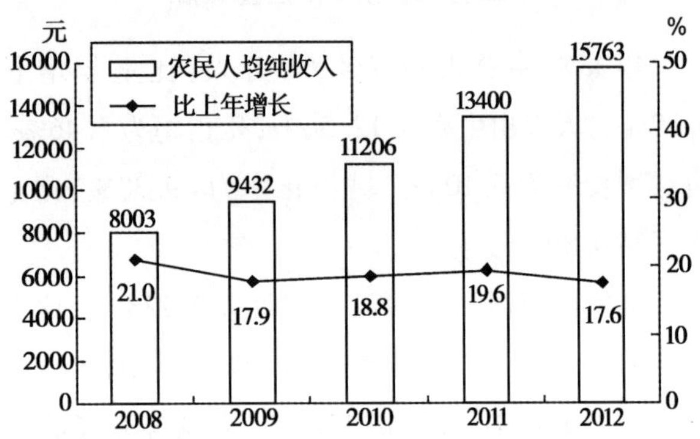

全市拥有社会福利院、敬老院、养老院、光荣院等128所。各类收养性社会福利单位收养人员1.09万人。城镇各种社区服务设施3564处,其中综合性社区服务中心594个。接受社会捐赠7275万元。全年发放居民最低生活保障金6.4亿元,居民得到政府最低生活保障人数为25.27万人(包括城镇和农村)。城市低保资金按规定标准拨付到位率100%,农村最低生活保障资金按规定标准发放到位100%,做到了应保尽保。

年末参加全市劳动保障部门城镇职工基本养老保险的人数达174.68万人,比上年末增长12.5%,基本养老金社会化发放率达100%;年末参加城镇居民养老保险人数达9.82万人,年末参加新型农村养老保险人数达289.43万人,增长3.1%;年末参加城镇职工基本医疗保险人数达147.95万人,增长5.1%。参加失业保险职工人数达95.35万人,增长16.4%,全年领取失业保险金人数为3.30万人;参加工伤保险职工人数达117.45万人,增长16.4%;参加生育保险的人数达99.47万人,增长8.9%;参加城乡居民医疗保险人数达510.21万人,增长0.6%。

注:1. 本公报部分数据为初步统计数。

2. 地区生产总值(GDP)、各产业增加值绝对数按现行价格计算,增长速度按不变价格计算。

3. 规模以上工业统计范围为年主营业务收入2000万元及以上工业企业。

4. 固定资产投资(不含农户)统计范围为计划总投资500万元及以上项目。

特载二

主要经济社会指标统计图

长沙统计年鉴

户籍总人口（万人）

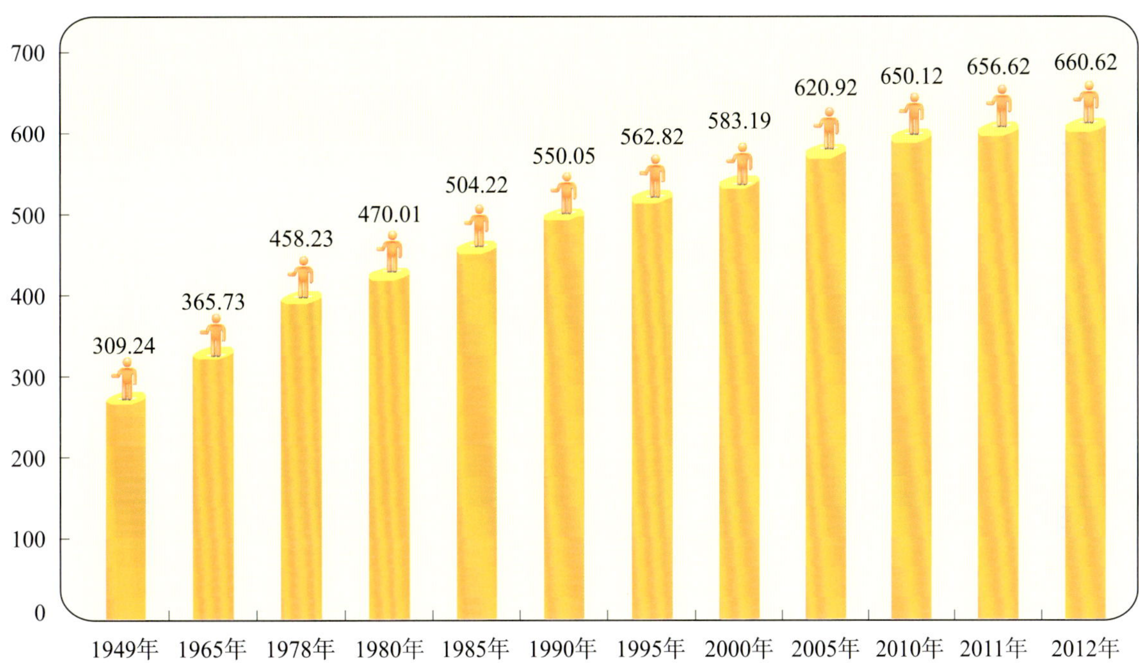

地区生产总值及增长速度（亿元、%）

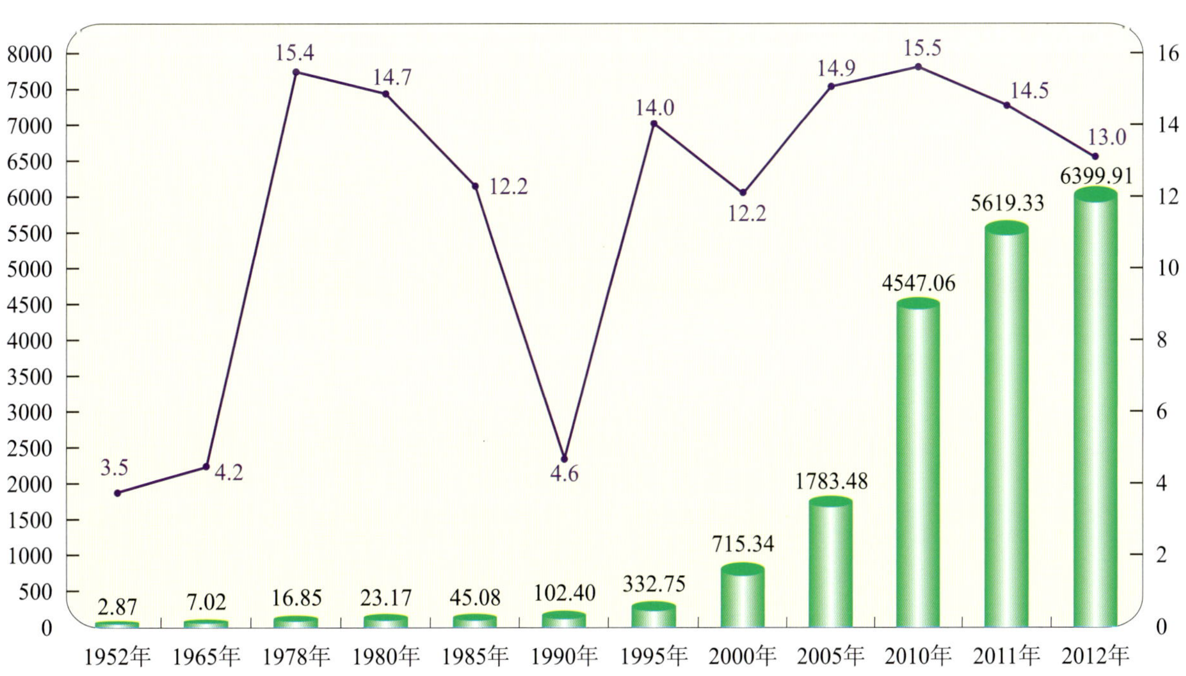

人均地区生产总值（元/人）

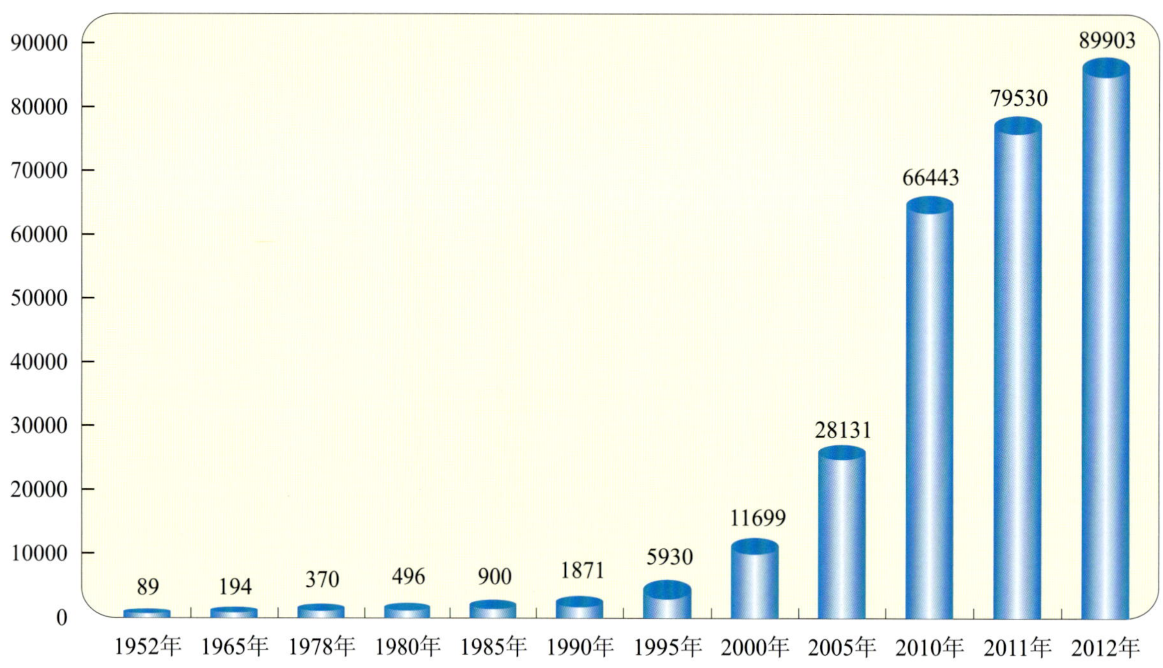

注：2000年以前人均地区生产总值按户籍人口计算，2000年以后按常住人口计算。

三次产业增加值（亿元）

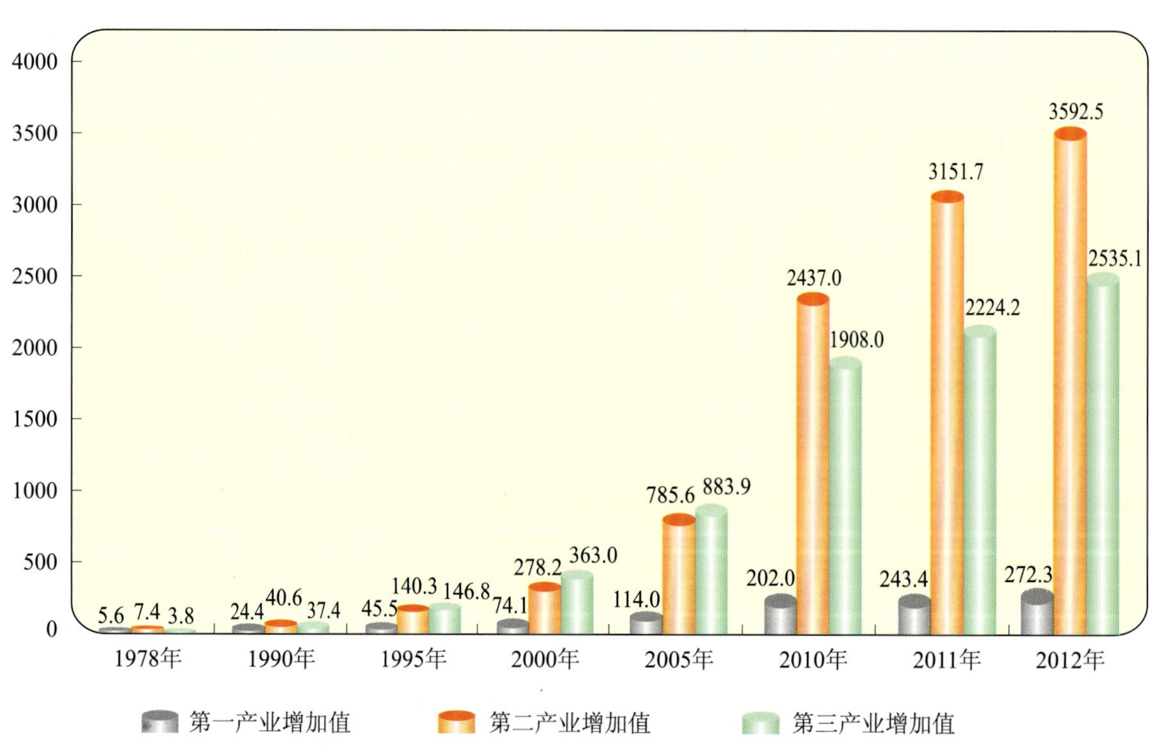

三次产业构成

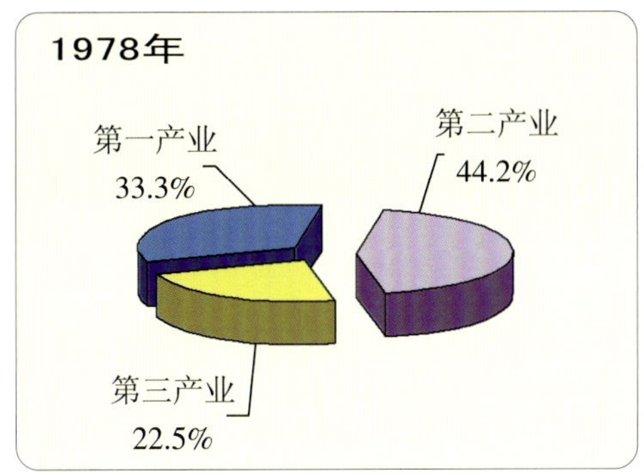

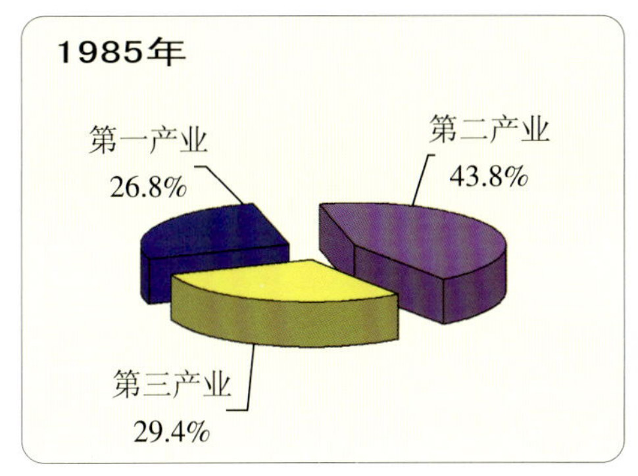

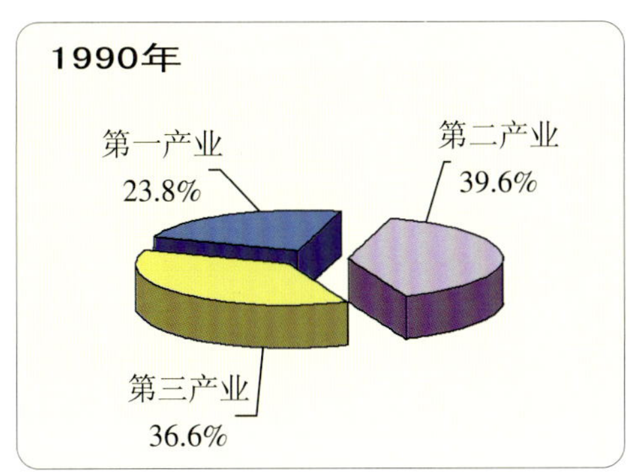

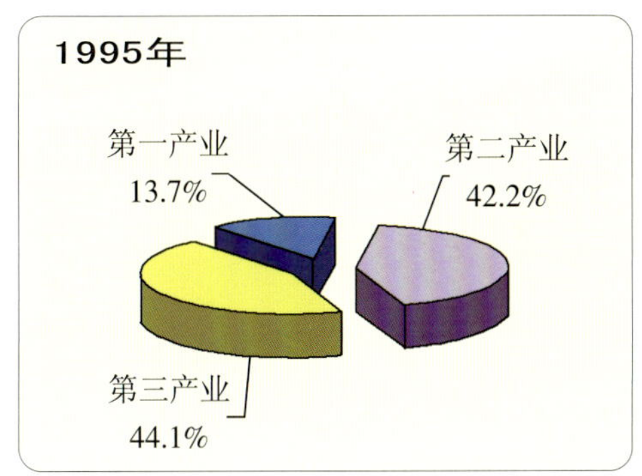

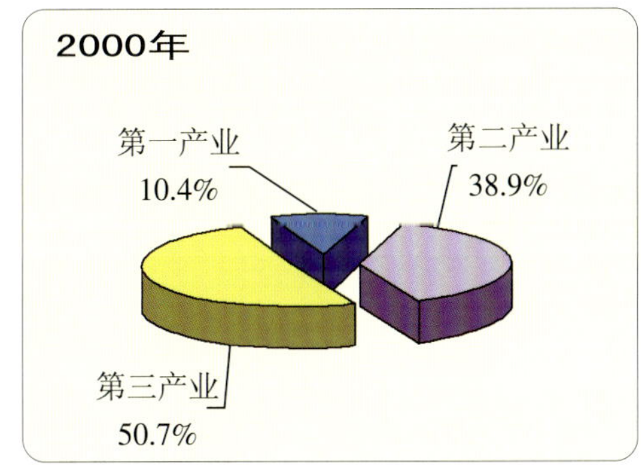

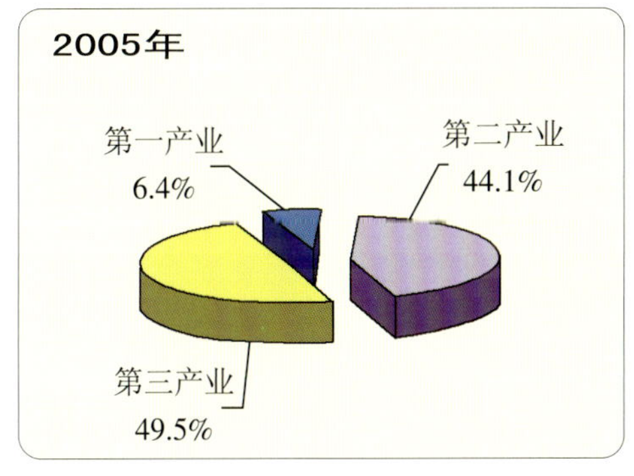

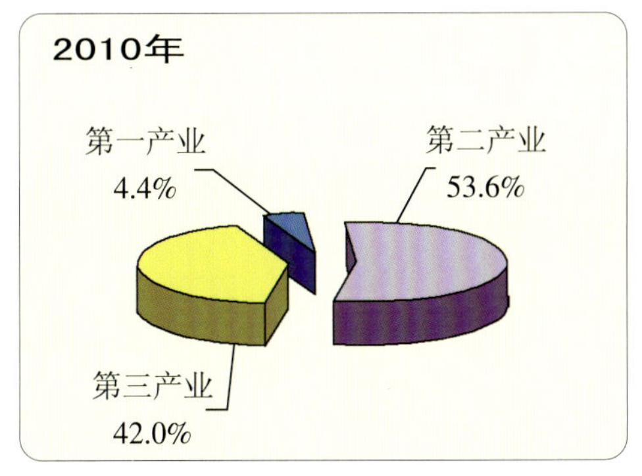

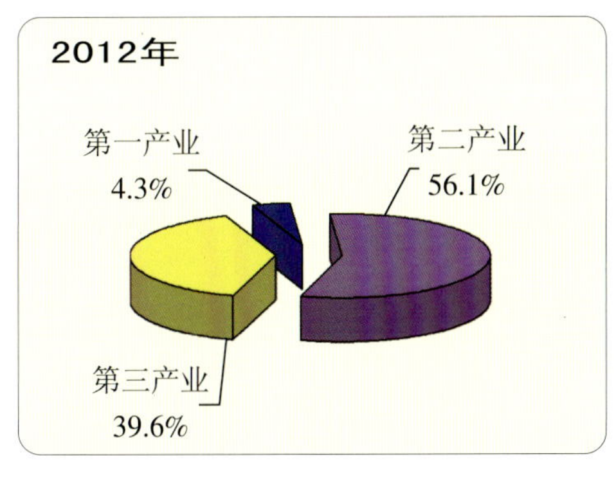

第一产业　第二产业　第三产业

农林牧渔业总产值（亿元）

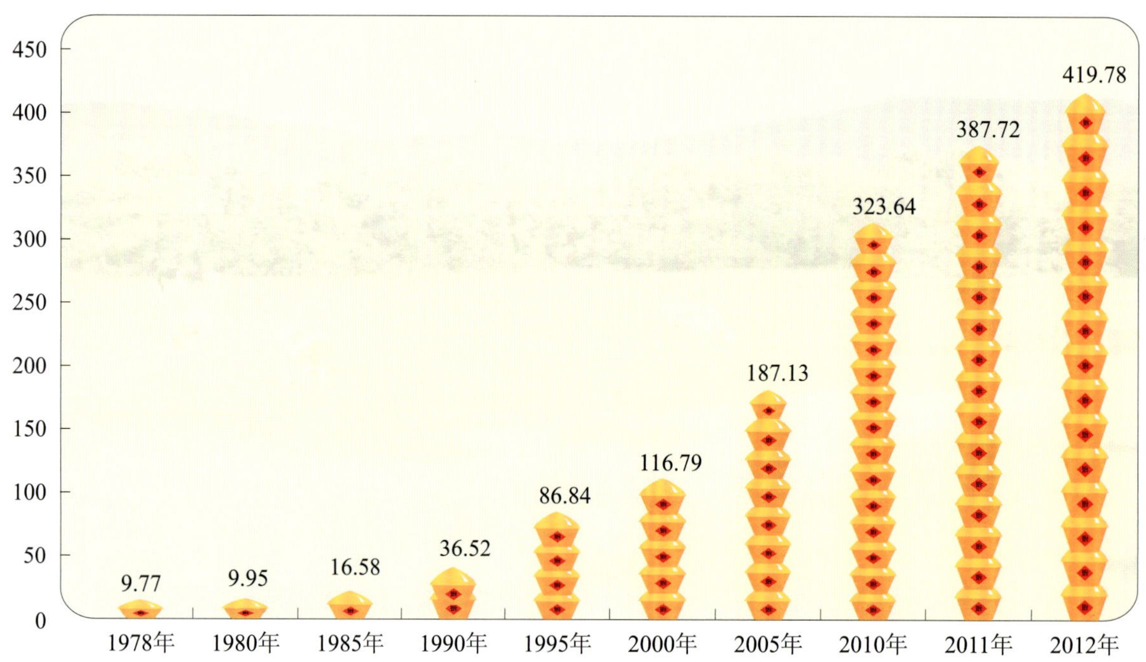

规模以上工业增加值（亿元）

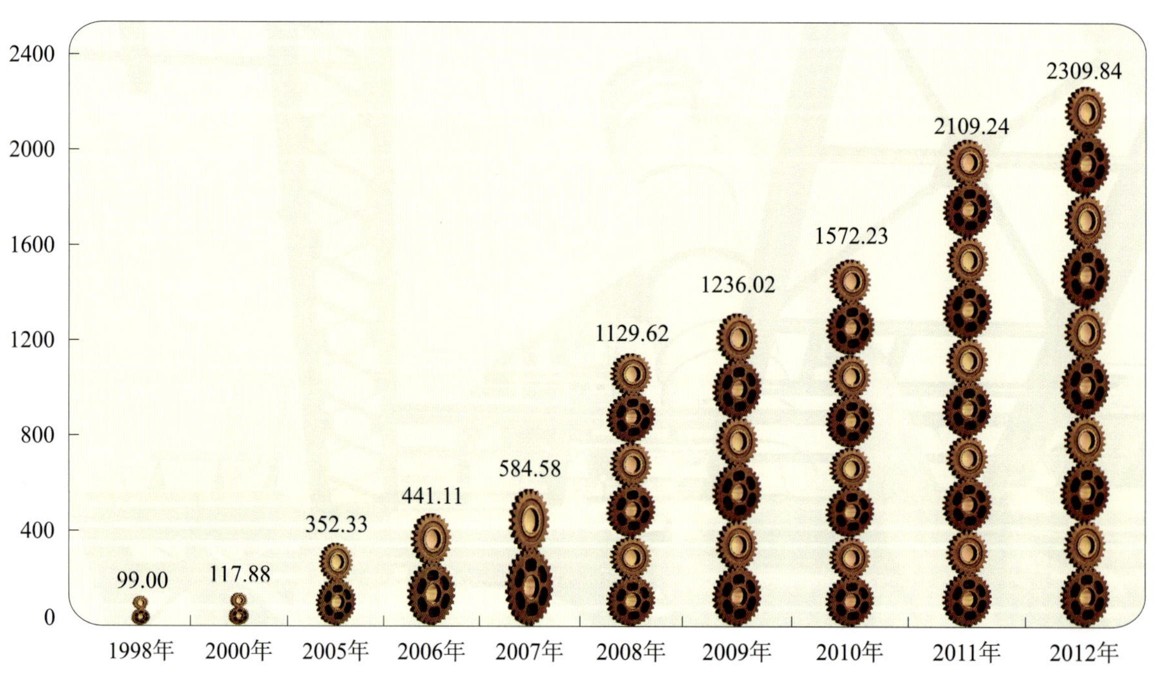

固定资产投资（亿元）

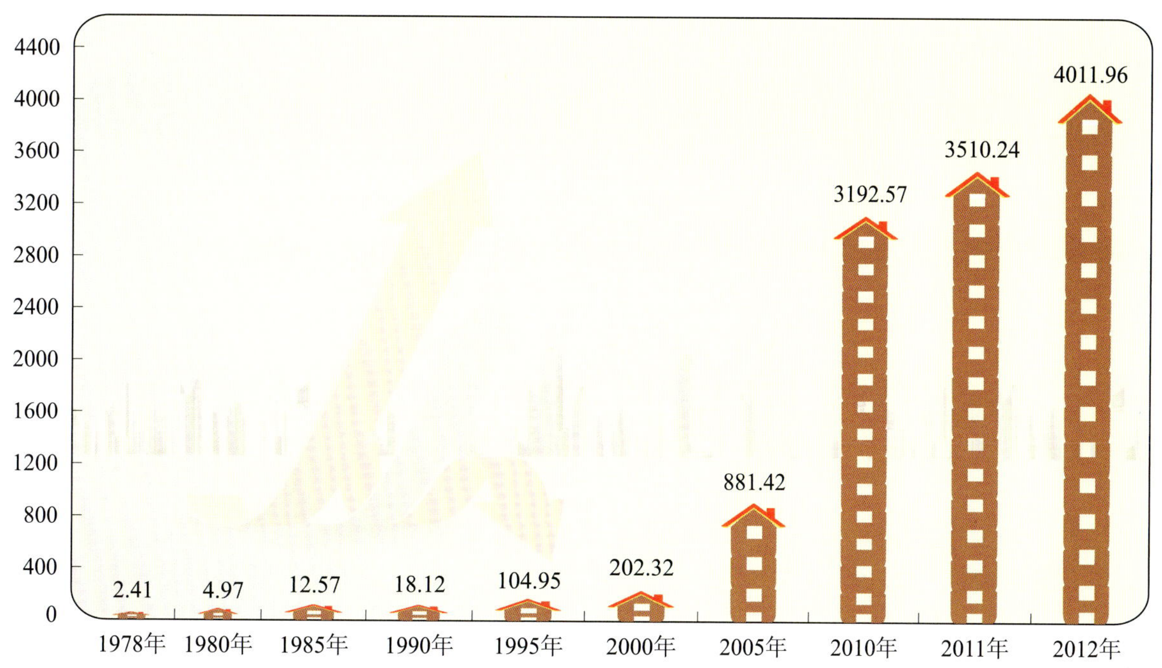

社会消费品零售总额（亿元）

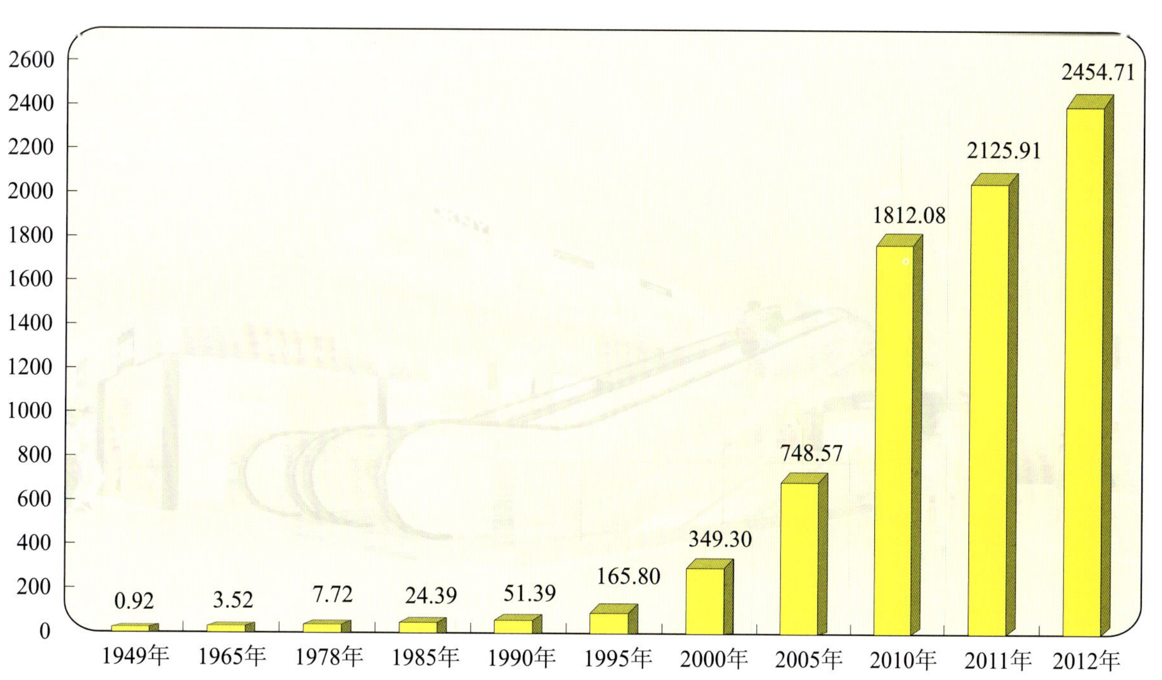

实际使用外商直接投资（亿美元）

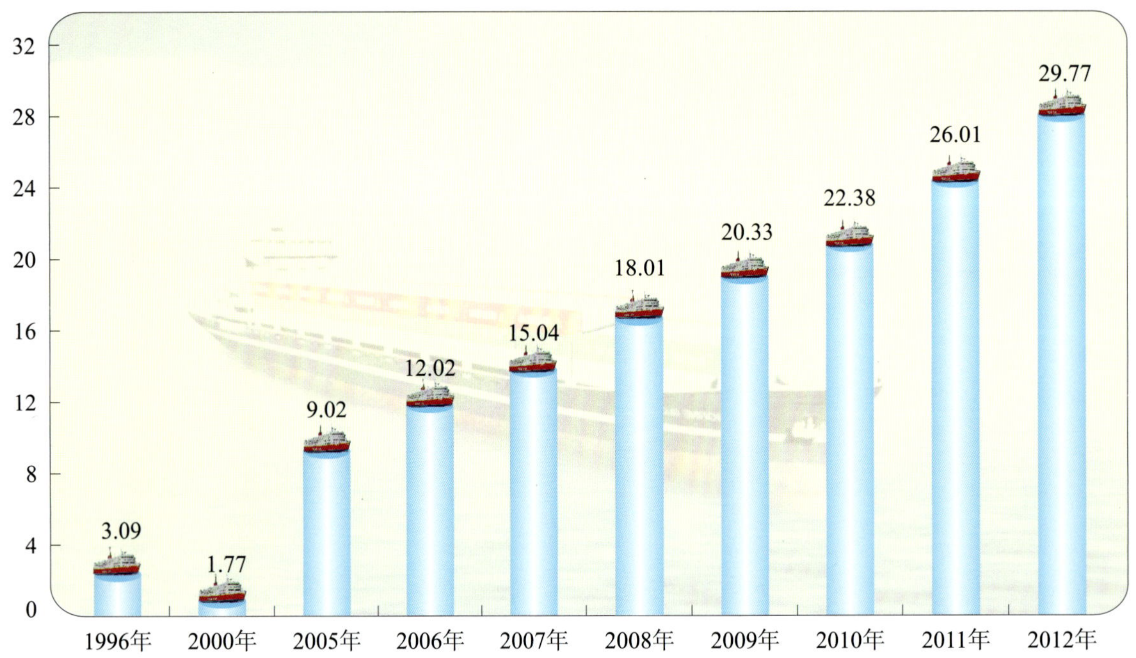

进出口总额（亿美元）

城乡居民储蓄余额（亿元）

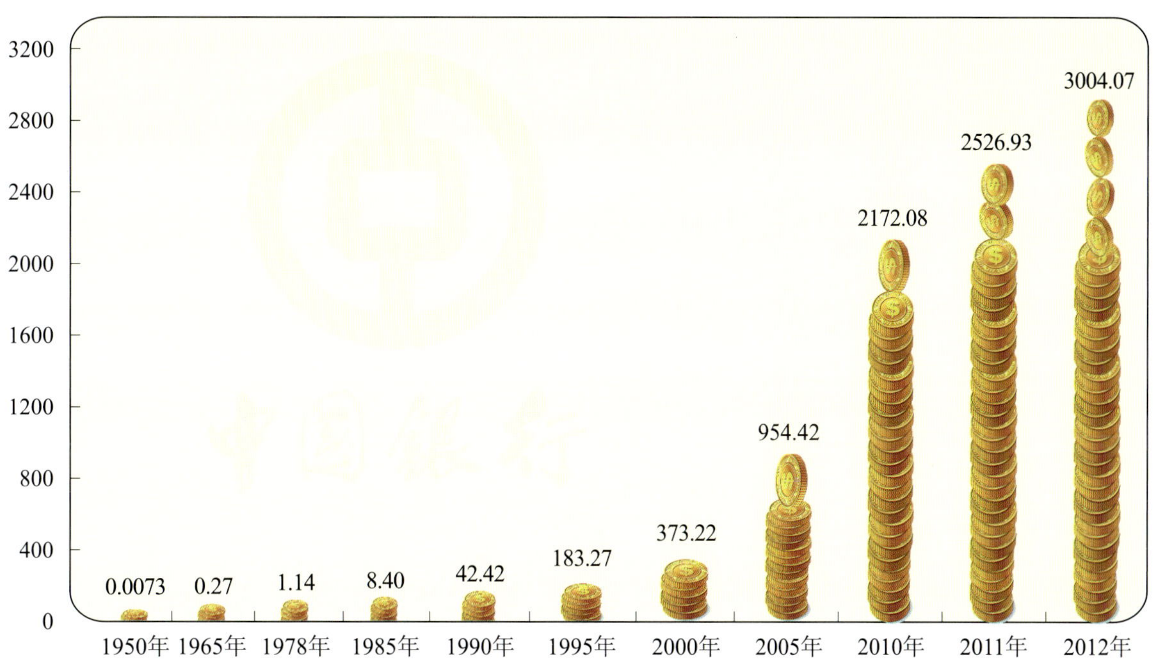

财政收入（亿元）

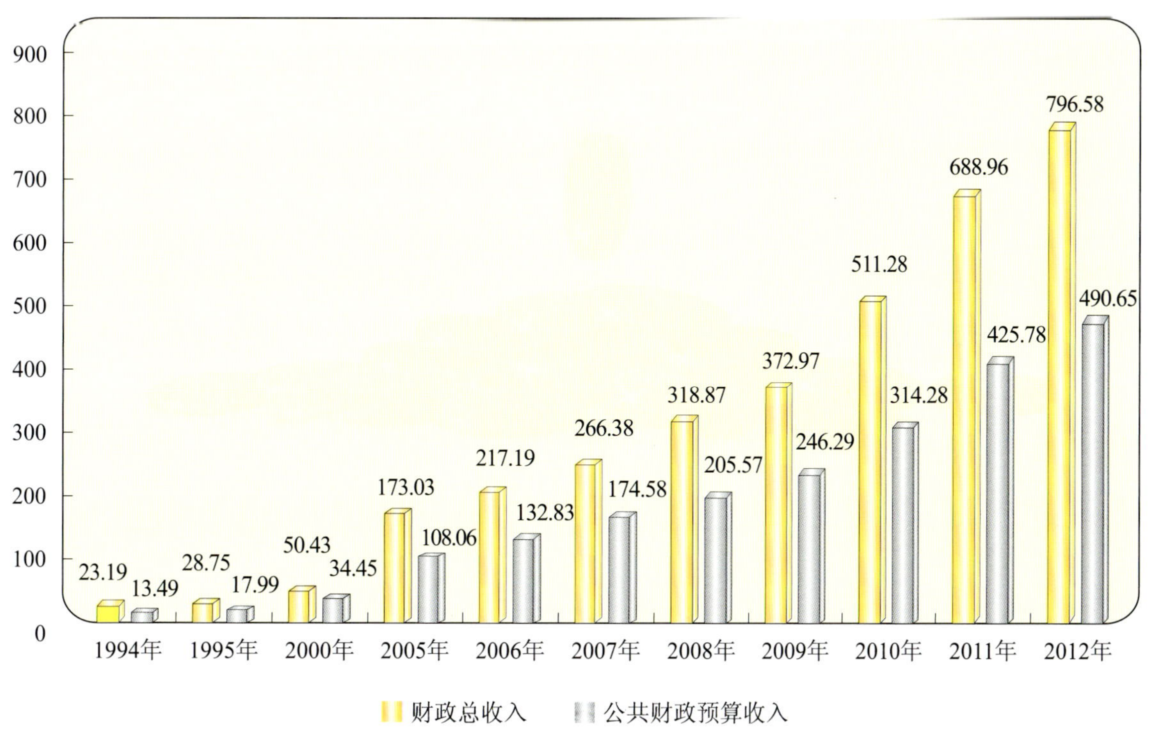

城市居民人均可支配收入（元/人）

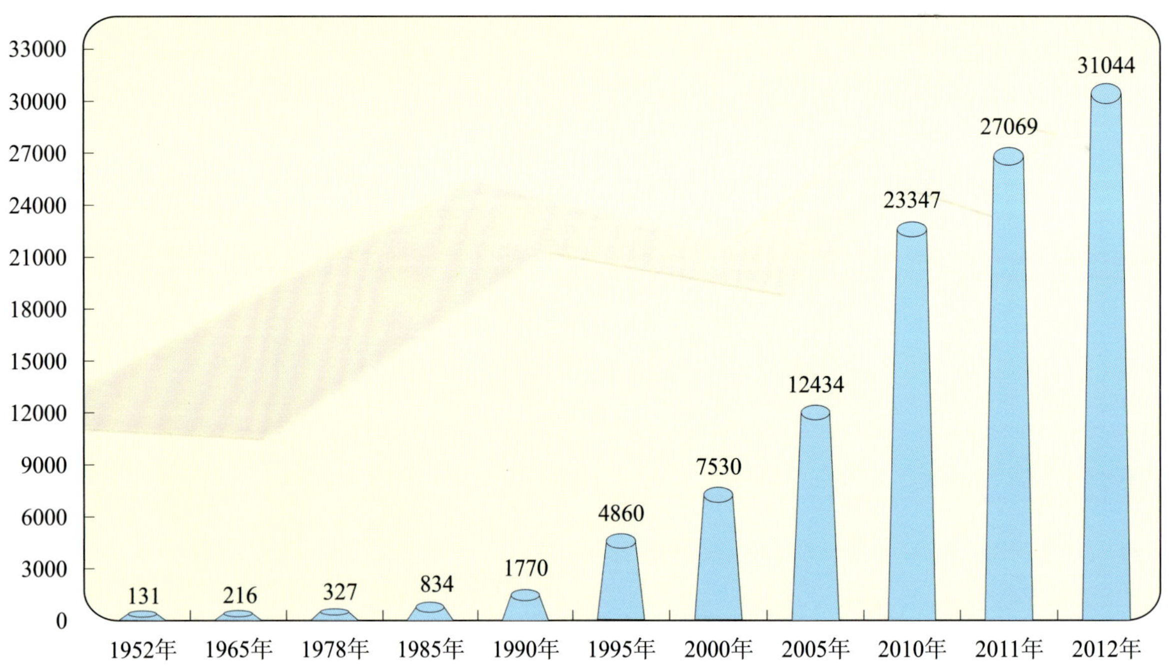

农村居民人均可支配收入（元/人）

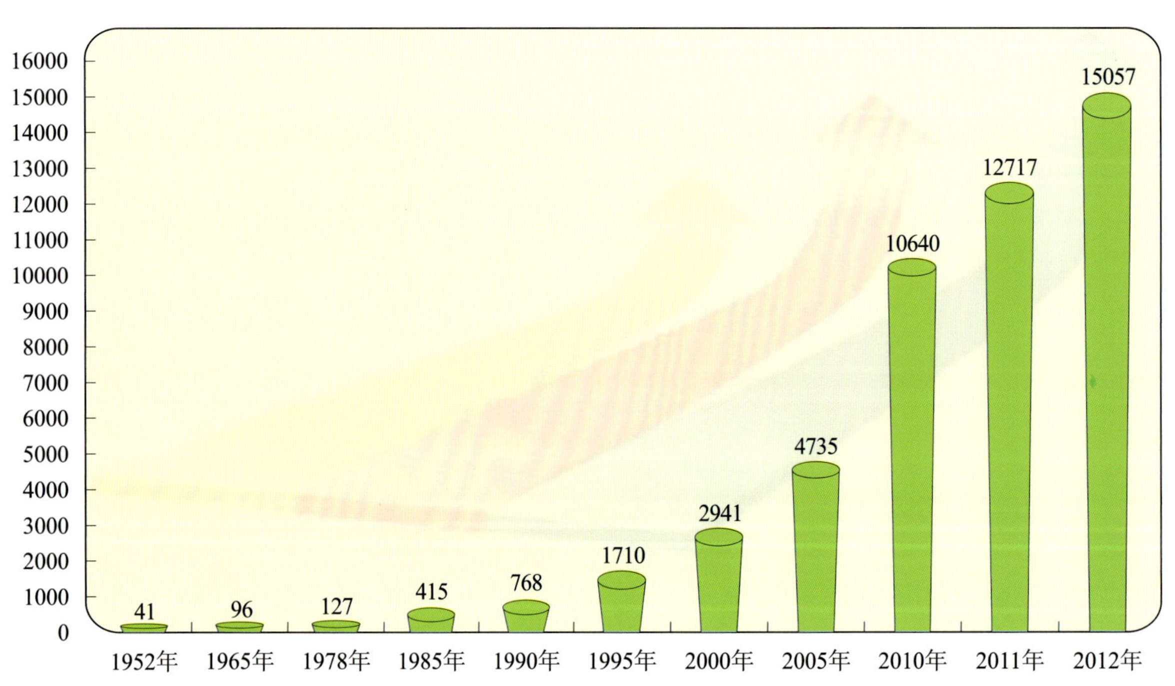

高等学校在校学生数（万人）

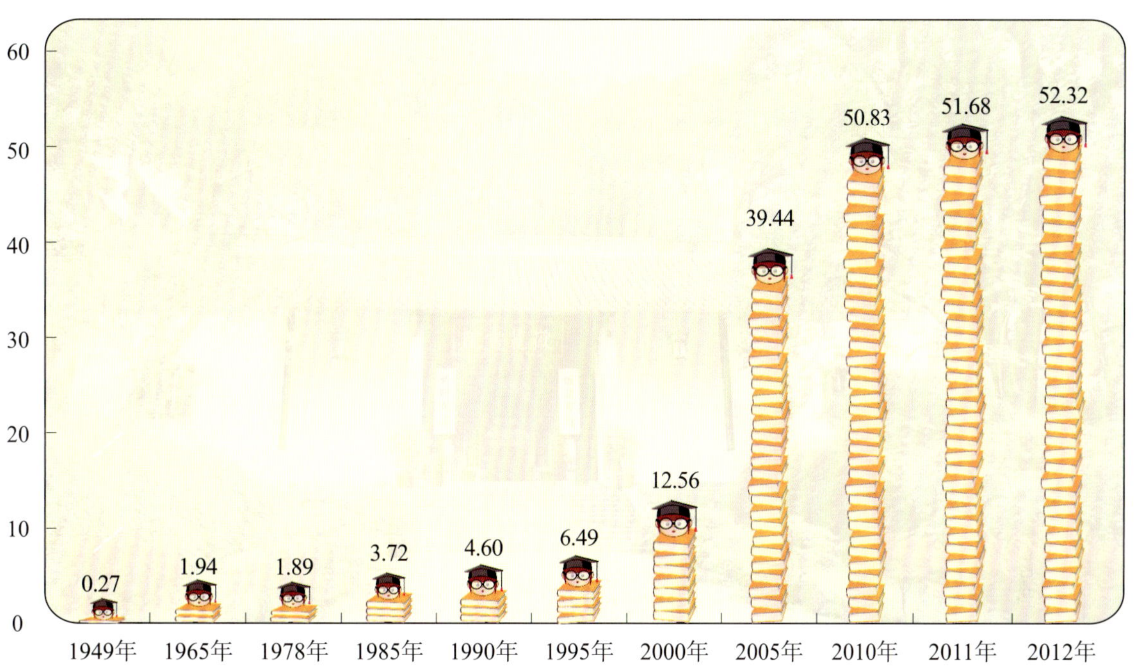

普通中学在校学生数（万人）

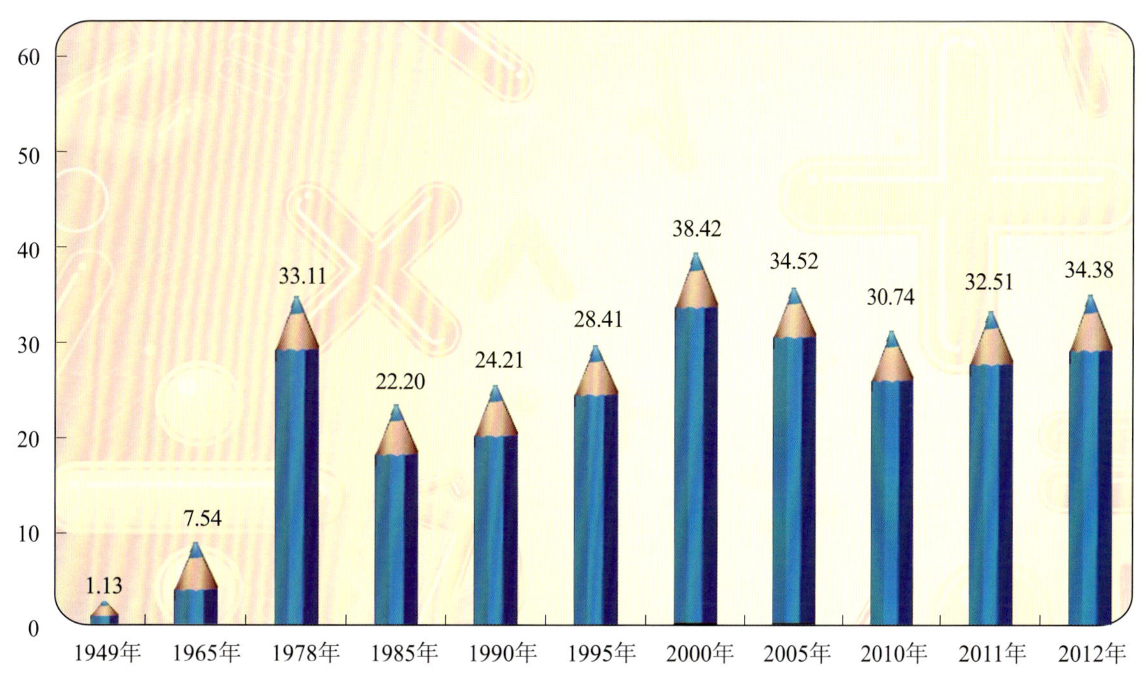

卫生技术人员（万人）

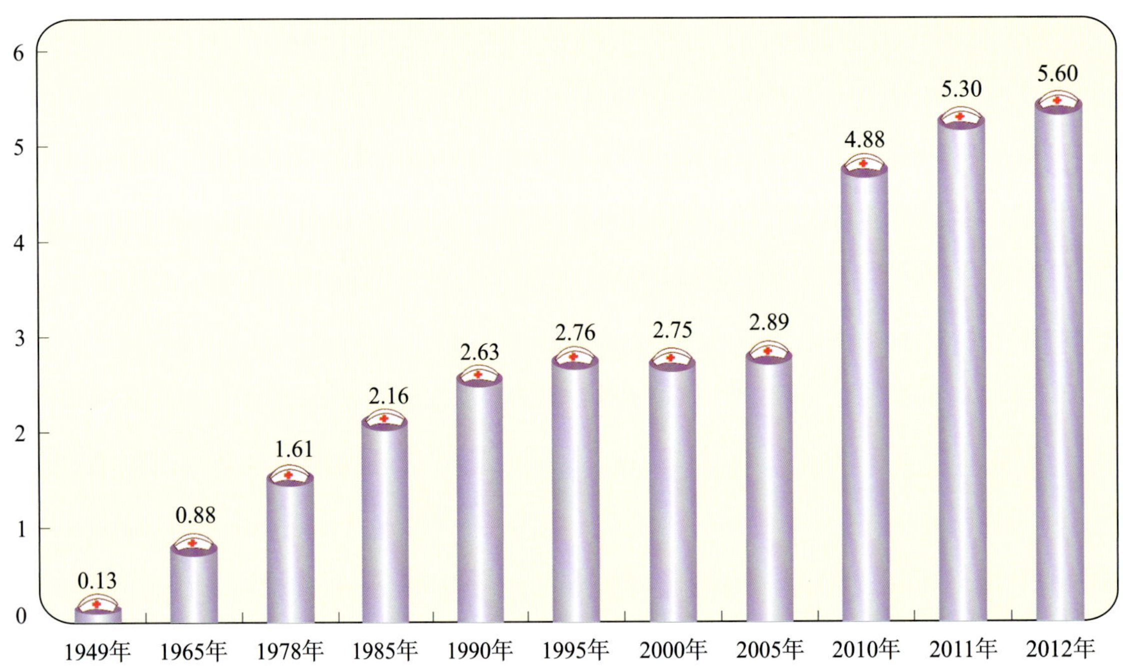

医疗病床数（万张）

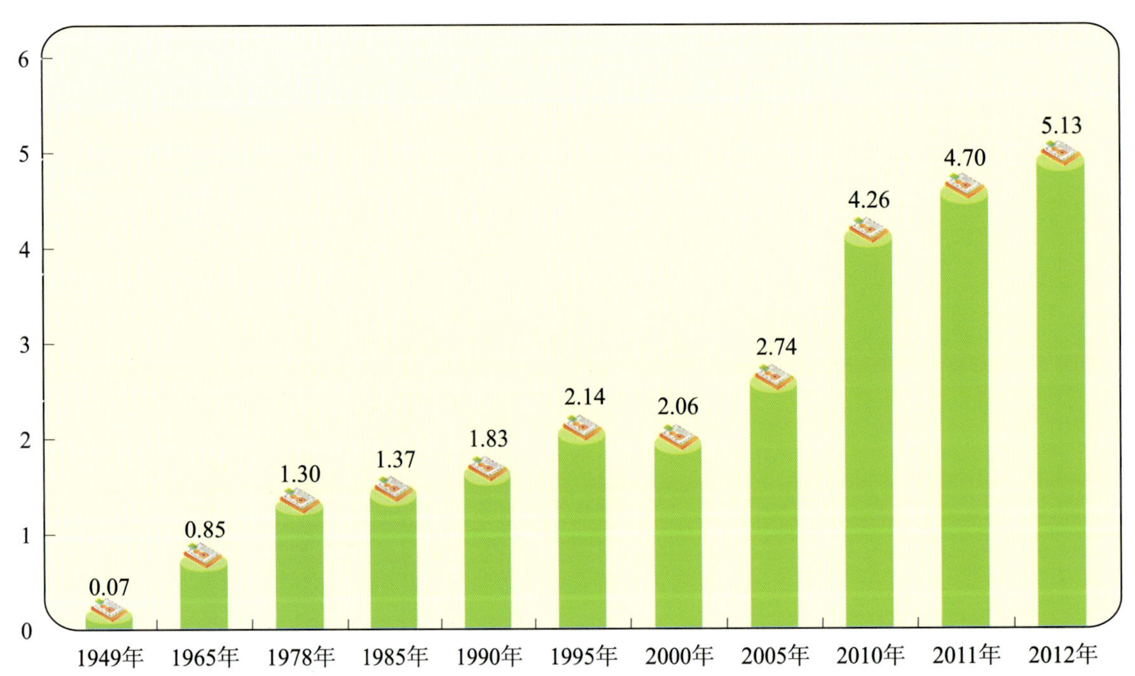

1 综　　合

长沙统计年鉴

1－1 自 然 环 境

位置：

长沙位于中国东南部，湖南省东部偏北，湘江下游和长浏盆地西缘。地域范围为东经111°53′～114°15′，北纬27°51′～28°41′。东临江西省宜春地区和萍乡市，南接株洲、湘潭两市，西连娄底、益阳两市，北抵岳阳、益阳两市。

地貌：

长沙地形复杂，湘江两岸形成地势低平的冲积平原，其东西两侧及东南面为地势较高的低山、丘陵。东有属于湘赣边雁阵式山系的大围山，其主峰七星岭，海拔1607.9米，为全市最高处，望城区乔口镇西侧湛湖海拔23.5米，为全市最低处。市区地势为南高北低，南郊的金盆岭、豹子岭，海拔在100米以上。北郊的浏阳河、捞刀河和湘江的汇合处，海拔仅30米，成为市区最低点。

面积：

长沙东西长约230公里，南北宽约88公里。2012年全市土地面积11816.0平方公里，其中市区面积1909.9平方公里，建成区面积315.81平方公里。

河流：

长沙市区属湘江水系。湘江自湘潭昭山流经长沙县西南边境，然后由南向北纵贯市区，经望城区乔口出境。经过市境的长度有74公里，其间流入湘江的支流有15条，其中较大的有浏阳河、捞刀河、靳江、沩水。

气候：

长沙属亚热带季风气候。由于位居盆地内部，距海较远，受冬夏季风转换，地势向北倾斜等因素的影响，气候温和，四季分明。2012年长沙市年平均气温17.6℃，极端最高温度为37.7℃，极端最低温度为－2.4℃，降雨量1730毫米，总日照时数为1493.6小时。

自然资源：

长沙市地下矿藏种类多，以非金属矿具特色。已查明的有铁、锰、钒、铜、铅、锌、硫、磷、海泡石、重晶石、菊花石、煤等50余种，矿点300多处。植被以亚热带常绿阔叶林为主，有自然生长和引进栽培树102科、977种，其中常绿树462种，落叶树515种，乔木457种，灌木414种，竹藤类106种。主要林木有松、杉、栎、樟、楠、椿、茶、油茶、柑橘、毛竹等。1985年市八届人大常委会通过，市人民政府公布香樟为市树，杜鹃花为市花。

1－2 行 政 区 划

年份地区	市辖区数	市辖县（市）数	土地面积（平方公里）	镇 数
1949	5		112	
1965	4	1	3995	
1978	5	2	3995	7
1990	5	4	11818.50	21
2000	5	4	11819.46	75
2001	5	4	11819.46	76
2002	5	4	11819.46	79
2003	5	4	11819.46	81
2004	5	4	11819.46	81
2005	5	4	11819.46	79
2006	5	4	11819.46	80
2007	5	4	11819.46	83
2008	5	4	11819.46	84
2009	5	4	11819.46	86
2010	5	4	11815.96	85
2011	6	3	11815.96	88
2012	6	3	11815.96	82
芙蓉区	1		42.68	
天心区	1		73.33	
岳麓区	1		538.83	3
开福区	1		188.73	3
雨花区	1		115.23	
望城区	1		951.06	10
长沙县		1	1996.66	18
浏阳市		1	4997.35	27
宁乡县		1	2912.09	21

单位:个

街道办事处数	居民委员会数	乡 数	村民委员会数
6	59	18	11
25	201	60	1145
39	329	84	1096
35	535	210	2987
50	763	46	3111
52	542	44	2786
54	568	39	2727
54	523	38	2677
54	560	38	1276
55	569	37	1281
55	571	34	1271
53	566	31	1258
53	568	30	1243
57	578	27	1236
59	590	26	1226
62	638	22	1187
82	689	19	1170
13	66		13
12	66		13
16	81		86
10	99		30
12	134		
10	30	1	126
5	76		216
4	85	6	316
	52	12	370

1－3 国民经济主要综合指标

指 标	单 位	1949年	1965年	1978年	1990年	1995年
一、土地面积	平方公里	112.0	3995.0	3995.0	11818.0	11819.5
#市区	平方公里	112.00	177.07	352.00	367.00	556.33
#建成区	平方公里	6.70	20.93	53.04	101.00	115.00
二、年末户籍总人口	万人	309.24	365.73	458.23	550.05	562.82
年末常住总人口	万人	…	…	…	…	…
三、地区生产总值	亿元	2.87△	7.02	16.85	102.40	332.75
第一产业	亿元	…	…	5.61	24.38	45.58
第二产业	亿元	…	…	7.44	40.58	140.34
#工业	亿元	…	…	6.37	34.34	106.57
第三产业	亿元	…	…	3.79	37.44	146.83
人均地区生产总值	元/人	89△	194	370	1871	5930
四、工业总产值	亿元	0.58	7.97	23.85	117.70	407.95
五、农林牧渔业总产值	亿元	1.70	2.98	7.38	36.52	86.84
#农业	亿元	1.51	2.43	…	…	42.66
六、粮食产量	万吨	74.30	101.01	189.81	264.13	244.80
七、耕地面积	千公顷	274.27	265.87	255.91	247.93	245.77
八、固定资产投资	亿元	0.05△	0.54	2.41	18.12	104.95
#城镇及以上固定资产投资	亿元	…	…	…	…	…
新增固定资产	亿元	0.05※	0.46	1.32	8.25	49.37
竣工房屋面积	万平方米	7.02※	34.28	81.41	109.77	314.55
#住宅	万平方米	1.19※	13.09	41.17	91.95	168.87
九、货物运输量	万吨	…	…	…	6165	6419
货物周转量	亿吨公里	…	…	…	26.26	60.13
旅客运输量	万人	…	…	…	…	8935
旅客周转量	亿人公里	…	…	…	…	34.90
十、邮电业务总量	万元	121	451	704	13870	89069
十一、社会消费品零售总额	亿元	0.92	3.52	7.72	51.39	165.80
十二、进出口总额	亿美元	…	…	…	…	…
#出口	亿美元	…	…	…	…	…

2000 年	2005 年	2008 年	2009 年	2010 年	2011 年	2012 年	2012 年比 2011 年 ± %
11819.5	11819.5	11819.5	11819.5	11816.0	11816.0	11816.0	持平
556.33	556.33	954.55	954.55	958.80	1909.86	1909.86	持平
118.82	167.70	242.78	249.29	272.39	306.39	315.81	3.1
583.19	620.92	641.74	646.84	650.12	656.62	660.62	0.6
613.87	639.30	658.56	664.22	704.07	709.07	714.66	0.8
715.34	1783.48	3300.71	3744.76	4547.06	5619.33	6399.91	13.0
74.11	113.98	172.11	179.40	202.01	243.38	272.31	4.0
278.19	785.65	1673.38	1893.58	2437.03	3151.68	3592.52	14.5
223.18	581.96	1371.58	1554.54	2020.68	2662.47	3051.94	15.7
363.04	883.85	1455.22	1671.78	1908.02	2224.27	2535.08	12.0
11699	28131	50336	56620	66443	79530	89903	12.1
620.49	1300.62	3507.48	4161.81	5487.74	7127.36	8263.08	15.9
116.79	187.13	281.90	294.61	323.64	387.72	419.78	4.0
62.80	92.64	136.71	146.58	173.59	208.26	230.31	4.7
262.33	262.28	248.01	248.93	236.36	244.51	247.94	1.4
242.32	246.90	274.03	278.07	276.79	275.65	274.89	-0.3
202.32	881.42	1873.33	2441.78	3192.57	3510.24	4011.96	20.3
153.34	791.16	1712.24	2238.47	2909.83	3274.28	3742.32	20.8
88.34	343.72	700.50	1341.03	1471.50	2130.78	2260.80	14.6
343.54	931.57	1017.39	1509.90	1741.56	1606.85	1528.11	-4.9
198.51	612.26	712.75	1131.71	1184.42	1216.21	1150.53	-5.4
5910	10991	17158	21074	22947	25651	26145	1.9
140.48	100.38	132.32	177.00	219.25	257.12	301.66	17.3
9052	10895	13488	31304	33983	35525	36440	2.6
34.83	99.57	124.94	174.78	194.55	245.41	254.47	3.7
349844	802762	1386790	1506054	846295	1049349	1149802	8.9
349.30	748.57	1308.75	1523.00	1812.08	2125.91	2454.71	15.7
16.44	26.83	51.68	41.18	60.89	74.89	86.93	16.1
10.51	15.95	34.79	24.46	35.51	40.84	51.74	26.7

1－3 续表

指　标	单　位	1949 年	1965 年	1978 年	1990 年	1995 年
十三、实际使用外商直接投资金额	亿美元	…	…	…	…	…
十四、全市居民消费价格总指数	%	…	…	…	…	…
#城市居民消费价格总指数	%	109.63◆	97.72	99.63	101.5	117.1
全市商品零售价格指数	%	…	…	…	…	…
#城市商品零售价格指数	%	105.64★	97.90	99.94	100.2	114.0
十五、公共财政预算收入	亿元	…	…	…	…	17.99
公共财政预算支出	亿元	…	…	…	…	21.60
十六、高等学校数	所	2	9	8	21	21
高等学校在校学生数	万人	0.27	1.94	1.89	4.60	6.49
中等职业学校数	所	16	21	23	40	42
中等职业学校在校学生数	万人	0.23	0.78	0.98	2.56	5.54
普通中学在校学生数	万人	1.13	7.54	33.11	24.21	28.41
小学在校学生数	万人	14.71	59.37	68.01	57.07	62.37
十七、艺术表演团体	个	9	19	13	12	12
十八、图书出版量	万册	1626△	2549	1983	32135	33677
杂志出版量	万份	245△	221	2680	5144	7636
报纸出版量	万份	6786△	17000	30057	40325	55721
十九、卫生机构数	个	34	1035	1195	1346	1100
#医院、卫生院	个	14	138	248	297	205
医疗病床数	张	747	8454	12976	18349	21378
卫生技术人员	人	1253	8779	16068	26307	27553
#执业医师和执业助理医师	人	…	…	7247	12423	12107
二十、城市居民人均可支配收入	元	131△	216	327	1770	4860
农村居民人均可支配收入	元	41	96	127	768	1710
农民人均纯收入	元	48△	103	143	820	1737
二十一、金融机构各项存款	亿元	…	…	…	…	306
#城乡居民储蓄余额	亿元	0.0073※	0.27	1.14	42.42	183
金融机构各项贷款	亿元	…	…	…	…	241

注:1. 土地面积按当年实际情况整理。
2. ※为 1950 年数,★为 1951 年数,△为 1952 年数,◆为 1953 年数。
3. 工、农业总产值 1990 年以前按不变价格计算;1990 年以后按现行价格计算。
4. 邮电业务总量 1949－1978 年按 1970 年不变价格计算;1990－2001 年按 1990 年不变价格计算;2002 年－2009 年按 2000 年不变价格计算,2010 年以后按 2010 年不变价格计算。
5. 2003 年开始因教育制度改革,现行中等职业学校包括普通中专、职业高中,2002 年以前年份的数据是中等专业学校数据。
6. 人均地区生产总值 2000 年以前按户籍人口计算,2000 年以后按常住人口计算。

2000 年	2005 年	2008 年	2009 年	2010 年	2011 年	2012 年	2012 年比 2011 年 ± %
1.77	9.02	18.01	20.33	22.38	26.01	29.77	14.4
…	102.3	106.3	99.5	103.1	105.5	102.0	
101.7	101.9	105.2	99.4	102.9	105.5	102.3	
…	101.7	106.3	98.2	103.5	105.5	101.7	
100.7	100.4	103.9	97.7	103.8	105.4	101.5	
34.45	108.06	205.57	246.29	314.28	425.78	490.65	15.2
41.43	133.05	260.56	314.08	403.33	520.89	624.62	19.9
23	45	49	48	48	50	50	0.0
12.56	39.44	48.39	50.41	50.83	51.68	52.32	1.2
40	104	78	79	67	59	50	-15.3
8.41	11.27	9.97	13.76	11.37	11.56	12.09	4.6
38.42	34.52	29.00	29.53	30.74	32.51	34.38	5.8
46.65	33.87	39.51	40.36	41.35	42.54	43.95	3.3
13	12	12	12	12	12	9	-25.0
24844	30483	29084	26161	31109	34479	36290	5.3
10404	10925	8467	11271	12540	12140	12496	2.9
62354	75309	76080	100554	101861	94019	102698	9.2
1036	1519	2385	2709	2655	2680	4270	59.3
263	260	252	265	255	255	254	-0.4
20590	27395	35547	41603	42629	47036	51285	9.0
27460	28943	40232	44888	48791	53030	55978	5.6
12345	12088	15831	17153	18258	19100	20268	6.1
7530	12434	18282	20864	23347	27069	31044	14.7
2941	4735	7632	8986	10640	12717	15057	18.4
3005	4908	8003	9432	11206	13400	15763	17.6
826	2322	3869	5326	6428	7364	8801	19.5
373	954	1495	1881	2172	2527	3004	18.9
632	2055	3516	5201	6354	7484	8519	13.8

7. 2005 -2008 年的地区生产总值、社会消费品零售总额、2008 年工业总产值按第二次经济普查数据修正。
8. 2012 年固定资产投资、社会消费品零售总额、邮电业务总量数据统计方法或口径发生变化,数据进行了调整。
9. 根据国家抽样调查情况,全省统一对 2010 年粮食产量数据进行了调整。
10. 从 2011 年起,原全社会固定资产投资指标改名为固定资产投资,固定资产投资统计起点由 50 万元提高到 500 万元及以上。
11. 从 2012 年起,原财政一般预算收入和财政一般预算支出改名为公共财政预算收入和公共财政预算支出。

1-4 国民经济主要指标平均递增速度

指　标	1949～1965年	1965～1978年	1949～2012年	1978～2012年	2000～2012年	2010～2012年
一、年末户籍总人口	1.1	1.7	1.2	1.1	1.0	0.8
二、地区生产总值	4.3	5.1	9.2	13.2	14.9	13.8
第一产业	…	…	…	5.2	4.9	4.0
第二产业	…	…	…	15.1	17.6	16.4
#工业	…	…	…	15.2	18.3	18.0
第三产业	…	…	…	14.8	13.6	11.3
人均地区生产总值	…	…	…	11.9	13.6	11.5
三、工业总产值	18.3	9.9	15.7	16.8	23.4	22.7
四、农林牧渔业总产值	3.2	3.6	4.5	5.2	5.5	4.0
#农业	2.8	4.4	3.6	4.0	4.7	6.0
五、粮食产量	1.9	5.0	1.9	0.8	-0.5	2.4
六、固定资产投资	…	…	…	24.4	30.5	23.2
新增固定资产	23.4※	3.4	17.2△	24.5	32.2	24.0
竣工房屋面积	19.5※	1.8	7.7△	9.0	16.8	-6.3
#住宅	25.5※	1.2	8.6△	10.3	19.0	-1.4
七、社会消费品零售总额	9.1	6.8	13.3	18.5	17.6	16.8
八、公共财政预算收入	…	…	…	…	26.5	24.9
公共财政预算支出	…	…	…	…	25.4	24.4

1－4 续表　　单位:%

指　　标	1949～1965年	1965～1978年	1949～2012年	1978～2012年	2000～2012年	2010～2012年
九、高等学校数	9.9	－0.9	5.2	5.5	6.7	2.1
高等学校在校学生数	13.2	－0.2	8.7	10.3	12.6	1.5
普通中学在校学生数	12.6	12.1	5.6	0.1	－0.9	5.8
小学在校学生数	9.1	1.1	1.8	－1.3	－0.5	3.1
十、艺术表演团体	4.8	－2.9	0.0	－1.1	－3.0	－13.4
十一、图书出版量	3.5△	－1.9	5.1△	8.9	3.2	8.0
杂志出版量	－1.1△	21.6	6.4△	4.6	1.5	－0.2
报纸出版量	7.3△	4.5	4.4△	3.7	4.2	0.4
十二、卫生机构数	23.8	1.1	8.0	3.8	12.5	26.8
#医院、卫生院	15.4	4.6	4.7	0.1	－0.3	－0.2
医疗病床数	16.4	3.4	6.9	4.1	7.9	9.7
卫生技术人员	12.9	4.8	6.2	3.7	6.1	7.1
#执业医师和执业助理医师	…	…	…	3.1	4.2	5.4
十三、城市居民人均可支配收入	3.9△	4.1	9.1△	14.3	12.5	15.3
农民人均纯收入	6.0△	2.6	9.6△	14.8	14.8	18.6
城乡居民储蓄余额	27.2※	10.1	22.8※	26.1	19.0	17.6

注:※表示以1950年为基期,△表示以1952年为基期。

1-5 主要指标日均水平

指　　标	单位	1949 年	1965 年	1978 年	1990 年	1995 年
一、地区生产总值	万元	78.53△	192.44	461.52	2805	9116
二、工业总产值	万元	15.87	218.33	627.18	3196	9341
三、公共财政预算收入	万元	…	…	…	…	493
四、农林牧渔业总产值	万元	46.63	81.64	267.56	1001	2479
五、粮食总产量	吨	2036	2767	5200	7236	6707
六、固定资产投资	万元	5.60△	14.89	66.13	496	2875
竣工房屋面积	平方米	192※	939	2230	3007	8618
#住宅	平方米	33※	359	1128	1265	4622
七、邮电:函件	万件	1.65※	5.28	5.88	17.68	30.52
八、社会消费品零售总额	万元	25	96	252	1408	4543
九、城市生活用水	万吨	0.10	4.33	12.81	34.15	47.23
十、城市公共汽车乘客人数	万人次	1.65	11.29	45.06	72.76	64.77
十一、出　　生	人	…	352	193	242	113
死　　亡	人	…	94	83	103	101
结　　婚	对	…	…	…	140	110
离　　婚	对	…	…	…	14	20
十二、出版报纸	万份	18.59△	46.58	82.35	110.48	150.38
出版杂志	万份	0.67△	0.58	7.34	14.09	20.92
出版图书	万册	4.45△	6.98	5.43	88.04	92.27

注:1. ※为 1950 年数,△为 1952 年数。

2. 1949 年、1965 年工农业总产值按不变价格计算,其他年份按现价计算。

2000 年	2005 年	2008 年	2009 年	2010 年	2011 年	2012 年
19598	48862	90430	102596	124577	153954	175340
17000	35633	96095	114022	150349	195270	226386
944	2960	5632	6748	8610	11665	13442
3200	5127	7735	8072	8867	10622	11501
7187	7186	6795	6820	6853	6699	6793
5543	24149	51324	66898	87468	96171	109917
9412	25522	27874	41367	47715	44023	41866
5439	16774	19527	31006	32449	33321	31521
23.01	10.74	9.67	13.50	11.64	11.44	9.40
9570	20509	35856	41726	49646	58244	67252
58.21	86.41	68.14	72.87	72.91	80.12	82.05
92.64	214.14	289.87	224.48	197.87	290.85	291.40
170	185	195	191	196	208	227
114	117	106	96	100	85	117
110	125	172	219	190	216	209
17	28	38	43	46	50	55
170.83	206.33	208.44	275.49	279.07	257.59	281.36
28.50	29.93	23.20	30.88	34.36	33.26	34.24
68.07	83.52	79.68	71.67	85.23	94.46	99.42

1－6 主要指标人均水平

指　　标	单位	1949 年	1965 年	1978 年	1990 年	1995 年	2000 年
一、地区生产总值	元	89△	194	370	1871	5930	11699
二、工业总产值	元	19	221	503	2132	6811	10464
三、农林牧渔业总产值	元	55	82	215	667	1548	2004
四、粮食产量	公斤	240	280	417	480	435	450
五、固定资产投资完成额	元	6.34△	15.04	53.02	331	1870	3471
竣工房屋面积	平方米	0.02※	0.09	0.18	0.20	0.56	0.59
六、社会消费品零售总额	元	30	96	201	934	2955	5993
七、职工工资	元	439△	585	601	2135	5319	10137
八、人民生活							
农民纯收入	元	48△	103	143	721	1737	3005
城市居民可支配收入	元	131△	216	327	1770	4860	7530
城市居民人均购买主要商品：							
粮食	公斤	…	…	…	134.1	106.8	95.9
油脂类	公斤	…	…	…	7.8	7.7	9.8
鲜菜	公斤	…	…	…	134.9	115.5	115.4
猪肉	公斤	…	…	…	24.2	19.2	17.9
鲜蛋	公斤	…	…	…	5.6	7.8	7.3
煤炭	公斤	…	…	…	159.2	37.4	20.3
液化气	公斤	…	…	…	22.2	29.7	35.4
管道煤气	立方米	…	…	…	…	1.3	15.3
电	度(千瓦时)	…	…	…	…	169.2	307.3
九、城市住房建筑面积	平方米	…	…	…	…	…	18.6
十、城乡居民储蓄余额	元	…	…	25	771	3266	6400
十一、年末医疗病床数	张/千人	0.24	2.34	2.85	3.34	3.80	3.53

注：1. ※为 1950 年数，△为 1952 年数。
2. 1949 年、1965 年工农业总产值按不变价格计算。
3. 1999 年以后职工工资均为在岗职工平均工资。
4. 2003 年以前的除城乡居民调查指标、职工工资、城市住宅居住面积以外的指标按户籍人口计算。

2005 年		2008 年		2009 年		2010 年		2011 年		2012 年	
按户籍人口计算	按常驻人口计算	按户籍人口计算	按常驻人口计算	按户籍人口计算	按常驻人口计算	按户籍人口计算	按常驻人口计算	按户籍人口计算	按常驻人口计算	按户籍人口计算	按常驻人口计算
28969	28131	51610	50336	58122	56620	70119	66443	86005	79530	97172	89903
21126	20510	54843	53489	64595	62925	84625	80193	109093	100854	125461	116077
3040	2951	4415	4306	4573	4454	4991	4729	5934	5486	6374	5897
426	414	388	378	386	376	386	366	374	346	376	348
14317	13900	29291	28568	37899	36919	49232	46654	53725	49668	60915	56358
1.51	1.47	1.59	1.55	2.34	2.28	2.69	2.55	2.46	2.27	2.32	2.15
12159	11804	23814	23226	23638	23027	27943	26480	32538	30081	37271	34483
21499	21499	31835	31835	34889	34889	38338	38338	44497	44497	50904	50904
4908	4908	8003	8003	9432	9432	11206	11206	13400	13400	15763	15763
12434	12434	18282	18282	20864	20864	23347	23347	27069	27069	31044	31044
95.6	95.6	85.9	85.9	82.8	82.8	71.8	71.8	70.6	70.6	71.7	71.7
13.6	13.6	15.5	15.5	13.8	13.8	13.9	13.9	12.8	12.8	14.0	14.0
121.7	121.7	134.6	134.6	146.7	146.7	143.0	143.0	141.5	141.5	128.3	128.3
24.8	24.8	23.9	23.9	24.6	24.6	24.8	24.8	25.3	25.3	23.5	23.5
7.2	7.2	8.1	8.1	8.9	8.9	8.3	8.3	7.9	7.9	8.1	8.1
38.4	38.4	23.5	23.5	15.4	15.4	4.3	4.3	2.9	2.9	2.0	2.0
40.0	40.0	23.0	23.0	25.0	25.0	19.7	19.7	14.4	14.4	16.5	16.5
35.5	35.5					3.6	3.6	6.9	6.9	5.1	5.1
626.9	626.9	828.4	828.4	849.2	849.2	988.8	988.8	1004.9	1004.9	987.4	987.4
27.2	27.2	28.3	28.3	29.5	29.5	30.9	30.9	32.2	32.2	31.8	31.8
15503	15050	23376	22799	29200	28445	33495	31741	38676	35756	45612	42200
4.45	4.32	5.56	5.42	6.46	6.29	6.57	6.23	7.20	6.66	7.79	7.20

1－7 长沙市主要经济指标占湖南省的比重(2012年)

	单　位	2012年 湖南省	2012年 长沙市	长沙市占湖南省 的比重(%)
一、地区生产总值	亿元	22154.23	6399.91	28.9
第一产业	亿元	3004.21	272.31	9.1
第二产业	亿元	10506.42	3592.52	34.2
第三产业	亿元	8643.60	2535.08	29.3
人均地区生产总值	元	33480	89903	(比全省高)56423
二、工业增加值	亿元	9140.00	3051.94	33.4
三、粮食产量	亿元	3006.50	247.94	8.2
四、固定资产投资总额	亿元	14576.61	4011.96	27.5
五、社会消费品零售总额	亿元	7854.89	2454.71	31.3
六、公共财政预算收入	亿元	1776.01	490.65	27.6
七、进出口总额	亿美元	219.41	86.93	39.6
#出口总额	亿美元	126.00	51.74	41.1
八、实际使用外商直接投资	亿美元	72.80	29.77	40.9
九、年末金融机构存款余额	亿元	23148.15	8800.66	38.0
#城乡居民储蓄存款余额	亿元	12705.14	3004.07	23.6
年末金融机构贷款余额	亿元	15648.59	8518.93	54.4
十、城镇居民人均可支配收入	元	21319	30288	(比全省高)8969
城镇居民人均消费性支出	元	14609	19460	(比全省高)4851
农民人均纯收入	元	7440	15763	(比全省高)8323
农民人均生活消费支出	元	5870	10155	(比全省高)4285

2 国民经济核算

长沙统计年鉴

2－1 历年总产出

（按当年价格计算）

单位：万元

年份	总产出	第一产业	第二产业		
				工业	建筑业
1978	445167	94885	261262	228923	32339
1979	512800	100294	298835	263262	35573
1980	566778	99522	330929	290431	40498
1981	597597	102508	343903	301612	42291
1982	653134	115616	364941	313445	51496
1983	716729	133258	386077	328343	57734
1984	848086	140045	467896	388263	79633
1985	1070680	166053	591822	482327	109495
1986	1231664	180977	685235	556770	128465
1987	1544336	212304	861354	700625	160729
1988	2013436	274536	1132867	948752	184115
1989	2292734	307534	1284368	1121732	162636
1990	2498218	365244	1328070	1166550	161520
1991	2942165	368160	1572739	1371512	201227
1992	3807618	409372	2074753	1801621	273132
1993	5028164	480104	2860695	2444544	416151
1994	6595639	725156	3600830	3036926	563904
1995	8240569	868362	4454041	3406708	1047333
1996	10256270	1011363	5687635	4502675	1184960
1997	12039809	1114485	6648486	5344290	1304196
1998	13451981	1137967	7455518	5880203	1575315
1999	14471584	1146479	7981480	6270220	1711260
2000	15929378	1167935	8718097	6871687	1846410
2001	18281541	1239986	9891380	7318347	2573033
2002	20803475	1302245	11033144	7799745	3233399
2003	24524774	1371608	13608130	9597570	4010560
2004	29107181	1720663	16060819	11325426	4735393
2005	39259964	1871313	21315234	15026432	6288803
2006	48003504	1903000	27370285	19484481	7885804
2007	60762589	2171300	36358745	27953278	8405467
2008	75074448	2818996	46979286	36973579	10005707
2009	85490183	2946120	53630177	42393768	11236409
2010	109954217	3236412	74064176	57164235	16899941
2011	136208949	3877163	93843264	73425312	20417952
2012	155420876	4197846	107915453	85011553	22903900

注：2005－2008 年数据为按第二次经济普查数据修正后数据；2004 年开始行业分类按《国民经济行业分类》GB/T4754－2002 标准执行，本章节数据相应调整。

2－1 续表

单位：万元

年 份	第三产业	运 输邮电业	批 零餐饮业	金 融保险业	房地产业	其 它服务业
1978	89020	13371	44740	5811	2472	22626
1979	113671	14681	67286	7748	3508	20448
1980	136327	16532	85098	8281	3826	22590
1981	151186	17016	88469	10396	4803	30502
1982	172577	18756	97993	15478	7162	33188
1983	197394	19496	107028	15768	7284	47818
1984	240145	29057	129045	16099	8864	57080
1985	312805	33065	168113	19685	10424	81518
1986	365452	41562	186341	36243	10994	90312
1987	470678	51710	219776	49340	11618	138234
1988	606033	64103	284396	65060	13068	179406
1989	700832	74676	311346	86466	13728	214616
1990	804904	83888	370881	89610	15809	244716
1991	1001266	104325	499593	92454	19098	285796
1992	1323493	131979	670888	131440	23284	365902
1993	1687365	156154	898097	162164	33950	437000
1994	2269653	198468	1125958	252566	44842	647819
1995	2918166	268451	1479267	304331	62621	803496
1996	3557272	380222	1634927	368767	80094	1093262
1997	4276838	502581	1833517	469979	93396	1377365
1998	4858496	569160	1917848	450031	113360	1808097
1999	5343625	629051	1973462	466289	129017	2145806
2000	6043346	564692	2115542	493440	198579	2671093
2001	7150175	886577	2224348	500138	278584	3260528
2002	8468086	1012094	2436837	505376	357754	4156025
2003	9545036	1110567	2609552	528518	421431	4874968

年 份	第三产业	运输仓储邮政业	批 发零售业	住 宿餐饮业	金 融保险业	房地产业	其 它服务业
2004	11325699	908212	2176196	948442	566267	640735	6085847
2005	16073417	1564680	2551144	1511009	1646100	1000624	7799858
2006	18730219	1788637	2930295	1820634	1886243	1321325	8983085
2007	22232544	2196608	3654189	2295949	2371947	1585570	10128281
2008	25276166	2544687	4102151	2413104	2625656	1478295	12112272
2009	28913885	2821984	4816549	2630963	3255809	1961896	13426684
2010	32653629	3180407	5549636	2990783	3703589	2152435	15076779
2011	38488522	3763168	6485229	3449536	4229975	2356685	18203929
2012	43307577	3952640	7651929	3931253	5170389	2478412	20122954

2-2 历年总产出构成

单位:%

年份	总产出	第一产业	第二产业	工业	建筑业	第三产业	运输邮电业	批零餐饮业	金融保险业	房地产业	其它服务业
1978	100	21.3	58.7	51.4	7.3	20.0	3.0	10.1	1.3	0.6	5.0
1979	100	19.6	58.2	51.3	6.9	22.2	2.9	13.1	1.5	0.7	4.0
1980	100	17.6	58.3	51.2	7.1	24.1	2.9	15.0	1.5	0.7	4.0
1981	100	17.2	57.6	50.5	7.1	25.2	2.8	14.8	1.7	0.8	5.1
1982	100	17.7	55.9	48.0	7.9	26.4	2.9	14.9	2.4	1.1	5.1
1983	100	18.6	53.9	45.8	8.1	27.5	2.7	14.9	2.2	1.0	6.7
1984	100	16.5	55.2	45.8	9.4	28.3	3.4	15.2	1.9	1.0	6.8
1985	100	15.5	55.3	45.1	10.2	29.2	3.1	15.7	1.8	1.0	7.6
1986	100	14.7	55.6	45.2	10.4	29.7	3.4	15.1	2.9	0.9	7.4
1987	100	13.7	55.8	45.4	10.4	30.5	3.3	14.2	3.2	0.8	9.0
1988	100	13.6	56.3	47.1	9.2	30.1	3.2	14.1	3.2	0.6	9.0
1989	100	13.4	56.0	48.9	7.1	30.6	3.3	13.6	3.7	0.6	9.4
1990	100	14.6	53.2	46.7	6.5	32.2	3.4	14.8	3.6	0.6	9.8
1991	100	12.5	53.5	46.6	6.9	34.0	3.5	17.0	3.2	0.6	9.7
1992	100	10.7	54.5	47.3	7.2	34.8	3.5	17.6	3.5	0.6	9.6
1993	100	9.5	56.9	48.6	8.3	33.6	3.1	17.9	3.2	0.7	8.7
1994	100	11.0	54.6	46.0	8.6	34.4	3.0	17.1	3.8	0.7	9.8
1995	100	10.5	54.1	41.4	12.7	35.4	3.3	17.9	3.7	0.8	9.7
1996	100	9.8	55.5	43.9	11.6	34.7	3.7	15.9	3.6	0.8	10.7
1997	100	9.3	55.2	44.4	10.8	35.5	4.2	15.2	3.9	0.8	11.4
1998	100	8.5	55.4	43.7	11.7	36.1	4.2	14.3	3.3	0.8	13.5
1999	100	7.9	55.2	43.4	11.8	36.9	4.3	13.7	3.2	0.9	14.8
2000	100	7.4	54.7	43.1	11.6	37.9	3.5	13.3	3.1	1.2	16.8
2001	100	6.8	54.1	40.0	14.1	39.1	4.8	12.2	2.7	1.5	17.9
2002	100	6.3	53.0	37.5	15.5	40.7	4.9	11.7	2.4	1.7	20.0
2003	100	5.6	55.5	39.1	16.4	38.9	4.5	10.6	2.2	1.7	19.9

年份	总产出	第一产业	第二产业	工业	建筑业	第三产业	运输仓储邮政业	批发零售业	住宿餐饮业	金融保险业	房地产业	其它服务业
2004	100	5.9	55.2	38.9	16.3	38.9	3.1	7.5	3.3	1.9	2.2	20.9
2005	100	4.8	54.3	38.3	16.0	40.9	4.0	6.5	3.8	4.2	2.5	19.9
2006	100	4.0	57.0	40.6	16.4	39.0	3.7	6.1	3.8	3.9	2.8	18.7
2007	100	3.6	59.8	46.0	13.8	36.6	3.6	6.0	3.8	3.9	2.6	16.7
2008	100	3.8	62.6	49.2	13.3	33.7	3.4	5.5	3.2	3.5	2.0	16.1
2009	100	3.4	62.7	49.6	13.1	33.8	3.3	5.6	3.1	3.8	2.3	15.7
2010	100	2.9	67.4	52.0	15.4	29.7	2.9	5.0	2.7	3.4	2.0	13.7
2011	100	2.8	68.9	53.9	15.0	28.3	2.8	4.8	2.5	3.1	1.7	13.4
2012	100	2.7	69.4	54.7	14.7	27.9	2.6	4.9	2.5	3.3	1.6	13.0

2－3　历年总产出环比指数

（按可比价格计算，以上年为100）

年　份	总产出	第一产业	第二产业	工　业	建筑业
1978					
1979	111.4	105.7	113.3	115.0	102.0
1980	106.8	99.2	109.5	110.3	103.0
1981	105.0	99.3	103.1	103.2	102.4
1982	110.0	112.4	106.1	104.2	121.2
1983	109.2	107.0	107.0	106.4	111.6
1984	114.0	104.4	118.0	114.4	142.2
1985	115.6	108.1	119.0	119.5	116.8
1986	112.8	106.0	114.2	113.1	119.9
1987	117.9	103.0	120.3	121.2	115.5
1988	113.6	104.5	117.8	118.8	112.4
1989	107.0	102.8	106.6	109.7	88.6
1990	105.3	102.3	102.7	103.2	99.1
1991	112.7	103.5	115.4	115.7	113.6
1992	113.5	102.9	112.8	111.8	120.1
1993	114.5	105.5	118.0	116.2	130.5
1994	114.8	106.3	117.8	117.6	119.4
1995	115.9	106.4	121.3	116.1	153.2
1996	115.4	108.4	115.2	116.6	108.6
1997	114.5	107.8	115.5	117.1	107.6
1998	114.0	103.5	115.5	115.0	118.5
1999	110.6	103.1	110.9	111.5	107.8
2000	111.8	104.7	112.8	112.0	116.9
2001	113.8	106.0	112.2	107.8	128.5
2002	113.4	102.4	110.6	107.4	120.5
2003	116.1	105.1	119.9	119.0	122.7
2004	117.2	111.4	120.6	121.1	119.3
2005	116.0	106.5	118.7	117.0	123.2
2006	114.2	99.4	119.3	123.9	108.1
2007	116.9	106.8	117.8	121.0	108.9
2008	117.7	116.7	120.6	124.9	107.5
2009	116.2	106.4	118.4	119.9	112.8
2010	118.1	104.5	123.0	124.5	117.2
2011	115.0	104.0	117.1	118.9	111.1
2012	120.3	104.0	122.3	125.6	110.5

单位:%

第三产业	运输邮电业	批零餐饮业	金融保险业	房地产业	其它服务业
115.6	102.0	117.8	133.3	141.9	109.7
111.1	102.5	116.0	106.9	109.1	107.2
116.9	102.9	114.9	123.4	123.4	125.6
115.9	108.6	107.7	146.3	146.6	119.6
115.9	102.9	116.7	100.1	99.9	130.8
115.9	148.3	116.1	98.5	117.3	111.4
115.9	118.0	114.7	109.0	104.8	121.6
115.9	108.3	112.4	174.7	100.1	110.3
124.6	114.6	122.0	124.2	96.2	137.4
111.6	118.6	114.0	106.6	90.9	109.7
110.1	110.4	107.6	114.8	90.7	113.9
111.8	111.6	112.2	102.1	113.5	114.9
112.7	107.1	120.7	96.5	113.0	108.3
119.6	111.0	126.5	124.7	117.4	109.3
112.3	115.7	112.1	103.1	120.4	114.3
112.5	106.8	111.6	126.6	107.2	112.0
109.6	120.3	111.0	99.9	124.9	105.9
118.1	121.7	107.2	133.8	118.3	132.8
114.6	126.6	106.1	109.1	110.7	126.5
114.1	120.3	104.6	103.6	120.1	127.9
111.8	111.1	108.9	103.5	123.1	116.7
111.6	119.4	104.0	105.7	126.0	117.5
117.6	129.8	109.7	100.6	128.8	123.6
119.3	123.1	108.8	100.8	129.8	127.8
112.9	122.2	107.1	104.6	118.4	115.0

第三产业	运输仓储邮政业	批发零售业	住宿餐饮业	金融保险业	房地产业	其它服务业
113.3	115.9	104.0	104.3	106.5	121.4	117.4
113.4	107.6	113.3	113.6	107.1	108.9	115.3
109.1	108.3	112.4	106.2	112.9	109.0	108.0
116.6	120.1	115.8	121.0	115.9	118.0	115.2
113.7	110.0	114.5	117.2	112.6	94.0	116.3
113.8	109.9	119.6	106.4	125.1	131.3	109.8
111.5	117.8	112.1	112.2	110.0	104.1	108.5
111.4	111.1	112.5	108.9	111.5	103.1	112.7
116.9	111.5	120.5	114.6	123.0	109.1	116.6

2－4 历年总产出定基指数

（按可比价格计算，以1978年为100）

年份	总产出	第一产业	第二产业	工业	建筑业
1978	100	100	100	100	100
1979	111.4	105.7	113.3	115.0	102.0
1980	119.0	104.9	124.1	126.8	105.1
1981	125.0	104.2	127.9	130.9	107.6
1982	137.5	117.1	135.7	136.4	130.4
1983	150.2	125.3	145.2	145.1	145.5
1984	171.2	130.8	171.3	166.0	206.9
1985	197.9	141.4	203.8	198.4	241.7
1986	223.2	149.9	232.7	224.4	289.8
1987	263.2	154.4	279.9	272.0	334.7
1988	299.0	161.3	329.7	323.1	376.2
1989	319.9	165.8	351.5	354.4	333.3
1990	336.9	169.6	361.0	365.7	330.3
1991	379.7	175.5	416.6	423.1	375.2
1992	431.0	180.6	469.9	473.0	450.6
1993	493.5	190.5	554.5	549.6	588.0
1994	566.5	202.5	653.2	646.3	702.1
1995	656.6	215.5	792.3	750.4	1075.6
1996	757.7	233.6	912.7	875.0	1168.1
1997	867.6	251.8	1054.2	1024.6	1256.9
1998	989.1	260.6	1217.6	1178.3	1489.4
1999	1093.9	268.7	1350.3	1313.8	1605.6
2000	1223.0	281.3	1523.1	1471.5	1876.9
2001	1391.8	298.2	1708.9	1586.3	2411.8
2002	1578.3	305.4	1890.0	1703.7	2906.2
2003	1832.4	321.0	2266.1	2027.4	3565.9
2004	2147.6	357.6	2732.9	2455.2	4254.1
2005	2491.2	380.8	3244.0	2872.6	5241.1
2006	2844.0	378.7	3868.7	3559.9	5665.6
2007	3323.3	404.5	4557.4	4309.3	6169.9
2008	3912.4	471.8	5494.6	5380.5	6632.6
2009	4545.7	502.2	6503.1	6453.2	7478.3
2010	5368.5	524.8	7998.8	8034.2	8764.6
2011	6176.4	545.8	9370.5	9554.5	9741.6
2012	7430.2	567.6	11460.1	12000.5	10764.5

单位:%

第三产业	运输邮电业	批零餐饮业	金融保险业	房地产业	其它服务业
100	100	100	100	100	100
115.6	102.0	117.8	133.3	141.9	109.7
128.4	104.6	136.6	142.5	154.8	117.6
150.1	107.6	157.0	175.8	191.0	147.7
174.0	116.9	169.1	257.2	280.0	176.6
201.7	120.3	197.3	257.5	279.7	231.0
233.8	178.4	229.1	253.6	328.1	257.3
271.0	210.5	262.8	276.4	343.8	312.9
314.1	228.0	295.4	482.9	344.1	345.1
391.4	261.3	360.4	599.8	331.0	474.2
436.8	309.9	410.9	639.4	300.9	520.2
480.9	342.1	442.1	734.0	272.9	592.5
537.6	381.8	496.0	749.4	309.7	680.8
605.9	408.9	598.7	723.2	350.0	737.3
724.7	453.9	757.4	901.8	410.9	805.9
813.8	525.2	849.0	929.8	494.7	921.1
915.5	560.9	947.5	1177.1	530.3	1031.6
1003.4	674.8	1051.7	1175.9	662.3	1092.5
1185.0	821.2	1127.4	1573.4	783.5	1450.8
1358.0	1039.6	1196.2	1716.6	867.3	1835.3
1549.5	1250.6	1251.2	1778.4	1041.6	2347.3
1732.3	1389.4	1362.6	1840.6	1282.2	2739.3
1933.2	1658.9	1417.1	1945.5	1615.6	3218.7
2273.4	2153.3	1554.6	1957.2	2080.9	3978.3
2712.2	2650.7	1691.4	1972.9	2701.0	5084.3
3062.1	3239.2	1811.5	2063.7	3198.0	5846.9

第三产业	运输仓储邮政业	批发零售业	住宿餐饮业	金融保险业	房地产业	其它服务业
3469.4	3638.3	1872.5	1883.1	2197.8	3872.8	6887.7
3934.3	3914.8	2121.6	2139.2	2353.9	4217.5	7941.6
4292.9	4238.7	2384.2	2272.4	2656.8	4596.6	8576.7
5003.3	5090.7	2760.9	2749.6	3079.3	5424.0	9880.4
5687.4	5599.7	3161.2	3222.6	3467.3	5098.5	11490.9
6471.8	6156.4	3779.8	3427.8	4336.4	6695.5	12617.6
7216.1	7252.2	4237.2	3846.0	4770.0	6970.0	13690.1
8037.5	8055.8	4767.5	4189.6	5317.5	7185.3	15428.7
9395.8	8982.2	5744.8	4801.3	6540.5	7839.2	17989.9

2－5 历年地区生产总值

（按当年价格计算）

年份	地区生产总值（GDP）	第一产业	第二产业	工业	建筑业
1978	168453	56092	74436	63735	10701
1979	213830	66329	100585	87584	13001
1980	231716	65819	111424	96623	14801
1981	257289	70974	123181	106641	16540
1982	286247	77973	135101	112880	22221
1983	323103	91952	146343	120864	25479
1984	364037	100688	161664	129822	31842
1985	450774	120844	197301	155838	41463
1986	514749	131395	222520	174528	47992
1987	634135	147543	275363	214193	61170
1988	825712	194304	356294	288687	67607
1989	932540	212031	393832	330194	63638
1990	1023956	243772	405796	343378	62418
1991	1189012	241941	484759	410114	74645
1992	1498739	266151	626843	522893	103950
1993	1935420	301613	830974	687474	143500
1994	2609009	358777	1132512	937517	194995
1995	3327521	455780	1403433	1065652	337781
1996	4157722	583757	1731447	1369267	362180
1997	5037611	687320	2056865	1671931	384934
1998	5709136	707519	2336161	1877559	458602
1999	6280205	713285	2521526	2042102	479424
2000	7153383	741104	2781935	2231776	550159
2001	8112564	783636	3138755	2414568	724187
2002	9227729	791826	3597436	2705355	892081
2003	10772233	832886	4449437	3325205	1124232
2004	12966593	1045950	5416800	3969036	1447764
2005	17834773	1139776	7856481	5819631	2036850
2006	21199863	1163200	9783225	7542332	2240893
2007	25810972	1329500	12086234	9573762	2512472
2008	33007126	1721126	16733811	13715809	3018002
2009	37447641	1793998	18935854	15545379	3390475
2010	45470573	2020081	24370286	20206783	4163503
2011	56193285	2433845	31516848	26624732	4892116
2012	63999097	2723145	35925163	30519392	5405771

注：1. 2005－2008 年历史数据按第二次经济普查结果调整，行业分类按《国民经济行业分类》GB/T4754－1994 标准。

2. 2000 年以前人均地区生产总值按户籍人口计算，2000 年以后按常住人口计算。

单位:万元

第三产业	运输邮电业	批零餐饮业	金融保险业	房地产业	其它服务业	人均地区生产总值（元/人）
37925	8417	13427	4090	1978	10013	370
46916	9002	19072	5811	2807	10224	464
54473	9939	23967	6211	3061	11295	496
63134	10267	25976	7797	3843	15251	544
73173	11802	27438	11609	5730	16594	596
84808	12058	31188	11826	5827	23909	662
101685	16537	37443	12074	7091	28540	737
132629	19833	48934	16764	8339	38759	900
160834	24937	54039	27907	8795	45156	1012
211229	29992	64834	37992	9294	69117	1227
275114	37180	85372	50596	10035	91931	1526
326677	43006	93404	66579	10983	112705	1718
374388	48991	112377	69000	12647	131373	1871
462312	62071	153974	71596	15994	158677	2155
605745	80035	209877	93536	18534	203763	2703
802833	105875	274691	117513	27024	277730	3485
1117720	126546	366270	178916	35650	410338	4680
1468308	184223	516085	224019	49846	494135	5930
1842518	257171	617100	270892	63915	633440	7356
2293426	337992	749793	306628	74623	824390	8842
2665456	382181	852130	336268	90688	1004189	9939
3045394	417239	952207	362988	103562	1209398	10834
3630344	525950	1086770	389800	159062	1468762	11699
4190173	584865	1215367	400167	223285	1766489	13149
4838467	649131	1390327	403000	286847	2109162	14763
5489910	709677	1565903	430689	337988	2445653	17164

第三产业	运输仓储邮政业	批发零售业	住宿餐饮业	金融保险业	房地产业	其它服务业	人均地区生产总值（元/人）
6503843	560137	1567600	383674	469797	514253	3008382	20625
8838516	719753	1837690	622278	806589	860537	3991669	28131
10253438	822773	2110807	749790	924259	1047555	4598253	32983
12395239	1010440	2554309	875136	1162254	1331727	5461373	39727
14552189	1201981	2940177	1069162	1286506	1267867	6786496	50336
16717789	1332497	3452215	1165687	1593933	1681973	7491484	56620
19080206	1570005	3984640	1324917	1780423	1844637	8575584	66443
22242592	1786425	4651427	1528260	2033472	1922122	10320886	79530
25350789	2016779	5153121	1723354	2311174	2043367	12102994	89903

2－6 历年地区生产总值构成

单位:%

年份	地区生产总值(GDP)	第一产业	第二产业	工业	建筑业	第三产业	运输邮电业	批零餐饮业	金融保险业	房地产业	其它服务业
1978	100	33.3	44.2	37.8	6.4	22.5	5.0	8.0	2.4	1.2	5.9
1979	100	31.0	47.1	41.0	6.1	21.9	4.2	8.9	2.7	1.3	4.8
1980	100	28.4	48.1	41.7	6.4	23.5	4.3	10.3	2.7	1.3	4.9
1981	100	27.6	47.9	41.4	6.5	24.5	4.0	10.1	3.0	1.5	5.9
1982	100	27.2	47.2	39.4	7.8	25.6	4.1	9.6	4.1	2.0	5.8
1983	100	28.5	45.3	37.4	7.9	26.2	3.7	9.7	3.7	1.8	7.3
1984	100	27.7	44.4	35.7	8.7	27.9	4.5	10.3	3.3	1.9	7.9
1985	100	26.8	43.8	34.6	9.2	29.4	4.4	10.9	3.7	1.8	8.6
1986	100	25.5	43.2	33.9	9.3	31.3	4.8	10.5	5.4	1.7	8.9
1987	100	23.3	43.4	33.8	9.6	33.3	4.7	10.2	6.0	1.5	10.9
1988	100	23.5	43.2	35.0	8.2	33.3	4.5	10.3	6.1	1.2	11.2
1989	100	22.8	42.2	35.4	6.8	35.0	4.6	10.0	7.1	1.2	12.1
1990	100	23.8	39.6	33.5	6.1	36.6	4.8	11.0	6.7	1.2	12.9
1991	100	20.3	40.8	34.5	6.3	38.9	5.2	13.0	6.0	1.3	13.4
1992	100	17.8	41.8	34.9	6.9	40.4	5.3	14.1	6.2	1.2	13.6
1993	100	15.6	42.9	35.5	7.4	41.5	5.5	14.2	6.1	1.4	14.3
1994	100	13.8	43.4	35.9	7.5	42.8	4.9	14.0	6.9	1.4	15.6
1995	100	13.7	42.2	32.0	10.2	44.1	5.5	15.5	6.7	1.5	14.9
1996	100	14.0	41.6	32.9	8.7	44.4	6.2	14.9	6.5	1.5	15.3
1997	100	13.6	40.8	33.2	7.6	45.6	6.7	14.9	6.1	1.5	16.4
1998	100	12.4	40.9	32.9	8.0	46.7	6.7	14.9	5.9	1.6	17.6
1999	100	11.4	40.2	32.5	7.7	48.4	6.6	15.2	5.8	1.6	19.2
2000	100	10.4	38.9	31.2	7.7	50.7	7.4	15.2	5.4	2.2	20.5
2001	100	9.7	38.7	29.8	8.9	51.6	7.2	15.0	4.9	2.8	21.7
2002	100	8.6	39.0	29.3	9.7	52.4	7.0	15.1	4.4	3.1	22.8
2003	100	7.7	41.3	30.9	10.4	51.0	6.6	14.6	4.0	3.1	22.7

年份	地区生产总值(GDP)	第一产业	第二产业	工业	建筑业	第三产业	运输仓储邮政业	批发零售业	住宿餐饮业	金融保险业	房地产业	其它服务业
2004	100	8.1	41.8	30.6	11.2	50.1	4.3	12.1	3.0	3.6	4.0	23.1
2005	100	6.4	44.1	32.6	11.4	49.5	4.0	10.3	3.5	4.5	4.8	22.4
2006	100	5.5	46.1	35.6	10.6	48.4	3.9	10.0	3.5	4.4	4.9	21.7
2007	100	5.2	46.8	37.1	9.7	48.0	3.9	9.9	3.4	4.5	5.2	21.2
2008	100	5.2	50.7	41.6	9.1	44.1	3.6	8.9	3.2	3.9	3.8	20.6
2009	100	4.8	50.6	41.5	9.1	44.6	3.6	9.2	3.1	4.3	4.5	20.0
2010	100	4.4	53.6	44.4	9.2	42.0	3.5	8.8	2.9	3.9	4.1	18.8
2011	100	4.3	56.1	47.4	8.7	39.6	3.2	8.3	2.7	3.6	3.4	18.4
2012	100	4.3	56.1	47.7	8.4	39.6	3.2	8.1	2.7	3.6	3.2	18.8

2-7 历年地区生产总值环比指数

（按可比价格计算，以上年为100） 单位：%

年份	地区生产总值（GDP）	第一产业	第二产业			第三产业						人均地区生产总值（元/人）
				工业	建筑业		运输邮电业	批零餐饮业	金融保险业	房地产业	其它服务业	
1978												
1979	115.4	110.0	120.0	120.0	120.0	117.2	123.2	109.4	118.1	141.9	128.9	114.3
1980	114.7	110.1	121.3	120.7	127.4	111.3	121.7	108.1	108.3	109.1	113.8	113.1
1981	111.2	109.5	110.0	110.0	110.0	115.9	121.5	109.8	127.8	123.4	116.9	109.9
1982	112.4	109.5	110.0	107.7	131.7	120.6	114.4	106.3	138.5	146.6	139.7	110.6
1983	114.2	109.5	110.0	109.7	112.3	126.9	109.7	120.5	110.7	112.1	164.9	112.3
1984	112.3	109.8	110.0	105.6	143.1	118.2	119.5	110.9	131.8	117.4	121.2	111.4
1985	112.2	109.2	109.9	109.0	115.0	118.3	112.6	115.7	137.1	104.8	117.6	110.4
1986	109.4	105.5	111.6	109.4	122.8	110.8	112.7	105.0	124.1	103.5	110.5	107.7
1987	110.4	100.5	115.4	115.6	114.9	114.1	113.6	108.7	116.3	102.8	120.5	108.7
1988	113.7	103.3	117.1	118.3	111.2	118.4	107.6	116.9	126.0	106.7	121.7	108.8
1989	104.5	102.0	108.4	112.3	88.7	102.0	100.2	105.2	97.1	94.5	103.5	104.0
1990	104.6	103.8	102.9	103.6	98.5	107.3	112.2	102.3	103.4	104.1	112.6	103.7
1991	108.7	94.1	113.9	113.9	113.9	112.9	113.0	120.0	107.5	112.0	109.6	107.8
1992	117.2	101.7	122.6	120.6	135.9	120.0	117.5	128.7	110.3	113.8	118.3	116.6
1993	118.2	105.6	120.7	120.7	120.6	121.5	120.5	119.2	115.9	126.0	126.4	118.0
1994	113.4	105.0	116.4	117.3	110.9	113.6	101.8	108.4	118.8	107.2	121.3	113.0
1995	114.0	104.9	115.4	110.6	145.5	116.0	127.9	122.4	110.6	124.9	108.4	113.3
1996	114.0	108.0	115.4	117.7	104.7	114.5	119.9	116.0	110.9	118.3	112.3	113.2
1997	115.9	108.2	116.5	119.1	102.8	117.7	124.2	114.9	107.5	110.7	123.2	115.0
1998	113.9	102.5	114.5	113.9	118.3	116.8	121.2	113.6	108.4	120.1	121.0	113.0
1999	111.5	103.4	110.7	111.2	108.2	114.7	111.0	115.6	107.7	123.1	116.9	110.5
2000	112.2	104.0	112.5	112.6	112.0	113.9	117.0	113.3	105.7	126.0	114.6	110.7
2001	113.5	104.9	113.6	109.1	131.6	115.3	110.7	113.9	104.4	128.4	119.4	112.5
2002	114.5	101.8	114.8	113.0	120.8	116.6	113.0	117.6	102.6	129.8	118.8	113.0
2003	115.3	104.8	120.9	120.3	122.9	112.8	108.2	112.6	105.8	118.4	115.0	114.8

年份	地区生产总值（GDP）	第一产业	第二产业			第三产业							人均地区生产总值（元/人）
				工业	建筑业		运输仓储邮政业	批发零售业	住宿餐饮业	金融保险业	房地产业	其它服务业	
2004	116.0	107.0	120.8	121.4	119.0	113.6	109.2	114.5	116.9	104.6	122.1	114.0	115.8
2005	114.9	106.7	117.6	117.0	119.4	113.8	107.6	113.3	115.7	107.3	108.9	116.9	113.9
2006	115.3	101.1	118.8	123.1	106.4	114.1	109.0	113.5	122.2	112.1	117.9	113.6	113.8
2007	115.7	106.5	116.1	119.7	104.2	116.5	120.1	115.8	112.3	118.8	116.2	116.5	114.5
2008	115.5	106.8	118.5	121.8	106.3	113.6	112.2	112.8	118.1	110.6	88.0	119.7	114.4
2009	114.7	106.5	116.3	117.5	111.3	113.9	109.9	119.6	106.0	120.7	131.7	109.1	113.7
2010	115.5	104.5	120.7	121.6	116.5	111.5	117.6	111.5	112.6	107.8	103.9	112.6	113.9
2011	114.5	104.0	118.3	120.4	108.1	110.7	112.4	110.4	111.5	107.2	95.9	114.2	110.9
2012	113.0	104.0	114.5	115.7	108.1	112.0	112.5	109.0	108.1	111.6	103.8	115.4	112.1

2－8 历年地区生产总值定基指数

（按可比价格计算，以1978年为100）

年份	地区生产总值（GDP）	第一产业	第二产业	工业	建筑业
1978	100	100	100	100	100
1979	115.4	110.0	120.0	120.0	120.0
1980	132.4	121.1	145.6	144.8	152.9
1981	147.2	132.6	160.2	159.3	168.2
1982	165.5	145.2	176.2	171.6	221.5
1983	189.0	159.0	193.8	188.2	248.7
1984	212.2	174.6	213.2	198.7	355.9
1985	238.1	190.7	234.3	216.6	409.3
1986	260.5	201.2	261.5	237.0	502.6
1987	287.6	202.2	301.8	274.0	577.5
1988	327.0	208.9	353.4	324.1	642.2
1989	341.7	213.1	383.1	364.0	569.6
1990	357.4	221.2	394.2	377.1	561.1
1991	388.5	208.1	449.0	429.5	639.1
1992	455.3	211.6	550.5	518.0	868.5
1993	538.2	223.4	664.5	625.2	1047.4
1994	610.3	234.6	773.5	733.4	1161.6
1995	695.7	246.1	892.6	811.1	1690.1
1996	793.1	265.8	1030.1	954.7	1769.5
1997	919.2	287.6	1200.1	1137.0	1819.0
1998	1047.0	294.8	1374.1	1295.0	2151.9
1999	1167.4	304.8	1521.1	1440.0	2328.4
2000	1309.8	317.0	1711.2	1621.4	2607.8
2001	1486.6	332.5	1943.9	1768.9	3431.9
2002	1702.2	338.5	2231.6	1998.9	4145.7
2003	1962.6	354.7	2698.0	2404.7	5095.1
2004	2276.6	379.5	3259.2	2919.3	6063.2
2005	2615.8	404.9	3832.8	3415.6	7239.5
2006	3016.8	409.5	4552.7	4205.1	7702.8
2007	3491.9	436.1	5285.0	5032.6	8026.3
2008	4032.3	465.8	6265.1	6128.3	8532.0
2009	4623.8	496.1	7289.4	7200.8	9499.7
2010	5340.5	518.4	8798.3	8756.2	11067.2
2011	6114.9	539.1	10408.4	10542.5	11963.6
2012	6909.8	560.7	11917.6	12197.7	12932.7

单位:%

第三产业	运输邮电业	批零餐饮业	金融保险业	房地产业	其它服务业	人均地区生产总值
100	100	100	100	100	100	100
117.2	123.2	109.4	118.1	141.9	128.9	114.3
130.4	149.9	118.3	127.9	154.8	146.7	129.3
151.1	182.1	129.9	163.5	191.0	171.5	142.1
182.2	208.3	138.1	226.4	280.0	239.6	157.2
231.2	228.5	166.4	250.6	313.9	395.1	176.5
273.3	273.1	184.5	330.3	368.5	478.9	196.6
323.3	307.5	213.5	452.8	386.2	563.2	217.0
358.2	346.6	224.2	561.9	399.7	622.3	233.7
408.7	393.7	243.7	653.5	410.9	749.9	254.0
483.9	423.6	284.9	823.4	438.4	912.6	276.4
493.6	424.4	299.7	799.5	414.3	944.5	287.5
529.6	476.2	306.6	826.7	431.3	1063.5	298.1
597.9	538.1	367.9	888.7	483.1	1165.6	321.4
717.5	632.3	473.5	980.2	549.8	1378.9	374.8
871.8	761.9	564.4	1136.1	692.7	1742.9	442.3
990.4	775.6	611.8	1349.7	742.6	2114.1	499.8
1148.9	992.0	748.8	1492.8	927.5	2291.7	566.3
1315.5	1189.4	868.6	1655.5	1097.2	2573.6	641.1
1548.3	1477.2	998.0	1779.7	1214.6	3170.7	737.3
1808.4	1790.4	1133.7	1929.2	1458.7	3836.5	833.1
2074.2	1987.3	1310.6	2077.7	1795.7	4484.9	920.6
2362.5	2325.1	1484.9	2196.1	2262.6	5139.7	1019.1
2724.0	2573.9	1691.3	2292.7	2905.2	6136.8	1146.5
3176.2	2908.5	1989.0	2352.3	3770.9	7290.5	1295.5
3582.8	3147.0	2239.6	2488.7	4464.7	8384.1	1487.2

第三产业	运输仓储邮政业	批发零售业	住宿餐饮业	金融保险业	房地产业	其它服务业	人均地区生产总值
4070.1	3327.3	2530.0	2629.8	2603.2	5451.4	9569.3	1722.2
4631.8	3580.2	2866.5	3042.7	2793.2	5936.6	11186.5	1962.2
5284.5	3902.4	3253.5	3718.2	3131.2	6999.2	12707.9	2232.2
6156.1	4686.8	3767.5	4175.5	3719.9	8133.1	14804.7	2556.1
6990.3	5258.6	4249.8	4931.2	4114.2	7157.1	17721.2	2924.5
7958.9	5779.2	5083.5	5227.6	4966.3	9427.0	19328.2	3325.7
8874.2	6796.3	5668.1	5886.3	5353.7	9794.7	21763.6	3788.0
9823.7	7639.0	6257.6	6563.2	5739.2	9393.1	24854.0	4200.9
11002.5	8593.9	6820.8	7094.8	6404.9	9750.0	28681.5	4709.2

2－9 历年地区生产总值(支出法)

（按当年价格计算）

单位:万元

年份	地区生产总值(GDP)	最终消费					资本形成总额			货物和服务净流出
			居民消费			政府消费		固定资本形成总额	存货增加	
				农村居民	城镇居民					
1978	168453	172284	148449	90300	58149	23835	25139	13202	11937	－28970
1979	213830	195851	169757	99247	70510	26094	36380	23846	12534	－18401
1980	231716	206529	178792	104594	74198	27737	42262	29101	13161	－17075
1981	257289	224473	191815	112488	79327	32658	42860	29041	13819	－10044
1982	286247	242481	205422	129065	76357	37059	54528	40018	14510	－10762
1983	323103	266839	222561	139564	82997	44278	66275	43772	22503	－10011
1984	364037	310906	253169	153520	99649	57737	72934	47180	25754	－19803
1985	450774	363593	306265	186515	119750	57328	114712	65232	49480	－27531
1986	514749	404309	330827	198362	132465	73482	138607	87772	50835	－28167
1987	634135	464652	378087	227320	150767	86565	183887	110839	73048	－14404
1988	825712	574394	472492	276756	195736	101902	260415	185088	75327	－9097
1989	932540	626774	517780	284874	232906	108994	287779	206652	81127	17987
1990	1023956	671614	551512	297910	253602	120102	315923	223335	92588	36419
1991	1189012	750219	599488	316895	282593	150731	375134	278238	96896	63659
1992	1498739	887244	683049	358103	324946	204195	445048	331721	113327	166447
1993	1935420	1116510	863978	451008	412970	252532	555844	415519	140325	263066
1994	2609009	1431179	1109662	549491	560171	321517	808398	534270	274128	369432
1995	3327521	1740592	1325481	658868	666613	415111	1111454	784506	326948	475475
1996	4157722	2110832	1566483	766006	800477	544349	1453339	1072228	381111	593551
1997	5037611	2504380	1880989	895894	985095	623391	1784578	1304841	479737	748653
1998	5709136	2788818	2077880	977425	1100455	710938	2054219	1546063	508156	866099
1999	6280205	3016682	2280621	1016441	1264180	736061	2222696	1709202	513494	1040827
2000	7153383	3783604	2894838	912951	1981887	888766	2174095	1889719	284376	1195684
2001	8112564	4168323	3111904	976855	2135049	1056419	2871775	2462173	409602	1072466
2002	9227729	4599966	3423539	1028848	2394691	1176427	3491433	3198273	293160	1136330
2003	10772233	5097756	3692596	1055639	2636957	1405160	4727966	4212633	515333	946511
2004	12966593	5838538	4133537	1166155	2967382	1705001	6556619	5921855	634764	571436
2005	17834773	7318410	5154218	1398217	3756001	2164192	9035794	8489462	546332	1480569
2006	21199863	8536567	6047745	1468718	4579027	2488822	10891183	10247327	643856	1772113
2007	25810972	10035981	7140064	1606337	5533727	2895917	13659164	12969177	689987	2115828
2008	33007126	11285333	7915467	1839035	6076432	3369866	18425866	17527678	898188	3295926
2009	37447641	13015825	9236442	1995720	7240722	3779383	21654316	21070271	584045	2777501
2010	45470573	14954197	10785757	2358393	8427364	4168440	27001819	26487859	513960	3514557
2011	56193285	17140096	12137968	2248546	9889422	5002128	34994357	34317646	676711	4058832
2012	63999097	19759309	13756755	2614758	11141997	6002554	39608661	38832680	775981	4631127

注:2005－2008年历史数据按第二次经济普查结果调整。

2-10 历年地区生产总值构成(支出法)

单位:%

年份	地区生产总值(GDP)	最终消费					资本形成总额			货物和服务净流出
			居民消费			政府消费		固定资本形成总额	存货增加	
				农村居民	城镇居民					
1978	100	102.3	88.1	53.6	34.5	14.2	14.9	7.8	7.1	
1979	100	91.6	79.4	46.4	33.0	12.2	17.0	11.1	5.9	
1980	100	89.1	77.1	45.1	32.0	12.0	18.3	12.6	5.7	
1981	100	87.2	74.5	43.7	30.8	12.7	16.7	11.3	5.4	
1982	100	84.7	71.8	45.1	26.7	12.9	19.1	14.0	5.1	
1983	100	82.6	68.9	43.2	25.7	13.7	20.5	13.5	7.0	
1984	100	85.4	69.5	42.2	27.3	15.9	20.0	12.9	7.1	
1985	100	80.7	68.0	41.4	26.6	12.7	25.4	14.4	11.0	
1986	100	78.5	64.2	38.5	25.7	14.3	27.0	17.1	9.9	
1987	100	73.3	59.6	35.8	23.8	13.7	29.0	17.5	11.5	
1988	100	69.6	57.2	33.5	23.7	12.4	31.5	22.4	9.1	
1989	100	67.2	55.5	30.5	25.0	11.7	30.9	22.2	8.7	1.9
1990	100	65.6	53.9	29.1	24.8	11.7	30.8	21.8	9.0	3.6
1991	100	63.1	50.4	26.6	23.8	12.7	31.5	23.4	8.1	5.4
1992	100	59.2	45.6	23.9	21.7	13.6	29.7	22.1	7.6	11.1
1993	100	57.7	44.6	23.3	21.3	13.1	28.7	21.4	7.3	13.6
1994	100	54.9	42.6	21.1	21.5	12.3	31.0	20.5	10.5	14.1
1995	100	52.3	39.8	19.8	20.0	12.5	33.4	23.6	9.8	14.3
1996	100	50.8	37.7	18.4	19.3	13.1	35.0	25.8	9.2	14.2
1997	100	49.7	37.3	17.8	19.5	12.4	35.4	25.9	9.5	14.9
1998	100	48.8	36.4	17.1	19.3	12.4	36.0	27.1	8.9	15.2
1999	100	48.0	36.3	16.2	20.1	11.7	35.4	27.2	8.2	16.6
2000	100	52.9	40.5	12.8	27.7	12.4	30.4	26.4	4.0	16.7
2001	100	51.4	38.4	12.0	26.4	13.0	35.4	30.4	5.0	13.2
2002	100	49.8	37.1	11.1	26.0	12.7	37.9	34.7	3.2	12.3
2003	100	47.3	34.3	9.8	24.5	13.0	43.9	39.1	4.8	8.8
2004	100	45.0	31.9	9.0	22.9	13.1	50.6	45.7	4.9	4.4
2005	100	41.0	28.9	7.8	21.1	12.1	50.7	47.6	3.1	8.3
2006	100	40.3	28.5	6.9	21.6	11.7	51.4	48.3	3.0	8.4
2007	100	38.9	27.7	6.2	21.4	11.2	52.9	50.2	2.7	8.2
2008	100	34.2	24.0	5.6	18.4	10.2	55.8	53.1	2.7	10.0
2009	100	34.8	24.7	5.3	19.3	10.1	57.8	56.3	1.6	7.4
2010	100	32.9	23.7	5.2	18.5	9.2	59.4	58.3	1.1	7.7
2011	100	30.5	21.6	4.0	17.6	8.9	62.3	61.1	1.2	7.2
2012	100	30.9	21.5	4.1	17.4	9.4	61.9	60.7	1.2	7.2

2－11 历年最终消费指数

(按可比价格计算)

单位:%

年份	最终消费		居民消费		农村居民		城镇居民		政府消费	
	环比	定基	环比	定基	环比	定基	环比	定基	环比	定基
1978		100		100		100		100		100
1979	103.9	103.9	104.7	104.7	99.9	99.9	112.1	112.1	99.5	99.5
1980	110.9	115.2	110.7	115.9	111.5	111.4	109.5	122.7	112.5	111.9
1981	108.8	125.3	107.4	124.5	107.7	120.0	107.1	131.4	117.9	131.9
1982	104.7	131.2	103.8	129.2	111.2	133.4	93.3	122.6	110.0	145.1
1983	116.0	152.2	114.3	147.7	114.0	152.1	114.6	140.5	126.0	182.8
1984	116.2	176.9	113.4	167.5	109.7	166.9	119.7	168.2	130.0	237.6
1985	106.0	187.5	109.7	183.7	110.1	183.8	108.9	183.2	90.0	213.8
1986	106.5	199.7	103.5	190.1	101.9	187.3	106.0	194.2	122.8	262.5
1987	103.0	205.7	102.4	194.7	102.7	192.4	102.0	198.1	105.6	277.2
1988	108.2	222.6	109.3	212.8	106.5	204.9	113.6	225.0	103.0	285.5
1989	100.8	224.4	101.2	215.4	95.1	194.9	109.9	247.3	98.8	282.1
1990	102.1	229.1	101.5	218.6	99.6	194.1	103.8	256.7	105.0	296.2
1991	104.6	239.6	101.8	222.5	99.6	193.3	104.3	267.7	117.5	348.0
1992	110.0	263.6	106.0	235.9	105.1	203.2	106.9	286.2	126.0	438.5
1993	115.3	303.9	115.9	273.4	115.4	234.5	116.4	333.1	113.3	496.8
1994	107.7	327.3	107.9	295.0	102.4	240.1	114.0	379.7	107.0	531.6
1995	108.1	353.8	104.2	307.4	106.8	256.4	101.6	385.8	121.5	645.9
1996	111.2	393.4	110.5	339.7	106.0	271.8	115.2	444.4	113.2	731.2
1997	113.5	446.5	114.7	389.6	112.3	305.2	116.9	519.5	110.0	804.3
1998	111.9	499.6	112.8	439.5	109.6	334.5	115.7	601.1	109.0	876.7
1999	109.8	548.6	109.6	481.7	105.4	352.6	113.3	681.0	110.3	967.0
2000	108.9	597.4	109.2	526.0	103.7	365.6	113.6	773.6	108.0	1044.4
2001	110.9	662.5	108.9	572.8	105.3	385.0	110.8	857.1	117.5	1227.2
2002	109.1	722.8	108.6	622.1	102.2	393.5	111.7	957.4	110.6	1357.3
2003	112.3	811.7	109.9	683.7	105.5	415.1	111.9	1071.3	119.5	1622.0
2004	111.9	908.3	107.9	737.7	102.0	423.4	110.5	1183.8	122.9	1993.4
2005	112.4	1020.9	111.9	825.5	107.6	455.6	113.5	1343.6	113.9	2270.5
2006	114.5	1168.8	114.9	948.2	104.0	473.8	118.9	1597.5	113.6	2579.3
2007	114.3	1336.3	115.0	1090.5	104.3	494.2	118.5	1893.1	112.7	2906.9
2008	113.8	1521.2	113.5	1237.3	116.6	576.2	112.6	2131.0	114.7	3335.3
2009	115.4	1755.7	117.3	1451.5	109.1	628.4	119.8	2552.1	110.8	3696.2
2010	115.5	2027.8	116.2	1686.6	118.5	744.7	115.6	2950.2	113.9	4210.0
2011	109.8	2226.5	108.3	1826.6	94.0	700.0	112.3	3313.1	113.6	4782.6
2012	115.5	2571.6	111.9	2044.0	111.3	779.1	112.1	3714.0	124.2	5940.0

2-12 历年资本形成总额指数

（按可比价格计算）

单位:%

年份	资本形成总额		固定资本形成总额		存货增加	
	环比	定基	环比	定基	环比	定基
1978		100		100		100
1979	131.5	131.5	164.2	164.2	95.4	95.4
1980	122.9	161.6	129.2	212.1	111.1	106.0
1981	101.6	164.2	99.9	211.9	105.1	111.4
1982	123.3	202.5	133.6	283.1	101.8	113.4
1983	128.2	259.6	115.3	326.4	163.5	185.4
1984	109.7	284.8	107.5	350.9	114.1	211.5
1985	142.6	406.1	125.3	439.7	174.1	368.2
1986	115.8	470.3	128.9	566.8	98.4	362.3
1987	118.9	559.2	113.2	641.6	128.8	466.6
1988	123.9	692.8	146.1	937.4	90.2	420.9
1989	102.1	707.3	103.1	966.5	99.5	418.8
1990	104.6	739.8	103.0	995.5	108.8	455.7
1991	111.2	822.7	116.6	1160.8	98.0	446.6
1992	110.3	907.4	110.9	1287.3	108.8	485.9
1993	114.4	1038.1	114.8	1477.8	113.4	551.0
1994	122.2	1268.6	108.1	1597.5	164.2	904.7
1995	122.2	1550.2	130.5	2084.7	106.0	959.0
1996	119.9	1858.7	124.9	2603.8	107.8	1033.8
1997	117.4	2182.1	116.8	3041.2	119.3	1233.3
1998	115.6	2522.5	119.0	3619.0	106.4	1312.2
1999	109.8	2769.7	112.2	4060.5	102.5	1345.0
2000	113.0	3129.8	117.3	4763.0	98.8	1328.9
2001	124.5	3896.6	122.0	5810.9	142.5	1893.7
2002	120.0	4675.9	128.2	7449.6	71.1	1346.4
2003	136.3	6373.3	132.6	9878.2	175.8	2367.0
2004	130.3	8304.4	131.1	12950.3	123.8	2930.3
2005	121.5	10089.8	126.7	16408.0	76.5	2241.7
2006	116.7	11777.3	116.9	19181.0	114.0	2555.5
2007	118.1	13905.4	118.4	22710.2	112.8	2882.6
2008	118.6	16486.7	119.3	27101.3	105.7	3045.8
2009	117.8	19419.7	120.6	32676.9	65.2	1986.5
2010	118.5	23012.3	119.6	39081.6	81.7	1623.0
2011	117.0	26924.4	117.4	45881.8	97.0	1574.3
2012	112.5	30290.0	112.5	51617.0	112.8	1775.8

2－13　历年居民消费水平及指数

年份	按当年价格计算(元/人)			按可比价格计算					
				环比指数(以上年为100)			定基指数(以1978年为100)		
	居民消费水平	农村居民消费水平	城镇居民消费水平	居民消费水平	农村居民消费水平	城镇居民消费水平	居民消费水平	农村居民消费水平	城镇居民消费水平
1978	337	248	635				100	100	100
1979	380	273	726	20.0	99.8	104.7	99.5	99.8	104.7
1980	390	287	727	111.7	111.1	101.2	111.1	110.9	106.0
1981	414	306	751	106.3	106.9	104.0	118.1	118.6	110.2
1982	439	347	700	103.0	110.1	92.6	121.6	130.6	102.0
1983	470	371	741	112.7	112.7	112.2	137.0	147.2	114.4
1984	521	409	836	110.4	110.0	108.3	151.2	161.9	123.9
1985	429	499	942	109.5	110.5	105.1	165.6	178.9	130.2
1986	572	522	1031	102.4	100.1	105.9	169.6	179.1	137.9
1987	731	587	1162	101.3	100.6	102.2	171.8	180.2	140.9
1988	895	703	1455	108.8	105.0	113.3	186.9	189.2	159.6
1989	959	711	1678	100.8	100.2	100.9	188.4	189.6	161.0
1990	1008	734	1791	101.7	100.1	103.4	191.6	189.8	166.5
1991	1091	790	1906	102.3	100.4	103.9	196.0	190.6	173.0
1992	1235	907	2053	107.3	106.9	106.9	210.3	203.8	184.9
1993	1556	1167	2443	115.7	116.0	114.1	243.3	236.4	211.0
1994	1984	1453	3095	107.9	103.1	111.5	262.5	243.7	235.3
1995	2345	1776	3432	105.3	106.6	102.6	276.4	259.8	241.4
1996	2736	2111	3819	110.5	109.8	109.0	305.4	285.3	263.1
1997	3239	2519	4379	114.9	113.2	114.9	350.9	323.0	302.3
1998	3531	2788	4627	110.5	109.7	113.6	387.7	354.3	343.4
1999	3814	2951	4985	108.4	102.1	112.6	420.3	361.7	386.7
2000	4734	2695	7267	108.6	104.5	109.6	456.4	378.0	423.8
2001	5044	2863	7742	106.1	105.1	105.1	484.2	397.3	445.4
2002	5477	3100	8169	108.7	109.7	106.3	526.3	435.8	473.5
2003	5884	3308	8547	106.8	106.1	105.9	562.1	462.4	501.4
2004	6575	3800	9221	110.1	112.3	105.8	618.9	519.3	530.5
2005	7364	4330	9961	110.9	112.8	107.0	686.4	585.8	567.6
2006	8523	4758	11421	113.3	108.8	111.9	777.7	637.4	635.1
2007	9957	5628	12818	113.8	112.8	110.1	885.0	719.0	699.2
2008	12071	7141	15259	104.0	107.8	102.5	920.4	775.1	716.7
2009	13965	7929	17674	116.3	111.6	116.4	1070.4	865.0	834.2
2010	15766	9285	19594	112.9	117.1	110.9	1208.5	1012.9	924.8
2011	17179	10104	20431	109.0	108.8	104.3	1317.3	1102.0	964.6
2012	19325	11996	22559	112.5	118.7	110.4	1482.0	1308.1	1064.9

注:1. 2005－2008年历史数据按第二次经济普查结果调整。

2. 2000年以前居民消费水平按户籍人口计算,2000年以后按常住人口计算。

2－14 地区生产总值构成项目(2012年)

单位:万元

指标	增加值	劳动者报酬	生产税净额	#补贴	固定资产折旧	营业盈余
地区生产总值	63999097	27855785	8082673	36277	6959721	21100918
第一产业	2723145	2338365	3268	28048	194160	187352
农林牧渔业	2723145	2338365	3268	28048	194160	187352
农业	1580371	1357064	1897	16278	112680	108730
林业	124539	106942	149	1283	8880	8568
畜牧业	871849	748657	1046	8980	62163	59983
渔业	96801	83123	116	997	6902	6660
农林牧渔服务业	49585	42579	60	510	3535	3411
第二产业	35925163	14525518	5283843		2950138	13165664
工业	30519392	11636532	4505548		1940008	12437304
采矿业	563162	225299	96843		38285	202735
制造业	29153020	11156711	4296174		1739235	11960900
电力、煤气及水的生产和供应业	803210	254522	112531		162488	273669
建筑业	5405771	2888986	778295		1010130	728360
第三产业	25350789	10991902	2795562	8229	3815423	7747902
交通运输、仓储和邮政业	2016779	926036	165907		475018	449818
交通运输和仓储业	1932579	879434	161207		448568	443370
邮政业	84200	46602	4700		26450	6448
信息传输、计算机服务和软件业	1265609	240820	78738		470637	475414
电信和其他信息传输业	912581	115304	51545		444470	301262
计算机服务和软件业	353028	125516	27193		26167	174152
批发和零售业	5153121	1686306	1250736	8229	249979	1966100
住宿和餐饮业	1723354	1250133	97597		257551	117773
金融业	2311174	631264	192049		71426	1416435
银行业	1880090	464763	158147		49517	1207663
保险业	130576	103458	16983		7964	2171
其他金融活动	300508	63043	16919		13945	206601
房地产业	2043367	313348	353916		877614	498489
房地产开发经营	1141367	221008	337492		97185	485682
其他房地产活动	139628	92340	16424		18057	12807
城镇居民自有住房	528934				528934	
农村居民自有住房	233438				233438	
租赁和商务服务业	1616697	155021	218641		234515	1008520
科学研究、技术服务和地质勘查业	1274796	505591	98895		178455	491855
水利、环境和公共设施管理业	278137	161359	11565		57691	47522
居民服务和其他服务业	1295364	1096060	69295		81194	48815
教育	1413866	1068744	9870		241659	93593
卫生、社会保障和社会福利业	896220	750068	4805		94651	46696
文化、体育和娱乐业	2108733	935507	240396		300385	632445
公共管理和社会组织	1953572	1271345	3152		224648	454427

3 人口、就业和职工工资

长沙统计年鉴

3-1 历 年 人 口 数

单位:人

年 份	年末总人口	#市 区	年末总人口性别 男	年末总人口性别 女	总人口中非农业人口
1949	3092437	383480	1627510	1464927	…
1950	3145165	413635	1651036	1494129	541516
1951	3196041	457535	1689104	1506937	541220
1952	3258889	516649	1765075	1493814	594811
1953	3303293	553645	1751683	1551610	613308
1954	3387651	611273	1787749	1599902	677017
1955	3424900	616425	1797081	1627819	681060
1956	3495470	672224	1850703	1644767	735358
1957	3503470	673291	1854666	1648804	751649
1958	3483494	663049	1825598	1657896	794300
1959	3492082	722762	1838482	1653600	871173
1960	3424156	761761	1795656	1628500	898527
1961	3377929	726486	1768523	1609406	853456
1962	3389151	721271	1776645	1612506	800737
1963	3495649	748797	1822271	1673378	826516
1964	3569849	764357	1861086	1708763	835599
1965	3657335	767725	1906015	1751320	838458
1966	3738916	770835	1950918	1787998	833097
1967	3810119	786500	1986179	1823940	826945
1968	3905884	763400	2030386	1875498	812115
1969	4001407	749700	2079936	1921471	792368
1970	4056467	742284	2105841	1950626	759390
1971	4130870	759730	2147639	1983231	819740
1972	4203286	779922	2183495	2019791	830731
1973	4290576	799715	2234648	2055928	857908
1974	4366094	824109	2270621	2095473	882576
1975	4433412	827874	2308774	2124638	886884
1976	4481192	827582	2331700	2149492	894068

3－1 续表 单位:人

年份	年末总人口	#市区	年末总人口性别 男	女	总人口中非农业人口
1977	4521943	823848	2353927	2168016	891943
1978	4582271	948305	2387967	2194304	940265
1979	4643351	992761	2420686	2222665	1003276
1980	4700086	1019438	2449155	2250931	1039452
1981	4766041	1046890	2489027	2277014	1072702
1982	4844868	1072350	2527992	2316876	1105302
1983	4913280	1097558	2562729	2350551	1135401
1984	4969539	1123923	2593427	2376112	1247495
1985	5042168	1157176	2631652	2410516	1292901
1986	5127298	1192667	2680097	2447201	1276052
1987	5212346	1226819	2721147	2491199	1317406
1988	5346897	1263481	2790048	2556849	1373221
1989	5444511	1301171	2838683	2605828	1401767
1990	5500533	1326825	2861410	2639123	1429440
1991	5535603	1349865	2881298	2654305	1449901
1992	5553843	1372749	2888636	2665207	1480589
1993	5554172	1387087	2887752	2666600	1511184
1994	5594385	1422651	2912803	2681582	1556040
1995	5628222	1454461	2919369	2708853	1601864
1996	5675339	1603804	2950934	2724405	1673328
1997	5719062	1634412	2960697	2758365	1709754
1998	5768787	1669081	2987038	2781749	1736934
1999	5824692	1714606	3011434	2813258	1809828
2000	5831894	1754142	3015303	2816591	1864206
2001	5870933	1807670	3030648	2840285	1918942
2002	5954592	1889773	3065775	2888817	1991046
2003	6017624	1962561	3093901	2923723	2058257
2004	6103844	2024646	3137629	2966215	2125741
2005	6209248	2086476	3186039	3023209	2180688
2006	6309958	2146096	3231737	3078221	2256477
2007	6373561	2187488	3258991	3114570	2305611
2008	6417367	2370643	3274848	3142519	2332132
2009	6468350	2391675	3292771	3175579	2347616
2010	6501248	2395348	3300191	3201057	2377815
2011	6566185	2967851	3326741	3239444	2418105
2012	6606166	2979005	3340494	3265672	2455126

注:历年人口数为公安户籍人口。

3-2 历年人口自然变动情况

年份	年内出生人数（人）	出生率（‰）	年内死亡人数（人）	死亡率（‰）	年内自然增长人数（人）	自然增长率（‰）
1954	131963	39.45	55897	16.71	76066	22.74
1956	105956	30.62	38032	10.99	67924	19.63
1957	115144	32.90	35906	10.26	79238	22.64
1958	102730	29.41	67454	19.31	35276	10.10
1960	74321	21.49	94529	27.34	-20208	-5.84
1961	43524	12.80	71606	21.05	-28082	-8.26
1962	111205	32.87	39432	11.65	71773	21.21
1963	159097	46.22	32012	9.30	127085	36.92
1965	126297	35.50	34359	9.51	93938	26.00
1971	99124	24.21	31826	7.77	67298	16.44
1973	100011	23.55	31069	7.32	68942	16.23
1974	91174	21.06	34589	7.99	56585	13.07
1975	91494	20.80	33273	7.56	58221	13.23
1976	78301	17.57	32546	7.30	45755	10.27
1977	76402	16.97	33773	7.50	42629	9.47
1978	70593	15.51	30800	6.77	39793	8.74
1979	72294	15.67	31970	6.93	40324	8.74
1980	66900	14.32	31670	6.78	35230	7.54
1981	73936	15.62	30853	6.52	43083	9.10
1982	87006	18.11	31928	6.64	55078	11.46
1983	78950	16.18	33772	6.92	45178	9.26
1984	72092	14.59	33442	6.77	38650	7.82
1985	76747	15.33	33236	6.64	43511	8.69
1986	83611	16.44	32137	6.32	51474	10.12
1987	89952	17.40	33857	6.55	56095	10.85
1988	87708	16.61	35382	6.70	52326	9.91
1989	100791	18.70	36904	6.80	63887	11.80
1990	88309	16.10	37683	6.80	50626	9.30
1991	59771	10.83	36717	6.65	23054	4.18
1992	42654	7.69	37281	6.72	5373	0.97
1993	33420	6.02	36436	6.56	-3016	-0.54
1994	35592	6.39	35621	6.39	-29	-0.01
1995	41370	7.37	36742	6.55	4628	0.82
1996	47944	8.48	35842	6.34	12102	2.14
1997	49607	8.71	34933	6.13	14674	2.58
1998	52969	9.22	37124	6.46	15845	2.76
1999	55873	9.64	38162	6.58	17711	3.06
2000	62026	10.64	41506	7.12	20520	3.52
2001	53994	9.23	31587	5.40	22407	3.83
2002	53746	9.09	36363	6.15	17383	2.94
2003	49683	8.30	40064	6.69	9619	1.61
2004	56062	9.25	37273	6.15	18789	3.10
2005	67537	10.97	42788	6.95	24749	4.02
2006	62960	10.06	31607	5.05	31353	5.01
2007	64312	10.14	37565	5.92	26747	4.22
2008	71118	11.12	38565	6.03	32553	5.09
2009	69777	10.83	34983	5.43	34794	5.40
2010	71677	11.05	36567	5.64	35110	5.41
2011	75825	11.61	30895	4.73	44930	6.88
2012	82741	12.56	42575	6.46	40166	6.10

3－3 历年市区人口自然变动情况

年 份	年内出生人数（人）	出生率（‰）	年内死亡人数（人）	死亡率（‰）	年内自然增长人数（人）	自然增长率（‰）
1950	10356	25.98	5256	13.19	5100	12.79
1952	20076	41.22	6552	13.45	13524	27.77
1954	26861	46.12	6981	11.99	19880	34.13
1956	25303	39.27	6426	9.97	18877	29.30
1957	30306	45.05	6250	9.29	24056	35.76
1958	21682	32.45	7231	10.82	14451	21.63
1960	19431	26.18	8555	11.53	10876	14.65
1961	12814	17.22	10876	14.62	1938	2.60
1962	22248	30.73	7382	10.20	14866	20.54
1963	28618	37.88	6091	8.05	22527	29.78
1965	14028	18.31	4704	6.14	9324	12.17
1971	10638	14.16	5139	6.84	5499	7.32
1972	9739	12.65	5196	6.75	4543	5.90
1973	9795	12.40	4939	6.25	4856	6.15
1974	9476	11.67	5443	6.70	4033	4.97
1975	10737	13.00	5297	6.41	5440	6.59
1976	9384	11.34	5503	6.65	3881	4.69
1977	10416	12.61	5907	7.15	4509	5.46
1978	11600	13.09	5981	6.75	5619	6.34
1979	12502	12.88	5755	5.93	6747	6.95
1980	10098	10.04	6005	5.97	4093	4.07
1981	14382	13.92	6639	6.43	7743	7.49
1982	17287	16.31	6673	6.30	10614	10.01
1983	15576	14.36	6879	6.34	8697	8.02
1984	14139	12.73	6783	6.11	7356	6.62
1985	14546	12.75	7258	6.36	7288	6.39
1986	14359	12.23	6677	5.53	7682	6.54
1987	17779	14.70	7244	5.99	10535	8.71
1988	16962	13.62	8019	6.44	8943	7.18
1989	15966	12.50	7818	6.10	8148	6.40
1990	14920	11.40	7822	6.00	7098	5.40
1991	10801	8.07	7599	5.68	3202	2.39
1992	9245	6.79	7993	5.87	1252	0.92
1993	8490	6.15	7504	5.44	986	0.71
1994	9760	6.95	7070	5.03	2690	1.91
1995	9799	6.81	7510	5.22	2289	1.59
1996	12508	8.18	7697	5.03	4811	3.15
1997	10400	6.42	7259	4.48	3141	1.94
1998	11631	7.04	8428	5.10	3203	1.94
1999	12775	7.55	10211	6.04	2564	1.52
2000	16533	9.53	10581	6.10	5952	3.43
2001	13735	7.71	5948	3.34	7787	4.37
2002	12286	6.65	7284	3.94	5002	2.71
2003	14334	7.44	5635	2.93	8699	4.52
2004	15768	7.91	7275	3.65	8493	4.26
2005	16037	7.80	7218	3.51	8819	4.29
2006	20156	9.52	11106	5.24	9050	4.28
2007	20815	9.61	9247	4.27	11568	5.34
2008	23565	9.95	10877	4.59	12688	5.36
2009	21218	9.08	8213	3.51	13005	5.57
2010	20485	8.56	7313	3.06	13172	5.50
2011	33652	11.39	10572	3.58	23080	7.81
2012	37146	12.49	15854	5.33	21292	7.16

注:2011 年开始市区包括望城区数据。

3-4 历年县(市)人口自然变动情况

年份	年内出生人数(人)	出生率(‰)	年内死亡人数(人)	死亡率(‰)	年内自然增长人数(人)	自然增长率(‰)
1954	105102	38.04	48916	17.70	56186	20.34
1956	80653	15.28	31606	11.22	49047	17.42
1957	84838	30.01	29656	10.50	55182	19.63
1958	81048	28.69	60223	21.32	20825	7.37
1960	54890	20.21	85974	31.66	31084	-11.45
1961	30710	11.56	60730	22.86	-30020	-11.30
1962	88957	33.45	32050	12.05	56907	21.40
1963	130479	48.19	25921	9.57	104558	38.62
1965	114269	40.13	29655	10.41	84614	29.71
1971	88486	26.47	26687	6.34	61799	18.49
1972	91082	26.81	27979	8.24	63103	18.57
1973	90216	26.10	26130	7.56	64086	18.54
1974	81698	23.23	29146	8.29	52552	14.94
1975	80757	22.60	27976	7.83	52781	14.77
1976	68917	18.99	27043	7.45	41874	11.54
1977	65986	17.95	27866	7.58	38120	10.37
1978	58993	16.09	24819	6.77	34174	9.32
1979	59792	16.42	26215	7.20	33577	9.22
1980	56802	15.50	25665	7.00	31137	8.49
1981	59554	16.01	24214	6.54	35340	9.55
1982	69719	18.61	25255	6.74	44464	11.87
1983	63374	16.70	26893	7.09	36481	9.62
1984	57953	15.13	26659	6.96	31294	8.17
1985	62201	16.09	25978	6.72	36223	9.37
1986	69252	17.71	25460	6.51	43792	11.20
1987	72173	18.23	26613	6.72	45560	11.50
1988	70746	17.54	27363	6.78	43383	10.75
1989	84825	20.60	29086	7.00	55739	13.60
1990	73389	17.60	29861	7.20	43528	10.50
1991	48970	11.72	29118	6.97	19852	4.75
1992	33409	7.99	29288	7.00	4121	0.99
1993	24930	5.97	28932	6.93	-4002	-0.96
1994	25832	6.20	28551	6.85	-2719	-0.65
1995	31571	7.57	29232	7.01	2339	0.56
1996	35436	8.60	28145	6.83	7291	1.77
1997	39207	9.61	27674	6.79	11533	2.83
1998	41338	10.10	28696	7.01	12642	3.09
1999	43098	10.50	27951	6.81	15147	3.69
2000	45493	11.11	30925	7.55	14568	3.56
2001	40259	9.91	25639	6.31	14620	3.60
2002	41460	10.20	29079	7.16	12381	3.04
2003	35349	8.72	34429	8.48	920	0.24
2004	40294	9.91	29998	7.38	10296	2.53
2005	51500	12.56	35570	8.67	15930	3.89
2006	42804	10.33	20501	4.95	22303	5.38
2007	43497	10.42	28318	6.78	15179	3.64
2008	47553	11.81	27688	6.88	19865	4.93
2009	48559	11.83	26770	6.52	21789	5.31
2010	51192	12.51	29254	7.15	21938	5.36
2011	42173	11.78	20323	5.68	21850	6.10
2012	45595	12.62	26721	7.40	18874	5.22

3－5 历年计划生育情况

单位：人

年份	计划内生育率（%）	已婚育龄妇女	已落实节育措施人数	节育率（%）	有一子女育龄妇女人数	已领独生子女证（对）	领证率（%）
1980	72.62	636467	538117	84.55	104240	49446	7.77
1981	73.53	659267	556807	84.46	118706	61433	9.32
1982	69.04	710965	608098	85.53	135451	83853	11.79
1983	70.94	750229	653919	87.16	157472	104442	13.92
1984	68.71	790499	690817	87.39	177205	118010	14.93
1985	70.49	818855	722933	88.29	192701	127607	15.58
1986	70.91	858473	745234	86.81	216053	135519	15.79
1987	72.13	910133	815513	89.60	237870	145567	15.99
1988	72.41	963351	862340	89.51	262167	160844	16.70
1989	63.37	1008878	895987	88.81	…	162357	16.09
1990	68.90	1051259	948723	90.25	…	181953	17.31
1991	80.30	1083592	994278	91.76	…	187256	17.28
1992	97.27	1109091	1025914	92.50	…	197764	17.83
1993	99.27	1122068	1047645	93.37	…	212443	18.93
1994	99.37	1138915	1056082	92.73	391508	220772	19.38
1995	96.29	1142678	1051298	92.00	446396	218407	19.11
1996	99.32	1178074	1073664	91.14	476914	237342	20.15
1997	98.03	1199736	1080488	90.06	495804	240706	20.06
1998	98.47	1196938	1075935	89.89	530862	221305	18.49
1999	97.73	1196508	1076656	89.98	560329	208970	17.46
2000	98.00	1213156	1093858	90.17	584109	197693	16.30
2001	97.82	1216453	1097351	90.21	598690	195612	16.08
2002	97.77	1227225	1100768	89.70	593854	180916	14.74
2003	97.84	1242152	1126182	90.66	573853	177604	14.30
2004	97.89	1271326	1140033	89.67	675558	182902	14.39
2005	96.75	1306840	1174861	89.90	728547	351674	26.91
2006	96.81	1317525	1181269	89.66	749256	395674	30.03
2007	96.09	1267952	1140108	89.92	742927	426384	33.63
2008	92.65	1301996	1158319	88.96	772509	453414	34.82
2009	93.24	1341581	1188184	88.57	801539	463698	34.56
2010	95.32	1417574	1256182	88.61	864236	512730	36.17
2011	93.52	1393485	1189349	85.35	785942	387332	27.80
2012	93.14	1393739	1195544	85.78	834893	427938	30.70

注：1. 本表数据经市人口和计划生育委员会重新核定调整，此前年鉴与本表数据不一致的，以本表数据为准。

2. 领证率＝只有一个15周岁以下孩子已领独生子女证数/已婚育龄妇女人数×100%。

3-6 历年婚姻登记情况

单位:对

年份	登记结婚	#涉外婚	离婚总数	登记离婚	调解离婚	判决离婚
1980	37635	7	…	666	…	…
1981	52812	2	…	706	…	…
1982	48954	10	…	776	…	…
1983	37903	3	1879	761	981	137
1984	44115	15	2327	885	1203	239
1985	44710	11	2099	763	1174	162
1986	55830	16	2545	952	1414	179
1987	53378	35	3157	1068	1831	258
1988	48000	57	4053	1324	2347	382
1989	56329	65	4753	1377	2739	637
1990	51366	95	4968	1372	2903	693
1991	48159	144	4999	1465	2696	838
1992	43702	246	5395	1765	2772	858
1993	38103	307	5755	2029	2847	878
1994	34463	361	6996	2120	3534	1342
1995	40178	468	7448	2628	3327	1493
1996	39672	551	7970	2831	3520	1619
1997	39910	512	7424	3810	2436	1178
1998	39947	576	6553	3232	2115	1206
1999	37140	596	7420	3365	1835	928
2000	39977	710	6291	3782	1486	1023
2001	39365	749	5875	3376	1465	1034
2002	35950	907	5639	4337	591	711
2003	42297	500	7152	4997	1048	1107
2004	47581	98	10064	6887	1143	2034
2005	45622	88	10048	7983	1012	1053
2006	57061	89	11443	8304	1350	1789
2007	52358	306	11889	9104	1381	1404
2008	62759	316	13885	10537	1740	1608
2009	79816	298	15862	12720	1813	1329
2010	69251	316	16786	13770	1778	1238
2011	78954	258	18310	15507	1877	926
2012	76127	241	20079	16528	2443	1108

3－7 历年在岗职工人数与工资

年　　份	年末人数(人)	年平均人数(人)	工资总额(万元)	年平均工资(元)
1998	732766	737636	559561	7586
1999	693863	695666	596986	8582
2000	662207	661120	670168	10137
2001	593964	598389	733898	12265
2002	625839	628383	901247	14342
2003	598370	600425	1019924	16987
2004	631679	628634	1190857	18944
2005	684154	677171	1455835	21499
2006	741106	729237	1795041	24615
2007	782838	769253	2151481	27968
2008	816795	810169	2579185	31835
2009	931149	919382	3207591	34889
2010	1037487	1014399	3888976	38338
2011	1162124	1143753	5089361	44497
2012	1177512	1177222	5992566	50904

注:因为统计制度改革,在岗职工指标从1998年年报开始使用。

3－8 历年市区在岗职工人数与工资

年　　份	年末人数(人)	年平均人数(人)	工资总额(万元)	年平均工资(元)
1998	552018	557168	442090	7935
1999	527978	531626	475812	8950
2000	506733	505917	540794	10689
2001	444879	449278	584165	13002
2002	479088	481051	715969	14883
2003	449920	452303	795129	17580
2004	458026	456312	912810	20004
2005	489713	485936	1089144	22413
2006	529329	526011	1351710	25697
2007	543329	536916	1554223	28947
2008	557777	555166	1799291	32410
2009	619898	614190	2241291	36492
2010	668105	657800	2641521	40157
2011	791751	775786	3554995	45824
2012	802520	793221	4183751	52744

3-9 单位从业人员和劳动报酬情况(2012年)

单位:人、万元

项目	单位从业人员年末人数	在岗职工	其他从业人员	单位从业人员平均人数	在岗职工	其他从业人员	单位从业人员劳动报酬	在岗职工	其他从业人员劳动报酬
总计	**1240583**	**1177512**	**63071**	**1237058**	**1177222**	**59836**	**6166906**	**5992566**	**174339**
一、按注册类型分组									
1. 国有单位	412834	387797	25037	410784	386069	24715	2409696	2338068	71628
2. 集体单位	37511	36059	1452	36145	34682	1463	123286	118949	4336
3. 其他单位	790238	753656	36582	790129	756471	33658	3633924	3535549	98375
二、按企业、事业、机关分组									
1. 企业	944546	902558	41988	943042	903941	39101	4458227	4340933	117293
2. 事业	228510	210071	18439	227113	208953	18160	1354229	1304512	49717
3. 机关	55297	52983	2314	54780	52483	2297	312075	305469	6606
4. 民间非营利组织	7894	7664	230	7830	7647	183	28184	27707	477
5. 其他	4336	4236	100	4293	4198	95	14191	13945	246
三、按国民经济行业分组									
(一)农、林、牧、渔业	1229	1219	10	1202	1192	10	5252	5231	21
(二)采矿业	12303	12055	248	11850	11655	195	41497	40799	698
(三)制造业	368714	363083	5631	380720	374026	6694	1742600	1728309	14291
(四)电力、燃气及水的生产和供应业	7901	7822	79	7788	7709	79	39098	38841	258
(五)建筑业	194690	168026	26664	186991	164467	22524	749357	674437	74919
(六)批发和零售业	76171	74866	1305	75505	74423	1082	282388	279023	3365
(七)交通运输、仓储和邮政业	47043	45294	1749	45533	43901	1632	220159	216380	3779
(八)住宿和餐饮业	45050	44399	651	43849	43206	643	121992	120666	1326
(九)信息传输、计算机服务和软件业	19519	19455	64	19386	19321	65	107371	107065	306
(十)金融业	52307	50538	1769	51858	49515	2343	565488	560445	5043
(十一)房地产业	43910	42671	1239	43028	41807	1221	193586	190544	3042
(十二)租赁和商务服务业	29299	28453	846	29395	28545	850	139023	135980	3042
(十三)科学研究、技术服务和地质勘查业	45940	43548	2392	45634	43312	2322	250244	242032	8212
(十四)水利、环境和公共设施管理业	15883	11537	4346	15982	11632	4350	51747	40605	11143
(十五)居民服务和其他服务业	7308	7248	60	7009	6949	60	27840	27683	157
(十六)教育	112403	105352	7051	112283	105397	6886	599967	583687	16280
(十七)卫生、社会保障和社会福利业	62148	59349	2799	60851	58108	2743	497068	481854	15214
(十八)文化、体育和娱乐业	22743	22094	649	22729	22089	640	130413	128807	1606
(十九)公共管理和社会组织	76022	70503	5519	75465	69968	5497	401817	390179	11638
(二十)国际组织									

3－10 年末分行业在岗职工人数

单位:人

行业	2003年	2004年	2005年	2006年	2007年	2008年	2009年	2010年	2011年	2012年
总计	**598370**	**631679**	**684154**	**741106**	**782838**	**816795**	**931149**	**1037487**	**1162124**	**1177512**
# 国有经济单位	396717	378460	331003	367600	363384	367771	361869	382313	381401	387797
城镇集体经济单位	41593	45649	41990	42679	44705	44564	44693	46098	39455	36059
按国民经济行业分组										
(一)农、林、牧、渔业	2913	2804	3003	2576	1784	1502	109	464	1446	1219
(二)采矿业	6434	10751	11596	11954	9107	8187	10098	9918	12087	12055
(三)制造业	127853	146675	166184	173092	190189	199707	253295	296984	366112	363083
(四)电力、燃气及水的生产和供应业	9702	7436	7569	8169	11929	12184	13825	15849	6518	7822
(五)建筑业	68965	72073	94224	119117	131732	135895	145429	153193	174571	168026
(六)批发和零售业	41023	49481	44314	48692	54058	53847	60818	63755	72676	74866
(七)交通运输、仓储和邮政业	30084	28839	29279	30405	30470	30230	28582	26773	43777	45294
(八)住宿和餐饮业	20896	22459	31506	34215	32743	32255	34429	39177	42418	44399
(九)信息传输、计算机服务和软件业	12647	9895	9943	10241	9065	9029	9507	13299	18867	19455
(十)金融业	20407	21696	19249	21033	24420	22955	31290	46108	48197	50538
(十一)房地产业	9838	12269	22051	23816	22519	27311	34433	39674	41037	42671
(十二)租赁和商务服务业	13540	15428	15762	15189	12333	13524	15718	20618	22370	28453
(十三)科学研究、技术服务和地质勘查业	24917	24395	23121	25070	25536	28684	32705	34998	38592	43548
(十四)水利、环境和公共设施管理业	6483	7216	7430	9056	9340	10778	13193	13224	10692	11537
(十五)居民服务和其他服务业	1966	2295	2388	2737	4140	4348	3863	4987	6007	7248
(十六)教育	82925	82419	80410	83246	87654	97593	100022	103590	107471	105352
(十七)卫生、社会保障和社会福利业	30868	32060	33868	37479	38950	41398	51228	54962	56478	59349
(十八)文化、体育和娱乐业	19483	15345	15498	18503	18754	17109	16704	18710	22600	22094
(十九)公共管理和社会组织	67426	68143	66759	66516	68115	70259	75901	81204	70208	70503
(二十)国际组织										

3－11 年末城镇单位按行业分组的女性从业人员(2012 年)

单位:人

行业	合计	国有经济	城镇集体经济	其他经济
总计	**457233**	**174294**	**11300**	**271639**
(一)农、林、牧、渔业	353	47	21	285
(二)采矿业	1281	42	112	1127
(三)制造业	121831	6513	3091	112227
(四)电力、燃气及水的生产和供应业	2893	1045	23	1825
(五)建筑业	32697	7911	884	23902
(六)批发和零售业	37809	2747	154	34908
(七)交通运输、仓储和邮政业	14944	6677	343	7924
(八)住宿和餐饮业	26195	4466	717	21012
(九)信息传输、计算机服务和软件业	7236	4498	10	2728
(十)金融业	27955	5747	5	22203
(十一)房地产业	16796	3342	190	13264
(十二)租赁和商务服务业	9504	1890	1028	6586
(十三)科学研究、技术服务和地质勘查业	12558	9348	43	3167
(十四)水利、环境和公共设施管理业	5950	5135	27	788
(十五)居民服务和其他服务业	3779	149	98	3532
(十六)教育	60425	51182	1340	7903
(十七)卫生、社会保障和社会福利业	42001	34389	3128	4484
(十八)文化、体育和娱乐业	9806	6061	81	3664
(十九)公共管理和社会组织	23220	23105	5	110
(二十)国际组织				

3－12 市区从业人员及工资总额(2012年)

单位:人、万元

项目	单位从业人员年末人数	在岗职工	其他从业人员	单位从业人员平均人数	在岗职工	其他从业人员	单位从业人员劳动报酬	在岗职工	其他从业人员劳动报酬
总计	**852467**	**802520**	**49947**	**841534**	**793221**	**48313**	**4321706**	**4183751**	**137955**
一、按注册类型分组									
1.国有单位	328538	307495	21043	326660	305852	20808	1996778	1935739	61039
2.集体单位	21860	21097	763	21087	20326	761	67782	65737	2045
3.其他单位	502069	473928	28141	493787	467043	26744	2257146	2182275	74871
二、按企业、事业、机关分组									
1.企业	638483	605595	32888	629171	597576	31595	3017597	2926070	91527
2.事业	164581	149563	15018	163499	148767	14732	1035393	994603	40790
3.机关	39199	37432	1767	38770	37020	1750	234539	229536	5003
4.民间非营利组织	6104	5914	190	6037	5880	157	21027	20597	430
5.其他	4100	4016	84	4057	3978	79	13151	12945	206
三、按国民经济行业分组									
(一)农、林、牧、渔业	986	976	10	960	950	10	4826	4805	21
(二)采矿业	213	213		205	205		688	688	
(三)制造业	139970	136573	3397	140795	136144	4651	605463	597309	8155
(四)电力、燃气及水的生产和供应业	6776	6776		6682	6682		34235	34235	
(五)建筑业	166951	145974	20977	161789	143623	18166	657138	597586	59552
(六)批发和零售业	69431	68310	1121	68490	67575	915	253504	250409	3095
(七)交通运输、仓储和邮政业	37949	36374	1575	36623	35161	1462	183509	179970	3539
(八)住宿和餐饮业	40225	39648	577	39207	38638	569	108482	107345	1137
(九)信息传输、计算机服务和软件业	19056	19028	28	18925	18896	29	104943	104831	112
(十)金融业	48897	47358	1539	48494	46396	2098	538642	535368	3274
(十一)房地产业	37089	35939	1150	36306	35162	1144	158633	155817	2816
(十二)租赁和商务服务业	26221	25462	759	26433	25667	766	122369	119803	2567
(十三)科学研究、技术服务和地质勘查业	43201	40849	2352	42881	40599	2282	238674	230584	8090
(十四)水利、环境和公共设施管理业	12585	8702	3883	12653	8789	3864	41687	32073	9613
(十五)居民服务和其他服务业	5488	5452	36	5201	5165	36	20264	20177	87
(十六)教育	76188	71215	4973	76285	71446	4839	424429	412601	11827
(十七)卫生、社会保障和社会福利业	46334	44199	2135	45280	43202	2078	408017	395140	12878
(十八)文化、体育和娱乐业	22101	21510	591	21979	21397	582	127256	125766	1490
(十九)公共管理和社会组织	52806	47962	4844	52346	47524	4822	288949	279246	9703
(二十)国际组织									

3－13　全社会从业人员(2012年)

单位:万人

项　目	合　计	城　镇	乡　村
从业人员合计	**447.93**	**204.82**	**243.11**
1.按就业身份分组			
在岗职工	117.75	117.75	
个体工商户	71.24	42.89	28.35
私营企业从业人员	74.31	37.87	36.44
农村从业人员	178.32		178.32
其他从业人员	6.31	6.31	
2.按经济类型分组			
国有经济	41.28	41.28	
集体经济	3.75	3.75	
私营及个体经济	145.55	80.76	64.79
其他经济	257.35	79.03	178.32
3.按产业分组			
一产业	109.24	1.93	107.31
二产业	148.76	70.99	77.77
三产业	189.93	131.90	58.03

3－14　历年城镇失业情况

年　份	年末城镇登记失业人数(人)	年末城镇登记失业率(%)
2000	39565	3.5
2001	44035	3.8
2002	50066	4.2
2003	52310	4.2
2004	53805	3.87
2005	49001	3.8
2006	47673	3.62
2007	38129	3.12
2008	43939	3.41
2009	46067	3.47
2010	41335	2.89
2011	54764	2.86
2012	58748	2.88

4 固定资产投资、建筑业

长沙统计年鉴

4－1　历年固定资产投资按项目性质、用途分类

单位:万元

年　份	按项目性质分				按用途分		
	基本建设	更新改造	城镇集体及其它	房地产开发	生产性建设	非生产性建设	#住　宅
1951	2816				1030	1786	338
1952	1828				546	1282	544
1953	3947				1339	2608	197
1954	3842				1506	2336	732
1955	4520				2223	2297	915
1956	5226				2419	2807	927
1957	4705				2318	2387	813
1958	8850				7185	1665	177
1959	12001				8942	3059	955
1960	15958				11717	4241	788
1961	3551				2274	1277	196
1962	1581				1113	468	161
1963	2237				1310	927	431
1964	4852		440		3226	2066	900
1965	4365		386		3162	1589	622
1966	4864		490		4121	1233	433
1967	3092		472		2818	746	229
1968	2632		420		2152	900	231
1969	3333		558		2651	1240	372
1970	3851		601		3798	654	288
1971	4081		644		3542	1183	265
1972	8393		687		7903	1177	542
1973	10005	716	731		8527	2925	1490
1974	11755	461	541		9514	3243	1440
1975	13898	565	652		11480	3635	1349
1976	14926	331	596		12550	3303	1393
1977	12291	459	715		9511	3954	1574
1978	17355	907	1076		12021	7317	3269
1979	20831	3947	1133		12249	13662	8055
1980	26808	6709	4526		20850	17193	10905
1981	26195	8490	4549		19744	19490	12859
1982	29049	12141	6685		24012	23863	14183

4－1 续表

年 份	按项目性质分				按用途分		
	基本建设	更新改造	城镇集体及其它	房地产开发	生产性建设	非生产性建设	#住 宅
1983	27347	20035	5941		27785	25538	13630
1984	34186	21846	4322		28541	31813	16121
1985	47881	34767	7446		48570	41524	18861
1986	61682	33983	8929		56636	47958	19335
1987	57541	30802	11430		54657	45116	18641
1988	64064	44637	15709		79149	45261	16247
1989	75319	29108	12934		72212	45149	18021
1990	64098	31403	9786		63925	41362	16254
1991	78694	41773	11965		82832	49600	24116
1992	126866	77635	23097	37602	142064	123136	68739
1993	169923	101502	26973	110618	213502	195514	117735
1994	252111	122572	19773	122277	276814	239919	134355
1995	384730	236186	25440	229657			193965
1996	478687	229143	43015	195679			182731
1997	522409	250450	20853	157374			162080
1998	635004	221346	42157	174078			281600
1999	615723	252996	32383	225765			282935
2000	724858	318703	40775	330238			238246
2001	1228733	313587	87130	631878			396807
2002	1538278	438381	137921	817883			566393
2003	2112133	723661	278144	1225551			831982
2004	2827529	942369	332705	1755376			1339396
2005		1238674		2563500			2282295
2006		1565282		3038612			2595357
2007		2734688		4129929			3698799
2008		4031531		4694654			3959407
2009		5455484		4974692			4125399
2010		7531385		6841481			5240352
2011		9613561		8869232			7068387
2012		13028480		10320003			7291779

说明:因国家报表制度取消按“项目性质”有关指标分组,部分年份有关指标缺失。

4-2 历年固定资产投资、新增固定资产及竣工房屋面积

单位:万元

年份	固定资产投资额	#市区	新增固定资产	#市区	房屋竣工面积(万 m^2)	#住宅
1951	2816	2736	1845	1765	11.74	1.92
1952	1828	1730	1630	1532	17.84	8.11
1953	3947	3797	3479	3329	31.67	7.93
1954	3842	3577	3327	3062	40.06	13.47
1955	4520	4307	3901	3687	47.18	15.3
1956	5226	4917	4043	3733	50.45	16.07
1957	4705	4336	4424	4099	58.48	23.65
1958	8850	7513	7207	6134	64.3	6.78
1959	12001	10075	9138	7551	79.09	20.92
1960	15958	13154	12053	10010	79.57	20.8
1961	3551	3212	2415	2143	22.1	5.3
1962	1581	1037	1368	967	11.39	2.54
1963	2237	1734	1645	1198	9.83	5.31
1964	5292	4364	4039	3366	23.64	10.08
1965	4751	3654	4615	3993	34.28	13.09
1966	5354	2912	3839	2960	30.18	10.37
1967	3564	1703	3631	969	18.61	4.56
1968	3052	2230	2486	1785	21.97	6.1
1969	3891	3699	3306	2742	22.43	6.21
1970	4452	3527	2871	2280	22.29	6.13
1971	4725	3866	1791	1302	23.42	5.02
1972	9080	7913	5096	4494	33.27	8.67
1973	11452	9031	6358	5198	55.34	23.43
1974	12757	10502	6927	5469	42.33	18.3
1975	15115	13162	7402	6420	43.98	16.26
1976	15853	14226	5891	5487	50.78	18.13
1977	13465	11999	13517	12533	58.63	21.35
1978	19338	15460	13202	10485	81.41	41.17
1979	25911	22331	18846	15261	116.75	81.59
1980	38043	32150	29101	25288	180.17	109.92
1981	39234	32235	29041	25984	169.77	114.18
1982	47875	41878	40018	31582	182.83	114.17

4-2 续表

年份	固定资产投资额	#市区	新增固定资产	#市区	房屋竣工面积(万 m^2)	#住宅
1983	53323	47161	40772	36434	208.32	120.17
1984	60354	53262	47180	41748	170.2	95.38
1985	90094	80012	64883	57605	186.78	93.49
1986	104594	92115	61507	54382	183.62	94.12
1987	99773	82812	75918	63473	178.11	76.79
1988	124410	97916	72322	59022	147.54	61.08
1989	117361	104388	98524	90968	143.13	61.64
1990	105287	93023	82545	74365	109.77	91.95
1991	132432	117253	113889	99600	131.37	55.72
1992	265200	241509	158962	143582	196.38	114.36
1993	409016	361367	240534	223206	213.38	116.41
1994	516733	457287	268878	237979	215.65	136.56
1995	876013	744446	493739	462822	314.55	168.87
1996	946524	877722	599994	555437	269.19	161.76
1997	951086	804219	620944	505469	259.56	135.57
1998	1072585	907871	683627	538812	333.86	185.63
1999	1126867	976976	785031	728914	401.03	282.04
2000	1414574	1340870	883380	826963	343.54	198.51
2001	2261328	1847913	1107918	828550	435.83	258.3
2002	2932463	2209442	1710366	1407213	655.42	358.3
2003	4339489	2913082	2419902	1865769	785.81	417.64
2004	5857979	3996135	2983264	1932250	946.28	542.01
2005	7911578	5506268	3437205	2403500	931.57	612.26
2006	9727734	6718000	4185400	2801450	874.75	544.88
2007	13264416	8810139	4564415	2418662	997.47	646.41
2008	17122436	11321325	6507365	3818165	1017.39	712.75
2009	22384726	14563385	12552343	9040592	1509.9	1131.71
2010	29098275	18774670	13758212	8631083	1741.56	1184.42
2011	32742805	20806850	19716236	11907021	1606.85	1216.21
2012	40119564	25386814	22607968	14119928	1528.11	1150.53

注:2012 年以前为城镇投资。

4－3 主要年份固定资产投资完成情况

单位：万元

指标	1998 年	1999 年	2000 年	2001 年	2002 年	2003 年	2004 年	2005 年
固定资产投资	**1484337**	**1648488**	**2023194**	**2798029**	**3625747**	**4949713**	**6680876**	**8814166**
一、城镇投资合计	1172569	1219514	1533449	2381395	3120627	4373774	5905978	7911578
基本建设	635004	615723	724858	1228733	1538278	2112133	2827529	
更新改造	221346	252996	318703	313587	438381	723661	942369	1238674
城镇集体及其它	61046	32383	40775	87130	137921	278144	332705	
房地产开发	174078	225765	330238	631878	817883	1225551	1755376	2563500
城镇私人建房	81095	92647	118875	120067	80921	34285	47999	
跨区项目					107243			
二、农村投资合计	311768	389483	439096	416634	505120	575939	774898	902588
# 农村个人	198165	245890	298665	265757	347283	382579	444081	516306

4－3 续表

指标	2006 年	2007 年	2008 年	2009 年	2010 年	2011 年	2012 年
固定资产投资	**10898087**	**14451811**	**18733290**	**24417763**	**31925699**	**35102425**	**40119564**
一、城镇投资合计	9727734	13264416	17122436	22384726	29098275	32742805	37423204
基本建设							
更新改造	1565282	2734688	4031531	5455484	7531385	9613561	13028480
城镇集体及其它							
房地产开发	3038612	4129929	4694654	4974692	6841481	8869232	10320003
城镇私人建房							
跨区项目	94200	105000	121835	326758	567641	600170	559000
二、农村投资合计	1170353	1187395	1610854	2033037	2827424	2359620	2696360
# 农村个人	541385	586897	649617	699692	572300		

注：从 2011 年开始，原全社会固定资产投资指标改名为固定资产投资，固定资产投资统计起点由 50 万元提高到 500 万元。

4－4 历年国有及民间投资情况

单位：万元

年份	固定资产投资	国有	民间投资	#集体	#个体
1979	33109	24778	8331	3200	5131
1980	49665	33517	16148	7175	8973
1981	54243	34685	19558	8561	10997
1982	60749	41190	19559	9685	9874
1983	73354	47382	25972	12422	13550
1984	88663	56032	32631	14111	18520
1985	125655	82648	43007	19516	23491
1986	136742	95665	41077	21330	19747
1987	138980	88343	50637	25003	25634
1988	166314	108701	57613	27765	29848
1989	169625	104427	65198	32407	32791
1990	181209	95501	85708	38706	47002
1991	214801	120467	94334	41965	52369
1992	368464	247474	120990	58570	62420
1993	566259	334655	197995	100082	73827
1994	686636	408461	227761	96819	92856
1995	1049543	624367	245430	73273	118481
1996	1171025	688967	313008	109419	148133
1997	1239759	711195	351964	96308	205704
1998	1484337	920319	463704	126955	279260
1999	1648488	1013028	561138	158021	338537
2000	2023194	1113413	787656	204096	424555
2001	2798029	1370056	814754	225598	402705
2002	3625747	1646219	1727379	194818	561035
2003	4949713	2012591	2682577	243485	679585
2004	6680876	2256470	4078114	478166	947923
2005	8814166	2701981	5819174		
2006	10898081	2837387	7672717		
2007	14451811	3516975	10523601		
2008	18733290	4390152	14014870		
2009	24417763	6923805	17237278		
2010	31925699	8159763	23381580		
2011	35102425	8366550	24584329		
2012	40119564	9702681	25177233		
总计	139025989	42810614	92837494		
“九五”时期	7566803	4446922	2477470		
“十五”时期	26868531	9987317	15121998		
“十一五”时期	100426644	25828082	72830046		

4－5　城镇以上固定资产投资完成情况(2012 年)

指　　标	单位	总计	中央	地方				
					省	市	县(市)	其他
计划投资	万元	107692966	3461191	104231775	10534069	22375317	11949295	59373094
本年新开工项目	万元	26975962	1079654	25896308	1904531	3679005	4612106	15700666
自开始建设累计完成投资	万元	70875381	2554163	68321218	6730175	14032184	8760045	38798814
本年完成投资	万元	36864204	1313204	35551000	2911520	6341702	5242178	21055600
# 国有经济控股	万元	11514402	1210471	10303931	1651059	3587434	2643665	2421773
# 住宅	万元	7282525	271045	7011480	675457	1794427	404676	4136920
按登记注册类型分								
内资企业	万元	34686069	1224800	33461269	2856806	6268008	5058300	19278155
国有企业	万元	8366341	974340	7392001	1099727	2275767	2334083	1682424
集体企业	万元	848126		848126	9912	106244	272114	459856
股份合作企业	万元	490003		490003	98412	72817	22636	296138
国有联营企业	万元	71213		71213	6370	61843		3000
集体联营企业	万元	843		843				843
国有与集体联营企业	万元	47658		47658	19045	15445		13168
其他联营企业	万元	17950		17950				17950
国有独资公司	万元	488793	5799	482994	109953	257701	95220	20120
其他有限责任公司	万元	14220685	181283	14039402	1065021	3190166	1883895	7900320
股份有限公司	万元	1880460	63378	1817082	417327	233086	260029	906640
私营独资企业	万元	3389513		3389513				3389513
私营合作企业	万元	533866		533866				533866
私营有限责任公司	万元	2937226		2937226	14890	100	68300	2853936
私营股份有限公司	万元	213222		213222				213222
其他企业	万元	1180170		1180170	16149	54839	122023	987159
港、澳、台商投资企业	万元	1325574	77118	1248456	28125	31572	99300	1089459
合资经营企业(港或澳、台资)	万元	190123	77118	113005	28125	1523		83357
合作经营企业(港或澳、台资)	万元	38336		38336		20000		18336
港、澳、台商独资经营企业	万元	843252		843252		3104		840148
港、澳、台商投资股份有限公司	万元	220493		220493		6945	90000	123548
其他港、澳、台商投资企业	万元	33370		33370			9300	24070
外商投资企业	万元	681275	11286	669989	26589	42122	84578	516700
中外合资经营企业	万元	366141	1420	364721	1943	32050	70274	260454
中外合作经营企业	万元	19087		19087		4072	935	14080
外资企业	万元	258465	9866	248599	24646		9442	214511
外商投资股份有限公司	万元	26755		26755		6000		20755
其他外商投资企业	万元	10827		10827			3927	6900
个体经营	万元	171286		171286				171286
个体户	万元	129340		129340				129340
个体合伙	万元	41946		41946				41946
按建设性质分								
新建	万元	12554259	651916	11902343	1038540	2636668	2190092	6037043
扩建	万元	1637144		1637144	71119	144837	413409	1007779
改建和技术改造	万元	12173428	367354	11806074	798082	1138350	2015931	7853711
按构成分								
建筑工程	万元	23059398	742042	22317356	2128202	3401297	3561413	13226444
安装工程	万元	3574399	58677	3515722	233477	566009	406545	2309691
设备工器具购置	万元	3246285	90075	3156210	141874	376035	495267	2143034
#用于更新的设备	万元	1015688	47048	968640	57516	57490	28471	825163
其他费用	万元	6984122	422410	6561712	407967	1998361	778953	3376431

注:本年完成投资未包括省跨市投资 559000 万元。

4－5 续表1

指　　标	单位	总计						
			中央	地方				
					省	市	县(市)	其他
按国民经济行业分								
(一)农、林、牧、渔业	万元	394181		394181	68970		135697	189514
农业	万元	64763		64763			20270	44493
林业	万元	21383		21383				21383
畜牧业	万元	14847		14847				14847
渔业	万元	5234		5234				5234
农、林、牧、渔服务业	万元	287954		287954	68970		115427	103557
(二)采矿业	万元	227283		227283	2435		4736	220112
煤炭开采和洗选业	万元	66011		66011				66011
石油和天然气开采业	万元							
黑色金属矿采选业	万元	6300		6300				6300
有色金属矿采选业	万元	31273		31273			4736	26537
非金属矿采选业	万元	106241		106241	2435			103806
开采辅助活动	万元	17458		17458				17458
其他采矿业	万元							
(三)制造业	万元	9942003	230040	9711963	494346	541206	1521323	7155088
农副食品加工业	万元	364827		364827	10420	30019	58358	266030
食品制造业	万元	352152	3820	348332	4658	7921	73753	262000
酒、饮料和精制茶制造业	万元	244799		244799	4900		15442	224457
烟草制品业	万元	16439	9455	6984	819			6165
纺织业	万元	124540		124540		13576	56800	54164
纺织服装、服饰业	万元	130902		130902			6000	124902
皮革、毛皮、羽毛及其制品和制鞋业	万元	40857		40857				40857
木材加工和木、竹、藤、棕、草制品业	万元	73905		73905			15300	58605
家具制造业	万元	148595		148595			13310	135285
造纸和纸制品业	万元	170394		170394			7750	162644
印刷业和记录媒介复制业	万元	199811		199811	393	5499	40287	153632
文教、工美、体育和娱乐用品制造业	万元	119783		119783			3880	115903
石油加工、炼焦和核燃料加工业	万元	39990		39990				39990
化学原料和化学制品制造业	万元	882951	1420	881531	21098	53008	50036	757389
医药制造业	万元	460832		460832	13913	36372	254600	155947
化学纤维制造业	万元							
橡胶和塑料制品业	万元	190491		190491		1523	8440	180528
非金属矿物制品业	万元	656450	528	655922	101400	12736	51435	490351
黑色金属冶炼和压延加工业	万元	93848		93848			1645	92203
有色金属冶炼和压延加工业	万元	91427		91427				91427
金属制品业	万元	598140		598140	100000	23385	29290	445465
通用设备制造业	万元	756857		756857	8200	84935	96644	567078
专用设备制造业	万元	1003458		1003458	110839	67425	123953	701241
汽车制造业	万元	912553	39025	873528		56706	179812	637010
铁路、船舶、航空航天和其他运输设备制造	万元	287749	151662	136087		22500	29699	83888
电气机械和器材制造业	万元	415875	9764	406111		23486	35725	346900
计算机、通信和其他电子设备制造业	万元	947519	8567	938952	117706	75064	277619	468563
仪器仪表制造业	万元	103265	5799	97466		7800		89666
其他制造业	万元	349702		349702		5521	81030	263151
废弃资源综合利用业	万元	55161		55161		7039	3787	44335
金属制品、机械和设备修理业	万元	108731		108731		6691	6728	95312

4-5 续表2

指　标	单位	总计	中央	地方				
					省	市	县(市)	其他
(四)电力、燃气及水的生产和供应业	万元	664567	16665	647902	36160	260922	77033	273787
电力、热力的生产和供应业	万元	309447	16665	292782	36160	121602	3935	131085
燃气生产和供应业	万元	72934		72934		23574	30819	18541
水的生产和供应业	万元	282186		282186		115746	42279	124161
(五)建筑业	万元	290093	14434	275659	7539	42124	15929	210067
房屋建筑业	万元	46279		46279	1420	2300		42559
土木工程建筑业	万元	164581	14434	150147	4549	20173	300	125125
建筑安装业	万元	22074		22074		11487	1770	8817
建筑装饰和其他建筑业	万元	57159		57159	1570	8164	13859	33566
(六)批发和零售业	万元	1938146	2564	1935582	62320	469138	122457	1281667
批发业	万元	1096584	2564	1094020	28657	360657	51130	653576
零售业	万元	841562		841562	33663	108481	71327	628091
(七)交通运输、仓储和邮政业	万元	2712542	27474	2685068	597577	373668	821454	892369
铁路运输业	万元	40286	16957	23329			4500	18829
道路运输业	万元	2019478	5697	2013781	528459	362825	730374	392123
水上运输业	万元	4779		4779				4779
航空运输业	万元	50775		50775	46338			4437
管道运输业	万元	4820	4820					
装卸搬运和运输代理业	万元	257375		257375	5070	8843	16350	227112
仓储业	万元	320750		320750	14310		70230	236210
邮政业	万元	14279		14279	3400	2000		8879
(八)住宿和餐饮业	万元	610304		610304	11229	45368	19695	534012
住宿业	万元	402365		402365	9339	17133	12010	363883
餐饮业	万元	207939		207939	1890	28235	7685	170129
(九)信息传输、软件和信息技术服务业	万元	279770	12600	267170	11150	15660	6240	234120
电信、广播电视和卫星传输服务	万元	102986	10600	92386	11150	9680		71556
互联网和相关服务	万元	52546	2000	50546		1500		49046
软件和信息技术服务业	万元	124238		124238		4480	6240	113518
(十)金融业	万元	285878	60325	225553	73879	34642	15232	101800
货币金融服务	万元	221044	56065	164979	72879	17851		74249
资本市场服务	万元	32089		32089		7858	2505	21726
保险业	万元	16855	4260	12595	1000	4693	3927	2975
其他金融业	万元	15890		15890		4240	8800	2850
(十一)房地产业	万元	13036669	762300	12274369	1037942	3169570	935583	7131274
(十二)租赁和商务服务业	万元	1275075	26862	1248213	189562	289687	85529	683435
租赁业	万元	32290		32290				32290
商务服务业	万元	1242785	26862	1215923	189562	289687	85529	651145
(十三)科学研究和技术服务业	万元	812119	106128	705991	75311	134317	62519	433844
研究与试验发展	万元	267707	106128	161579	27111	45955	1000	87513
专业技术服务业	万元	276166		276166	33392	35057	40592	167125
科技推广和应用服务业	万元	268246		268246	14808	53305	20927	179206

4－5 续表 3

指　　标	单位	总计	中央	地方				
					省	市	县(市)	其他
(十四)水利、环境和公共设施管理业	万元	2447767	48000	2399767	34712	682694	943728	738633
水利管理业	万元	172600		172600		13386	137579	21635
生态保护和环境治理业	万元	77446		77446	27030		17062	33354
公共设施管理业	万元	2197721	48000	2149721	7682	669308	789087	683644
(十五)居民服务、修理和其他服务业	万元	217044		217044		19974	25365	171705
居民服务业	万元	73470		73470		14531	5100	53839
机动车、电子产品和日用产品修理业	万元	94810		94810		4043	15353	75414
其他服务业	万元	48764		48764		1400	4912	42452
(十六)教育	万元	575336	450	574886	82834	76970	146529	268553
(十七)卫生和社会工作	万元	298923	5362	293561	90833	79584	36690	86454
卫生	万元	212495	5362	207133	70370	51169	28310	57284
社会工作	万元	86428		86428	20463	28415	8380	29170
(十八)文化、体育和娱乐业	万元	390186		390186	12617	73438	44818	259313
新闻和出版业	万元	7531		7531	2870			4661
广播、电视、电影和影视录音制作业	万元	52349		52349	1800	6630		43919
文化艺术业	万元	229330		229330	7947	43215	39048	139120
体育	万元	32476		32476		4868	5770	21838
娱乐业	万元	68500		68500		18725		49775
(十九)公共管理、社会保障和社会组织	万元	466318		466318	22104	32740	221621	189853
中国共产党机关	万元							
国家机构	万元	177351		177351	18154	13882	103027	42288
人民政协、民主党派	万元	8500		8500				8500
社会保障	万元	18678		18678		16858	1820	
群众团体、社会团体和其他成员组织	万元	31918		31918	3950		23968	4000
基层群众自治组织	万元	229871		229871		2000	92806	135065
新增固定资产	万元	21243102	1168546	20074556	1097077	2911388	3043154	13022937
施工项目个数	个	4978	79	4899	173	493	754	3479
#本年新开工	个	4389	61	4328	142	431	650	3105
本年投产项目个数	个	3009	51	2958	102	303	422	2131
施工面积	万 m^2	8710.95	224.47	8486.48	779.76	1370.92	774.17	5561.63
#住宅	万 m^2	5499.56	142.18	5357.38	492.30	901.31	408.10	3555.66
竣工面积	万 m^2	1499.42	45.07	1454.35	140.25	253.07	88.07	972.97
#住宅	万 m^2	1143.55	44.87	1098.68	116.86	203.70	71.17	706.94

4－6　城镇以上固定资产投资资金来源(2012年)

指　　标	单位	总计	中央	地方				
					省	市	县(市)	其他
本年资金来源合计	**万元**	**46993340**	**1641964**	**45351376**	**3612312**	**8128299**	**6010271**	**27600494**
上年末结余资金	万元	5508133	138569	5369564	381964	1115895	275168	3596537
本年资金来源小计	万元	41485207	1503395	39981812	3230348	7012404	5735103	24003957
国家预算内资金	万元	2844879	248250	2596629	231398	1269662	897555	198014
国内贷款	万元	3325476	100950	3224526	232148	837179	261287	1893912
债券	万元	1000	1000					
利用外资	万元	751355	9000	742355	15500		98961	627894
# 外商直接投资	万元	559009	9000	550009			2461	547548
自筹资金	万元	25924940	857536	25067404	1954662	3112353	3886079	16114310
# 企、事业单位自有资金	万元	5643550	174250	5469300	560340	636238	545025	3727697
其他资金来源	万元	8637557	286659	8350898	796640	1793210	591221	5169827
各项应付款合计	万元	3219441	38070	3181371	489037	756110	199912	1736312
# 工程款	万元	1636242	17633	1618609	157490	381065	81065	998989
规划用地面积	万 m^2	7003.75	380.33	6623.42	781.92	1754.81	1153.27	2933.42
本年实际征用和购置土地面积	万 m^2	1095.62	169.80	925.82	28.76	159.17	49.88	688.00
本年实际征用和购置土地成交价款	万元	1578748	86619	1492129	387763	384538	129633	590195

4－7 主要年份更新改造投资完成主要指标

指　　标	1998 年	1999 年	2000 年	2001 年	2002 年	2003 年
一、本年完成投资额合计	221346	252996	318703	313587	438381	723661
按隶属关系分						
中央部属	172819	160774	135945	112949	127476	102509
省　　属	9374	6721	3285	45582	98948	117315
市县属及其他	39153	85501	179473	155056	211957	503837
按构成分						
建筑安装工程	58989	77169	166120	113130	148174	393327
设备工器具购置	146324	140804	136576	180591	240907	242539
其他费用	16033	35023	16007	19866	49300	87795
按产业分						
第一产业				72	312	
第二产业	76214	86864	186365	183906	333612	519701
第三产业	145132	166132	132338	129609	104457	203960
按用途分						
# 增　　产	29417	62520	151144	113238	216884	
节约能源			1301	2794	1792	
增加品种	14805	13650	14347	41160	18894	
提高质量	7262	4444	2237	2880	19582	
二、本年新增固定资产	99463	136975	253727	235225	191519	327935
三、项目个数(个)						
施工项目	184	183	103	129	209	287
竣工项目	102	101	54	50	84	98
四、房屋建筑面积(万 m^2)						
施工面积	13.48	26.94	18.05	31.43	92.99	130.3
竣工面积	4.82	8.41	14.2	10.39	21.81	34.53

单位:万元

2004 年	2005 年	2006 年	2007 年	2008 年	2009 年	2010 年	2011 年	2012 年
942369	1238674	1565282	2734688	4031531	5455484	7531385	9613561	13028480
164903	149968	172661	295419	227137	178507	191156	313359	372454
140096	326157	185466	296571	387370	315991	531877	551785	798082
637370	762549	1207155	2142698	3417024	4960986	6808352	8748417	11857944
521878	959315	728957	1625392	2707061	3716770	5247972	7120834	9320098
331781	121960	677030	828415	1038779	1274225	1586369	1549807	2533083
88710	157399	159295	280881	285691	464489	697044	942920	1175299
	550	7428	16961	25330	21573	62830	113146	98584
779416	1151002	1367014	2482222	3231738	3919417	5331142	6588171	9134626
162953	87122	190840	235505	774463	1514494	2137413	2912244	3795270
371891	583362	774955	1278199	1598106	3217321	4402110	6370171	9881912
290	475	660	1016	1654	1827	2132	2483	2674
64	193	276	348	704	651	1134	1629	1909
275.68	241.76	176.9	283.8	359.09	646.15	771.2	601.76	407.65
41.95	74.21	79.98	108.27	85.92	89.19	274.09	106.96	56.74

4－8 主要年份房地产开发及商品房销售主要指标

指标	单位	1998年	1999年	2000年	2001年	2002年	2003年	2004年	2005年
一、完成投资额	万元	174078	225765	330238	631878	817883	1225551	1755376	2563500
#住宅	万元	77797	131260	151091	305549	442655	732833	1167921	2011118
二、新增固定资产	万元	121802	205616	166677	377131	525566	743987	932398	828971
三、建筑面积									
施工房屋面积	万 m^2	339.01	336.68	385.32	634.01	833.94	1102.12	1462.41	1913.57
竣工房屋面积	万 m^2	98.38	156.27	147.73	214.99	332.12	443.24	591.9	515.16
四、商品房销售情况									
商品房销售额	万元	67692	137043	178455	305217	418141	666279	1072486	1162249
商品房销售面积	万 m^2	39.97	79.97	92.72	163.9	232.1	325.82	519.95	536.99
五、土地开发情况									
本年购置土地面积	万 m^2	35.10	28.91	49.56	262.86	544.43	789.72	807.63	1007.59
本年完成开发土地面积	万 m^2	118.08	61.66	176.23	221.25	358.58	562.14	543.46	246.81
土地开发投资额	万元	26757	39059	85418	92344	130367	216418	224325	196384

4－8 续表

指标	单位	2006年	2007年	2008年	2009年	2010年	2011年	2012年
一、完成投资额	万元	3038612	4129929	4694654	4974692	6841481	8869232	10320003
#住宅	万元	2305640	3408702	3688740	3929930	5163283	6843026	6988572
二、新增固定资产	万元	1048277	1268230	1900755	3686224	4293394	5294334	5602631
三、建筑面积								
施工房屋面积	万 m^2	2411.94	3270.34	4225.29	6168.62	6687.29	7670.96	7361.67
竣工房屋面积	万 m^2	547.09	699.9	750.57	1314.71	1392.55	1451.77	1402.27
四、商品房销售情况								
商品房销售额	万元	1961129	3258716	2733593	5130956	7423283	8824072	9315598
商品房销售面积	万 m^2	741.69	985.09	822.59	1406.58	1680.21	1500.2	1526.93
五、土地开发情况								
本年购置土地面积	万 m^2	1186.1	973.23	965.48	392.92	288.48	331.71	311.15
本年完成开发土地面积	万 m^2	707.68	645.94	581.8	640.51	216.78		
土地开发投资额	万元	477218	626022	601574	337539	327188		

4-9 房地产开发投资完成情况(2012年)

单位:万元

指标	总计	中央	地方	省	地市县属	地区	县	其他
计划总投资	60473447	1732281	58741166	5922506	52818660	12817619	2998963	37002078
本年完成投资	10320003	288954	10031049	1000180	9030869	2317622	584195	6129052
# 土地购置费	1419084	1535	1417549	65186	1352363	125751	52444	1174168
# 国有经济控股	2253791	199586	2054205	394722	1659483	1104220	69148	486115
内资	9298611	211836	9086775	972055	8114720	2314518	584195	5216007
国有	256785	33263	223522	43285	180237	158495	18432	3310
集体	40162		40162		40162	40162		
股份合作	191873		191873	42522	149351	20057		129294
联营	95756		95756	19045	76711	59843		16868
# 其他联营	4600		4600		4600			4600
有限责任公司	6641594	166323	6475271	847508	5627763	2024457	493285	3110021
国有独资公司	129087		129087	95733	33354	11939	21415	
其他有限责任公司	6512507	166323	6346184	751775	5594409	2012518	471870	3110021
股份有限公司	151519	12250	139269	4805	134464		3825	130639
私营	1850032		1850032	14890	1835142	100	68300	1766742
其他内资	70890		70890		70890	11404	353	59133
港澳台投资	957394	77118	880276	28125	852151	3104		849047
港澳台合资经营	118043	77118	40925	28125	12800			12800
港澳台合作经营	18336		18336		18336			18336
港澳台独资	821015		821015		821015	3104		817911
外商投资	63998		63998		63998			63998
外商合作经营	4199		4199		4199			4199
外商独资	59799		59799		59799			59799

4－9 续表

单位：万元

指标	总计	中央	地方	省	地市县属	地区	县	其他
按构成分								
建筑工程	6282557	215573	6066984	694900	5372084	1340966	423303	3607815
安装工程	1007115	18804	988311	100837	887474	174129	74590	638755
设备工器具购置	118983		118983	12137	106846	26140	3447	77259
其他费用	2911348	54577	2856771	192306	2664465	776387	82855	1805223
按工程用途分								
住宅投资	6988572	271045	6717527	669677	6047850	1731685	374976	3941189
办公楼	560310	4929	555381	61989	493392	105872	46775	340745
商业营业用房	1242384	4905	1237479	76102	1161377	265868	62876	832633
其他	1528737	8075	1520662	192412	1328250	214197	99568	1014485
本年新增固定资产	5602631	181812	5420819	419126	5001693	1439821	208686	3353186
本年资金来源合计	18559827	535650	18024177	1586277	16437900	3760959	1004717	11672224
上年末结余资金	4513276	124012	4389264	298388	4090876	708252	236328	3146296
本年资金来源小计	14046551	411638	13634913	1287889	12347024	3052707	768389	8525928
国内贷款	2355149	100950	2254199	191039	2063160	487347	177025	1398788
利用外资	447850		447850	15500	432350			432350
# 外商直接投资	432350		432350		432350			432350
自筹资金	3657416	37700	3619716	318018	3301698	1006675	129757	2165266
# 企事业单位自有资金	1179886	13700	1166186	74575	1091611	205748	84248	801615
其他资金来源	7586136	272988	7313148	763332	6549816	1558685	461607	4529524
# 定金及预付款	4854448	204413	4650035	445157	4204878	992442	275076	2937360
本年各项应付款合计	2823631	38070	2785561	377564	2407997	581010	183993	1642994
# 工程款	1528821	17633	1511188	156890	1354298	318005	77865	958428

4－10 房地产施工竣工及销售主要指标(2012 年)

指 标	单位	合计	商品住宅	#90 平方米以下	#140 平方米以上住房	#别墅、高档公寓	办公楼	商业营业用房	其他
房屋施工面积	万 m^2	7361.67	5320.57	1399.13	981.46	329.11	272.15	685.12	1083.83
# 新开工面积	万 m^2	1824.23	1158.80	180.41	138.57	33.56	130.74	223.45	311.24
房屋竣工面积	万 m^2	1402.27	1131.00	258.12	261.35	62.01	9.49	121.37	140.40
竣工房屋价值	万元	3994077	3235257	743209	70086	199366	42694	371324	344802
商品房屋销售建筑面积	万 m^2	1526.93	1385.33	369.30	237.27	77.39	42.34	73.50	25.76
商品房销售额	万元	9315598	776132	2118222	1561371	710278	518384	960378	75516
商品房待售面积	万 m^2	650.53	443.81	109.28	125.94	51.53	11.42	97.62	97.69
# 待售 1－3 年面积(含一年)	万 m^2	445.67	292.53	51.98	88.42	31.88	9.64	68.59	74.91
待售 3 年以上面积(含三年)	万 m^2	35.75	14.30	0.07	12.61	6.66	0.92	13.84	6.69

4－11 农村非农户固定资产投资完成情况(2012年)

指　　标	单位	总计	中央	地方				
					省	市	县(市)	其他
计划总投资	万元	3818876	4900	3813976	14800	91360	764976	2942840
本年新开工项目计划总投资	万元	2963733	4900	2958833	14800	27380	616671	2299982
自开始建设累计完成投资	万元	3279103	5100	3274003	16063	88619	670024	2499297
本年完成投资	万元	2696360	5100	2691260	16063	49619	570035	2055543
# 国有经济控股	万元	776334	5100	771234	1500	34839	315122	419773
# 住宅	万元	9254		9254			4040	5214
按登记注册类型分								
内资企业	万元	2578244	5100	2573144	16063	49619	487034	2020428
国有企业	万元	776334	5100	771234	1500	34839	315122	419773
集体企业	万元	273312		273312		4700	113859	154753
股份合作企业	万元	18411		18411				18411
国有联营企业	万元							
集体联营企业	万元							
国有与集体联营企业	万元							
其他联营企业	万元							
国有独资公司	万元							
其他有限责任公司	万元	752331		752331		4880	41201	706250
股份有限公司	万元	51553		51553		5200	3300	43053
私营独资企业	万元	405758		405758				405758
私营合作企业	万元	76488		76488				76488
私营有限责任公司	万元	51161		51161				51161
私营股份有限公司	万元	19400		19400				19400
其他企业	万元	153496		153496	14563		13552	125381
港、澳、台商投资企业	万元	14054		14054			4980	9074
合资经营企业(港或澳、台资)	万元	5074		5074				5074
合作经营企业(港或澳、台资)	万元	4000		4000				4000
港、澳、台商独资经营企业	万元							
港、澳、台商投资股份有限公司	万元							
其他港、澳、台商投资企业	万元	4980		4980			4980	
外商投资企业	万元	79821		79821			78021	1800
中外合资经营企业	万元	1800		1800				1800
中外合作经营企业	万元							
外资企业	万元	78021		78021			78021	
外商投资股份有限公司	万元							
其他外商投资企业	万元							
个体经营	万元	24241		24241				24241
个体户	万元	21441		21441				21441
个体合伙	万元	2800		2800				2800
按建设性质分								
新建	万元	1551533		1551533	1500	44919	341564	1163550
扩建	万元	286775		286775	14563		85016	187196
改建和技术改造	万元	855052	5100	849952		4700	143455	701797

4－11 续表 1

指标	单位	总计	中央	地方	省	市	县(市)	其他
按构成分								
建筑工程	万元	1863837	4300	1859537	14563	32927	459726	1352321
安装工程	万元	313559		313559	300	12842	26678	273739
设备工器具购置	万元	231886		231886	1200	1300	20663	208723
# 用于更新的设备	万元	54715		54715		300	4669	49746
其他费用	万元	287078	800	286278		2550	62968	220760
按国民经济行业分								
(一)农、林、牧、渔业	万元	321284		321284			16171	305113
农业	万元	193863		193863			8555	185308
林业	万元	9800		9800				9800
畜牧业	万元	39106		39106				39106
渔业	万元	24355		24355				24355
农、林、牧、渔服务业	万元	54160		54160			7616	46544
(二)采矿业	万元	32512		32512				32512
有色金属矿采选业	万元	17280		17280				17280
非金属矿采选业	万元	15232		15232				15232
(三)制造业	万元	702099		702099			98066	604033
农副食品加工业	万元	24340		24340				24340
食品制造业	万元	24090		24090			8980	15110
酒、饮料和精制茶制造业	万元	4500		4500				4500
烟草制品业	万元							
纺织业	万元	14000		14000				14000
纺织服装、服饰业	万元	79237		79237			78021	1216
皮革、毛皮、羽毛及其制品和制鞋业	万元	4700		4700				4700
木材加工及木、竹、藤、棕、草制品业	万元	9475		9475				9475
家具制造业	万元	11506		11506				11506
造纸及纸制品业	万元	9694		9694				9694
印刷业和记录媒介复制业	万元	18711		18711				18711
文教、工美、体育和娱乐用品制造业	万元	12929		12929				12929
石油加工、炼焦及核燃料加工业	万元	4200		4200				4200
化学原料及化学制品制造业	万元	277777		277777			7050	270727
医药制造业	万元	2000		2000				2000
化学纤维制造业	万元							
橡胶和塑料制品业	万元	2416		2416				2416
非金属矿物制品业	万元	43494		43494			2400	41094
黑色金属冶炼及压延加工业	万元	2300		2300				2300
有色金属冶炼及压延加工业	万元	14802		14802				14802
金属制品业	万元	14485		14485				14485
通用设备制造业	万元	37179		37179			555	36624
专用设备制造业	万元	41084		41084				41084
汽车制造业	万元	9770		9770			1060	8710
铁路、船舶、航空航天和其他运输设备制造	万元							
电气机械及器材制造业	万元	11119		11119				11119
计算机、通信和其他电子设备制造业	万元	13421		13421				13421
仪器仪表制造业	万元	10070		10070				10070
其他制造业	万元							
废弃资源综合利用业	万元							
金属制品、机械和设备修理业	万元	4800		4800				4800

4－11 续表 2

指　　标	单位	总计	中央	地方				
					省	市	县(市)	其他
(四)电力、燃气及水的生产和供应业	万元	58993	5100	53893			43350	10543
电力、热力的生产和供应业	万元	48955	5100	43855			35750	8105
燃气生产和供应业	万元							
水的生产和供应业	万元	10038		10038			7600	2438
(五)建筑业	万元	18475		18475		9850		8625
房屋建筑业	万元							
土木工程建筑业	万元	9850		9850		9850		
建筑安装业	万元	4800		4800				4800
建筑装饰和其他建筑业	万元	3825		3825				3825
(六)批发和零售业	万元	327664		327664			4336	323328
批发业	万元	294766		294766			4336	290430
零售业	万元	32898		32898				32898
(七)交通运输、仓储和邮政业	万元	131409		131409		24989	37280	69140
铁路运输业	万元	9300		9300				9300
道路运输业	万元	120709		120709		24989	37280	58440
水上运输业	万元							
航空运输业	万元							
管道运输业	万元							
装卸搬运和其他运输代理业	万元							
仓储业	万元	1400		1400				1400
邮政业	万元							
(八)住宿和餐饮业	万元	60810		60810			20120	40690
住宿业	万元	17600		17600				17600
餐饮业	万元	43210		43210			20120	23090
(九)信息传输、软件和信息技术服务业	万元	29600		29600				29600
电信、广播电视和卫星传输服务业	万元	19500		19500				19500
互联网和相关服务业	万元							
软件和信息技术服务业	万元	10100		10100				10100
(十)金融业	万元	22167		22167		350		21817
货币金融服务	万元	17000		17000				17000
资本市场服务	万元	4817		4817				4817
保险业	万元							
其他金融业	万元	350		350		350		
(十一)房地产业	万元	222600		222600			61908	160692
(十二)租赁和商务服务业	万元	34670		34670			7798	26872
租赁业	万元	12700		12700				12700
商务服务业	万元	21970		21970			7798	14172
(十三)科学研究和技术服务业	万元	44130		44130				44130
研究与试验发展	万元							
专业技术服务业	万元	39050		39050				39050
科技推广和应用服务业	万元	5080		5080				5080

4-11 续表 3

指标	单位	总计	中央	地方				
					省	市	县(市)	其他
(十四)水利、环境和公共设施管理业	万元	424160		424160		9730	228616	185814
水利管理业	万元	125897		125897			44986	80911
生态保护和环境治理业	万元	22238		22238		4880	2500	14858
公共设施管理业	万元	276025		276025		4850	181130	90045
(十五)居民服务、修理和其他服务业	万元	35640		35640				35640
居民服务业	万元	21640		21640				21640
机动车、电子产品和日用产品修理业	万元							
其他服务业	万元	14000		14000				14000
(十六)教育	万元	129859		129859	16063		16600	97196
(十七)卫生和社会工作	万元	21580		21580			10500	11080
卫生	万元	8200		8200			5000	3200
社会工作	万元	13380		13380			5500	7880
(十八)文化、体育和娱乐业	万元	38700		38700		4700	10000	24000
新闻和出版业	万元							
广播、电视、电影和影视录音制作业	万元							
文化艺术业	万元	15300		15300			10000	5300
体育	万元	16000		16000		4700		11300
娱乐业	万元	7400		7400				7400
(十九)公共管理、社会保障和社会组织	万元	40008		40008			15290	24718
中国共产党机关	万元	1350		1350			1350	
国家机构	万元	15250		15250			700	14550
人民政协和民主党派	万元							
社会保障	万元							
群众团体、社会团体和其他成员组织	万元	13070		13070			9200	3870
基层群众自治组织	万元	10338		10338			4040	6298
本年新增固定资产	万元	1364866	4900	1359966	16063	13594	289657	1040652
施工项目个数	个	724	1	723	2	6	106	609
# 本年新开工	个	642	1	641	2	5	82	552
本年投产项目个数	个	365	1	364	2	2	60	300
施工面积	万 m^2	162.39		162.39	0.60		33.81	127.98
# 住宅	万 m^2	9.53		9.53			3.81	5.72
竣工面积	万 m^2	28.69		28.69			3.81	24.88
# 住宅	万 m^2	6.99		6.99			3.81	3.18

4－12 农村非农户固定资产投资资金来源(2012年)

指　标	单位	总计	中央	地方				
					省	市	县(市)	其他
本年资金来源合计	万元	2905903	5100	2900803	16063	50869	599430	2234441
上年末结余资金	万元	20998		20998			7149	13849
本年资金来源小计	万元	2884905	5100	2879805	16063	50869	592281	2220592
国家预算内资金	万元	122824		122824		27989	63315	31520
# 地方预算内资金	万元	6579		6579			6579	
国内贷款	万元	84998		84998			20780	64218
债券	万元							
利用外资	万元	15200		15200				15200
# 外商直接投资	万元	5200		5200				5200
自筹资金	万元	2548768	5100	2543668	16063	22880	432773	2071952
# 企、事业单位自有资金	万元	133360	5100	128260			46950	81310
其他资金来源	万元	113115		113115			75413	37702
本年各项应付款合计	万元	92577		92577		10130	5445	77002
# 工程款	万元	57343		57343		8280	5190	43873
征用和购置土地情况								
规划用地面积	万 m^2	1803.82	0.39	1803.44	0.52	26.49	811.26	965.17
本年实际征用和购置土地面积	万 m^2	316.94		316.94			4.85	312.10
本年实际征用和购置土地成交价款	万元	101570		101570			4017	97553

4－13 固定资产投资主要新增生产能力(或效益)(2012年)

指　标	单位	数　量
原煤开采	万吨/年	17
铜选矿	万吨/年	5
水力发电	万千瓦	58
其他发电	万千瓦	1
输电线路长度(110KV 及以上)	公里	56
水泥	万吨/年	2.50
石墨及炭素制品	吨/年	4400
塑料树脂及共聚物	吨/年	6000
化学纤维	吨/年	2500
程控交换机(指安装能力)	万线/年	3
新建公路	公里	406.23
# 高速公路	公里	100.50
一级公路	公里	4.50
二级公路	公里	301.23
改建公路	公里	82.00
# 高速公路	公里	
一级公路	公里	
二级公路	公里	82.00
新(扩)建公路客、货运站	个	6
新(扩)建公路客、货运站	平方米	19163

4－14 主要年份建筑业生产主要指标完成情况

项　　目	单位	2001 年	2002 年	2003 年	2004 年	2005 年	2006 年
一、企业个数	个	240	276	293	478	445	445
二、建筑业总产值	万元	1819916	2372581	3302864	4905041	5793596	7368797
1. 建筑工程产值	万元	1647265	1983462	2830648	4084230	4836578	6216932
2. 安装工程产值	万元	108528	196146	172305	313637	301454	388116
3. 其他产值	万元	64123	192973	299911	507174	655564	763749
三、竣工产值	万元	1238154	1863684	2617615	3179761	3976719	4504392
四、房屋建筑施工面积	万 m^2	1673.40	2150.16	3434.15	5157.39	5597.62	6983.43
# 本年新开工面积	万 m^2	972.12	1201.37	1970.87	2813.89	3017.74	3771.37
# 实行投标承包面积	万 m^2	1152.94	1674.58	2803.37	4342.58	4767.81	6106.65
五、房屋建筑竣工面积	万 m^2	750.59	974.63	1473.58	2195.54	2431.57	2811.5
六、年末自有施工机械设备							
1. 净值	万元	194586	319690	361762	375249	330386	397547
2. 总台数	台	83823	85924	100282	109062	105340	117455
3. 总功率	万千瓦	130.03	137.25	165.03	226.49	178.43	239.49
七、计算劳动生产率平均人数	万人	27.09	27.93	33.79	42.34	45.08	51.78

4－14 续表

项　　目	单位	2007 年	2008 年	2009 年	2010 年	2011 年	2012 年
一、企业个数	个	447	501	481	517	540	555
二、建筑业总产值	万元	9601564	11091958	13394211	17401686	21002701	23299080
1. 建筑工程产值	万元	8172834	9503215	11660263	15073216	18474160	20611794
2. 安装工程产值	万元	601774	599862	606981	712116	814652	952003
3. 其他产值	万元	826956	988881	1126967	1616354	1713889	1735283
三、竣工产值	万元	5528176	6881158	7996605	9003006	11581484	15036364
四、房屋建筑施工面积	万 m^2	9500.70	10910.10	10998.63	15052.19	18325.65	19728.70
# 本年新开工面积	万 m^2	5237.54	4715.30	4736.42	7149.80	7299.01	6540.38
# 实行投标承包面积	万 m^2	8242.84	10179.80	10349.69	14298.23	14931.50	16099.54
五、房屋建筑竣工面积	万 m^2	3045.60	3565.23	3757.24	4267.59	4523.29	5005.64
六、年末自有施工机械设备							
1. 净值	万元	446669	568426	608749	610815	706808	533180
2. 总台数	台	121980	133226	136815	176855	160030	144560
3. 总功率	万千瓦	244.35	278.69	327.69	368.86	422.21	424.80
七、计算劳动生产率平均人数	万人	56.86	64.95	64.42	72.74	75.98	78.62

4－15 建筑业企业生产情况(2012年)

项目	企业个数(个)	建筑业总产值(万元)	#装饰装修产值	#在外省完成的产值
总计	**555**	**23299080**	**875415**	**9697960**
#国有及国有控股企业	88	12173615	279180	7775195
一、按登记注册类型分组				
内资企业	547	23151167	782066	9620125
国有企业	50	4247670	114894	2214696
集体企业	14	283633	3567	32923
股份合作企业	1	2521		
联营企业	1	10445	7599	3315
国有联营企业	1	10445	7599	3315
有限责任公司	237	13544233	443352	6228468
国有独资公司	5	1278730	45093	829191
其他有限责任公司	232	12265503	398259	5399277
股份有限公司	36	1709398	82937	421484
私营企业	197	3206333	129717	703803
私营独资企业	6	35452	191	
私营合伙企业	4	50877	60	2542
私营有限责任公司	173	2203481	101429	331471
私营股份有限公司	14	916523	28036	369791
其他企业	11	146934		15437
港、澳、台商投资企业	5	69285	29786	33658
合资经营企业(港或澳、台资)	4	30693	29786	2773
港、澳、台商独资经营企业	1	38591		30884
外商投资企业	3	78629	63563	44177
中外合资经营企业	2	63563	63563	44177
外资企业	1	15066		

建筑工程产值	安装工程产值	其他产值	竣工产值（万元）	房屋建筑施工面积（m^2）	#本年新开工面积	#实行投标承包面积
20611794	**952003**	**1735283**	**15036364**	**197287035**	**65403844**	**160995356**
11452915	407709	312991	7225879	102689294	25600036	80718193
20519217	896667	1735283	14937514	197287035	65403844	160995356
3857123	235425	155122	3731566	25559672	8476660	24019676
249449	24383	9802	195538	2838417	1421663	2777555
	2521		2521			
10226		219	6079	71589	29060	10085
10226		219	6079	71589	29060	10085
12287067	289551	967616	7394823	119830605	35575499	94447533
1197649	16857	64224	435546	11085429	3105148	8339930
11089418	272694	903391	6959277	108745176	32470351	86107603
1351055	141901	216442	1094707	17257421	6013336	12704570
2644029	196852	365452	2418674	30778894	13419026	26508439
31411	960	3081	35603	256957	74323	256957
50817	60		38679	195004	164967	90151
1818727	125437	259316	1642592	19430394	7606802	16597730
743074	70394	103055	701800	10896539	5572934	9563601
120267	6036	20631	93608	950437	468600	527498
29014	40270		83519			
29014	1679		27133			
	38591		56386			
63563	15066		15331			
63563			265			
	15066		15066			

4－15 续表 1

项　　目	企业个数（个）	建筑业总产值（万元）	#装饰装修产　值	#在外省完成的产值
二、按建筑业行业中类分组				
房屋建筑业	233	17808590	457170	7217407
土木工程建筑业	97	4386838	8199	2170364
铁路、道路、隧道和桥梁工程建筑	37	2733851		1180074
水利和内河港口工程建筑	16	248171	314	66391
工矿工程建筑	6	1031198		844000
架线和管道工程建筑	22	269395	3987	68108
其他土木工程建筑	16	104222	3899	11792
建筑安装业	88	330508	12840	80815
电气安装	21	148207		65765
管道和设备安装	7	6335		921
其他建筑安装业	60	175966	12840	14130
建筑装饰和其他建筑业	137	773145	397207	229374
建筑装饰业	87	440818	319281	120461
工程准备活动	12	45860	4750	9404
提供施工设备服务	1	5321		
其他未列明建筑业	37	281145	73176	99510
三、按企业资质等级分组				
施工总承包	295	21750499	484484	9196733
特　　级	10	8646570	62081	5738811
一　　级	97	10250744	305137	3216466
二　　级	123	2361939	100254	223276
三级及以下	65	491246	17013	18181
专业承包	260	1548582	390931	501226
一　　级	42	725620	313378	284157
二　　级	66	477372	23769	154250
三级及以下	152	345590	53783	62820

建筑工程产值	安装工程产值	其他产值	竣工产值（万元）	房屋建筑施工面积（m^2）	#本年新开工面积	#实行投标承包面积
16149610	277449	1381531	10648688	194217921	63934663	158115836
3824731	346449	215658	3795913	2399169	1268607	2271079
2605514	29621	98716	2448534	577820	237215	496930
245976	2195		261929	24950	24950	23750
842649	142931	45619	813852	648107	401610	648107
40014	168182	61200	231859			
90578	3521	10123	39740	1148292	604832	1102292
91947	195003	43559	178542	598356	171514	598356
7067	124562	16578	37888			
	4631	1704	4593			
84880	65810	25276	136061	598356	171514	598356
545507	133103	94536	413222	71589	29060	10085
334489	73535	32795	262481	71589	29060	10085
42543		3318	43920			
1339	3982		54			
167136	55586	58423	106766			
19709071	595549	1445879	14252148	196312314	64928702	160083139
8325668	89618	231284	6137287	92354376	23745006	73724534
8943295	401196	906253	6023445	80432985	29573022	69458671
2023432	96389	242117	1682468	20049998	9554104	13921600
416676	8346	66224	408949	3474955	2056570	2978334
902723	356455	289404	784216	974721	475142	912217
518140	110399	97081	296328	965971	466392	904467
196425	157541	123406	290822	7750	7750	7750
188158	88514	68917	197066	1000	1000	

4－15 续表2

项目	房屋建筑竣工面积（m^2）	年末自有施工机械设备			直接从事生产经营活动的平均人数（人）	期末从业人员（人）	工程技术人员（人）	持有一级资质证书的项目经理（人）
		净值（万元）	总台数（台）	总功率（千瓦）				
合计	**50056433**	**533180**	**144560**	**4248037**	**786182**	**753617**	**72980**	**6879**
# 国有及国有控股企业	16757677	202028	57495	2099791	373517	389657	25893	2731
一、按登记注册类型分组								
内资企业	50056433	531757	143286	4239518	779975	747667	72318	6814
国有企业	4803073	130158	48716	1360157	150948	144695	13368	1442
集体企业	1060147	8912	2504	44817	8887	8519	1654	112
股份合作企业		123	231	162	82	79	36	5
联营企业	65974	222	51	1865	880	844	56	32
国有联营企业	65974	222	51	1865	880	844	56	32
有限责任公司	27459325	229883	43772	1945618	431230	413368	35874	3325
国有独资公司	2307249	5911	778	17949	30684	29413	2427	258
其他有限责任公司	25152076	223972	42994	1927669	400546	383955	33447	3067
股份有限公司	5725648	33407	10021	269503	64193	61534	5023	669
私营企业	10622916	118890	36149	541592	117563	112693	15433	1173
私营独资企业	239557	5089	7830	8302	776	744	201	14
私营合伙企业	84127	2339	1308	8038	2017	1933	486	50
私营有限责任公司	7831287	95617	23787	458862	86624	83036	12890	860
私营股份有限公司	2467945	15845	3224	66390	28146	26980	1856	249
其他企业	319350	10161	1842	75804	6192	5936	874	56
港、澳、台商投资企业		138	941	1611	3088	2960	304	40
合资经营企业（港或澳、台资）		4	1	27	1530	1467	117	18
港、澳、台商独资经营企业		134	940	1584	1558	1493	187	22
外商投资企业		1285	333	6908	3119	2990	358	25
中外合资经营企业		974	112	1808	2574	2467	208	21
外资企业		311	221	5100	545	522	150	4

4－15 续表3

项　　目	房屋建筑竣工面积（m^2）	年末自有施工机械设备			直接从事生产经营活动的平均人数(人)	期末从业人员(人)	工程技术人员(人)	持有一级资质证书的项目经理(人)
		净值（万元）	总台数（台）	总功率（千瓦）				
二、按建筑业行业中类分组								
房屋建筑业	49030953	332633	80207	2450770	624328	598467	50303	4373
土木工程建筑业	780308	175417	52204	1657010	118803	113882	15362	1543
铁路、道路、隧道和桥梁工程建筑	246003	137208	13975	671683	80187	76865	9025	948
水利和内河港口工程建筑	24950	12837	2642	124104	8423	8074	1653	109
工矿工程建筑	170342	17006	32954	818791	17085	16377	2504	303
架线和管道工程建筑		4462	2255	20187	8572	8217	1346	149
其他土木工程建筑	339013	3905	378	22245	4536	4348	834	34
建筑安装业	179198	9256	6298	66029	13099	12556	2863	325
电气安装		984	1237	4766	5434	5209	886	92
管道和设备安装					257	246	82	3
其他建筑安装业	179198	8272	5061	61263	7408	7101	1895	230
建筑装饰和其他建筑业	65974	15873	5851	74228	29952	28711	4452	638
建筑装饰业	65974	4264	3628	44174	19729	18912	2499	448
工程准备活动		2117	892	12892	1909	1830	545	41
提供施工设备服务					202	194	202	14
其他未列明建筑业		9493	1331	17162	8112	7776	1206	135
四、按企业资质等级分组								
施工总承包	49787826	502386	131824	4045030	729933	699698	64225	5768
特　　级	14102282	101033	39592	1667461	273899	262554	14626	1518
一　　级	26402960	250197	48338	1487367	342023	327856	29250	3010
二　　级	7366459	121116	26746	744818	96427	92433	15896	1076
三级及以下	1916125	30040	17148	145384	17584	16856	4453	164
专业承包	268607	30794	12736	203007	56249	53919	8755	1111
一　　级	259857	12664	5211	104695	27768	26618	3262	457
二　　级	7750	11625	4083	68177	14748	14137	2823	406
三级及以下	1000	6504	3442	30135	13733	13164	2670	248

4－16　主要年份建筑业财务状况

项　　目	单位	2000年	2001年	2002年	2003年	2004年
一、年末资产负债						
流动资产合计	万元	842162	914211	1240078	1441196	2034223
固定资产合计	万元	357784	360626	451926	614357	657031
固定资产原价	万元	501104	527837	659004	871018	939419
#生产经营用	万元	407392	419152	501100	682669	773510
累计折旧	万元	158983	189469	231044	300016	346382
#本年折旧	万元	34140	38804	40402	54481	53952
资产合计	万元	1300265	1370595	1806199	2227650	2878833
流动负债合计	万元	816824	853779	1050956	1191476	1742514
长期负债合计	万元	132489	119862	116959	150192	144163
所有者权益合计	万元	350952	396954	638284	885982	992156
#实收资本	万元	255868	292067	518656	669256	832230
二、损益及分配						
工程结算收入	万元	1005881	1091927	1598212	2148431	2990005
工程结算成本	万元	912404	975647	1423143	1907419	2678074
工程结算税金	万元	28465	32791	59999	76314	107282
工程结算利润	万元	65012	83489	115070	164698	204649
管理费用	万元	60977	67681	85033	108210	142310
利润总额	万元	2388	17429	31698	55111	54713
#应交所得税	万元	4544	5028	8633	20169	18455
应付利润	万元	1769	2279	4220	15889	26681
三、工资福利费						
本年应付工资总额	万元	159746	168895	223499	249534	338100
本年应付福利费总额	万元	155216	16917	22705	26104	36159
应付职工薪酬	万元					
四、建筑业增加值	万元	310130	343269	470101	585824	610186
五、亏损企业个数	个	44	33	39	57	45

2004 年	2005 年	2006 年	2007 年	2008 年	2009 年	2010 年	2011 年	2012 年
2497515	2837325	3314982	4270154	5122164	6252585	8001811	9709347	11483057
744062	853474	987386	1242267	1408123	1458198	1337343	1296658	1577538
1016557	1014513	1184889	1612399	1785749	1962253	1875495	2026409	2152809
842984	829613	1002572	1409999	1466618	1299391	1537300	—	—
375197	373969	438718	551166	602533	694491	775604	891674	1010130
70832	69070	72647	75814	132602	139803	172206	186788	187878
3506609	3983250	4633015	5996227	7078559	8350689	10402388	12540899	14979997
2045453	2233802	2685378	3751735	4250492	5210629	6760187	7637066	8783469
184479	300389	335771	402464	469312	556174	507208	753704	951942
1276677	1449059	1611867	1842028	2358755	2583886	3135023	4024090	4874075
1073970	1058647	1169051	1271429	1478953	1595580	1917221	2170676	2474991
4435990	5373740	6954650	8987932	10454726	12713365	16904511	19993351	21974786
3976472	4840714	6258321	8086699	9270280	11440235	15254694	18001663	19734193
150500	192859	242343	320945	410904	444092	580124	694310	742423
288449	328120	428752	531138	721953	770303	1011895	—	—
172786	197115	234888	271463	277710	329378	438016	507585	570283
114030	120833	181684	245663	477409	418620	574081	712628	828360
31436	35207	49380	63394	63536	87801	91193	127590	163997
49120	33505	64611	77834	122978	187868	173645	—	—
544287	658688	892361	972833	1412042	1183888	1573560	—	—
61906	73090	105268	104317	187003	120383	137333	—	—
							1487379	1700926
965292	—	—	—	—	—	—	—	—
114	100	107	82	50	69	82	65	101

4－17 建筑业企业财务状况(2012年)

单位:万元

指标	资产总计	流动资产合计	应收工程款	#竣工工程	#存货	固定资产合计	固定资产原价	累计折旧	#本年折旧	在建工程
总计	**14979997**	**11483057**	**2939390**	**1032366**	**2748865**	**1577538**	**2152809**	**1010130**	**187878**	**176202**
#国有及国有控股企业	8775420	6637135	1701050	354188	1655133	716638	1088371	589380	116165	56332
一、按登记注册类型分组										
内资企业	14860786	11390297	2913659	1016790	2727200	1562419	2139175	1004330	186981	168945
国有企业	3846207	2613175	444984	168755	492104	399143	713744	405891	65300	34330
集体企业	172792	136850	24762	20455	26669	18685	26017	10991	1606	317
股份合作企业	2391	2013	523	523	520	377	476	99	33	
联营企业	1936	1684			39	222	977	801	137	46
国有联营企业	1936	1684			39	222	977	801	137	46
有限责任公司	8007625	6418280	1870731	509651	1686812	743017	917517	383777	92966	79388
国有独资公司	448431	334822	82462	23582	75874	32205	39417	11394	1916	2258
其他有限责任公司	7559194	6083458	1788268	486070	1610938	710812	878100	372383	91050	77130
股份有限公司	794992	610830	131671	51145	151562	123681	125339	62333	5459	9770
私营企业	1924337	1541016	423874	259819	349159	234308	334123	131242	19544	14273
私营独资企业	11993	5610	2242	1686	1637	6303	6211	1104	299	1193
私营合伙企业	57688	44303	26806	25221	3837	11147	12004	5137	556	1835
私营有限责任公司	1475016	1212941	315000	195477	247409	177335	252654	101117	16726	11245
私营股份有限公司	379641	278162	79827	37435	96276	39523	63254	23885	1963	
其他企业	110507	66449	17114	6442	20336	42985	20983	9195	1937	30821
港、澳、台商投资企业	57482	45888	5925	5925	5087	6826	10082	4425	642	1141
合资经营企业(港或澳、台资)	28951	27834	1774	1774	1253	991	1654	690	111	
港、澳、台商独资经营企业	28531	18054	4152	4152	3835	5834	8428	3735	531	1141
外商投资企业	61729	46871	19807	9651	16578	8294	3553	1375	256	6117
中外合资经营企业	40558	32165	10156		13929	7269	1992	841	110	6117
外资企业	21171	14706	9651	9651	2649	1026	1560	535	147	

4－17 续表 1

单位:万元

指　　标	资产总计	流动资产合计	应　收工程款	#竣工工程	#存货	固定资产合计	固定资产原价	累计折旧	#本年折旧	在建工程
二、按建筑业行业中类分组										
房屋建筑业	9929708	7655771	2029627	694737	1778436	943980	1089586	434589	95534	102548
土木工程建筑业	3895563	2912304	649641	192383	745782	497897	888877	498776	81153	40949
铁路、道路、隧道和桥梁工程建筑	2330224	1698846	459569	125457	502706	226002	458087	254043	34801	17043
水利和内河港口工程建筑	227471	176806	49366	15276	23684	32577	55154	32866	2811	3855
工矿工程建筑	1025309	776271	45102	5917	183097	210348	334815	195684	40531	16708
架线和管道工程建筑	257439	214444	82238	36854	30976	20893	30525	12882	2377	3075
其他土木工程建筑	55121	45938	13366	8880	5320	8078	10296	3302	633	268
建筑安装业	388063	334016	88186	69303	82375	30428	40439	16372	4038	5345
电气安装	166629	153253	34613	32482	45493	7810	8578	3548	1217	2087
管道和设备安装	8102	6096	2445	2245	1617	1194	1409	449	71	234
其他建筑安装业	213332	174667	51128	34576	35265	21424	30452	12375	2751	3024
建筑装饰和其他建筑业	766663	580965	171937	75943	142273	105233	133908	60393	7153	27360
建筑装饰业	364307	310693	119013	43809	62870	19744	25470	9714	1513	3031
工程准备活动	46232	36782	6104	5356	3454	4821	9529	5122	962	196
提供施工设备服务	7423	5793	399	23	3596	1631	1631	959	102	
其他未列明建筑业	348700	227697	46421	26754	72352	79038	97279	44598	4576	24133
三、按资质等级分组										
施工总承包	13437373	10227162	2597977	866191	2487327	1415631	1936134	913773	172971	141195
特　　级	6176571	4439887	964556	203490	1159438	369694	715267	377025	82473	31452
一　　级	4911442	3973744	1067636	370613	1017851	649285	802589	368044	63700	33198
二　　级	1980429	1543312	471321	236007	268534	314833	345743	152963	21466	61368
三级及以下	368930	270220	94465	56082	41504	81818	72535	15742	5333	15177
专业承包	1542625	1255894	341413	166175	261539	161908	216676	96357	14907	35007
一　　级	574920	497119	180244	75756	100613	42042	60053	27898	4001	8876
二　　级	430551	354131	92990	57534	57217	42018	57775	23724	5347	4438
三级及以下	537154	404644	68179	32886	103709	77848	98847	44735	5559	21693

4－17 续表 2

指　　标	流动负债合计	应付账款	非流动负债合计	负债合计
总　　计	**8783469**	**3400086**	**951942**	**10104141**
# 国有及国有控股企业	6224053	2783703	741592	7099215
一、按登记注册类型分组				
内资企业	8697573	3353077	951942	10018230
国有企业	2488428	700923	460338	3075443
集体企业	113730	8342	4574	121718
股份合作企业	1057	126		1057
联营企业	873	83	91	963
国有联营企业	873	83	91	963
有限责任公司	4904717	2343359	375120	5428165
国有独资公司	336216	123414	289	336505
其他有限责任公司	4568502	2219945	374831	5091660
股份有限公司	330018	63498	3591	353714
私营企业	829418	218054	107328	1005190
私营独资企业	5467	2266		5467
私营合伙企业	37140	12286	156	37297
私营有限责任公司	598125	166902	84572	744051
私营股份有限公司	188686	36600	22600	218376
其他企业	29332	18693	900	31980
港、澳、台商投资企业	33575	4072		33590
合资经营企业(港或澳、台资)	23394	3157		23409
港、澳、台商独资经营企业	10181	915		10181
外商投资企业	52322	42937		52322
中外合资经营企业	32041	22678		32041
外资企业	20280	20259		20280

单位:万元

所有者权益合计	#实收资本						
		国家资本	集体资本	法人资本	个人资本	港澳台资本	外商资本
4874075	**2474991**	**362308**	**90390**	**889920**	**1118951**	**6694**	**6729**
1676204	844293	318317	2893	501139	21581		362
4840775	2446179	361033	90390	879599	1114858		300
770765	367332	164928	2245	193527	6632		
51074	42640		32179	2000	8462		
1334	1060			860	200		
972	1033	524			509		
972	1033	524			509		
2579460	1264445	180289	32931	503984	546941		300
111926	67195	39587		27608			
2467534	1197250	140703	32931	476376	546941		300
441278	224002	15218	6894	32121	169769		
917365	515934	74	14141	132898	368821		
6526	4863			3657	1206		
20392	13726			2000	11726		
729183	412109	74	14141	115282	282611		
161265	85237			11959	73278		
78527	29734		2000	14208	13526		
23892	14337	1275		2008	4093	6586	375
5543	4337	1275		628	1273	786	375
18350	10000			1380	2820	5800	
9408	14475			8313		108	6054
8517	8783			8313		108	362
891	5691						5691

4－17 续表 3

指　　标	流动负债合计	应付账款	非流动负债合计	负债合计
二、按建筑业行业中类分组				
房屋建筑业	5743903	2272488	551279	6473069
土木工程建筑业	2455433	932527	369531	2978068
铁路、道路、隧道和桥梁工程建筑	1482329	523201	247181	1876053
水利和内河港口工程建筑	142626	18407	5884	152545
工矿工程建筑	639416	294094	109389	748844
架线和管道工程建筑	166171	87735	6978	174400
其他土木工程建筑	24891	9090	99	26226
建筑安装业	207605	53657	3073	214961
电气安装	97092	35642	1010	101019
管道和设备安装	4206	2997	136	4342
其他建筑安装业	106308	15018	1927	109600
建筑装饰和其他建筑业	376528	141415	28059	438043
建筑装饰业	221501	82929	7188	237565
工程准备活动	28127	8055	8122	38734
提供施工设备服务	2161		148	2309
其他未列明建筑业	124740	50431	12601	159436
三、按资质等级分组				
施工总承包	7901413	3112564	905418	9117333
特　　级	4171020	1847958	687020	4858039
一　　级	2716598	966287	124194	3059330
二　　级	870082	254167	80274	1024806
三级及以下	143714	44152	13931	175159
专业承包	882056	287522	46525	986807
一　　级	436636	194318	15213	453807
二　　级	241470	45696	6512	277151
三级及以下	203949	47507	24800	255850

单位:万元

所有者权益合计	#实收资本	国家资本	集体资本	法人资本	个人资本	港澳台资本	外商资本
3456639	1575193	107422	64476	555684	847611		
915713	601304	217594	15327	233461	123056	5800	6066
452388	331843	170054	2623	90229	68936		
74926	60375	29335	209	2534	28297		
276465	112683	218		112200	264		
83039	70809	17319	10042	16331	15251	5800	6066
28895	25595	668	2453	12166	10308		
173102	114187	9370	9889	31111	63817		
65610	39074	6995	1200	10985	19894		
3760	3568			1000	2568		
103732	71545	2375	8689	19126	41355		
328620	184307	27922	698	69664	84467	894	662
126742	83691	7522	7	33738	41230	894	300
7499	11684			7257	4428		
5115	5100				5100		
189265	83832	20400	691	28669	33710		362
4320039	2122469	308578	81178	767272	965440		
1318532	514055	95166		324756	94134		
1852112	933005	168034	31037	194912	539023		
955624	541600	36605	36631	194334	274030		
193772	133809	8774	13510	53271	58254		
554035	352522	53730	9211	122647	153511	6694	6729
121113	98301	28997	1617	39119	27781	425	362
153400	105549	4030	5344	36689	47634	6161	5691
279522	148672	20703	2251	46840	78096	108	675

4－17 续表4

指　　标	营业收入	主营业务收入	营业成本	主营业务成本
总　　计	**21974786**	**21862238**	**19734193**	**19169072**
#国有及国有控股企业	11481820	11419109	10485872	9944990
一、按登记注册类型分组				
内资企业	21843296	21730783	19623794	19058673
国有企业	4348970	4318269	3893932	3870011
集体企业	272881	272681	251201	248825
股份合作企业	2582	2582	2117	2117
联营企业	10445	10214	9514	9134
国有联营企业	10445	10214	9514	9134
有限责任公司	12499991	12437203	11301991	10773944
国有独资公司	897230	871534	806695	803549
其他有限责任公司	11602762	11565668	10495296	9970395
股份有限公司	1597039	1595376	1423161	1422344
私营企业	2964218	2949115	2612949	2604381
私营独资企业	34571	34571	28561	28561
私营合伙企业	36241	36241	28267	28267
私营有限责任公司	2058430	2043510	1804075	1795510
私营股份有限公司	834976	834792	752045	752043
其他企业	147169	145343	128929	127916
港、澳、台商投资企业	60492	60457	51239	51239
合资经营企业（港或澳、台资）	21901	21866	19143	19143
港、澳、台商独资经营企业	38591	38591	32096	32096
外商投资企业	70999	70999	59160	59160
中外合资经营企业	55932	55932	49772	49772
外资企业	15066	15066	9388	9388

单位:万元

营业税金及附加	主营业务税金及附加	其他业务利润	销售费用	管理费用	#税　金	#差旅费	#工会经费
742423	**727904**	**24878**	**46718**	**570283**	**19288**	**36891**	**7610**
320668	308493	20384	2328	313089	4029	17835	2933
736921	722402	24843	45510	563009	19224	36456	7556
123160	122353	15603	1136	165491	2700	9458	1659
11565	11450	50	1769	5104	1230	683	－12
126	126		108	124	9	3	
509	509	220		366	9	13	1
509	509	220		366	9	13	1
417929	404447	7230	24401	266281	9269	19801	4076
30390	30309	2255	409	28829	296	1374	103
387539	374139	4975	23992	237451	8972	18426	3973
57513	57513	330	3574	51035	2045	2089	412
119922	119856	1264	12638	72122	3692	4289	1353
1757	1756		153	3134	146	59	12
791	791		561	2459	39	60	2
85599	85535	1083	9973	49672	2819	3298	715
31775	31773	181	1951	16857	689	872	624
6198	6149	146	1883	2486	270	121	67
2752	2752	35	1205	2509	39	94	20
1053	1053	35	127	1473	31	59	7
1699	1699		1079	1036	8	35	13
2749	2749		3	4765	25	341	35
2243	2243		3	3274	6	328	24
506	506			1491	19	13	11

4－17 续表5

指　　标	营业收入	主营业务收入	营业成本	主营业务成本
二、按建筑业行业中类分组				
房屋建筑业	16246462	16166596	14713439	14176852
土木工程建筑业	4619820	4595045	4085667	4065934
铁路、道路、隧道和桥梁工程建筑	2459976	2452884	2217308	2212944
水利和内河港口工程建筑	216830	216748	193266	192754
工矿工程建筑	1539249	1524237	1331915	1318494
架线和管道工程建筑	308492	306379	257167	256043
其他土木工程建筑	95274	94797	86011	85697
建筑安装业	354329	351223	294413	289739
电气安装	161890	161366	135428	134868
管道和设备安装	5694	5694	3888	3888
其他建筑安装业	186745	184164	155097	150983
建筑装饰和其他建筑业	754176	749373	640674	636548
建筑装饰业	434657	431928	382573	380205
工程准备活动	54948	54441	45510	45100
提供施工设备服务	5321	5321	4204	4204
其他未列明建筑业	259249	257684	208387	207039
三、按资质等级分组				
施工总承包	20463201	20360206	18459143	17901255
特　　级	8254967	8199483	7520658	7503203
一　　级	9430229	9386399	8536528	8020066
二　　级	2319367	2316757	2019538	2003040
三级及以下	458638	457566	382419	374946
专业承包	1511585	1502033	1275050	1267817
一　　级	736765	731931	658267	654421
二　　级	452080	450336	366024	364879
三级及以下	322740	319766	250759	248517

单位:万元

营业税金及附加		其他业务利润	销售费用	管理费用			
	主营业务税金及附加				#税　金	#差旅费	#工会经费
567053	553304	19030	28738	289508	13460	21316	4939
132489	131969	4215	4409	216876	3547	11021	1843
80027	79825	2334	1845	84739	1386	4229	1318
7877	7746	81	184	14175	577	1669	122
31017	30865	1444	8	91432	964	4461	49
9942	9913	400	1589	22871	398	533	327
3625	3620	-44	784	3659	223	129	28
13510	13441	403	3333	22093	943	1412	411
5911	5899		2024	9619	191	605	252
243	243		222	921	5	37	9
7356	7299	403	1087	11553	747	770	150
29371	29190	1230	10238	41807	1338	3142	417
18159	18044	999	3379	18402	938	1731	263
2439	2381	120	193	5500	151	498	43
269	269			832	7	81	
8504	8497	112	6666	17074	242	831	111
688486	674369	22605	32804	473108	16538	30871	6194
218728	218106	17604	2138	209379	2971	12720	1939
352758	341417	3710	14921	178834	8673	12944	3207
94998	93334	1236	12468	68277	4075	3924	878
22002	21513	55	3277	16618	819	1283	169
53937	53535	2273	13914	97175	2750	6020	1416
25214	25118	1613	2331	36163	774	2233	413
17426	17240	523	3492	32538	1031	2248	385
11297	11177	137	8091	28475	945	1539	618

4－17 续表6

指　　标	财务费用	利息收入	#利息支出	资产减值损失	公允价值变动收益
总　　计	**117975**	**55830**	**136537**	**8414**	**282**
# 国有及国有控股企业	64707	53226	99919	7731	
一、按登记注册类型分组					
内资企业	117639	55790	136389	8319	282
国有企业	45191	16676	54366	2313	
集体企业	549	79	34		
股份合作企业	2				
联营企业	32	1	32		
国有联营企业	32	1	32		
有限责任公司	46359	37514	62893	5748	287
国有独资公司	4493	1755	4195	370	
其他有限责任公司	41866	35759	58698	5378	287
股份有限公司	4073	1323	1667	296	
私营企业	21236	196	17288	－38	－5
私营独资企业	56	1	57		
私营合伙企业	80	3	9		
私营有限责任公司	17113	161	13213	63	－5
私营股份有限公司	3988	30	4010	－101	
其他企业	196	2	109		
港、澳、台商投资企业	280	17	124		
合资经营企业(港或澳、台资)	－11	11			
港、澳、台商独资经营企业	291	6	124		
外商投资企业	55	23	24	95	
中外合资经营企业	70	7	24	95	
外资企业	－15	16			

单位:万元

投资收益	营业利润	补贴收入	营业外收入	营业外支出	利润总额	应交所得税	应付职工薪酬(本年贷方累计发生额)	土地和固定资产支出	建筑业企业在境外完成的营业收入
77074	**806967**	**22815**	**1881**	**6407**	**828360**	**163997**	**1700926**	**141845**	**786455**
68030	356095	18245	826	2681	371656	66791	617012	78112	760841
77074	800290	22565	1663	6341	821500	162208	1687158	141608	786455
22991	140566	10077	488	997	149644	26761	303463	33242	559003
	4914	410		1	5323	1488	24060	1036	10971
	105				105	26	199		
	25	48		67	6	3	713		
	25	48		67	6	3	713		
49947	469579	10745	1011	3504	477019	92485	844886	80756	205285
	26043	475		334	26184	5482	84131	6633	275
49947	443536	10270	1011	3171	450835	87003	760755	74122	205010
-89	57255	97	17	270	57082	13604	213494	13126	
4225	120339	1184	148	1502	124809	26213	277813	13415	11197
	911	7		44	873	227	1438	476	
	4083	13		7	4089	39	2731		
-1	86519	1006	15	1384	87069	19076	205009	10400	11197
4226	28826	159	132	67	32778	6871	68635	2540	
	7508	4			7513	1628	22531	34	
	2506			30	2477	747	8119	2	
	115			26	89	121	6509	2	
	2392			4	2388	626	1610		
	4170	250	218	37	4383	1042	5649	235	
	475	102	73	1	576	-5	2888	10	
	3696	148	145	36	3808	1046	2761	225	

4－17 续表7

指　　标	财务费用	利息收入	#利息支出	资产减值损失	公允价值变动收益
二、按建筑业行业中类分组					
房屋建筑业	75313	47333	94991	5636	150
土木工程建筑业	39630	6986	38362	1772	－5
铁路、道路、隧道和桥梁工程建筑	30643	2565	28987	533	
水利和内河港口工程建筑	517	7	281	－202	
工矿工程建筑	7987	4236	8898	1359	
架线和管道工程建筑	449	150	160	19	
其他土木工程建筑	35	28	36	63	－5
建筑安装业	893	205	731		
电气安装	219	103	67		
管道和设备安装	31		42		
其他建筑安装业	643	102	621		
建筑装饰和其他建筑业	2138	1306	2454	1006	137
建筑装饰业	1358	84	896	566	137
工程准备活动	111	43	19	－6	
提供施工设备服务	2				
其他未列明建筑业	668	1180	1539	447	
三、按资质等级分组					
施工总承包	113041	53974	131768	7007	150
特　　级	60036	50068	90508	3763	
一　　级	36189	3610	27816	3316	150
二　　级	13809	271	12401	－76	
三级及以下	3008	26	1044	3	
专业承包	4933	1857	4770	1408	132
一　　级	1882	488	1533	1005	
二　　级	2087	119	1841	10	
三级及以下	964	1250	1396	393	132

单位:万元

投资收益	营业利润	补贴收入	营业外收入	营业外支出	利润总额	应交所得税	应付职工薪酬(本年贷方累计发生额)	土地和固定资产支出	建筑业企业在境外完成的营业收入
74442	613680	9958	139	2839	625587	123730	1192366	75589	254073
2065	141305	9334	882	2137	148702	30125	381200	49926	521465
1743	46423	5184	722	1179	50629	8998	163288	18349	49730
416	1871	29		368	1532	660	16578	2252	
-196	75333	3831		249	78913	16486	160529	27443	471461
122	16608	244	145	315	16537	3683	34103	1800	275
-20	1071	46	15	26	1091	298	6702	83	
3	22330	1294	720	176	23449	5663	43086	2643	10918
3	8692	639	617	118	9214	1763	13186	1047	7850
	389			29	361	63	1336		
	13248	655	103	29	13874	3837	28565	1596	3068
564	29652	2229	140	1256	30623	4480	84275	13687	
543	10930	603	50	1210	10323	2012	57612	1007	
	1205	1412			2617	634	6251	651	
	15				15	4	569		
22	17502	213	90	47	17668	1830	19842	12030	
76530	741028	19497	861	4807	760792	150709	1543998	122826	774195
69454	306679	10267	509	936	319870	58086	478328	60637	710730
6106	291524	8424	290	2134	298826	67172	743804	43677	49148
970	111684	766	62	404	112247	19484	271305	13120	12650
	31141	40		1333	29848	5966	50560	5393	1668
544	65939	3318	1020	1601	67568	13288	156928	19019	12260
515	12341	1787	73	163	13965	2615	60297	2390	275
147	30683	598	145	1061	30221	7170	58856	3280	3435
-118	22915	933	802	377	23383	3503	37775	13349	8550

5 财政、金融、保险

长沙统计年鉴

5－1 主要年份财政收支情况

单位:万元

年份	辖区内财政总收入	#财政总收入	上划中央两税	地方财政收入	公共财政预算收入	国土收入	所得税净上划收入	公共财政预算支出
1994	…	231865	91711	140154	134875	5282		152093
1995	518409	287494	98314	189180	179864	9316		216021
1996	675251	374213	119022	255191	245965	9226		273809
1997	787809	375994	119610	256384	250306	6078		280728
1998	910694	422279	119613	302666	294507	8159		329659
1999	991512	454291	130630	323661	316691	6970		362715
2000	1096493	504342	150260	354082	344491	9591		414336
2001	1239745	617997	170220	447777	421620	26157		523252
2002	1369867	754759	204719	550040	460682	35768	53590	625493
2003	1612343	1027631	234356	793275	598930	114311	80034	784168
2004	2051400	1331234	287636	1043598	806555	104542	132501	1005542
2005	2524803	1730364	336548	1393816	1080572	135778	177466	1330503
2006	2966297	2171904	401804	1770100	1328345	183528	258229	1671873
2007	5062048	2663841	486275	2625198	1745761	550501	328936	2181733
2008	5989800	3188656	552269	3422139	2055700	933144	433295	2605584
2009	6856000	3729724	663675	4060314	2462933	1123813	473568	3140820
2010	8482000	5112800	830606	5063172	3142836	1346962	573374	4033349
2011	11014000	6889551	1024740		4257827	2395757		5208876
2012	12453330	7965760	1148368		4906482	2651327		6246207

注:1. 2009 年以前财政总收入 = 上划中央两税 + 公共财政预算收入 + 上划所得税;地方财政收入 = 公共财政预算收入 + 国土收入 + 所得税净上划收入。

2. 2010 年以后财政总收入 = 公共财政预算收入 + 上划中央收入 + 上划省级收入。

3. 从 2011 年开始不再按地方财政收入、所得税净上划收入口径统计。

4. 从 2012 年起,原一般预算收入和一般预算支出改名为公共财政预算收入和公共财政预算支出。

5－2 主要年份财政收支增长速度

单位:%

年 份	辖区内财政总收入	#财政总收入	上划中央两税	地方财政收入	#公共财政预算收入	公共财政预算支出
1995	…	24.0	7.2	35.0	33.4	42.0
1996	30.3	30.2	21.1	34.9	36.8	26.8
1997	16.7	0.5	0.5	0.5	1.8	2.5
1998	15.6	12.3		18.1	17.7	17.4
1999	8.9	7.6	9.2	6.9	7.5	10.0
2000	10.6	11.0	15.0	9.4	8.8	14.2
2001	13.1	22.5	13.3	26.5	22.4	26.3
2002	10.5	22.1	20.3	22.8	22.0	19.5
2003	17.7	36.2	14.5	44.2	33.2	25.4
2004	27.2	29.5	22.7	31.6	34.7	28.2
2005	23.1	30.0	17.0	33.6	34.0	32.3
2006	17.5	25.5	19.4	27.0	22.9	25.7
2007		43.3	21.0	48.3	31.4	30.5
2008	18.3	19.7	13.6	30.4	17.8	19.4
2009	14.5	17.0	20.2	18.6	19.8	20.5
2010	23.7	28.1	25.2	27.2	31.2	28.4
2011	29.9	34.8	23.4		35.5	29.1
2012	13.1	15.6	12.1		15.2	19.9

注:因口径变化,2006 年、2007 年辖区内公共财政预算收入不具可比性。

5－3 财 政 收 入

单位:万元

指　　标	2012 年	2011 年	2012 年比 2011 年 ±%
上划中央“两税”	1148368	1024740	12.1
公共财政预算收入	4906482	4257827	15.2
增值税	260885	231512	12.7
营业税	1243894	1052273	18.2
企业所得税	390218	298408	30.8
企业所得税退税			
个人所得税	157569	159851	-1.4
资源税	2170	2024	7.2
固定资产投资方向调节税			
城市维护建设税	310127	275645	12.5
房产税	123215	86441	42.5
印花税	65943	57950	13.8
城镇土地使用税	89988	60550	48.6
土地增值税	264841	183399	44.4
车船税	33931	23222	46.1
耕地占用税	108322	114068	-5.0
烟叶税	13516	6117	121.0
契税	302925	358249	-15.4
国有资本经营收入	33657	32677	3.0
国有资源(资产)有偿使用收入	446504	213743	108.9
行政性收费	771591	760043	1.5
罚没收入	72877	67446	8.1
专项收入	127034	177082	-28.3
其他收入	87275	97127	-10.1
基金收入	2827932	2490163	13.6

5-4 财政支出

单位:万元

指标	2012年	2011年	2012年比2011年±%
公共财政预算支出	6246207	5208876	19.9
一般公共服务	955208	754276	26.6
科学技术	167458	154252	8.6
交通运输	161577	118570	36.3
农林水事务	400387	302751	32.2
环境保护	184592	105618	74.8
城乡社区事务	1354076	1301139	4.1
文化体育与传媒	76739	58868	30.4
教育支出	1166756	723656	61.2
医疗卫生支出	308218	264842	16.4
社会保障和就业	536018	519402	3.2
公共安全	344317	281575	22.3
外交支出			
其他支出	590861	623927	-5.3
基金支出合计	2608884	2419674	7.8

5－5 主要年份金融统计指标

单位:亿元

年份	各项存款余额	#企业存款	#城乡居民储蓄存款	各项贷款余额	#短期贷款	#中长期贷款	金融机构现金收入	金融机构现金支出
1994	235.31	92.38	132.80	180.85	145.33	24.21	551.17	524.00
1995	306.02	118.31	183.27	240.84	176.71	31.56	744.79	702.28
1996	399.57	171.89	218.20	350.59	233.68	57.65	975.52	925.51
1997	449.56	199.83	241.43	379.24	277.16	72.28	1089.89	1026.96
1998	594.69	236.92	269.43	468.90	279.30	111.78	1458.91	1385.18
1999	723.57	318.54	346.12	588.87	382.74	159.03	1713.90	1653.39
2000	826.18	375.55	373.22	631.57	378.29	184.48	2071.52	1999.02
2001	986.84	437.35	444.10	778.28	447.47	264.61	2700.00	2628.25
2002	1232.98	511.05	544.99	1207.42	555.09	550.23	3256.52	3199.36
2003	1598.70	675.87	704.85	1629.42	680.13	859.68	3879.22	3816.46
2004	1960.23	796.00	800.89	1851.38	775.58	1016.02	4693.52	4617.28
2005	2322.32	906.64	954.42	2055.35	751.94	1209.74	5224.37	5132.34
2006	2756.80	1119.62	1093.04	2482.50	854.34	1495.71	5643.60	5545.70
2007	3267.46	1407.68	1177.17	2982.40	967.88	1904.50	6733.67	6624.72
2008	3869.21	1596.72	1494.93	3516.27	1083.35	2275.10	6623.40	6521.09
2009	5325.84	2474.75	1881.32	5200.76	1201.37	3751.76	7701.77	7574.57
2010	6427.95	2867.63	2172.08	6353.68	1371.86	4846.59	9397.88	9269.14
2011	7364.26	4381.00	2526.93	7483.83	1708.80	5698.04		
2012	8800.66	5184.68	3004.07	8518.93	1957.10	6393.43		

注:从 2011 年开始人民银行不再统计金融机构现金收入和金融机构现金支出。

5－6 金融机构消费贷款(2012 年)

单位:万元

指标	年末余额	比年初±额
消费贷款总计	12943919	1635389
短期个人消费贷款	536741	104767
住房贷款	1487	－16931
汽车贷款	5512	3066
助学贷款	609	207
其他贷款	529133	118426
中长期个人消费贷款	12407178	1530621
住房贷款	11163717	1505956
汽车贷款	125225	－18338
助学贷款	97546	－10728
其他贷款	1020690	53731

5-7 金融机构存贷款(本外币)

单位:亿元

指标	2012年		指标	2012年	
	年末余额	比年初±额		年末余额	比年初±额
各项存款	8800.66	1436.55	各项贷款	8518.93	1035.11
一、单位存款	5184.68	803.83	一、境内贷款	8479.45	998.16
#活期存款	2728.26	262.54	1.短期贷款	1957.10	290.99
定期存款	1212.19	286.94	2.中长期贷款	6393.43	652.95
二、个人存款	3004.07	477.14	3.融资租赁		
三、财政性存款	369.98	135.53	4.票据融资	123.78	51.54
四、临时性存款	14.28	-5.93	5.各项垫款	5.15	2.69
五、委托存款	26.08	-0.18	二、境外贷款	39.48	36.94
六、其他存款	201.57	26.16			

5-8 金融机构存贷款(人民币)

单位:亿元

指标	2012年		指标	2012年	
	年末余额	比年初±额		年末余额	比年初±额
各项存款	8731.49	1437.41	各项贷款	8267.15	1005.28
一、单位存款	5139.53	805.70	一、境内贷款	8260.45	1001.11
#活期存款	2698.40	265.73	1.短期贷款	1846.26	291.85
定期存款	1209.77	294.44	2.中长期贷款	6286.70	656.47
二、个人存款	2981.31	475.24	3.融资租赁		
三、财政性存款	370.22	135.52	4.票据融资	123.78	51.54
四、临时性存款	12.90	-5.21	5.各项垫款	3.71	1.24
五、委托存款	26.03	0.02	二、境外贷款	6.70	4.16
六、其他存款	201.50	26.14			

5－9 财产保险公司业务主要指标(2012年)

单位:万元

指　　标	保费收入	赔款支出
合　　计	**527814**	**251192**
1. 企业财产保险	40411	11244
2. 家庭财产保险	2876	303
3. 机动车辆保险	396769	210814
4. 工程保险	6247	3334
5. 责任保险	11686	5730
6. 信用保险	22440	2136
7. 保证保险	11473	834
# 机动车辆消费贷款保证保险		
个人贷款抵押房屋保证保险	225	1
8. 船舶保险	484	183
9. 货物运输保险	4607	1720
10. 特殊风险保险	325	2
11. 农业保险	11436	7836
12. 健康险	3866	1956
13. 意外伤害保险	12325	3440
14. 其他险	2868	1661

5-10 人身保险公司业务主要指标(2012年)

单位:万元

指标	2012年
一、原保险保费收入	686154
1. 寿险小计	588816
2. 意外伤害险小计	23766
(1)一年期以内业务	3231
(2)一年期业务	19593
(3)一年期以上业务	942
3. 健康险小计	73572
二、赔付支出	134925
1. 赔款支出	20493
(1)意外伤害险	5985
一年期以内业务	118
一年期业务	5867
(2)一年期以内及一年期健康险	14508
个人业务	6041
团体业务	8467
2. 死伤医疗给付	18229
(1)寿险	9111
个人业务	8724
团体业务	387
(2)一年期以上健康险	9118
个人业务	7524
团体业务	1595
3. 满期给付	73148
(1)寿险	72963
个人业务	72034
其中:年金保险	284
团体业务	929
其中:年金保险	
(2)一年期以上健康险	185
个人业务	185
团体业务	
4. 年金给付	23056
(1)个人业务	22146
其中:年金保险	17696
(2)团体业务	910
其中:年金保险	909
三、退保金	85329
1. 寿险	83765
(1)个人业务	83474
其中:年金保险	5171
(2)团体业务	291
其中:年金保险	262
2. 一年期以上健康险	1564

6 物价指数

6-1 历年物价总指数

（以上年价格为100）

年份	商品零售价格指数		居民消费价格指数		服务项目价格指数	
	全市	#市区	全市	#市区	全市	#市区
1951		105.6				
1952		97.4				
1953		107.6		109.6		105.7
1954		104.8		104.8		100.5
1955		100.9		100.2		100.2
1956		100.2		99.9		94.4
1957		103.9		104.9		96.2
1958		98.5		98.6		99.7
1959		101.0		100.8		99.3
1960		103.0		102.7		100.0
1961		128.8		123.6		100.5
1962		92.2		93.2		103.4
1963		84.9		85.8		95.0
1964		95.4		95.3		94.2
1965		97.9		97.7		95.9
1966		100.1		99.4		92.8
1967		100.9		100.7		98.1
1968		99.7		99.7		100.0
1969		100.5		100.5		100.0
1970		99.3		99.4		100.0
1971		99.8		99.9		100.0
1972		99.9		99.9		99.9
1973		100.3		99.8		94.7
1974		99.8		99.6		97.9
1975		100.1		100.1		100.0
1976		100.0		99.9		97.8
1977		100.1		99.5		94.0

6－1 续表

年份	商品零售价格指数		居民消费价格指数		服务项目价格指数	
	全市	#市区	全市	#市区	全市	#市区
1978		99.9		99.6		96.4
1979		101.3		101.3		101.7
1980		107.7		107.2		101.7
1981		101.6		101.7		102.9
1982		101.8		101.7		101.1
1983		101.4		101.8		106.9
1984		103.5		103.7		106.1
1985		112.7		112.2		107.4
1986		105.3		105.4		106.5
1987		109.8		109.6		107.7
1988		124.9		123.7		111.2
1989		115.4		115.8		120.3
1990		100.2		101.5		113.3
1991		106.5		106.9		110.3
1992		111.8		114.0		128.5
1993		118.4		119.7		127.6
1994		119.0		123.8		133.7
1995		114.0		117.1		119.2
1996		105.4		106.9		111.6
1997		100.8		103.5		112.3
1998		98.5		101.2		112.6
1999		98.4		100.2		112.6
2000		100.7		101.7		111.1
2001		98.2		98.4		103.1
2002		98.6		99.2		102.2
2003		99.2		100.9		101.1
2004		101.3		103.2		102.4
2005		100.4		101.9		102.9
2006	101.2	101.1	101.2	101.1	101.2	101.0
2007	104.5	102.3	105.9	104.9	102.0	101.9
2008	106.3	103.9	106.3	105.2	101.3	101.4
2009	98.2	97.7	99.5	99.4	101.2	100.5
2010	103.5	103.8	103.1	102.9	101.9	101.3
2011	105.5	105.4	105.5	105.5	103.7	103.6
2012	101.7	101.5	102.0	102.3	101.5	102.1

6-2 重要年份定基物价指数

年 份	基 期	居民消费价格指数	商品零售价格指数
1952	以1950年为100		102.9
1957	以1950年为100	124.0	121.7
	以1952年为100	120.6	118.3
1965	以1950年为100	136.5	136.1
	以1952年为100	132.7	132.3
	以1957年为100	110.1	111.8
1970	以1950年为100	138.6	138.9
	以1952年为100	134.7	135.0
	以1957年为100	111.8	114.1
	以1965年为100	101.5	102.1
1978	以1950年为100	136.0	138.8
	以1952年为100	132.2	134.9
	以1957年为100	109.6	114.0
	以1965年为100	99.6	102.0
	以1970年为100	98.1	99.9
1980	以1950年为100	147.7	151.4
	以1952年为100	143.6	147.2
	以1957年为100	119.1	124.4
	以1965年为100	108.2	111.3
	以1970年为100	106.6	109.0
	以1978年为100	108.7	109.1
1990	以1950年为100	308.8	309.1
	以1952年为100	291.9	300.5
	以1957年为100	249.0	254.0
	以1965年为100	227.7	230.5
	以1970年为100	224.1	225.9
	以1978年为100	223.7	223.0
	以1980年为100	205.9	204.4
2000	以1950年为100	733.5	613.4
	以1952年为100	713.2	596.3
	以1957年为100	591.5	504.1
	以1965年为100	537.3	450.9
	以1970年为100	529.3	441.6
	以1978年为100	539.6	442.1
	以1980年为100	496.6	405.2
	以1990年为100	241.3	198.3
	以1995年为100	114.1	103.7
2005	以1950年为100	759.8	605.3
	以1952年为100	738.7	582.6
	以1957年为100	612.7	492.4
	以1965年为100	556.5	440.4
	以1970年为100	548.3	431.4
	以1978年为100	558.9	431.9
	以1980年为100	514.3	395.8
	以1990年为100	249.9	193.7
	以1995年为100	118.2	101.3
	以2000年为100	105.3	100.5

6－2 续表

年　份	基　期	居民消费价格指数	商品零售价格指数
2009	以1950年为100	842.5	635.5
	以1952年为100	819.2	611.6
	以1957年为100	679.5	517.0
	以1965年为100	617.2	462.0
	以1970年为100	607.9	452.9
	以1978年为100	619.8	453.4
	以1980年为100	570.4	415.5
	以1990年为100	277.1	203.4
	以1995年为100	131.0	106.4
	以2000年为100	119.5	105.6
	以2005年为100	111.9	106.6
2010	以1950年为100	866.9	659.6
	以1952年为100	843.0	634.8
	以1957年为100	699.2	536.6
	以1965年为100	635.1	479.6
	以1970年为100	625.5	470.1
	以1978年为100	637.8	470.6
	以1980年为100	586.9	431.3
	以1990年为100	285.1	211.1
	以1995年为100	134.8	110.4
	以2000年为100	123.0	109.6
	以2005年为100	116.9	111.5
2011	以1950年为100	914.6	695.2
	以1952年为100	889.3	669.1
	以1957年为100	737.7	565.6
	以1965年为100	670.0	505.5
	以1970年为100	659.9	495.5
	以1978年为100	672.9	496.0
	以1980年为100	619.2	454.6
	以1990年为100	300.8	222.5
	以2000年为100	129.7	115.5
	以2005年为100	121.5	117.5
	以2010年为100	105.5	105.4
2012	以1950年为100	935.6	705.6
	以1952年为100	909.8	679.1
	以1957年为100	754.7	574.1
	以1965年为100	685.4	513.1
	以1970年为100	675.1	502.9
	以1978年为100	688.4	503.4
	以1980年为100	633.4	461.4
	以1990年为100	307.7	225.8
	以2000年为100	132.7	117.2
	以2005年为100	124.3	119.3
	以2010年为100	108.1	106.8

6-3 商品零售价格指数(2012 年)

(以上年价格为100)

项　目	长沙市	#市区	项　目	长沙市	#市区
商品零售价格总指数	**101.7**	**101.5**	15. 其它食品	101.6	99.8
一、食品	103.2	103.3	二、饮料、烟酒	102.3	102.7
1. 粮食	105.0	104.3	三、服装、鞋帽	101.2	101.5
2. 淀粉及制品	102.1	100.0	四、纺织品	100.1	100.1
3. 干豆类及豆制品	104.8	103.8	五、家用电器及音像器材	99.0	100.1
4. 油脂	101.3	102.2	六、文化办公用品	99.8	100.1
5. 肉禽及其制品	99.3	100.3	七、日用品	100.9	101.3
6. 蛋	99.3	99.8	八、体育娱乐用品	100.5	101.0
7. 水产品	110.1	110.4	九、交通、通信用品	97.8	96.0
8. 菜	112.0	109.9	十、家具	101.8	102.1
9. 调味品	103.4	105.4	十一、化妆品	100.9	101.1
10. 糖	100.9	99.9	十二、金银珠宝	102.6	100.5
11. 干鲜瓜果	100.6	102.1	十三、中西药品及医疗保健用品	102.7	102.7
12. 糕点饼干面包	101.6	99.9	十四、书报杂志及电子出版物	100.4	99.8
13. 液体乳及乳制品	100.0	100.7	十五、燃料	103.4	103.6
14. 在外用膳食品	103.7	103.1	十六、建筑材料及五金电料	101.8	101.6

6－4 居民消费价格指数(2012年)

(以上年价格为100)

项　目	长沙市	#市区	项　目	长沙市	#市区
居民消费价格总指数	**102.0**	**102.3**			
一、食品	102.9	103.3	4. 衣着加工服务费	104.1	107.6
1. 粮食	105.0	104.3	四、家庭设备用品及维修服务	101.7	102.3
2. 淀粉及制品	102.0	100.0	1. 耐用消费品	100.7	100.5
3. 干豆类及豆制品	105.2	103.8	2. 室内装饰品	100.9	101.7
4. 油脂	101.2	102.2	3. 床上用品	100.2	100.4
5. 肉禽及其制品	99.0	100.3	4. 家庭日用杂品	100.8	101.3
6. 蛋	99.3	99.8	5. 家庭服务及加工维修服务	112.7	117.4
7. 水产品	110.1	110.4	五、医疗保健和个人用品	102.1	102.8
8. 菜	112.0	109.9	1. 医疗保健	101.9	102.3
9. 调味品	103.4	105.4	2. 个人用品及服务	102.3	103.8
10. 糖	100.9	99.9	六、交通和通信	100.0	99.7
11. 茶及饮料	102.1	102.7	1. 交通	100.0	99.4
12. 干鲜瓜果	100.6	102.1	2. 通信	99.9	100.0
13. 糕点饼干面包	101.5	99.9	七、娱乐教育文化用品及服务	101.8	102.1
14. 液体乳及乳制品	100.0	100.7	1. 文娱用耐用消费品及服务	98.5	99.4
15. 在外用膳食品	103.7	103.1	2. 教育	102.3	101.7
16. 其他食品	101.7	99.8	3. 文化娱乐类	100.3	100.2
二、烟酒	102.3	102.7	4. 旅游	105.1	108.0
1. 烟草	102.3	102.6	八、居住	101.9	102.5
2. 酒	102.3	102.9	1. 建房及装修材料	102.8	102.5
三、衣着	101.3	101.6	2. 住房租金	99.5	99.8
1. 服装	101.5	101.7	3. 自有住房	100.5	101.6
2. 衣着材料	100.8	100.3	4. 水、电、燃料	103.1	104.1
3. 鞋袜帽	100.6	101.2			

6-5 城市居民消费价格定基指数(2012年)

(以2010年价格为100)

项 目	以2010年价格为100	项 目	以2010年价格为100
居民消费价格总指数	**108.1**		
一、食品	114.7	4. 衣着加工服务	124.8
1. 粮食	123.6	四、家庭设备用品及维修服务	104.7
2. 淀粉及制品	98.5	1. 耐用消费品	101.1
3. 干豆类及豆制品	113.1	2. 室内装饰	101.4
4. 油脂	119.4	3. 床上用品	100.6
5. 肉禽及其制品	119.7	4. 家庭日用杂品	102.5
6. 蛋	130.1	5. 家庭服务及加工维修服务	143.5
7. 水产品	121.0	五、医疗保健和个人用品	106.0
8. 菜	111.7	1. 医疗保健	104.3
9. 调味品	110.6	2. 个人用品及服务	109.3
10. 糖	106.4	六、交通和通信	100.1
11. 茶及饮料	103.8	1. 交通	100.9
12. 干鲜瓜果	114.8	2. 通信	98.9
13. 糕点饼干面包	99.9	七、娱乐教育文化用品及服务	102.6
14. 奶及奶制品	101.5	1. 文娱用耐用消费品及服务	99.7
15. 在外用膳食品	110.0	2. 教育	102.0
16. 其他食品	99.8	3. 文化娱乐用品	100.7
二、烟酒	104.3	4. 旅游及外出	109.6
1. 烟草	104.1	八、居住	110.6
2. 酒	104.9	1. 建房及装修材料	110.8
三、衣着	103.5	2. 住房租金	108.6
1. 服装	103.8	3. 自有住房	111.3
2. 衣着材料	101.3	4. 水、电、燃料	109.8
3. 鞋袜帽	101.6		

注:从2011年开始,居民消费价格定期指数以2010年作为基期。

6－6 城市商品零售价格定基指数(2012年)

(以2010年价格为100)

项　　目	以2010年价格为100	项　　目	以2010年价格为100
商品零售价格总指数	**106.8**		
一、食品	114.7	15.其它食品	99.8
1.粮食	123.6	二、饮料、烟酒	104.4
2.淀粉及制品	98.5	三、服装、鞋帽	103.1
3.干豆类及豆制品	113.1	四、纺织品	100.5
4.油脂	119.4	五、家用电器及音像器材	99.9
5.肉禽及其制品	119.7	六、文化办公用品	102.0
6.蛋	130.1	七、日用品	102.9
7.水产品	121.0	八、体育娱乐用品	103.0
8.菜	111.7	九、交通、通信用品	93.2
#鲜菜	111.8	十、家具	103.4
9.调味品	110.6	十一、化妆品	102.1
10.糖	106.4	十二、金银珠宝	122.8
11.干鲜瓜果	114.8	十三、中西药品及医疗保健用品	104.6
12.糕点饼干面包	99.9	十四、书报杂志及电子出版物	100.0
13.奶及奶制品	101.5	十五、燃料	119.3
14.在外用膳食品	110.0	十六、建筑材料及五金电料	110.0

注:从2011年开始,商品零售价格定期指数以2010年作为基期。

6-7 居民消费价格指数(分月)(2012年)

(以上年同月为100)

项目	一月	二月	三月	四月	五月	六月	七月	八月	九月	十月	十一月	十二月
居民消费价格总指数	**103.7**	**102.3**	**103.2**	**103.0**	**103.1**	**102.1**	**101.2**	**101.2**	**101.0**	**100.7**	**100.8**	**101.5**
一、食品	108.2	103.1	105.5	105.2	106.1	103.7	101.4	101.1	100.4	99.5	99.8	101.6
1.粮食	105.1	106.1	105.8	106.4	106.2	105.9	105.3	104.4	104.7	103.8	103.3	103.4
2.淀粉及制品	100.3	101.8	101.7	101.8	102.0	102.7	102.9	101.5	101.7	101.7	102.1	103.3
3.干豆类及豆制品	107.6	105.9	105.0	104.7	105.6	105.7	107.4	104.9	104.1	103.8	103.9	103.8
4.油脂	104.0	103.5	103.0	102.2	102.6	102.0	100.5	98.9	99.0	99.4	99.8	100.1
5.肉禽及其制品	113.4	107.7	108.8	104.6	101.1	96.1	92.3	92.2	90.5	92.3	94.4	98.7
6.蛋	103.8	99.7	100.9	100.5	96.3	98.0	97.0	94.8	99.1	98.9	99.9	103.1
7.水产品	108.5	105.4	109.2	112.2	116.3	114.8	112.1	109.6	109.3	107.9	106.5	109.6
8.菜	117.1	96.7	109.8	118.3	133.6	120.2	113.8	113.8	111.9	103.0	102.8	107.7
9.调味品	100.9	100.3	103.3	103.3	103.3	103.4	103.8	103.8	103.8	104.4	104.8	105.2
10.糖	101.8	102.0	101.7	101.4	101.2	100.5	100.3	100.5	100.6	100.3	99.8	100.3
11.茶及饮料	101.4	102.1	102.1	102.3	102.6	102.3	102.2	102.4	102.4	102.1	102.1	101.9
12.干鲜瓜果	102.2	93.4	97.7	95.5	99.9	106.9	106.6	106.1	105.8	101.0	97.0	99.7
13.糕点饼干面包	102.1	102.1	101.7	101.7	101.6	101.5	101.1	101.4	101.4	101.5	101.5	100.9
14.液体乳及乳制品	99.8	100.0	100.1	99.9	100.1	100.4	100.3	100.0	100.0	100.0	100.0	99.6
15.在外用膳食品	106.2	105.0	104.3	104.2	104.0	103.9	103.2	103.4	103.2	103.0	102.9	101.3
16.其它食品	102.1	102.1	101.9	101.7	101.5	101.9	101.6	101.0	101.2	101.5	101.7	101.8
二、烟酒	101.3	101.6	101.6	101.6	101.6	101.5	101.2	102.1	102.5	103.0	103.4	105.9
三、衣着	100.9	101.0	101.2	101.3	101.3	101.3	101.3	101.4	101.5	101.4	101.3	101.4
四、家庭设备用品及维修服务	101.1	101.2	101.5	101.9	101.9	101.9	102.0	102.0	101.8	101.8	101.5	101.2
五、医疗保健和个人用品	102.6	102.5	102.5	102.8	102.7	102.4	102.3	101.3	101.4	101.7	101.5	101.7
六、交通和通信	101.0	100.7	101.1	100.8	100.4	99.5	99.0	99.2	99.7	99.9	99.4	99.3
七、娱乐教育文化用品服务	101.6	102.8	102.3	102.1	102.2	102.2	101.8	101.8	101.2	100.9	101.2	101.6
八、居住	101.6	102.5	103.0	102.6	101.6	101.4	101.1	101.8	101.8	101.7	101.8	101.7

注:本表数据为省反馈数据,包括县(市)、区数据。

6－8 城市居民消费价格指数(分月)(2012年)

(以上年同月为100)

项　　目	一月	二月	三月	四月	五月	六月	七月	八月	九月	十月	十一月	十二月
居民消费价格总指数	**104.4**	**103.4**	**104.0**	**103.7**	**103.7**	**102.5**	**101.6**	**101.2**	**101.1**	**100.5**	**100.8**	**101.2**
一、食品	110.2	105.5	106.8	106.5	107.0	103.9	101.6	100.6	100.2	98.7	99.0	100.3
1. 粮食	105.8	106.3	105.5	105.6	104.6	104.4	103.7	103.5	103.8	103.0	102.8	102.4
2. 淀粉及制品	99.4	102.5	101.2	101.2	102.3	101.0	99.8	97.9	98.3	98.4	98.6	99.2
3. 干豆类及豆制品	104.6	104.2	104.3	104.5	103.4	102.6	103.7	103.3	104.2	103.6	103.6	103.8
4. 油脂	104.3	104.5	104.3	103.9	103.5	103.6	102.0	100.0	100.0	100.0	100.0	100.4
5. 肉禽及其制品	115.7	112.1	110.4	106.3	103.0	98.6	94.2	92.0	91.7	92.9	94.5	97.8
6. 蛋	106.9	100.0	102.5	100.9	98.2	99.7	97.2	94.5	96.3	97.3	100.8	103.9
7. 水产品	111.8	110.1	111.5	112.2	116.7	113.1	110.0	108.1	108.8	107.5	107.0	108.9
8. 菜	120.8	98.9	112.3	120.3	131.3	113.4	106.5	109.1	106.1	96.3	100.5	104.7
9. 调味品	100.2	100.4	106.3	106.3	106.3	106.3	106.3	106.3	106.3	106.3	106.3	107.5
10. 糖	100.9	100.8	100.7	100.2	100.2	99.3	99.2	99.1	99.5	99.6	99.5	99.4
11. 茶及饮料	100.9	102.3	102.3	102.8	103.0	103.9	103.9	102.9	102.9	102.5	102.5	102.3
12. 干鲜瓜果	108.2	101.0	101.5	98.8	101.5	104.9	109.6	107.0	107.1	101.4	93.8	92.9
13. 糕点饼干面包	99.9	99.9	99.9	99.9	99.9	99.9	99.8	99.8	99.8	100.0	100.0	100.1
14. 液体乳及乳制品	100.1	100.1	100.4	100.3	100.7	101.2	101.1	101.1	101.1	101.1	101.2	100.5
15. 在外用膳食品	107.2	106.3	105.0	104.6	104.3	103.9	102.3	101.4	101.0	100.7	100.4	100.0
16. 其它食品	99.7	99.7	99.7	99.7	99.7	99.7	99.8	99.8	99.8	99.8	100.0	100.0
二、烟酒	102.6	103.2	103.2	103.2	103.2	102.9	102.4	101.8	101.6	102.4	103.1	102.7
三、衣着	101.5	101.5	101.8	101.9	102.0	101.9	101.9	101.6	101.6	101.4	101.1	101.1
四、家庭设备用品及维修服务	101.5	101.6	102.2	102.8	102.8	102.8	102.8	102.5	102.2	102.2	102.0	101.5
五、医疗保健和个人用品	103.1	103.5	104.0	104.0	103.9	103.6	102.9	101.7	101.6	102.1	102.0	101.9
六、交通和通信	101.0	100.7	101.2	100.8	100.5	99.4	98.6	98.7	99.1	99.2	98.5	98.5
七、娱乐教育文化用品及服务	101.9	104.2	103.1	102.5	102.6	102.4	101.6	101.5	101.4	100.8	101.3	102.0
八、居住	101.1	102.6	103.4	102.7	101.9	101.4	102.0	102.8	102.7	102.5	103.4	103.4

6-9 商品零售价格指数(分月)(2012年)

(以上年同月为100)

项目	一月	二月	三月	四月	五月	六月	七月	八月	九月	十月	十一月	十二月
商品零售价格总指数	**103.5**	**101.9**	**103.2**	**103.0**	**102.8**	**101.5**	**100.4**	**100.6**	**100.7**	**100.6**	**100.6**	**101.3**
一、食品	108.3	103.5	105.7	105.6	106.4	104.0	101.8	101.3	100.7	99.8	100.0	101.8
1.粮食	105.1	106.1	105.8	106.4	106.2	105.9	105.3	104.4	104.7	103.8	103.3	103.4
2.淀粉及制品	100.4	101.8	101.9	102.0	102.1	102.9	103.1	101.7	101.8	101.8	102.3	103.6
3.干豆类及豆制品	106.1	104.9	104.1	104.2	105.0	105.1	106.7	104.7	104.3	104.0	104.2	104.3
4.油脂	104.0	103.4	103.0	102.2	102.6	102.0	100.5	99.0	99.1	99.5	99.9	100.2
5.肉禽及其制品	113.3	107.7	108.8	104.8	101.4	96.4	92.7	92.6	91.0	92.8	94.9	99.0
6.蛋	104.0	99.9	101.0	100.5	96.2	98.0	97.0	94.7	99.0	98.9	99.8	103.0
7.水产品	108.6	105.5	109.2	112.3	116.4	114.9	112.1	109.7	109.3	108.0	106.6	109.5
8.菜	117.1	96.7	109.8	118.4	133.6	120.3	113.8	113.9	112.0	103.0	102.9	107.8
9.调味品	100.9	100.3	103.3	103.3	103.3	103.4	103.8	103.8	103.8	104.4	104.8	105.2
10.糖	101.9	102.0	101.7	101.4	101.2	100.5	100.2	100.6	100.7	100.4	99.8	100.4
11.干鲜瓜果	102.2	93.5	97.7	95.6	99.9	106.9	106.6	106.1	105.9	101.0	97.1	99.7
12.糕点饼干面包	102.2	102.2	101.8	101.8	101.7	101.6	101.2	101.4	101.4	101.6	101.6	101.0
13.液体乳及乳制品	99.9	100.0	100.1	99.9	100.1	100.4	100.3	100.0	100.0	100.0	100.0	99.7
14.在外用膳食品	106.2	105.0	104.3	104.2	104.0	103.9	103.2	103.3	103.1	103.0	102.8	101.3
15.其它食品	102.0	102.0	101.8	101.7	101.5	101.9	101.6	101.0	101.2	101.5	101.7	101.8
二、饮料、烟酒	101.4	101.7	101.7	101.7	101.8	101.6	101.5	102.3	102.5	102.8	103.2	105.1
三、服装、鞋帽	101.0	101.0	101.2	101.3	101.3	101.3	101.3	101.4	101.4	101.3	101.2	101.2
四、纺织品	100.3	100.3	100.1	100.0	99.9	99.9	99.9	100.0	100.0	100.3	100.4	100.4
五、家用电器及音像器材	98.9	98.8	99.0	99.0	98.9	99.0	99.2	99.2	99.2	98.8	98.8	99.4
六、文化办公用品	100.7	100.4	100.3	100.2	100.3	99.9	99.8	99.4	99.5	98.9	99.1	99.1
七、日用品	101.4	101.0	100.9	101.3	101.4	101.3	101.0	101.0	100.8	100.4	100.1	100.1
八、体育娱乐用品	100.7	100.4	100.5	100.6	100.6	100.5	100.5	100.4	100.4	100.4	100.4	100.4
九、交通、通信用品	99.2	98.9	99.0	99.1	99.1	98.1	97.1	97.1	97.0	96.9	96.2	96.1
十、家具	100.7	100.9	101.3	101.7	101.9	101.9	102.0	102.4	102.7	102.6	102.1	101.9
十一、化妆品	100.3	100.1	100.3	101.1	101.0	101.0	100.8	100.7	100.7	101.5	101.8	101.6
十二、金银珠宝	108.9	110.2	107.7	104.8	99.3	99.2	98.6	96.4	98.0	104.6	101.8	104.0
十三、中西药品及医疗保健用品	102.1	102.1	102.2	103.4	103.8	103.3	103.1	102.4	102.5	102.6	102.6	102.7
十四、书报杂志及电子出版物	99.8	99.8	99.8	99.8	99.9	100.2	100.2	101.0	101.2	101.1	101.1	101.1
十五、燃料	105.3	104.5	110.5	106.8	103.5	99.1	96.8	99.7	102.7	104.3	104.1	103.8
十六、建筑材料及五金电料	103.2	103.2	103.1	103.0	101.8	101.7	100.8	100.8	100.8	101.3	101.0	101.0

注:本表数据为省反馈数据,包括县(市)、区数据。

6－10 城市商品零售价格指数(分月)(2012年)

(以上年同月为100)

项目	一月	二月	三月	四月	五月	六月	七月	八月	九月	十月	十一月	十二月
商品零售价格总指数	**103.9**	**102.6**	**103.9**	**103.3**	**103.0**	**101.3**	**100.2**	**100.1**	**100.2**	**99.9**	**99.9**	**100.3**
一、食品	110.2	105.5	106.8	106.5	107.0	103.9	101.6	100.6	100.1	98.7	99.0	100.3
1.粮食	105.8	106.3	105.5	105.6	104.6	104.4	103.7	103.5	103.8	103.0	102.8	102.4
2.淀粉及制品	99.4	102.5	101.2	101.2	102.3	101.0	99.8	97.9	98.3	98.4	98.6	99.2
3.干豆类及豆制品	104.6	104.2	104.3	104.5	103.4	102.6	103.7	103.3	104.2	103.6	103.6	103.8
4.油脂	104.3	104.5	104.3	103.9	103.5	103.6	102.0	100.0	100.0	100.0	100.0	100.4
5.肉禽及其制品	115.7	112.1	110.4	106.3	103.0	98.6	94.2	92.0	91.7	92.9	94.5	97.8
6.蛋	106.9	100.0	102.5	100.9	98.2	99.7	97.2	94.5	96.3	97.3	100.8	103.9
7.水产品	111.8	110.1	111.5	112.2	116.7	113.1	110.0	108.1	108.8	107.5	107.0	108.9
8.菜	120.8	98.9	112.3	120.3	131.3	113.4	106.5	109.1	106.1	96.3	100.5	104.7
#鲜菜	122.9	99.1	113.7	122.4	134.3	114.6	107.1	110.1	106.7	95.8	100.3	104.8
9.调味品	100.2	100.4	106.3	106.3	106.3	106.3	106.3	106.3	106.3	106.3	106.3	107.5
10.糖	100.9	100.8	100.7	100.2	100.2	99.3	99.2	99.1	99.5	99.6	99.5	99.4
11.干鲜瓜果	108.2	101.0	101.5	98.8	101.5	104.9	109.6	107.0	107.1	101.4	93.8	92.9
12.糕点饼干面包	99.9	99.9	99.9	99.9	99.9	99.9	99.8	99.8	99.8	100.0	100.0	100.1
13.液体乳及乳制品	100.1	100.1	100.4	100.3	100.7	101.2	101.1	101.1	101.1	101.1	101.2	100.5
14.在外用膳食品	107.2	106.3	105.0	104.6	104.3	103.9	102.3	101.4	101.0	100.7	100.4	100.0
15.其它食品	99.7	99.7	99.7	99.7	99.7	99.7	99.8	99.8	99.8	99.8	100.0	100.0
二、饮料、烟酒	102.4	103.0	103.0	103.1	103.2	103.1	102.8	102.2	101.9	102.4	102.9	102.7
三、服装、鞋帽	101.5	101.5	101.7	101.9	101.9	101.9	101.8	101.6	101.5	101.2	100.9	100.8
四、纺织品	100.2	100.2	100.2	100.2	100.2	100.2	100.2	100.1	100.1	100.1	100.1	100.0
五、家用电器及音像器材	99.8	99.8	100.1	100.1	100.1	100.0	100.1	100.1	100.1	100.1	100.1	100.1
六、文化办公用品	101.7	101.0	100.7	100.5	100.7	100.1	99.9	99.7	99.4	99.1	99.2	99.3
七、日用品	102.4	101.5	101.2	102.1	102.4	102.2	101.5	101.3	101.2	100.4	99.9	99.9
八、体育娱乐用品	101.5	100.8	100.9	101.1	101.1	101.1	101.1	100.9	100.9	100.7	100.7	100.9
九、交通、通信用品	98.6	98.0	98.3	98.6	98.6	96.5	94.7	94.4	94.3	94.1	93.1	93.0
十、家具	101.0	101.2	101.6	101.7	102.2	102.0	102.1	102.6	103.1	102.9	102.8	102.5
十一、化妆品	100.2	99.7	100.1	101.6	101.2	101.3	101.2	101.1	101.3	101.5	102.1	101.7
十二、金银珠宝	104.1	105.5	104.8	100.6	97.7	98.3	97.7	94.1	94.6	104.8	102.0	103.5
十三、中西药品及医疗保健用品	101.7	102.7	103.4	103.6	103.5	103.0	102.8	102.2	102.3	102.5	102.2	102.1
十四、书报杂志及电子出版物	99.9	99.8	99.8	99.8	100.0	100.0	99.9	99.7	99.8	99.7	99.7	99.7
十五、燃料	104.6	104.2	112.8	107.3	103.1	97.9	96.2	100.6	103.6	104.0	104.7	104.6
十六、建筑材料及五金电料	102.9	102.9	103.3	102.9	102.6	102.6	101.4	100.2	100.0	100.3	100.3	100.6

6-11 主要商品零售平均价格(2012年)

单位:元

项 目	规 格 等 级	单 位	年平均价	年末价
面粉	富强粉	千克	4.00	4.00
大米	标一晚籼米	千克	4.39	4.43
菜籽油	精菜油散装	千克	13.56	13.69
猪肉	去骨统肉	千克	25.79	24.74
白糖	白砂糖一级	千克	12.11	12.14
饼干	混合饼干散装	千克	17.20	17.20
甲级卷烟	硬盒白沙牌烟	盒	5.56	5.75
果酒	天津王朝干红红葡萄酒瓶装	瓶	40.90	40.90
皮鞋	江苏产森达40码男鞋	双	574.50	574.50
内衣	三枪牌男式全棉套装	套	298.51	307.33
家具	沙发床	张	1503.58	1539.00
手机	诺基亚	部	1350.83	1353.00
电脑	联想家悦	台	3131.25	3100.00
空调	格力空调	台	3930.00	3930.00
微波炉	美的微波炉	台	484.00	484.00
汽车	奥迪 A6	辆	409166.00	380000.00
洗衣机	小天鹅	台	2681.33	2698.00
彩色电视机	海信彩电	台	5999.00	5999.00
电冰箱	新飞冰箱	台	2178.13	2174.00
肥皂	雕牌138克肥皂	条	4.16	4.18
洗衣粉	汰渍广州产	袋	14.06	13.43
洗发水	海飞丝洗发水	瓶	47.45	47.30
金饰品	24K 金项链	克	425.85	451.00
液化石油气	民用(14.5公斤/瓶装)	千克	8.07	8.44
钢材	螺纹钢	吨	4122.92	3910.00

6－12 原材料、燃料、动力购进价格指数(2012 年)

(以上年价格为 100)

项　目	2012 年	项　目	2012 年
总指数	**100.1**		
1.燃料、动力类	106.8	5.木材及纸浆类	101.2
2.黑色金属材料类	93.4	6.建筑材料类及非金属矿类	99.0
# 钢材	94.3	7.其他工业原材料及半成品类	99.8
其它	92.0	8.农副食品类	103.7
3.有色金属材料和电线类	93.2	9.纺织原料类	97.3
4.化工原料类	97.2		

6－13 工业生产者出厂价格指数(2012 年)

(以上年价格为 100)

项　目	2012 年	项　目	2012 年
总指数			
一、按轻重工业分		耐用消费品	101.3
1.轻工业	101.9	三、按工业行业分	
以农产品为原料	102.3	1.冶金工业	93.4
以非农产品为原料	100.4	2.电力工业	104.0
2.重工业	98.0	3.煤炭及炼焦工业	101.2
采掘工业	99.3	4.石油工业	102.4
原料工业	97.3	5.化学工业	97.9
加工工业	98.2	6.机械工业	99.7
二、按两大部类分		7.建筑材料工业	99.4
1.生产资料	98.3	8.森林工业	104.0
采掘	99.3	9.食品工业	103.3
原料	97.2	10.纺织工业	96.0
加工	98.7	11.缝纫工业	99.0
2.生活资料	101.8	12.皮革工业	103.7
食品	102.5	13.造纸工业	99.8
衣着	99.8	14.文教艺术用品工业	99.2
一般日用品	100.8	15.其它工业	101.9

6-14 房地产价格指数(2012年)

项 目	以上年同期为100	项 目	以上年同期为100
一、土地交易价格指数	107.9	(3)其它住宅	
(一)居住用地	107.7	2.非住宅	
1.高档住宅用地	108.8	三、房屋租赁总计	102.7
2.普通住宅用地	104.6	(一)住宅	102.7
3.经济适用房用地	100.0	1.普通住宅	106.0
(二)工业用地	101.5	2.高档住宅	101.5
(三)商业营业用地	109.8	(1)别墅	
(四)其他用地	102.6	(2)高档公寓	
二、房地产销售价格指数		3.经济适用房	
(一)新建房		4.廉租房	
1.住宅	100.7	(二)办公楼	
(1)经济适用房		1.写字楼	
(2)普通住宅	100.7	2.普通办公用房	
①多层住宅		(三)商业营业用房	
②高层住宅		(四)厂房仓库房	
③其它		1.工业厂房	
(3)高档住宅		2.仓库	
①别墅		(五)其它	
②高档公寓		四、物业管理总计	100.4
2.非住宅		(一)住宅	100.4
(1)办公楼		1.普通住宅	100.5
①写字楼		2.高档住宅	100.0
②普通办公用房		3.经济适用房	
(2)商业用房		(二)办公楼	
(3)工业仓储用房		1.写字楼	
(4)其它		2.普通办公用房	
(二)二手房	100.0	(三)商业营业用房	
1.住宅	100.0	(四)厂房仓库房	
(1)高档住宅		1.工业厂房	
(2)多层住宅		2.仓库	

注:房地产销售价格指数为12月同比指数。

7 人民生活

7－1　历年城市居民调查户基本情况

年　份	调查户数（户）	平均每户家庭人口（人）	平均每一就业者负担人数（人）	月人均家庭总收入（元）	#可支配收入（元）	月人均消费性支出（元）	人均住房使用面积（m^2）
1980	100	3.70	1.68	44.26	43.47	39.41	7.67
1981	100	3.75	1.61	45.74	44.94	42.32	8.31
1982	100	3.75	1.60	47.05	46.25	41.68	8.93
1983	100	3.72	1.65	50.01	48.39	44.59	9.33
1984	100	3.70	1.67	55.92	55.01	47.63	10.10
1985	150	3.49	1.77	70.65	69.54	65.16	11.18
1986	150	3.44	1.82	81.99	80.87	74.59	11.85
1987	150	3.39	1.80	92.87	91.80	82.69	11.95
1988	200	3.46	1.76	118.89	117.80	114.72	11.51
1989	200	3.38	1.76	138.69	136.59	119.71	11.69
1990	200	3.30	1.71	148.74	147.51	124.64	12.07
1991	200	3.28	1.73	165.49	164.21	139.95	12.90
1992	200	3.20	1.76	208.10	206.80	162.79	13.53
1993	200	3.13	1.70	271.81	270.52	216.23	13.33
1994	200	3.39	1.60	341.58	339.08	291.85	13.22
1995	200	3.36	1.69	408.98	405.02	344.25	13.11
1996	200	3.31	1.65	470.22	440.74	391.40	13.93
1997	200	3.13	1.62	522.52	490.01	455.75	15.89
1998	200	3.07	1.57	558.43	522.84	465.38	16.66
1999	200	3.07	1.66	610.72	573.56	530.36	17.22
2000	200	3.07	1.64	670.92	627.48	587.55	18.23
2001	400	3.04	1.69	732.98	683.95	617.51	17.88
2002	400	2.99	1.85	802.87	751.72	654.52	17.82
2003	400	3.06	1.92	888.15	827.71	694.20	18.17
2004	400	3.05	1.85	993.93	918.38	752.63	18.80
2005	400	2.85	2.09	1114.26	1036.16	804.99	21.26
2006	400	2.81	2.06	1167.56	1160.34	889.98	21.40
2007	400	2.82	1.97	1472.43	1346.10	1023.99	21.64
2008	400	2.97	2.17	1611.48	1523.52	1080.00	21.23
2009	500	2.99	1.97	1859.38	1738.65	1287.28	29.33
2010	500	2.93	1.84	2062.92	1945.55	1380.25	30.88
2011	550	2.95	1.90	2364.69	2255.76	1505.76	33.10
2012	550	2.91	1.86	2698.07	2586.96	1636.59	33.08

注：从 2002 年起，由于报表制度的变动，人均可支配收入应剔除出售财物收入、从 1996 年开始工资中扣除的各项社会保障支出，以及从 1997 年起的自有房房租折算收入。因此，本年鉴按新制度重新整理的（1980—2002 年）各年的可支配收入额与原来相应年度出版的年鉴数据不一致，均以本年鉴数据为准。

7－2 历年城市居民调查户消费性支出情况

单位:元

年份	全年人平消费性支出	食品支出	衣着支出	用品支出	燃料支出	非商品支出
1980	472.92	251.76	66.84	105.00	7.44	41.88
1981	507.90	286.69	66.61	106.92	7.68	40.00
1982	500.11	297.21	63.35	91.25	8.85	39.45
1983	535.13	316.86	73.00	96.07	8.77	40.43
1984	571.59	333.77	75.30	106.06	9.25	47.21
1985	781.95	424.80	112.76	173.87	11.29	59.23
1986	895.08	489.45	124.47	197.63	11.96	71.57
1987	992.32	561.30	129.40	204.93	11.41	85.28
1988	1376.64	672.13	173.07	402.32	12.25	116.87
1989	1436.52	788.83	184.73	307.20	17.79	137.97
1990	1495.68	823.29	202.33	287.72	22.06	160.28
1991	1679.40	879.93	227.33	357.18	24.01	190.95

年份	全年人平消费性支出	食品支出	衣着支出	家庭设备用品及服务支出	医疗保健支出	交通与通讯支出	教育、文化娱乐、服务支出	居住支出	杂项商品与服务支出
1992	1953.48	1003.40	279.11	192.23	41.82	54.19	209.56	96.17	77.00
1993	2594.76	1231.77	385.36	350.65	63.85	92.51	216.72	154.00	99.90
1994	3502.20	1631.27	480.54	349.40	79.85	244.79	414.00	191.03	111.32
1995	4131.00	2031.19	513.42	372.25	123.91	257.41	439.72	262.95	130.15
1996	4696.80	2232.78	544.73	421.61	177.78	259.58	554.83	326.48	179.01
1997	5469.01	2408.21	645.88	394.89	186.45	432.40	856.45	356.62	188.11
1998	5584.51	2373.27	623.44	328.60	203.83	381.40	878.38	569.29	226.30
1999	6364.34	2454.35	765.00	575.22	228.58	482.08	943.56	661.06	254.49
2000	7050.55	2454.14	682.88	777.38	265.72	581.84	1057.01	964.47	267.11
2001	7410.13	2511.51	714.80	623.10	393.60	727.55	1289.36	852.51	297.70
2002	7854.24	2535.96	777.00	565.80	489.96	795.24	1402.80	1035.84	251.64
2003	8330.40	2629.44	778.08	558.24	607.92	1115.40	1574.88	792.00	274.44
2004	9031.60	3017.27	850.22	484.81	662.11	1195.27	1606.43	924.38	291.11
2005	9659.85	3229.71	969.53	613.96	788.21	1209.39	1685.70	851.56	311.78
2006	10679.74	3481.27	1055.52	669.78	867.24	1398.33	1794.97	1089.36	323.27
2007	12287.83	4286.48	1249.64	732.62	973.67	1925.14	1739.61	1074.84	305.83
2008	12960.00	4779.86	1297.81	932.80	1166.20	1614.84	1450.07	1388.04	330.38
2009	15447.36	4987.99	1487.31	1388.59	1096.78	2604.82	1870.60	1673.08	338.19
2010	16562.95	5654.76	1500.48	1261.87	981.47	2780.31	2101.30	1813.19	469.57
2011	18069.10	6498.30	1953.41	1162.05	943.05	2915.54	2410.48	1700.71	485.55
2012	19639.08	7128.28	2253.87	1297.49	882.00	2950.06	2669.97	1815.96	641.46

注:从2002年起由于报表制度的变动,人均消费性支出不包括在外就学子女费用和1997年开始的自有房房租折算支出,以及各类社会保障支出。旅游消费也从杂项商品与服务支出中按相关指标相应地调整到娱乐文教、食品、交通与通讯支出项目中。因此,本年鉴按新制度重新整理的(1988－2002年)各年的消费支出与分类支出额与原来相应年度出版的年鉴数据不一致,均以本年鉴数据为准。

7－3 历年城市居民家庭全年人平主要食品、衣着及日用品消费量

指　标	单位	1980 年	1981 年	1982 年	1983 年	1984 年	1985 年	1986 年	1987 年	1988 年	1989 年	1990 年	1991 年	1992 年
粮食	公斤	146.8	143.1	144.0	144.3	142.4	139.5	138.8	135.1	137.1	137.2	134.1	119.2	114.1
油脂类	公斤	5.4	4.7	5.2	5.7	5.9	5.4	5.4	7.3	8.1	5.3	7.8	7.5	9.0
鲜菜	公斤	168.0	151.9	160.0	161.8	162.0	182.4	153.6	156.5	149.6	137.3	134.9	138.7	127.2
猪肉	公斤	22.6	27.2	26.3	28.0	26.7	29.0	28.6	29.8	28.4	24.0	24.2	23.6	20.1
家禽	公斤	1.0	1.0	1.2	1.6	1.6	2.3	2.8	1.7	2.3	2.6	2.2	3.3	3.5
鲜蛋	公斤	4.3	4.6	4.9	4.3	5.8	6.1	6.0	4.9	5.3	6.0	5.6	6.5	7.2
鱼	公斤	9.0	7.5	6.7	8.3	8.2	9.3	11.6	10.4	9.5	9.4	9.1	8.4	8.0
酒	公斤	3.2	3.0	3.1	4.0	4.1	5.4	6.4	5.8	5.3	4.1	3.9	3.7	3.2
糕点	公斤	4.3	4.5	4.6	4.6	4.4	4.4	4.3	4.0	3.8	3.5	3.6	3.6	3.2
鲜瓜果	公斤										32.3	31.8	36.9	35.2
碳酸饮料	公斤													0.8
茶叶	公斤										0.1	0.3	0.3	0.3
鲜乳品	公斤										0.8	0.6	1.5	1.9
奶粉	公斤													0.5
鞋类	双/人										2.5	2.8	3.1	3.0
男式服装	件/人													2.4
女式服装	件/人													2.9
煤炭	公斤/人	194.0	193.5	211.5	210.0	212.5	235.0	194.1	182.7	173.6	172.7	159.2	261.9	110.6
液化石油气	公斤/人	4.2	4.9	5.9	6.7	8.4	10.9	12.3	15.3	17.1	19.3	22.2	22.2	24.7
管道煤气	立方米/人													
管道天然气	立方米/人													
水	吨/人													28.6
电	度/人													115.1

7－3 续表1

指　标	单位	1993年	1994年	1995年	1996年	1997年	1998年	1999年	2000年	2001年	2002年
粮 食	公斤	108.4	107.7	106.8	105.5	101.8	101.4	93.7	95.9	96.6	93.0
#大米	公斤										
#面粉	公斤										
油脂类	公斤	7.6	7.8	7.7	8.1	10.3	10.0	9.1	9.8	9.9	10.8
食用植物油	公斤										
鲜菜	公斤	126.3	116.3	115.5	130.2	112.5	113.4	110.1	115.4	120.7	129.1
猪肉	公斤	19.7	18.1	19.2	19.2	18.5	18.8	17.0	17.9	17.1	21.2
家禽	公斤	4.1	5.8	6.0	7.3	9.0	9.5	10.2	10.6	11.3	9.9
鲜蛋	公斤	7.5	7.4	7.8	7.2	7.6	7.2	6.7	7.3	7.0	6.4
鱼	公斤	8.1	7.6	8.1	8.1	8.1	7.9	8.7	9.1	9.0	8.6
酒	公斤	3.7	4.8	5.3	4.3	3.8	4.4	4.3	4.8	4.4	4.1
糕点	公斤	3.4	4.1	3.7	3.9	4.1	3.8	3.9	3.9	3.5	3.5
鲜瓜果	公斤	29.6	32.7	36.0	34.8	42.7	50.3	51.6	55.5	59.3	57.6
碳酸饮料	公斤	0.8	0.7	0.7	0.7	0.7	0.7	1.0	1.4	1.1	1.8
茶叶	公斤	0.3	0.3	0.2	0.2	0.2	0.2	0.2	0.2	0.3	0.3
鲜乳品	公斤	0.9	0.3	0.1	0.3	1.0	1.7	2.0	3.4	4.5	7.8
奶粉	公斤	0.5	0.5	0.5	0.5	0.7	0.8	1.0	1.0	1.2	1.2
鞋类	双/人	3.0	2.9	3.0	3.0	3.0	2.9	3.1	2.9	2.9	3.1
服装	件/人	5.4	5.5	5.5	6.0	7.2	6.5	7.9	7.1	7.6	7.8
煤炭	公斤/人	67.1	69.6	37.4	31.3	31.0	25.6	20.6	20.3	32.9	34.0
液化石油汽	公斤/人	25.4	26.1	29.7	36.5	34.9	33.6	34.4	35.4	39.5	40.3
管道煤气	立方米/人		0.3	1.3	4.0	6.5	13.5	14.2	15.3	23.6	22.8
管道天然气	立方米/人										
水	吨/人	24.2	29.1	26.8	36.5	41.6	42.5	41.3	43.5	54.1	49.8
电	度/人	124.9	149.7	169.2	173.0	172.8	239.3	266.4	307.3	372.2	419.0

7－3 续表 2

指　标	单位	2003 年	2004 年	2005 年	2006 年	2007 年	2008 年	2009 年	2010 年	2011 年	2012 年
粮 食	公斤	93.7	92.5	95.6	91.5	80.6	85.9	82.8	71.8	70.6	71.7
# 大米	公斤				47.3	50.1	58.0	58.0	49.7	46.8	45.6
# 面粉	公斤				2.1	2.6	2.9	2.2	2.6	2.8	3.1
油脂类	公斤	11.0	15.1	13.6	12.7	15.9	15.5	13.8	13.9	12.8	14.0
食用植物油	公斤				11.5	14.0	13.6	12.6	12.6	11.4	12.3
鲜菜	公斤	132.5	126.0	121.7	124.2	129.0	134.6	146.7	143.0	141.5	128.3
猪肉	公斤	21.0	23.4	24.8	26.1	24.5	23.9	24.6	24.8	25.3	23.5
家禽	公斤	7.7	6.7	7.6	7.8	8.0	8.5	9.3	11.7	10.2	9.8
鲜蛋	公斤	7.1	6.6	7.2	7.3	7.7	8.1	8.9	8.3	7.9	8.1
鱼	公斤	9.4	9.0	9.9	9.3	10.9	10.8	11.5	12.0	12.0	11.6
酒	公斤	3.9	4.4	5.6	6.3	6.1	5.6	5.1	5.2	4.1	3.6
糕点	公斤	3.6	3.0	3.9	3.6	3.8	2.7	3.0	3.1	3.0	3.6
鲜瓜果	公斤	59.9	56.9	51.0	60.3	62.3	54.0	83.6	57.1	53.0	55.5
碳酸饮料	公斤	1.4	1.2	0.9	1.0	0.8	1.1	1.1	1.1	0.8	0.7
茶叶	公斤	0.3	0.2	0.4	0.4	0.5	0.6	0.6	0.5	0.5	0.5
鲜乳品	公斤	12.4	13.5	10.5	9.7	8.3	5.8	6.2	8.7	6.3	5.4
奶粉	公斤	1.0	0.9	1.4	1.3	0.8	1.5	1.6	0.9	0.7	1.0
鞋类	双/人	3.0	2.6	3.1	3.2	3.1	2.7	3.8	3.0	3.2	3.2
服装	件/人	6.8	6.9	6.5	6.4	6.9	6.5	7.1	6.5	7.2	7.9
煤炭	公斤/人	42.1	33.5	38.4	18.1	11.0	23.5	15.4	4.3	2.9	2.0
液化石油汽	公斤/人	38.8	36.4	40.0	28.5	26.5	23.0	25.0	19.7	14.4	16.5
管道煤气	立方米/人	17.5	24.1	35.5	32.4	33.3			3.6	6.9	5.1
管道天然气	立方米/人							39.1	65.2	68.4	73.7
水	吨/人	49.1	58.2	54.7	59.7	54.9	59.4	70.5	76.3	86.9	83.1
电	度/人	571.7	495.3	626.9	717.9	711.4	828.4	849.2	988.8	1004.9	987.4

7－4 历年年末城市居民家庭平均每百户耐用消费品拥有量

指　标	单位	1980 年	1981 年	1982 年	1983 年	1984 年	1985 年	1986 年	1987 年	1988 年	1989 年	1990 年
摩托车	辆				2	2	2	2	1	1	1	1
助力车	辆											
家用汽车	辆											
洗衣机	台		1	7	18	32	56	65	73	83	86	90
电冰箱	台				1	1	5	9	17	45	61	68
彩色电视机	台				2	5	13	21	29	61	64	68
家用电脑	台											
组合音响	套										2	2
摄像机	架											
照相机	架	3	2	3	1	2	11	15	17	23	25	27
钢琴	架											
中高档乐器	件						5	6	13	8	9	9
微波炉	台											
空调器	台										1	
淋浴热水器	台											
消毒碗柜	台											
健身器材	套											
固定电话	部											
移动电话	部											

注:以上固定电话数据中,1992 年至 1998 年包含公费电话,其中括号中的数为剔除公费电话后的纯私费电话数。

7－4 续表 1

指　标	单位	1991 年	1992 年	1993 年	1994 年	1995 年	1996 年	1997 年	1998 年	1999 年	2000 年	2001 年
摩托车	辆		1	1	2	3	7	10	14	16	12	16
助力车	辆											
家用汽车	辆											0.5
洗衣机	台	89	91	97	97	103	105	98	101	102	102	102
电冰箱	台	80	85	86	87	87	88	91	97	100	93	96
彩色电视机	台	78	89	91	90	93	95	103	113	123	130	132
家用电脑	台							6	9	14	22	27
组合音响	套	5	7	9	11	13	15	17	28	36	37	40
摄像机	架							1	1	1		
照相机	架	31	28	30	39	42	35	38	44	51	46	49
钢琴	架		0.5	0.5	0.5	0.5	1	2	2	2		2
中高档乐器	件	7	10	13	11	10	11	11	13	17	14	13
微波炉	台							3	8	23	40	46
空调器	台	1	2	10	13	18	26	38	45	63	71	79
淋浴热水器	台		22	22	36	44	45	52	63	72	74	81
消毒碗柜	台											
健身器材	套							4	6	11	11	9
固定电话	部		6(1)	7(1)	22(13)	29(18)	45(33)	64(58)	72(71)	83(82)	85	93
移动电话	部							2	3	10	26	49

7－4 续表 2

指　标	单位	2002 年	2003 年	2004 年	2005 年	2006 年	2007 年	2008 年	2009 年	2010 年	2011 年	2012 年
摩托车	辆	14	18	18	19	19	13.5	9.0	7.2	3.2	2.9	2.2
助力车	辆	2	3	9	8	8	7.8	13.3	16.8	24.5	23.6	23.4
家用汽车	辆	0.8	0.8	1	4	6	8.8	10.3	14.6	23.6	29.7	36.5
洗衣机	台	101	102	102	101	101	101.0	100.0	97.8	100.8	102.7	101.4
电冰箱	台	96	97	94	94	97	99.5	97.8	97.3	100.4	102.6	103.0
彩色电视机	台	132	134	142	135	136	132.8	122.0	121.7	125.5	127.8	125.1
计算机	台	32	38	36	49	57	62.3	60.5	65.7	79.0	88.1	96.4
组合音响	套	41	41	45	41	40	40.5	30.8	32.6	38.5	39.3	39.9
摄像机	架	2	2	1	6	8	10.8	6.3	8.4	12.9	14.3	13.5
照相机	架	55	55	59	59	59	54.3	42.5	45.4	50.8	59.1	61.8
钢琴	架	4	4	5	3	2	1.8	3.8	4.2	5.6	5.0	3.7
中高档乐器	件	12	9	8	12	12	9.8	3.3	4.2	4.8	3.2	4.8
微波炉	台	58	60	71	64	65	70.3	65.5	67.2	70.1	73.2	75.0
空调器	台	95	106	114	124	132	136.3	133.0	140.5	161.8	188.4	192.9
淋浴热水器	台	82	82	88	90	91	89.8	95.5	96.1	101.6	100.2	100.8
消毒碗柜	台	18	21	24	26	27	27.0	26.8	29.9	34.2	34.9	35.3
健身器材	套	4	4	5	9	9	5.8	7.3	5.2	6.1	6.3	6.3
固定电话	部	99	98	98	93	93	93.5	87.8	87.9	89.7	82.7	77.2
移动电话	部	84	109	141	149	159	167.0	166.5	177.5	202.5	215.5	224.4

注：以上固定电话数据中，1992 年至 1998 年包含公费电话，其中括号中的数为剔除公费电话后的纯私费电话数。

7－5 城市居民调查户基本情况(2012年)

指　　标	合 计	按人平月可支配收入比例分组				
		最 低 收入户	低 收入户	中 等 收入户	高 收入户	最 高 收入户
一、调查户数	550	109	110	111	110	110
二、家庭人口数	1604	352	356	311	309	271
平均每户(人/户)	2.91	3.23	3.23	2.81	2.81	2.46
三、有收入者人数	1225	239	277	241	241	228
(一)就业人口数	862	152	188	167	174	178
平均每户(人/户)	1.56	1.40	1.70	1.51	1.58	1.61
1. 国有经济单位职工人数	259	35	57	51	49	66
2. 城镇集体经济单位职工人数	53	8	15	6	15	9
3. 其它各种经济类型单位职工人数	107	22	22	25	24	13
4. 个体经营者人数	127	14	19	27	26	41
5. 个体被雇者人数	80	21	24	10	14	11
6. 离退休再就业者人数	15	2	4	3	3	2
7. 其他就业者人数	220	50	45	46	42	36
(二)离退休者人数	341	70	85	69	66	49
(三)其他有收入者人数	28	15	4	4	1	2
四、无收入者人数	374	114	79	70	67	43
五、户均非家庭人口在家用餐人次数	1843	230	553	365	247	440
六、户均家庭人口在外用餐人次数	3911	616	910	785	787	810
七、平均每一就业者负担人数	1.86	2.31	1.90	1.86	1.78	1.53
八、人平可支配收入(元)	31043.55	16371.82	23815.17	29400.19	37532.02	53609.05

7－6 年末城市居民调查户主要消费品拥有量(2012年)

指标	单位	合计	按人平月可支配收入比例分组				
			最低收入户	低收入户	中等收入户	高收入户	最高收入户
摩托车	辆	12	1	5	1	4	1
助力车	辆	129	34	34	17	22	23
家用汽车	辆	201	15	26	37	57	65
洗衣机	台	557	105	114	113	113	113
电冰箱	台	566	109	116	115	113	114
彩色电视机	台	688	116	135	141	141	155
计算机	台	530	77	96	108	115	134
组合音响	套	219	26	36	51	45	61
摄像机	架	74	6	10	13	22	24
照相机	架	340	35	69	72	78	86
钢琴	架	20		4	5	7	4
其它中高档乐器	件	26	11	4	3	4	4
微波炉	台	413	68	83	81	85	94
空调器	台	1061	153	200	211	229	266
淋浴热水器	台	554	103	110	112	114	116
消毒碗柜	台	194	18	33	36	45	62
健身器材	套	35	1	5	4	12	12
固定电话	部	424	86	74	86	89	89
移动电话	部	1234	239	267	233	251	244

7-7 城市居民家庭人平现金收支情况(2012年)

单位:元

指 标	合 计	按人平月可支配收入比例分组				
		最低收入户	低收入户	中等收入户	高收入户	最高收入户
一、家庭总收入	32376.89	17518.27	24879.69	30814.80	39011.66	55277.37
二、出售财物收入	1259.78	4.80	84.44	67.71	10.33	7101.03
1. 出售住房收入	1224.07		0.54			7098.54
2. 出售其他物品收入	35.72	4.80	83.90	67.71	10.33	2.49
三、借贷收入	3176.81	1515.57	1438.96	2066.29	4068.51	7818.12
1. 提取储蓄存款	2589.39	1465.38	1426.91	2025.30	3635.97	5012.26
2. 借入款	7.10	33.00				
3. 收回借出款	43.64	17.18				231.67
4. 收回储蓄性保险金						
5. 兑售有价证券	430.07				245.45	2224.11
6. 收回投资本金	95.87				187.08	350.09
7. 住房贷款	10.74		12.05	40.99		
8. 汽车贷款						
9. 教育贷款						
10. 其他贷款						
11. 其它借贷收入						
四、家庭总支出	25013.84	13562.50	18937.71	24173.27	30476.02	42261.36
五、借贷支出	6181.46	2212.66	2763.14	4216.34	6843.87	17139.40
1. 存入储蓄款	5387.44	1809.80	2466.98	3915.73	5811.64	14904.23
2. 借出款	2.94		3.81			12.02
3. 归还借款	30.77	5.28	15.76		10.36	139.69
4. 储蓄性保险支出	92.47	18.49	50.84	138.36	163.80	109.28
5. 购买有价证券	293.03	8.67			187.08	1482.75
6. 其他投资支出	87.46	308.79			94.69	17.67
7. 归还住房贷款	268.26	61.62	203.50	161.98	502.69	473.77
8. 归还汽车贷款	13.45				70.87	
9. 归还教育贷款						
10. 归还其他贷款	1.15		3.40		2.00	
11. 其它借贷支出	4.48		18.85	0.27	0.75	

7－8 城市居民家庭人平现金收入情况(2012年)

单位:元

指标	合计	按人平月可支配收入比例分组				
		最低收入户	低收入户	中等收入户	高收入户	最高收入户
家庭总收入	32376.89	17518.27	24879.69	30814.80	39011.66	55277.37
#可支配收入	31043.55	16371.82	23815.17	29400.19	37532.02	53609.05
一、工薪收入	18369.51	10449.97	15193.28	17281.93	22401.16	29236.82
1.工资及补贴收入	17794.28	9838.49	14951.59	16579.83	21887.91	28341.99
2.其他劳动收入	575.23	611.49	241.69	702.09	513.25	894.83
二、经营净收入	4416.16	1275.84	1957.95	3983.12	4905.48	11530.36
三、财产性收入	2251.27	680.29	1657.75	1923.81	2970.70	4573.56
1.利息收入	100.87	34.09	55.30	90.01	166.97	183.90
2.股息与红利收入	127.53	1.55	176.42	22.04	83.41	388.16
3.保险收益	10.56			4.21	15.83	39.06
4.其他投资收入	48.40		15.72	40.62	76.33	130.02
5.出租房屋收入	1933.54	644.24	1404.33	1741.99	2579.45	3746.59
6.知识产权收入	0.46		2.04			
7.其他财产性收入	29.90	0.41	3.94	24.95	48.71	85.85
四、转移性收入	7339.95	5112.17	6070.70	7625.95	8734.31	9936.63
1.养老金或离退休金	5574.59	3988.91	5123.40	5645.63	6561.65	6981.95
2.社会救济收入	43.06	146.23	6.24	8.57	3.66	45.28
3.辞退金						
4.赔偿收入	0.95				5.00	
5.保险收入	14.66	55.44				15.82
#失业保险金	11.93	55.44				
6.赡养收入	376.90	163.23	218.03	486.38	562.08	525.51
7.捐赠收入	1063.87	487.17	554.06	1265.41	1400.62	1857.65
8.提取住房公积金						
9.记帐补贴	176.13	183.12	155.92	179.80	171.39	195.17
10.其它转移性收入	89.79	88.07	13.06	40.16	29.91	315.26

7-9 城市居民家庭人平现金支出情况(2012年)

单位:元

指　　标	合　计	按人平月可支配收入比例分组				
		最　低 收入户	低 收入户	中　等 收入户	高 收入户	最　高 收入户
家庭总支出	25013.84	13562.50	18937.71	24173.27	30476.02	42261.36
一、消费性支出	19639.08	10811.87	15118.70	19335.08	24322.55	31808.90
# 服务性消费支出	5629.72	2736.60	3985.99	5617.00	7156.82	9742.79
二、购房与建房支出	469.67				271.81	2424.74
1. 购房	184.44				265.71	777.24
2. 建房	285.22				6.10	1647.50
三、转移性支出	3734.49	1763.78	2867.65	3600.10	4616.86	6518.54
1. 交纳的所得税	46.15	4.07	7.05	38.11	161.46	32.44
2. 捐赠支出	3205.40	1542.96	2524.32	3172.36	3751.31	5615.32
3. 购买彩票	7.84	1.88	4.68	7.67	8.14	19.31
4. 赡养支出	301.28	167.63	265.98	271.83	350.77	493.50
# 在外就学子女费用	100.72	111.77	104.29	92.05	152.00	35.59
5. 各种非储蓄性保险支出	133.93	30.57	52.69	96.34	300.68	229.09
# 车辆保险支出	99.56	20.59	46.06	82.88	221.93	152.88
6. 其它转移性支出	39.89	16.68	12.93	13.79	44.51	128.88
四、财产性支出	59.55	27.60	49.81	41.39	118.00	68.47
1. 非生产性利息支出	47.93	16.17	44.95	35.06	86.31	63.79
2. 其它	11.62	11.44	4.86	6.32	31.69	4.67
五、社会保障支出	1111.05	959.25	901.55	1196.70	1146.79	1440.72
1. 个人交纳的养老基金	508.72	504.04	439.77	585.47	487.20	542.39
2. 个人交纳的住房公积金	327.36	190.45	236.16	321.56	344.79	605.91
3. 个人交纳的医疗基金	193.43	221.04	164.47	178.50	191.90	215.77
4. 个人交纳的失业基金	37.67	36.15	34.68	39.96	44.09	33.85
5. 其它社会保障支出	43.88	7.57	26.47	71.21	78.80	42.80

7－10 城市居民家庭人平消费支出情况(2012年)

单位:元

指标	合计	按人平月可支配收入比例分组				
		最低收入户	低收入户	中等收入户	高收入户	最高收入户
全年人平消费性支出	19639.08	10811.87	15118.70	19335.08	24322.55	31808.90
# 服务性消费支出	5629.72	2736.60	3985.99	5617.00	7156.82	9742.79
旅游花费	603.72	123.22	411.11	647.30	855.77	1130.78
一、食品	7128.28	4666.42	5842.01	7119.93	7977.95	10972.14
二、衣着	2253.87	985.46	1785.86	2103.09	2862.23	3955.34
三、家庭设备用品及服务	1297.49	732.64	1085.18	1107.00	1684.47	2072.10
# 耐用消费品支出	460.18	212.18	369.43	431.77	747.65	605.11
四、医疗保健	882.00	562.17	760.31	805.00	1016.00	1381.31
五、交通与通讯	2950.06	1235.60	2041.24	3162.40	4121.43	4759.30
# 通信支出	1115.90	627.33	953.88	1200.14	1300.96	1640.42
六、教育文化娱乐及服务	2669.97	1254.54	1906.89	2816.46	3843.44	3985.90
# 文化娱乐服务支出	1358.88	361.32	834.80	1412.67	2095.30	2423.84
# 教育支出	1311.10	893.21	1072.09	1403.79	1748.13	1562.07
七、居住	1815.96	1158.07	1372.53	1567.61	2118.52	3170.07
八、杂项商品及服务	641.46	216.97	324.66	653.59	698.50	1512.73

7－11 城市居民家庭人平主要食品及水电燃料消费量(2012年)

指　标	单位	合　计	按人平月可支配收入比例分组				
			最　低 收入户	低 收入户	中　等 收入户	高 收入户	最　高 收入户
大米	公斤	45.57	45.38	44.09	42.02	47.17	50.06
面粉	公斤	3.14	2.29	3.60	3.69	2.72	3.40
食用植物油	公斤	12.31	10.62	11.70	12.07	12.07	15.76
猪肉	公斤	23.45	21.65	22.03	25.00	24.15	25.07
牛肉	公斤	2.81	2.09	2.68	3.02	3.39	3.04
羊肉	公斤	0.83	0.51	0.84	0.93	1.04	0.87
鸡	公斤	5.43	5.09	4.96	5.51	5.72	6.04
鸭	公斤	3.03	2.30	3.03	3.26	3.07	3.64
鲜蛋	公斤	8.12	7.57	7.34	8.20	8.36	9.47
鱼	公斤	11.63	11.47	10.67	11.85	12.63	11.73
鲜菜	公斤	128.34	111.26	130.95	124.10	136.08	142.47
白酒	公斤	0.94	0.96	0.70	0.87	1.01	1.26
果酒	公斤	0.15	0.04	0.12	0.10	0.09	0.48
啤酒	公斤	2.53	1.44	2.91	2.52	3.00	2.88
碳酸饮料	公斤	0.69	0.40	0.69	0.85	0.79	0.75
瓶装饮用水	公斤	1.29	0.59	0.71	1.02	1.05	3.53
茶叶	公斤	0.51	0.36	0.44	0.45	0.66	0.72
鲜果	公斤	43.58	29.49	42.10	43.83	49.02	56.86
鲜瓜	公斤	11.93	12.12	8.74	13.16	11.44	15.07
糕点	公斤	3.56	2.88	3.06	4.71	3.33	4.01
鲜乳品	公斤	5.44	4.22	4.05	5.13	5.50	9.07
奶粉	公斤	0.95	0.46	1.10	0.70	1.06	1.50
酸奶	公斤	3.35	3.16	2.81	3.03	3.32	4.70
水	吨	83.14	59.68	74.76	102.01	81.44	104.03
电	度	987.38	708.20	814.49	1077.04	983.24	1467.08
煤炭	公斤	2.02	1.89	0.48	6.80	0.85	0.06
液化石油汽	公斤	16.48	16.71	15.54	22.24	15.03	12.50

7－12 城市居民家庭人平主要食品支出额(2012年)

单位:元

指 标	合 计	按人平月可支配收入比例分组				
		最 低 收入户	低 收入户	中 等 收入户	高 收入户	最 高 收入户
粮食	465.66	427.20	434.80	510.06	466.42	503.30
油脂类	283.66	225.75	278.50	269.71	295.11	365.92
猪肉	640.29	578.66	602.26	689.51	665.51	683.97
牛肉	129.86	93.60	129.03	137.47	154.73	140.22
羊肉	40.55	23.99	40.96	46.37	48.89	44.89
家禽	272.74	215.97	265.32	281.38	291.41	323.04
蛋类	108.43	93.40	92.68	110.02	109.88	144.55
鱼	194.59	181.57	173.67	206.93	208.82	208.84
鲜菜	749.64	616.62	767.70	751.50	805.97	827.72
白酒	197.45	51.46	99.18	165.55	245.22	492.79
果酒	11.01	3.09	5.12	9.14	7.77	34.33
啤酒	23.09	12.68	28.35	21.29	27.12	26.76
碳酸饮料	6.12	3.52	5.87	7.85	7.64	6.04
瓶装饮用水	5.87	2.14	3.87	5.07	4.69	15.38
茶叶	49.45	25.19	30.85	39.81	72.57	89.73
干鲜瓜果类	548.51	351.02	503.38	567.14	635.16	738.10
糕点类	65.31	48.60	58.74	82.36	65.86	74.94
鲜乳品	64.37	48.00	53.06	57.04	66.49	105.67
奶粉	93.50	33.42	98.38	50.66	110.52	191.77
酸奶	35.56	29.78	33.96	32.94	33.62	49.98
在外饮食	1622.43	743.92	919.79	1556.09	1931.92	3380.36

7－13 城市居民家庭人平主要设备用品及水电燃料消费额(2012年)

单位:元

指　　标	合 计	按人平月可支配收入比例分组				
		最 低 收入户	低 收入户	中 等 收入户	高 收入户	最 高 收入户
摩托车	0.57					3.31
助力车	18.30	32.27	9.77	22.38	21.47	4.02
洗衣机	41.75	26.07	32.54	42.64	48.73	64.79
电冰箱	45.78	18.02	21.44	57.09	44.99	100.63
彩色电视机	60.38	29.39	97.10	28.66	76.02	69.27
计算机	73.17	32.08	17.62	83.11	148.34	103.75
组合音响	7.48		2.04	1.09		39.46
摄像机	2.10			5.70		5.72
照相机	31.38	3.59	22.99	25.96	11.91	104.72
微波炉	7.70	4.55	6.75	9.11	6.75	12.37
空调器	67.36	56.98	51.59	106.45	81.47	41.38
淋浴热水器	28.58	11.67	44.96	27.98	36.67	19.83
固定电话机	4.32	2.92	6.11	4.88	4.48	2.89
移动电话	221.68	100.94	158.30	284.88	255.68	347.09
水	197.44	137.32	173.46	227.16	198.54	269.28
电	647.58	438.97	514.31	688.95	665.80	1016.92
煤炭	1.60	1.71	0.48	5.02	0.62	0.15
液化石油气	107.34	111.52	105.03	136.56	100.42	79.73
管道煤气	12.51	5.92	8.22	5.91	14.92	31.23

7－14 年末城市居民家庭居住情况(2012年)

指　　标	单　位	合　计	比重(%)
总　　计	**户**	**550**	**100**
一、按人均可支配收入分组房屋建筑面积			
低20%	平方米	24.22	19.80
较低20%	平方米	27.97	20.06
中20%	平方米	34.11	20.09
较高20%	平方米	37.80	19.99
高20%	平方米	44.56	20.06
二、按房屋产权分			
1.租赁公房	户	20	3.67
2.租赁私房	户	19	3.50
3.原有私房	户	76	13.74
4.房改私房	户	207	37.67
5.商品房	户	221	40.11
6.其他	户	7	1.30
三、按住宅建筑式样分			
1.单栋配套楼房	户	20	3.56
2.单元式配套住宅	户	494	89.9
(1)一居室	户	19	3.43
(2)二居室	户	234	42.55
(3)三居室	户	197	35.79
(4)四居室及以上	户	45	8.13
3.普通楼房	户	30	5.38
4.普通平房及其他	户	6	1.15
四、按饮水情况分			
1.自来水	户	531	96.51
2.矿泉水	户	8	1.38
3.纯净水	户	9	1.70
4.井、河水及其他	户	2	0.40

7－14 续表

指　　标	单 位	合 计	比重(%)
五、按生活用水情况分			
1. 独用自来水	户	546	99.24
2. 公用自来水	户	4	0.76
3. 井、河水及其他	户		
六、按卫生设备拥有情况分			
1. 无卫生设备	户		
2. 有厕所浴室	户	526	95.72
3. 有厕所无浴室	户	17	3.02
4. 公用卫生设备	户	7	1.25
七、按取暖设备拥有情况分			
1. 无取暖设备	户	59	10.77
2. 空调设备	户	467	84.82
3. 暖气	户	15	2.75
4. 其他	户	9	1.66
八、按炊用燃料使用情况分			
1. 管道天然气	户	318	57.78
2. 液化石油气	户	206	37.50
3. 煤	户	18	3.29
4. 其他	户	8	1.43
九、按通信设备使用情况分			
1. 无电话	户	126	22.83
2. 有电话	户	424	77.17
(1)固定电话	部	424	
(2)移动电话	部	1234	
十、信息化调查(每百户)			
1. 接入互联网的移动电话	部	37	
2. 接入有线电视网络的电视机	台	98	
3. 接入互联网的计算机	台	76	
十一、除了现住房,还有几处其他住房	套	325	
1. 出租房	套	264	82.76
2. 偶尔居住房	套	28	8.62
3. 其它用途房	套	33	10.17

7－15　城镇居民分区、县(市)家庭人平现金收入情况(2012年)

指　　标	合　计	芙蓉区	天心区	岳麓区
家庭总收入	31564.51	34328.73	31097.94	31001.23
#可支配收入	30287.88	32884.50	28944.79	30288.52
(一)工薪收入	17699.28	16888.19	17332.99	20302.21
1.工资及补贴收入	17020.50	16473.15	16528.79	19880.66
2.其他劳动收入	678.78	415.03	804.21	421.56
(二)经营净收入	4455.39	6018.22	6754.12	2193.54
(三)财产性收入	2422.49	4302.20	1051.07	1488.84
1.利息收入	107.07	100.05	64.81	80.21
2.股息与红利收入	158.95	17.02	84.13	320.52
3.保险收益	9.25	12.68		7.85
4.其他投资收入	45.09	38.64	126.53	14.35
5.出租房屋收入	2058.59	4133.61	662.07	1053.90
6.知识产权收入	6.94			
7.其他财产性收入	36.60	0.19	113.54	12.01
(四)转移性收入	6987.35	7120.12	5959.75	7016.64
1.养老金或离退休金	5254.49	6300.97	4450.12	5384.08
2.社会救济收入	60.68	10.76	82.79	71.71
3.辞退金	0.91			
4.赔偿收入	1.07	5.01		
5.保险收入	16.82	0.89		6.37
#失业保险金	13.35			
6.赡养收入	376.88	156.34	247.38	186.92
7.捐赠收入	1009.55	465.61	708.65	1192.77
8.提取住房公积金				
9.记帐补贴	176.59	164.02	206.53	162.20
10.其它转移性收入	90.36	16.54	264.28	12.58

单位:元

开福区	雨花区	望城区	长沙县	浏阳市	宁乡县
32548.02	33522.28	28959.51	28761.60	27767.19	24933.70
31334.82	32459.63	27690.01	27338.10	27345.24	24019.59
18706.45	18799.92	18279.53	16599.77	9509.72	14525.85
17749.67	18493.16	17906.84	14911.32	8771.48	13267.57
956.77	306.76	372.69	1688.45	738.24	1258.29
4684.88	2431.41	3262.42	3040.99	9315.83	3007.30
2458.26	2207.72	1326.94	5221.69	1959.40	2807.03
92.25	156.81	153.25	76.58	57.57	252.10
238.85	14.04	92.08	74.95	1146.06	
21.41	13.62		2.28	4.01	
65.23			61.53		14.20
2040.52	2023.25	947.94	4710.73	751.75	2493.01
		13.54	130.23		
		120.14	165.39		47.72
6698.43	10083.23	6090.62	3899.16	6982.25	4593.53
4738.59	7093.99	5055.59	2371.03	4868.85	3397.16
14.53	35.35	30.47	344.38	69.04	67.26
			18.04		
			5.21		
	65.78	4.54	22.17	82.42	
	58.77	4.54		81.25	
179.88	1131.71	48.41	261.76	797.41	197.45
1558.44	1477.73	726.23	652.81	899.40	613.12
159.20	194.11	119.84	210.42	94.23	208.74
47.80	84.56	105.55	13.35	170.90	109.79

7－16 城镇居民分区、县(市)家庭人平现金支出情况(2012年)

指 标	合 计	芙蓉区	天心区	岳麓区
家庭总支出	24839.92	28204.89	25022.10	19898.30
一、消费性支出	19459.97	22627.92	18905.83	15562.55
#服务性消费支出	5520.10	6078.50	4927.26	4702.65
二、购房与建房支出	447.79		1367.91	556.06
1.购房	205.35			556.06
2.建房	242.44		1367.91	
三、转移性支出	3822.43	4286.42	2908.25	3198.33
1.交纳的税赋	47.21	14.99	195.63	1.92
2.捐赠支出	3273.80	3502.22	2244.53	2802.56
3.购买彩票	7.30	24.07	10.34	0.68
4.赡养支出	300.38	393.86	314.86	290.79
#在外就学子女费用	98.91	69.24	142.18	43.97
5.各种非储蓄性保险支出	127.05	309.25	71.67	80.50
#车辆保险支出	93.16	241.37	61.34	17.58
6.其它转移性支出	66.69	42.02	71.22	21.87
四、财产性支出	56.89	25.33	89.11	32.78
1.非生产性利息支出	44.35	25.33	49.64	32.38
2.其它	12.54		39.48	0.40
五、社会保障支出	1052.83	1265.22	1750.99	548.58
1.个人交纳的养老基金	479.19	404.60	946.21	177.93
2.个人交纳的住房公积金	319.39	548.98	274.47	280.44
3.个人交纳的医疗基金	179.65	261.71	319.46	59.69
4.个人交纳的失业基金	35.25	42.83	68.92	11.77
5.其它社会保障支出	39.35	7.09	141.93	18.76

单位:元

开福区	雨花区	望城区	长沙县	浏阳市	宁乡县
25378.91	26628.65	22900.18	25724.77	22650.36	23083.92
20744.80	20793.23	16295.78	18998.30	17838.17	18381.05
6131.65	6596.72	3906.14	4702.54	4919.21	5049.16
	418.05	33.85			805.33
	418.05				805.33
		33.85			
3476.19	4531.54	5272.97	5595.46	4476.53	3157.27
11.02	0.70	3.93	155.77	3.99	
3199.03	4053.93	4590.54	4746.83	3887.64	2609.42
1.46	1.01	15.44	0.52	0.23	9.93
173.96	322.07	335.61	371.65	148.29	327.80
49.53	168.62	206.23	132.29	52.38	76.06
78.54	119.77	208.61	165.64	65.38	38.30
50.80	112.75	168.75	96.29	53.03	26.67
12.19	34.06	118.84	155.05	370.98	171.83
114.93	18.00	151.84	73.69	11.93	34.90
114.14	15.55	72.61	25.94	11.32	30.90
0.79	2.46	79.23	47.75	0.61	4.00
1042.98	867.84	1145.74	1057.32	323.73	705.37
579.48	389.51	492.26	390.23	136.19	361.50
241.30	271.06	468.45	450.14	99.14	242.33
180.38	139.73	143.71	124.08	74.01	100.73
34.24	31.61	10.60	55.08	10.63	0.73
7.57	35.93	30.71	37.79	3.75	0.09

7－17 城镇居民分区、县(市)家庭人平消费支出情况(2012年)

单位:元

指　　标	合　计	芙蓉区	天心区	岳麓区	开福区	雨花区
全年人平消费支出	19459.97	22627.92	18905.83	15562.55	20744.80	20793.23
一、食品	6975.06	8133.51	7654.46	5487.66	7246.68	7257.27
二、衣着	2219.81	2411.59	2299.70	1778.81	2275.82	2523.07
三、家庭设备用品及服务	1308.36	1621.50	1131.75	1296.96	1426.64	1067.01
四、医疗保健	858.53	1259.68	588.41	635.45	1035.39	908.25
五、交通与通讯	2871.11	3893.96	2355.29	1853.77	3477.35	3213.40
六、教育文化娱乐及服务	2616.65	2220.94	2404.96	2473.97	3047.04	3318.30
七、居住	1961.67	2438.17	1648.87	1532.65	1702.61	1832.14
八、杂项商品及服务	648.80	648.56	822.38	503.26	533.28	673.78

7－17 续表

指　　标	望城区	长沙县	浏阳市	宁乡县
全年人平消费支出	16295.78	18998.30	17838.17	18381.05
一、食品	5643.55	6332.69	5555.35	6279.31
二、衣着	1919.59	2372.88	1462.32	2107.70
三、家庭设备用品及服务	1153.87	1214.72	1240.97	1583.64
四、医疗保健	882.97	519.90	906.46	778.44
五、交通与通讯	2705.68	3437.57	2095.50	1793.97
六、教育文化娱乐及服务	1946.67	2170.92	2514.95	2302.91
七、居住	1405.91	2460.43	3729.12	2443.68
八、杂项商品及服务	637.54	489.19	333.51	1091.41

7－18 2000—2012年农村居民家庭调查户基本情况

项　目	单位	2000年	2005年	2006年	2007年	2008年	2009年	2010年	2011年	2012年
一、调查户数	户	560	1000	1000	1000	1000	1000	1000	980	690
常住人口	人	2249	3901	3887	3896	3833	3832	3836	3796	2648
年末人均住房面积	平方米	44.13	49.42	53.42	57.07	58.63	59.93	59.53	62.04	62.57
二、全年人均总收入	元	4558.39	7395.06	8215.63	9234.55	11097.88	12923.08	14920.03	18057.28	20648.09
(一)工资性收入	元	1107.30	2082.14	2657.13	3207.31	3707.79	4481.72	5354.01	6784.44	8751.13
(二)家庭经营收入	元	2935.69	4456.38	4659.24	5005.67	6090.95	6896.30	7623.05	8840.48	9243.61
1.农业收入	元	1017.52	1239.05	1342.94	1439.64	1830.53	1994.15	2409.98	2800.08	3144.00
2.林业收入	元	36.58	61.08	76.85	84.14	104.98	105.01	134.21	291.04	265.95
3.牧业收入	元	1198.03	1958.27	1792.85	1888.64	2110.96	2262.87	2239.78	2809.87	2015.99
4.渔业收入	元	58.40	74.09	80.74	65.91	81.98	103.27	106.29	70.71	64.02
5.二、三产业收入	元	625.16	1123.89	1365.86	1527.34	1962.49	2430.99	2732.80	2868.79	3754.00
(三)转移性收入	元	471.08	576.88	616.14	701.38	891.75	1013.04	1346.19	1653.53	1762.10
(四)财产性收入	元	44.32	279.67	283.08	320.19	407.39	532.03	596.78	778.83	891.25
三、全年人均纯收入	元	3005.00	4908.00	5653.00	6613.36	8002.60	9431.90	11205.87	13400.42	15763.10
人均可支配收入	元	2941.00	4735.00	5438.00	6339.41	7631.67	8986.35	10639.78	12717.27	15056.55
四、全年人均总支出	元	4162.65	6773.50	7282.19	8276.29	9637.71	10635.68	11749.13	13628.59	15579.10
(一)家庭经营费用支出	元	1061.21	1934.15	1981.70	2038.91	2384.49	2692.48	2774.01	3160.06	3415.44
1.种植业生产支出	元	225.53	336.98	353.94	366.87	397.07	471.17	524.36	638.03	691.33
2.林业生产支出	元	1.97	8.26	10.96	18.72	15.48	27.22	32.46	62.55	193.75
3.牧业生产支出	元	693.31	1203.10	1127.24	1075.98	1207.58	1263.44	1189.78	1426.63	1269.95
4.渔业生产支出	元	15.02	21.98	22.69	29.72	30.26	30.95	28.34	19.49	20.44
5.二、三产业支出	元	140.40	363.48	466.88	547.62	734.10	899.70	999.08	1013.37	1240.00
(二)购置生产用固定资产支出	元	71.83	141.00	142.32	174.31	201.11	156.08	204.65	218.36	274.25
(三)税费支出	元	76.13	15.83	14.20	9.35	20.62	14.20	31.56	4.34	4.84
(四)生活消费支出	元	2584.16	4166.23	4573.97	5413.68	6211.73	6826.35	7532.56	8579.29	10154.71
(五)其他	元	369.48	514.08	570.00	640.04	819.76	946.57	1206.36	1666.54	1729.86

7－19　农村居民家庭人均收入(2012年)

项　　目	全　市	芙蓉区	天心区
全年人均总收入	20648.09	30434.97	25191.03
(一)工资性收入	8751.13	10602.52	16946.72
1.在非企业组织中劳动得到收入	453.21	353.06	1602.29
2.在本乡地域内劳动得到收入	4841.72	7401.75	12894.21
3.外出从业得到收入	3456.20	2847.71	2450.21
(二)家庭经营收入	9243.61	2622.21	1500.80
1.第一产业收入	5489.85	37.22	309.75
(1)农业收入	3143.89	37.22	185.85
(2)林业收入	265.95		
(3)牧业收入	2015.99		123.16
(4)渔业收入	64.02		0.74
2.第二产业收入	911.88	1180.39	447.27
(1)工业收入	358.54	1180.39	
①工业产品收入	120.66		
②工业服务性收入	237.88	1180.39	
(2)建筑业收入	553.34		447.27
3.第三产业收入	2841.89	1404.61	743.78
#交通、运输、邮电业收入	965.52	21.02	689.50
批零贸易业、饮食业收入	993.52	1329.23	
社会服务业收入	300.03		54.28
文教卫生业收入	52.27		
其他行业收入	502.65	54.36	
(三)财产性收入	891.25	14186.56	5706.69
(四)转移性收入	1762.10	3023.68	1036.82

注:雨花区原洞井镇和黎托乡已改设为街道,全区已无乡镇,故样本轮换后,2012年雨花区不再设农村住户调查点。

单位:元

岳麓区	开福区	望城区	长沙县	浏阳市	宁乡县
19999.26	25153.67	19754.20	22083.44	22117.68	17936.54
9306.03	14382.90	10333.16	8668.15	9308.72	6719.97
2001.66	2560.04	126.37	233.02	172.30	457.73
5257.62	8747.24	3671.05	6087.98	6278.81	2346.44
2046.74	3075.62	6535.74	2347.15	2857.61	3915.80
7861.85	6258.46	7033.29	10951.20	9768.85	9544.67
3182.88	3552.67	3395.08	8664.92	4637.88	6339.43
2789.10	430.41	1879.37	6205.04	2216.11	3251.09
155.99	2070.41	72.20	397.14	181.10	258.89
209.07	988.17	1404.80	2037.26	2190.63	2704.23
28.72	63.68	38.71	25.48	50.04	125.22
1635.69	1254.04	1522.58	347.19	844.97	877.70
82.53		634.13	121.55	665.24	140.27
82.53				374.01	1.97
		634.13	121.55	291.23	138.30
1553.15	1254.04	888.45	225.64	179.73	737.44
3043.28	1451.76	2115.63	1939.09	4286.01	2327.54
606.10	335.90	1133.77	1262.79	1068.87	780.19
1211.41	744.89	329.13	369.33	1730.01	850.11
30.72	226.47	109.94	153.89	383.20	467.29
116.22		164.00	0.79		84.73
692.49	144.49	378.78	151.65	1103.93	142.46
1477.12	2610.85	241.46	1148.69	530.64	523.23
1354.26	1901.45	2146.29	1315.41	2509.46	1148.67

7－20 农村居民家庭人均支出(2012年)

项目	全市	芙蓉区	天心区
全年人均总支出	15579.10	25339.16	12364.52
(一)家庭经营费用支出	3415.44	2135.62	170.86
1.第一产业生产费用支出	2175.47	3.92	119.45
(1)农业生产费用支出	691.33	1.82	17.17
(2)林业生产费用支出	193.75		4.01
(3)牧业生产费用支出	1269.95	2.10	97.00
(4)渔业生产费用支出	20.44		1.28
2.第二产业生产费用支出	437.29	623.47	8.19
3.第三产业生产费用支出	802.68	1508.23	43.22
(1)交通运输邮电业生产费用支出	257.69	17.51	29.58
(2)批零贸易餐饮业生产费用支出	504.08	1490.72	
(3)社会服务业生产费用支出	10.90		
(4)文教卫生业生产费用支出	9.21		
(5)其他行业生产费用支出	20.80		13.63
(二)购置生产性固定资产支出	274.25	11.56	2.52
(三)建造生产性固定资产雇工支出	4.76		
(四)税费支出	4.84		
(五)生活消费支出	10154.71	16474.32	10620.03
# 服务性支出	2953.24	6565.27	3290.08
1.食品消费支出	3756.48	5787.67	3674.24
(1)食品消费品支出	3086.69	4609.18	3224.35
(2)食品消费服务性支出	669.78	1178.49	449.89
①在外饮食	663.95	1178.01	449.84
②食品加工费	4.78		0.05
③其他服务性支出	1.06	0.47	
2.衣着消费支出	693.62	1624.55	1066.44
3.居住消费支出	1627.53	1712.73	1187.92
4.家庭设备、用品消费支出	697.69	1226.65	864.67
5.交通和通讯消费支出	1590.69	2272.63	1791.19
6.文化教育、娱乐消费支出	876.21	2160.69	1292.87
7.医疗保健消费支出	680.86	1330.60	470.19
8.其他商品和服务消费支出	231.64	358.80	272.52
(六)其他支出	1725.10	6717.66	1571.11

单位:元

岳麓区	开福区	望城区	长沙县	浏阳市	宁乡县
16218.23	16600.94	12950.93	14369.14	17785.14	14576.57
2048.43	899.30	1634.57	4191.50	4421.92	3260.57
902.49	827.73	1049.71	3229.73	2127.06	2584.70
351.16	103.14	344.06	1110.77	620.34	821.50
11.60	103.23	29.40	864.09	55.44	60.11
514.38	601.10	665.32	1244.65	1449.45	1652.79
25.34	20.26	10.94	10.22	1.84	50.30
897.93	63.72	274.99	126.00	780.29	253.63
248.01	7.86	309.87	835.77	1514.56	422.25
93.33	3.37	159.88	500.02	309.61	168.21
109.23		49.61	327.23	1176.59	200.74
11.16	1.78	16.73	0.26	4.13	23.46
7.16		24.62			19.99
27.14	2.72	59.03	8.25	24.23	9.85
581.51	21.55	228.34	29.11	387.78	284.35
	2.95	7.46	13.22		5.07
49.77	6.41		1.37		3.40
11780.89	12865.39	9670.49	8486.51	10783.93	9875.49
3667.74	4073.02	2833.84	2506.63	3394.94	2414.99
3872.65	3717.69	4199.52	3221.60	3337.56	4250.60
2863.10	2956.28	3391.58	2621.52	2503.85	3869.88
1009.55	761.41	807.94	600.09	833.70	380.71
994.91	758.98	800.89	593.70	828.38	376.70
5.79	2.42	7.04	4.95	5.30	3.42
8.85			1.43	0.03	0.59
1277.23	687.05	633.05	763.04	609.70	582.41
1039.81	2768.78	1383.37	604.90	2896.65	1073.65
680.72	959.46	614.56	525.28	699.66	796.65
2701.76	1946.49	1098.66	1748.03	1435.27	1536.79
1088.20	1612.26	796.46	933.59	732.02	863.21
769.85	967.02	716.44	518.55	765.52	615.08
350.66	206.66	228.44	171.52	307.55	157.11
1757.64	2805.33	1410.06	1647.44	2191.52	1147.69

7－21　农村居民家庭人均纯收入来源(2012年)

项　　目	全　市	芙蓉区	天心区
一、全年纯收入	15763.10	27299.21	23799.58
(一)工资性收入	8751.13	10602.52	16946.72
1.在非企业组织中劳动得到收入	453.21	353.06	1602.29
(1)乡村干部收入	353.31	353.06	133.76
(2)乡村教师收入	33.80		
(3)行政事业单位等职工收入	66.10		1468.53
2.在本乡地域内劳动得到收入	4841.72	7401.75	12894.21
(1)在企业中劳动得到收入	2969.90	7324.69	9991.95
(2)在国家投资基建项目得到收入	17.68		
(3)提供其他劳务收入	1854.14	77.06	2902.26
3.外出从业得到收入	3456.20	2847.71	2450.21
(1)在乡外县内从业得到收入	1246.87	1595.52	2038.86
(2)在县外省内从业得到收入	1243.36	1079.16	383.67
(3)在省外国内从业得到收入	965.97	173.03	27.68
(二)家庭经营纯收入	5377.18	486.59	356.33
1.第一产业纯收入	3002.66	33.30	-748.85
#农业收入	2205.67	35.40	-770.47
牧业收入	685.12	-2.10	26.17
2.非农产业纯收入	2374.52	453.30	1105.18
#第三产业纯收入	1939.51	-103.62	666.10
(三)财产性纯收入	891.25	14186.56	5706.69
(四)转移性纯收入	743.55	2023.54	789.84
二、全年现金纯收入	14820.19	27299.21	24155.96
三、全年实物纯收入	942.91		-356.38

单位:元

岳麓区	开福区	望城区	长沙县	浏阳市	宁乡县
14731.26	23402.76	16495.05	17070.16	15718.69	13763.50
9306.03	14382.90	10333.16	8668.15	9308.72	6719.97
2001.66	2560.04	126.37	233.02	172.30	457.73
1832.58	1355.00	56.22	130.31	127.26	422.26
33.76	476.10	6.22		45.04	21.96
135.32	728.95	63.93	102.71		13.51
5257.62	8747.24	3671.05	6087.98	6278.81	2346.44
2254.89	5080.04	601.00	3643.86	5481.54	556.99
30.45	375.27		5.29		21.67
2972.29	3291.93	3070.04	2438.83	797.26	1767.78
2046.74	3075.62	6535.74	2347.15	2857.61	3915.80
1198.72	805.19	1422.41	1296.50	584.38	1858.52
436.88	1304.84	4213.83	228.68	970.23	1146.81
411.14	965.60	899.50	821.97	1303.01	910.47
3269.76	4946.85	5080.60	6463.35	5143.50	5922.08
435.19	2609.21	2229.41	5207.63	2398.24	3460.71
617.15	262.74	1471.97	4905.59	1505.38	2281.13
-327.27	335.87	686.90	754.11	730.54	906.35
2834.58	2337.64	2851.19	1255.72	2745.26	2461.37
2385.54	1159.45	1673.57	1036.07	2696.98	1856.43
1477.12	2610.85	241.46	1148.69	530.64	523.23
678.35	1462.15	839.83	789.96	735.82	598.22
15430.51	23154.36	15395.07	16264.03	15185.06	11852.40
-699.25	248.40	1099.98	806.13	533.63	1911.09

7－22 农村居民家庭人平现金收入(2012年)

项目	全市	芙蓉区	天心区
一、期内现金收入	19457.48	30434.97	25060.60
(一)工资性收入	8712.87	10602.52	16902.13
1.在非企业组织中劳动得到收入	425.67	353.06	1569.34
2.在本乡地域内劳动得到收入	4830.99	7401.75	12882.58
3.外出从业得到收入	3456.20	2847.71	2450.21
(1)在乡外县内从业得到收入	1246.87	1595.52	2038.86
(2)在县外省内从业得到收入	1243.36	1079.16	383.67
(3)在省外国内从业得到收入	965.97	173.03	27.68
(二)家庭经营现金收入	8015.25	2622.21	1414.96
1.第一产业现金收入	4261.48	37.22	223.91
(1)农业现金收入	2040.83	37.22	101.39
①出售农产品收入	1825.55	37.22	101.39
②农业服务性收入	215.29		
(2)林业现金收入	182.83		
(3)牧业现金收入	1977.56		122.52
(4)渔业现金收入	60.26		
2.第二产业现金收入	911.88	1180.39	447.27
(1)工业收入	358.54	1180.39	
(2)建筑业收入	553.34		447.27
3.第三产业现金收入	2841.89	1404.61	743.78
# 交通、运输、邮电业收入	965.52	21.02	689.50
批零贸易业、饮食业收入	993.52	1329.23	
社会服务业收入	300.03		54.28
文教卫生业收入	52.27		
其他行业收入	502.65	54.36	
(三)财产性收入	985.88	14186.56	5706.69
(四)转移性收入	1743.49	3023.68	1036.82
二、非收入现金所得	2338.03	2093.31	499.77

单位:元

岳麓区	开福区	望城区	长沙县	浏阳市	宁乡县
19437.50	24679.28	18437.06	21055.88	21482.24	15835.39
8818.50	14382.90	10333.16	8646.15	9308.72	6719.97
1612.97	2560.04	126.37	232.17	172.30	457.73
5158.79	8747.24	3671.05	6066.83	6278.81	2346.44
2046.74	3075.62	6535.74	2347.15	2857.61	3915.80
1198.72	805.19	1422.41	1296.50	584.38	1858.52
436.88	1304.84	4213.83	228.68	970.23	1146.81
411.14	965.60	899.50	821.97	1303.01	910.47
7791.81	5783.78	5726.37	10024.94	8847.30	7429.38
3112.84	3077.99	2088.15	7738.66	3716.33	4224.14
2721.32	186.26	796.60	5491.80	1286.47	1336.96
911.75	176.64	760.38	5459.51	1237.06	1116.92
1809.57	9.62	36.22	32.29	49.41	220.04
155.99	2070.41	71.34	238.50	159.91	91.07
206.86	765.30	1202.37	1983.07	2223.39	2670.89
28.66	56.03	17.84	25.29	46.56	125.22
1635.69	1254.04	1522.58	347.19	844.97	877.70
82.53		634.13	121.55	665.24	140.27
1553.15	1254.04	888.45	225.64	179.73	737.44
3043.28	1451.76	2115.63	1939.09	4286.01	2327.54
606.10	335.90	1133.77	1262.79	1068.87	780.19
1211.41	744.89	329.13	369.33	1730.01	850.11
30.72	226.47	109.94	153.89	383.20	467.29
116.22		164.00	0.79		84.73
692.49	144.49	378.78	151.65	1103.93	142.46
1477.60	2611.15	240.40	1148.69	827.14	537.38
1349.60	1901.45	2137.13	1236.09	2499.07	1148.67
10772.10	1712.12	2157.49	897.00	2568.71	1115.11

7－23 农村居民家庭人平现金支出(2012年)

项目	全市	芙蓉区	天心区
一、期内现金支出	15013.96	25339.16	12289.88
(一)生产费用支出	3671.06	2147.18	173.38
1.家庭经营费用支出	3392.05	2135.62	170.86
(1)第一产业生产费用支出	2152.69	3.92	119.45
①农业生产费用支出	691.05	1.82	17.17
②林业生产费用支出	193.75		4.01
③牧业生产费用支出	1247.59	2.10	97.00
④渔业生产费用支出	20.30		1.28
(2)第二产业生产费用支出	437.29	623.47	8.19
①工业生产费用支出	273.61	623.47	1.66
②建筑业生产费用支出	163.69		6.53
(3)第三产业生产费用支出	802.07	1508.23	43.22
①交通运输邮电业生产费用	257.08	17.51	29.58
②批零贸易餐饮业生产费用	504.08	1490.72	
③社会服务业生产费用支出	10.90		
④文教卫生业生产费用支出	9.21		
⑤其他行业生产费用支出	20.80		13.63
2.购置生产性固定资产支出	274.25	11.56	2.52
3.建造生产性固定资产雇工支出	4.76		
(二)税费支出	4.84		
(三)生活消费支出	9613.06	16474.32	10545.39
#服务性支出	2953.24	6565.27	3290.08
1.食品消费支出	3227.82	5787.67	3599.59
(1)购买食品支出	2558.04	4609.18	3149.70
(2)食品消费服务性支出	669.78	1178.49	449.89
①在外饮食	663.95	1178.01	449.84
②食品加工费	4.78		0.05
③其他服务	1.06	0.47	
2.衣着	693.62	1624.55	1066.44
3.居住	1619.23	1712.73	1187.92
4.家庭设备、用品及服务	693.00	1226.65	864.67
5.交通和通讯	1590.69	2272.63	1791.19
6.文化教育、娱乐用品及服务	876.21	2160.69	1292.87
7.医疗保健	680.86	1330.60	470.19
8.其他商品和服务	231.64	358.80	272.52
(四)财产性支出	7.84	2.10	
(五)转移性支出	1717.15	6715.56	1571.11
二、非消费性支出	3170.72	1776.88	2930.92

单位:元

岳麓区	开福区	望城区	长沙县	浏阳市	宁乡县
16056.15	16220.51	11867.46	13842.54	16860.46	14438.08
2617.99	900.77	1821.43	4159.88	4809.60	3539.25
2036.48	876.27	1585.62	4117.55	4421.82	3249.83
899.25	804.69	1000.76	3155.78	2126.96	2573.95
348.92	103.12	342.95	1110.77	620.34	821.50
11.60	103.23	29.40	864.09	55.44	60.11
513.52	578.09	617.47	1170.70	1449.35	1642.46
25.21	20.26	10.94	10.22	1.84	49.88
897.93	63.72	274.99	126.00	780.29	253.63
67.98		138.20	74.16	753.34	9.39
829.95	63.72	136.79	51.84	26.95	244.24
239.30	7.86	309.87	835.77	1514.56	422.25
84.62	3.37	159.88	500.02	309.61	168.21
109.23		49.61	327.23	1176.59	200.74
11.16	1.78	16.73	0.26	4.13	23.46
7.16		24.62			19.99
27.14	2.72	59.03	8.25	24.23	9.85
581.51	21.55	228.34	29.11	387.78	284.35
	2.95	7.46	13.22		5.07
49.77	6.41		1.37		3.40
11630.76	12508.00	8636.88	8033.86	9859.35	9747.74
3667.74	4073.02	2833.84	2506.63	3394.94	2414.99
3742.77	3368.47	3171.00	2789.47	2432.81	4126.65
2733.22	2607.06	2363.07	2189.38	1599.10	3745.94
1009.55	761.41	807.94	600.09	833.70	380.71
994.91	758.98	800.89	593.70	828.38	376.70
5.79	2.42	7.04	4.95	5.30	3.42
8.85			1.43	0.03	0.59
1277.23	687.05	633.05	763.04	609.70	582.41
1039.81	2760.61	1378.27	584.38	2887.31	1070.07
660.47	959.46	614.56	525.28	689.16	796.42
2701.76	1946.49	1098.66	1748.03	1435.27	1536.79
1088.20	1612.26	796.46	933.59	732.02	863.21
769.85	967.02	716.44	518.55	765.52	615.08
350.66	206.66	228.44	171.52	307.55	157.11
16.88	0.64				22.94
1740.76	2804.69	1409.15	1647.44	2191.52	1124.75
3174.69	1132.01	2279.92	989.74	5759.27	2344.79

7-24 农村居民家庭人平粮食收支情况(2012年)

单位:公斤

项目	全市	芙蓉区	天心区	岳麓区	开福区	望城区	长沙县	浏阳市	宁乡县
一、期内粮食收入合计	778.91	79.88	71.30	176.38	212.79	534.52	400.44	562.35	1571.91
(一)家庭经营生产粮食	488.37		0.06	66.18	69.99	436.90	298.44	409.82	872.59
1.谷物	485.67			66.08	59.72	431.19	296.79	408.24	869.12
#小麦									
水稻	483.61			64.06	59.72	430.05	290.04	407.45	867.90
玉米	0.56					1.14	1.06	0.79	
其他	0.45						0.53		1.22
2.薯类	1.87		0.06	0.01	7.18	3.69	0.76	0.42	3.47
3.豆类	0.83			0.09	3.10	2.02	0.89	1.16	
(二)购入粮食	287.83	79.88	71.24	110.18	142.79	74.92	101.99	152.53	699.32
1.谷物	284.96	76.24	68.90	108.04	141.68	73.48	100.31	152.53	691.79
#小麦	65.94	2.96	4.70	15.46	28.66	8.02	40.24	124.30	62.62
水稻	93.01	73.27	56.29	53.04	65.86	46.04	44.39	24.79	227.68
玉米	125.32	0.00	7.22	36.76	46.31	18.11	14.73	3.15	401.31
2.薯类	0.61	0.10	0.06	0.27	0.13	0.20	0.11	0.00	1.87
3.豆类	2.27	3.55	2.28	1.87	0.98	1.24	1.58	0.00	5.66
(三)收回借出粮	2.20					18.45			
二、期内粮食支出合计	514.83	79.88	71.50	185.80	161.35	408.82	290.59	477.47	868.45
(一)主食用粮	217.98	79.88	65.54	90.69	83.77	217.17	120.77	250.05	293.64
1.谷物	213.56	76.24	62.94	88.00	80.58	211.89	117.10	248.48	285.54
#小麦	4.70	2.96	4.19	4.92	10.80	7.61	6.05	5.84	1.02
水稻	196.66	73.27	56.29	79.88	65.78	200.77	108.87	241.22	247.71
玉米	11.36	0.00	1.89	0.68	3.19	2.21	1.33	0.41	36.69
2.薯类	1.06	0.10	0.06	0.27	0.41	2.41	0.37	0.42	1.90
3.豆类	3.35	3.55	2.54	2.42	2.78	2.87	3.30	1.15	6.20
(二)出售粮食	110.47			46.27	4.10	159.67	85.18	104.48	142.38
1.谷物	110.26			46.17	4.05	159.31	84.33	104.47	142.35
2.薯类	0.04			0.01		0.25	0.03		0.03
3.豆类	0.17			0.09	0.05	0.11	0.82	0.01	
(三)种籽用粮食	1.82		0.11	0.70	1.22	2.05	3.92	1.11	1.60
(四)饲料用粮食	184.52		5.85	48.13	72.26	29.57	80.72	121.82	430.82
(五)其他粮食支出	0.04					0.37			

7－25 农村居民家庭人平主要实物消费量(2012 年)

单位:公斤

项目	全市	芙蓉区	天心区	岳麓区	开福区	望城区	长沙县	浏阳市	宁乡县
一、粮食消费量	217.98	79.88	65.54	90.69	83.77	217.17	120.77	250.05	293.64
二、油脂类消费量	14.52	16.93	11.30	15.01	16.28	14.49	10.67	11.01	20.34
1. 植物油	6.84	13.28	9.28	6.36	9.55	5.96	7.59	7.32	5.87
2. 动物油	7.68	3.66	2.02	8.65	6.73	8.53	3.08	3.69	14.47
三、烟叶消费量	0.20		0.01	0.11	0.64	0.15	0.33	0.31	0.01
四、豆制品	1.81	0.12	0.77	1.36	1.00	2.41	1.78	1.90	1.73
五、蔬菜及菜制品消费量	115.79	69.94	75.28	44.01	50.76	255.46	114.67	126.43	72.63
六、瓜类	6.12	21.53	8.92	7.47	6.02	11.16	12.38	3.64	1.91
七、水果类	17.40	26.30	18.33	17.92	14.31	19.17	18.31	22.97	10.01
八、消费茶叶	0.90	0.58	0.77	1.29	2.34	0.51	0.85	0.48	1.33
九、坚果消费量	1.97	3.94	2.89	2.27	1.05	2.13	2.02	1.65	2.10
十、肉禽及其制品	31.48	35.74	25.67	26.12	29.18	30.49	26.38	24.01	45.34
1. 猪肉	22.43	21.08	14.29	18.02	23.11	19.88	18.88	15.60	35.12
2. 牛肉	1.04	1.87	2.06	1.72	0.45	0.77	1.15	0.53	1.45
3. 羊肉	0.17	0.57	0.88	0.36	0.01	0.23	0.19	0.19	0.03
4. 家禽	4.98	8.44	4.52	3.67	4.84	6.36	4.25	4.68	5.40
5. 其他肉禽及制品	2.86	3.77	3.91	2.35	0.77	3.25	1.91	3.00	3.35
十一、蛋类及蛋制品	5.95	11.43	10.46	7.85	6.02	7.60	5.62	6.21	4.44
十二、奶和奶制品	2.20	5.64	6.28	1.27	10.26	3.90	1.85	1.95	1.34
十三、水产品	10.40	22.58	9.43	10.24	12.60	11.57	8.18	6.52	14.83
十四、食糖	1.47	0.65	0.84	1.71	1.53	2.04	1.18	0.80	2.09
十五、酒	7.91	5.41	3.94	13.59	16.38	5.99	12.28	3.54	8.82

7-26 农村居民家庭每百户耐用消费品拥有量(2012年)

项目	单位	全市	芙蓉区	天心区	岳麓区	开福区	望城区	长沙县	浏阳市	宁乡县
1. 洗衣机	台	94	100	100	81	92	110	98	88	94
2. 电冰箱	台	88	100	100	81	92	94	90	87	87
3. 空调机	台	76	175	180	76	66	96	92	69	62
4. 抽油烟机	台	40	68	85	58	78	38	69	23	30
5. 吸尘器	台	2		8		2	1	4	2	1
6. 微波炉	台	13	48	75	26	42	9	17	3	13
7. 热水器	台	50	100	100	56	70	41	81	25	51
# 太阳能热水器	辆	13	15	5	6	10	3	11	7	24
8. 自行车	台	38	23	123	38	68	45	49	32	31
# 电动自行车	台	17	5	98	25	66	6	33	11	9
9. 摩托车	部	96	40	8	68	56	96	90	115	97
10. 汽车(生活用)	部	17	55	35	30	50	10	22	11	15
11. 固定电话机	部	28	23	60	11	12	25	38	24	31
12. 移动电话	台	233	233	280	193	194	261	225	269	206
# 接入互联网的	台	39	100	108	50	12	57	25	28	46
13. 彩色电视机	台	113	105	120	109	116	132	105	112	112
# 接入有线电视网的	台	68	78	38	103	48	86	41	61	78
14. 黑白电视机	台	3				4		12	1	2
# 接入有线电视网的	台	2						10		
15. 摄像机	架	3		5	14			8	1	1
16. 影碟机	台	41	15	50	45	12	62	65	30	33
17. 照相机	台	14	13	45	24	14		26	2	19
18. 家用计算机	件	28	80	53	35	52	26	41	21	22
# 接入互联网的	台	22	80	33	33	26	16	33	14	19
19. 中高档乐器	件	1			1			2	1	2

7－27 农村居民抽样调查户人口与就业情况(2012 年)

单位:人

项目	全市	芙蓉区	天心区	岳麓区	开福区	望城区	长沙县	浏阳市	宁乡县
一、家庭常住人口	2648	143	155	296	156	402	378	762	355
二、家庭常住人口年龄状况									
1.6岁及以下	156	7	9	18	11	21	20	59	11
2.7－15岁	263	18	13	38	12	46	33	69	34
3.16－18岁	80	8	4	10	6	11	16	15	10
4.19－22岁	98	4	9	9	6	15	19	24	12
5.23－25岁	189	6	15	19	14	29	24	51	31
6.26－30岁	229	8	17	24	12	34	34	80	20
7.31－40岁	400	34	24	49	25	60	35	120	53
8.41－50岁	590	33	34	72	34	78	100	148	91
9.51－60岁	313	13	20	29	18	50	45	100	38
10.60岁以上	334	12	10	30	18	58	53	96	57
三、在校学生人数	351	29	19	48	16	54	57	82	46
四、农村住户劳动力素质状况									
(一)整半劳动力数	1862	90	113	200	114	294	270	522	259
(二)就业劳动力文化程度									
1.不识字或识字很少	13					2	3	2	6
2.小学程度	252	4	7	18	14	68	41	77	23
3.初中程度	850	9	30	84	50	142	129	277	129
4.高中程度	300	19	23	39	8	48	40	62	61
5.中专	73	1	5	4	9	6	19	21	8
6.大专及以上	152	15	24	23	10	24	20	28	8
五、农村住户劳动力就业状况									
(一)劳动力就业行业情况									
1.一产业就业劳动力	356	1		20		76	96	77	86
2.非农产业就业劳动力	1284	47	89	148	91	214	156	390	149
(1)二产业就业劳动力	562	6	17	30	37	123	50	242	57
(2)三产业就业劳动力	722	41	72	118	54	91	106	148	92
(二)外出就业劳动力文化程度									
1.不识字或识字很少									
2.小学	31			4	3	12	4	7	1
3.初中	202		1	28	8	60	26	45	34
4.高中	93		1	9	2	23	10	25	23
5.中专	30			3	2	3	10	7	5
6.大专及以上	59		1	7	3	21	8	12	7

8 城市建设、环境保护

长沙统计年鉴

8－1　1999－2012年城市公共交通情况

指　　标	单位	1999年	2000年	2001年	2002年	2003年	2004年	2005年
一、全年客运总量	万人次	29310	33812	36321	34962	57656	76106	78161
二、公共汽车营运情况								
公共汽车营运车辆数	辆	921	1150	1248	1351	1785	2357	2507
年末营运线网长度	公里	617	704	750	813	1127	1460	1460
年末营运线路条数	条	54	61	66	73	82	97	97
三、出租汽车营运情况								
出租汽车营运车辆数	辆	4305	5755	7192	6672	6257	6278	6279

8－1 续表

指　　标	单位	2006年	2007年	2008年	2009年	2010年	2011年	2012年
一、全年客运总量	万人次	83779	91967	105804	124460	101303	106159	106361
二、公共汽车营运情况								
公共汽车营运车辆数	辆	2722	3252	3259	3553	3557	3651	3775
年末营运线网长度	公里	1617	899	914	1018	1048	3195	3263
年末营运线路条数	条	98	119	120	129	129	135	140
三、出租汽车营运情况								
出租汽车营运车辆数	辆	6280	6280	6280	6280	6280	6420	6420

注:1. 从2011年开始,表中数据含望城区。
2. 从2011年开始,公交车年末营运线网长度统计口径由单向统计变更为双向统计,按同口径计算,2010年为3173公里。

8－2　2000－2012年城市房屋发展状况及住房水平

指　　标	单位	2000年	2001年	2002年	2003年	2004年	2005年
一、城市房屋建筑面积	万 m^2	5283.28	5635.30	6132.40	6624.90	7352.00	8223.00
#住宅	万 m^2	2839.76	3097.40	3447.20	3771.81	4268.30	4776.00
城市人均住房建筑面积	m^2/人	18.6	19.6	21.5	23.2	25.3	27.2
二、年末危险住宅	万 m^2	24.23	35.41	35.41	33.29	31.73	27.73

8－2 续表

指　　标	单位	2006年	2007年	2008年	2009年	2010年	2011年	2012年
一、城市房屋建筑面积	万 m^2	9021.62	9939.52	10891.33	10578.92	14940.70	16619.67	18583.00
#住宅	万 m^2	5280.36	5883.72	6561.62	9219.11	10581.09	11813.00	13267.00
城市人均住房建筑面积	m^2/人	28.3	28.9	28.3	29.5	30.9	32.2	31.8
二、年末危险住宅	万 m^2	26.15	22.24	21.70	2.96	2.54	3.19	4.66

8-3 2000-2012年城市自来水、供气、用电供应情况

指　　标	单位	2000年	2001年	2002年	2003年	2004年	2005年	2006年
一、自来水								
年末水厂个数	个	6	6	6	6	6	6	6
年末供水管道长度	公里	1087	1120	1188	1292	1338	1450	1529
年末供水总量	万吨	37399	39872	36748	38845	39819	41969	43328
# 生活用水	万吨	21246	22262	24199	29369	30105	31540	32441
年末水厂生产能力	万吨/日	132	157	165	165	165	165	165
二、供气情况								
1. 液化气								
液化气供气总量	吨	65700	70200	72306	75668	91500	92600	85000
# 生活用	吨	63796	68806	70870	74911	90584	91600	80300
液化气用气人口	万人	106.5	137.8	140.3	142.2	149.1	151.1	138.0
液化气储气能力	吨	3700	3700	3800	3800	3800	3800	3800
2. 天然气								
天然气供气总量	万 m^3						3418	11947
# 生活用	万 m^3						2238	3390
天然气用气人口	万人						25.0	68.0
天然气储气能力	万 m^3						10	10
三、供电								
全市用电总量	万度	480160	529409	591319	696000	722087	923856	1039585
# 工业用电	万度	221763	281711	310605	354800	375058	384129	345094
城乡居民生活用电	万度	136507	143681	235649	360300	276637	282458	423066
其中:市区用电总量	万度	313975	343137	375933	439000	430300	501464	602611
# 工业用电	万度	131522	156001	175375	201500	194500	193501	200408
# 居民生活用电	万度	105952	119738	163622	154200	215800	205719	277750

8－3 续表

指　　标	单位	2007年	2008年	2009年	2010年	2011年	2012年
一、自来水							
年末水厂个数	个	6	6	6	6	7	7
年末供水管道长度	公里	1659	1801	1925	2012	2323	3050
年末供水总量	万吨	32840	44866	45144	46431	51224	41997
# 生活用水	万吨	24630	24870	26597	26611	29243	29950
年末水厂生产能力	万吨/日	167	167	167	180	221	265
二、供气情况							
1. 液化气							
液化气供气总量	吨	84000	82000	85000	83000	93000	76663
# 生活用	吨	79500	78000	80000	77000	84300	63385
液化气用气人口	万人	119.9	146.5	125.0	115.0	101.5	267.3
液化气储气能力	吨	4000	4000	4000	4000	4000	4000
2. 天然气							
天然气供气总量	万 m^3	19254	26607	32948	39300	50363	64298
# 生活用	万 m^3	4647	6192	10618	12500	19450	24911
天然气用气人口	万人	90.1	90.9	164.7	192.0	246.1	264.7
天然气储气能力	万 m^3	10	10	100	100	100	100
三、供电							
全市用电总量	万度	1153430	1265685	1414653	1603152	1838972	2040474
# 工业用电	万度	368754	498417	456798	573315	675729	757802
城乡居民生活用电	万度	456961	426619	564587	513122	587635	666846
其中:市区用电总量	万度	637260	683642	817921	943789	1156205	1268341
# 工业用电	万度	167545	198858	185517	223612	308003	332841
# 居民生活用电	万度	247098	273759	343932	344333	417589	464827

8-4 2000-2012年城市环境卫生基本情况

指标	单位	2000年	2001年	2002年	2003年	2004年	2005年	2006年
一、道路清扫保洁面积	万 m^2	540	566	912	1200	1741	1912	2689
二、生活垃圾无害处理量	万吨		67.7	68.0	65.7	77.0	77.0	77.5
三、环卫专用车辆								
垃圾运输车	辆	156	148	160	173	219	182	199
真空吸粪车	辆	9	7	8	1	8	8	9
洒水车	辆	27	29	31	35	65	77	85
清扫车	辆							
专用集装式垃圾中转车	辆							
四、公共厕所	座	462	461	431	388	422	455	516
# 本年新建	座	10	2	7	13	35	33	61
五、垃圾站	个	504	504	494	458	487	576	637
# 本年新建	个	11	4	5	15	32	42	61

8-4 续表

指标	单位	2007年	2008年	2009年	2010年	2011年	2012年
一、道路清扫保洁面积	万 m^2	3033	2523	2638	2954	3543	3608
二、生活垃圾无害处理量	万吨	85.6	101.5	107.3	117.3	143.2	169.4
三、环卫专用车辆							
垃圾运输车	辆	180	187	200	368	201	204
真空吸粪车	辆	9	10	6	10	4	4
洒水车	辆	104	99	99	104	133	170
清扫车	辆		43	45	52	82	73
专用集装式垃圾中转车	辆		25	27	40	40	48
四、公共厕所	座	545	490	542	551	543	567
# 本年新建	座	29	24	52	9		
五、垃圾站	个	545	570	615	635	661	673
# 本年新建	个	25	287	51	20		

8－5 2000－2012年市政设施基本情况

指　　标	单位	2000年	2001年	2002年	2003年	2004年	2005年	2006年
一、城市道路								
年末实有道路长度	公里	998	1098	1150	1188	1323	1415	1466
年末实有道路面积	万 m^2	928	1099	1575	1980	2385	2795	3002
二、年末实有永久性桥梁	座	71	71	73	73	76	77	77
三、年末实有下水道长度	公里	636	648	648	770	800	895	1046
四、路灯盏数	盏	16259	17309	26411	37215	43215	53468	64938

8－5续表

指　　标	单位	2007年	2008年	2009年	2010年	2011年	2012年
一、城市道路							
年末实有道路长度	公里	1552	1608	1660	1781	2173	2342
年末实有道路面积	万 m^2	3131	3320	3489	3618	2799	2967
二、年末实有永久性桥梁	座	87	92	93	97	168	172
三、年末实有下水道长度	公里	1046	1186	1230	1842	2601	2169
四、路灯盏数	盏	69731	77135	76200	79542	82423	87389

8－6　2000－2012年城市园林、绿化情况

指　　标	单位	2000年	2001年	2002年	2003年	2004年	2005年	2006年
城市园林绿化覆盖面积	公顷	5508	5846	6094	6720	6949	7368	7876
城市园林绿地面积	公顷	5152	5541	5712	5712	5907	6244	6706
公共绿地面积	公顷	889	1006	1085	1229	1240	1381	1590
公园处数	处	10	11	12	14	14	18	19
公园面积	公顷	575	576	717	904	904	1143	1210

8－6 续表

指　　标	单位	2007年	2008年	2009年	2010年	2011年	2012年
城市园林绿化覆盖面积	公顷	8541	8818	9304	9857	10235	10729
城市园林绿地面积	公顷	5656	7693	8134	8598	9188	9293
公共绿地面积	公顷	1892	2142	2348	2522	2794	2804
公园处数	处	21	21	22	22	22	23
公园面积	公顷	1302	1302	1323	1323	1323	1573

说明：绿地面积、绿化覆盖面积均不含湿地面积。

8－7 1999－2012年城市环境污染和治理情况

指　　标	单位	1999年	2000年	2001年	2002年	2003年	2004年	2005年
一、工业废水排放总量	万吨	6037.6	5532.9	4992.2	4310.7	4006.7	4047	4065
工业废水排放达标量	万吨	4381.9	4212.6	3956.9	3556.8	3510	3552	3562
二、工业废气排放总量	万标 m^3	2405157	2624324	3252834	2762532	2501271	2679022	3078324
三、工业粉尘排放量	万吨	8.2	7.81	4.81	7.11	7.22	9.39	10.06
工业粉尘去除量	万吨	8.93	11.19	9.32	13.37	13.34	11.03	11.83
四、工业固体废物产生量	万吨	133.91	137.53	133.95	111.83	112.72	107.7	109.7
#综合利用	万吨	96	101.79	120.83	105.64	99.67	94	98.4
五、工业锅炉数	台	433	407	392	351	318	324	307
#达标数	台	386	359	321	285	245	257	243
六、工业炉窑数	台	496	465	477	430	371	262	222
#达标数	台	251	232	149	150	309	124	117

8－7 续表

指　　标	单位	2006年	2007年	2008年	2009	2010年	2011年	2012年
一、工业废水排放总量	万吨	4073	4377	4162	3726	4336	4051	3777
工业废水排放达标量	万吨	3482	3704	3665	3354	3955		
二、工业废气排放总量	万标 m^3	2891585	2933547	5278500	5315831	6269499	10219789	5470000
三、工业粉尘排放量	万吨	10.35	10.29	13.48	13.35	10.52	1.59	1.20
工业粉尘去除量	万吨	10.58	19.15	20.08	19.19	12.62	198.59	131.69
四、工业固体废物产生量	万吨	111.69	107.3	183.6	154.6	148.8	177.6	103.5
#综合利用	万吨	102.94	101.96	164.6	140.1	148.4	174.8	94.7
五、工业锅炉数	台	273	229	187	267	284	269	259
#达标数	台	267	222	167	254	256		
六、工业炉窑数	台	226	251	213	232	219	108	116
#达标数	台	118	194	163	178	151		

注:2011年起工业粉尘排放量(去除量)指标已改为工业烟粉尘排放量(去除量)。

9 农　　业

长沙统计年鉴

9－1 历年农、林、牧、渔业总产值

（按现行价格计算）

单位：万元

年份	合计	农业	林业	牧业	渔业	服务业
1978	97658					
1980	99524					
1983	133455					
1984	139627					
1985	165803					
1986	180977					
1987	212304					
1988	274536					
1989	307534					
1990	365244					
1991	368160					
1992	409372					
1993	480104	237282	16083	205582	21157	
1994	725156	351689	17108	328777	27582	
1995	868362	426578	28951	375241	37592	
1996	1011363	509820	40193	416774	44576	
1997	1114485	561705	41906	460042	50832	
1998	1137969	596651	43425	446164	51729	
1999	1146402	635440	41800	413206	55956	
2000	1167935	628013	43598	442543	53781	
2001	1239985	672704	47407	464641	55233	
2002	1302245	700436	57148	486981	57680	
2003	1371608	694002	70917	527412	61035	18242
2004	1720668	825189	73635	734973	68050	18821
2005	1871313	926445	76257	771539	75967	21105
2006	1903000	994600	80300	712700	74700	40600
2007	2171300	1146600	94000	780900	103500	46100
2008	2818996	1367085	112079	1165305	122893	51634
2009	2946120	1465841	123699	1171296	127520	57764
2010	3236412	1735890	144988	1156629	137340	61565
2011	3877163	2082639	179791	1405473	142489	66770
2012	4197846	2303064	195535	1484271	145535	69441

注：1. 2003 年开始农林牧渔服务业从规模以下工业中划归农业统计，同时种植业中的农民家庭兼营商品性工业产值划入规模以下工业中。

2. 2006 年、2007 年、2008 年数据根据农业普查结果予以调整。

9－1 续表 1　　（按不变价格计算）　　单位：万元

年　份	合　计	农　业	林　业	牧　业	渔　业	服务业
		（按 1952 年不变价格计算）				
1949	17020	15081	390	1356	193	
1952	21728	18337	734	2084	573	
1957	27743	22819	504	4001	419	
		（按 1957 年不变价格计算）				
1957	27743	22819	504	4001	419	
1962	24328	21436	527	2084	281	
1965	29799	24251	663	4499	386	
1970	38426	31441	639	6115	231	
1971	43127	35736	1137	5982	272	
		（按 1970 年不变价格计算）				
1971	43127	35736	1137	5982	272	
1972	62622	50111	1576	10618	317	
1973	66813	54094	1730	10637	352	
1974	67157	54138	1777	10849	393	
1975	67676	54516	1675	11096	389	
1976	70920	57176	1536	11753	455	
1977	73598	59758	1771	11603	466	
1978	73800	58941	1911	12475	473	
1979	78000	61738	1726	13968	568	
1980	77400	59996	1789	14927	688	
		（按 1980 年不变价格计算）				
1980	98260	73690	3079	20109	1382	
1981	102770	76279	3380	21494	1617	
1982	115532	85345	3406	24870	1911	
1983	125664	93427	3253	26879	2105	
1984	129025	92077	3588	30767	2593	
1985	139379	93056	3819	39692	2812	
1986	147691	97645	3586	43193	3267	
1987	152161	100216	4491	43812	3642	
1988	159036	100182	4570	50212	4072	
1989	163414	102263	5623	51134	4394	
1990	167152	104672	4217	53793	4470	

9－1 续表 2 （按不变价格计算） 单位:万元

年 份	合 计	农 业	林 业	牧 业	渔 业	服务业
	（按1990年不变价格计算）					
1990	393694	222433	12668	143383	15210	
1991	407495	231266	13740	145338	17151	
1992	419479	222100	14341	163178	19860	
1993	442505	219393	15467	184955	22690	
1994	470439	227779	16548	201545	24567	
1995	500336	236182	23768	212214	28172	
1996	542354	267499	31460	213555	29840	
1997	584737	290795	35970	223452	34520	
1998	605182	293536	36341	238917	36388	
1999	623902	321588	34528	229693	38093	
2000	653582	336044	37905	238238	41395	
2001	692224	357291	37281	252324	45328	
2002	723725	375476	41428	259782	47039	
2003	746034	339273	57973	276659	53887	
2004	800454	361818	56654	305791	57070	
	（按可比价格计算）					
2005	1841526	882440	76519	791928	70443	20196
2006	1860893	950749	80731	713768	75825	39819
2007	1987611	1051292	87366	728379	77090	43483
2008	2318577	1179040	94567	887459	107671	49840
2009	3004722	1432889	110758	1276600	128220	56255
2010	3078386	1600565	130924	1152458	133944	60495
2011	3365918	1864808	159174	1136426	138659	66851
2012	4032356	2180591	192860	1443670	144529	70705

注:1. 根据湖南省统计局制定的2004年农林牧渔业综合统计报表制度规定,从2004年开始取消不变价计算农林牧渔业产值,改用可比价计算产值,用农产品价格指数缩减法计算农业发展速度。
2. 2006年、2007年、2008年数据根据农业普查结果予以调整。

9－2 历年粮食总产量

单位:吨

年份	合计	稻谷	小麦	薯类	杂粮	大豆
1949	742990	694100	2835	30400	10980	4675
1950	836155	774735	3165	37490	11290	9475
1951	924745	858455	3965	47375	10720	4230
1952	941680	879335	4900	36270	14185	6990
1953	959055	892065	6345	39730	13800	7115
1954	855385	784730	7735	44225	13730	4965
1955	1026360	925905	12220	69045	14845	4345
1956	982635	919265	9565	42550	9210	2045
1957	1002970	911700	4480	69455	13155	4180
1958	1054150	947910	8155	82070	10645	5370
1959	962480	861870	8325	70490	14745	7050
1960	657725	622300	7280	21100	6420	625
1961	607360	543910	7650	45385	9605	810
1962	833095	729930	11180	74505	15465	2015
1963	920345	853725	5960	40875	18485	1300
1964	936420	872145	5265	39790	17200	2020
1965	1010075	929350	7675	55745	13895	3410
1966	1145640	1098985	6355	29465	7265	3570
1967	1198540	1127455	9465	48510	9910	3200
1968	1252535	1189595	6660	46560	7195	2525
1969	1166505	1100210	6735	51155	6510	1895
1970	1308655	1249270	9515	40930	6040	2900
1971	1536300	1468475	8905	47170	7480	4270
1972	1453085	1370820	8100	61575	8200	4390
1973	1562770	1487460	7040	60010	5400	2860
1974	1550020	1493725	6245	43145	4035	2870
1975	1546080	1478850	8410	50855	5220	2745
1976	1543550	1471275	14965	49300	4835	3175
1977	1537670	1465765	11240	53105	4710	2850
1978	1898070	1829940	15135	44545	3300	5150
1979	1960495	1892480	13060	44880	5000	5075

9－2 续表

单位:吨

年份	合计	稻谷	小麦	薯类	杂粮	大豆
1980	2028640	1970115	7885	42590	3565	4485
1981	1931885	1878290	8575	35120	5525	4375
1982	2334880	2269795	8630	44360	4735	7360
1983	2558240	2487825	7335	51200	4860	7020
1984	2443660	2373670	6565	48105	7915	7405
1985	2449215	2386240	5210	45600	5215	6950
1986	2518856	2458199	5550	37918	9536	7653
1987	2554153	2469708	5487	45653	24970	8335
1988	2535020	2453928	6436	42982	23901	7773
1989	2588563	2499928	7733	47108	24606	9188
1990	2641261	2542642	6094	50715	31949	9861
1991	2693046	2586304	7760	53322	33903	11757
1992	2548991	2440907	8370	53100	33969	12645
1993	2450080	2349086	7318	50828	26659	16189
1994	2534843	2412841	5801	62742	37218	16241
1995	2448028	2325133	4928	77917	24793	15257
1996	2737179	2597117	6905	77701	40598	14858
1997	2928132	2757668	9551	85889	58636	16388
1998	2618000	2443065	10211	90492	57497	16735
1999	2750152	2503557	9372	100343	121111	15769
2000	2623327	2405899	5324	98682	98444	14978
2001	2503041	2299943	6859	97099	86043	13097
2002	2119788	1908942	5245	116868	72908	15825
2003	2163732	1939536	3091	121342	82360	17403
2004	2520412	2300549	3498	125934	74045	16386
2005	2622817	2386731	3598	131021	82366	19101
2006	2424098	2344684	607	37223	32502	9082
2007	2439304	2363917	547	41246	24545	9049
2008	2480144	2405060	529	42925	23674	7956
2009	2489340	2354964	2048	69984	49384	12960
2010	2363578	2220198	1966	76435	50684	14295
2011	2445122	2289909	1977	76009	59803	17424
2012	2479354	2303806	2088	79026	75544	18890

注:1. 2006 年、2007 年、2008 年数据根据农业普查结果予以调整。
2. 根据国家抽样调查情况,全省统一对 2010 年粮食产量数据进行了调整。

9－3 历年耕地面积

单位：千公顷

年份	合计	水田	旱地	每一农业人口占有耕地(亩)
1949	274.27	253.77	20.50	
1950	278.19	255.97	22.22	1.60
1951	282.98	258.87	24.11	1.60
1952	287.05	264.09	22.96	1.62
1953	291.23	265.75	25.48	1.62
1954	292.94	265.89	27.05	1.62
1955	297.80	266.27	31.53	1.63
1956	298.36	265.45	32.91	1.62
1957	295.05	260.49	34.56	1.61
1958	276.36	247.11	29.25	1.54
1959	271.76	241.87	29.89	1.56
1960	266.09	234.82	31.27	1.58
1961	261.71	235.12	26.59	1.55
1962	263.38	234.45	28.93	1.53
1963	261.97	235.25	26.72	1.47
1964	264.50	235.60	28.90	1.45
1965	265.87	235.99	29.88	1.41
1966	264.43	234.05	30.38	1.36
1967	263.07	231.56	31.51	1.32
1968	257.48	231.51	25.97	1.26
1969	260.65	231.72	28.93	1.22
1970	261.79	231.55	30.24	1.19
1971	261.47	231.93	29.54	1.18
1972	260.93	231.17	29.76	1.16
1973	260.49	230.51	29.98	1.14
1974	260.03	229.66	30.37	1.14
1975	258.92	228.44	30.48	1.09
1976	257.33	227.44	29.89	1.08
1977	257.11	227.22	29.89	1.06
1978	255.91	226.27	29.64	1.05
1979	255.49	225.86	29.63	1.05

9－3 续表

单位：千公顷

年 份	合 计	水 田	旱 地	每一农业人口占有耕地(亩)
1980	254.80	225.85	28.95	1.04
1981	254.31	225.74	28.57	1.03
1982	253.96	225.77	28.19	1.02
1983	253.30	225.11	28.19	1.01
1984	251.97	224.80	27.17	1.02
1985	250.05	223.64	26.41	1.00
1986	249.58	223.65	25.93	0.97
1987	249.04	223.33	25.71	0.96
1988	248.44	222.91	25.53	0.94
1989	248.20	222.69	25.51	0.92
1990	247.93	222.47	25.46	0.91
1991	248.07	222.58	25.49	0.91
1992	247.89	220.03	27.86	0.90
1993	246.89	219.37	27.52	0.90
1994	246.00	218.36	27.64	0.90
1995	245.77	218.18	27.59	0.89
1996	244.68	217.20	27.48	0.89
1997	244.07	216.70	27.37	0.88
1998	242.99	215.73	27.26	0.88
1999	242.14	215.26	26.88	0.87
2000	242.32	215.26	27.06	0.87
2001	242.53	215.48	27.05	0.87
2002	239.99	214.73	25.26	0.87
2003	237.10	215.20	21.90	0.86
2004	246.79	224.31	22.48	0.89
2005	246.90	220.43	26.47	0.88
2006	243.66	202.19	38.02	…
2007	262.20	226.24	35.96	1.01
2008	274.03	…	…	…
2009	278.07	245.62	32.45	1.05
2010	276.79	244.41	32.38	1.05
2011	275.65	243.33	32.32	1.04
2012	274.89	241.62	33.27	1.04

9-4 历年牲猪、水产品生产情况

年份	全年出栏肉猪(万头)	年末牲猪存栏(万头)	每一农业人口出栏肉猪(头)	水产品产量(吨)	#鱼类(吨)	#虾贝类(吨)
1950	31.14	36.44	0.12	4945	4945	
1951	34.83	39.44	0.13	4865	4865	
1952	39.97	46.42	0.15	5335	5335	
1953	43.40	48.64	0.16	5840	5840	
1954	48.56	39.24	0.18	7320	7320	
1955	45.69	41.77	0.17	6300	6300	
1956	46.70	81.19	0.17	7105	7105	
1957	72.89	123.12	0.26	7195	7175	20
1958	73.25	102.37	0.27	6635	6580	55
1959	49.19	88.98	0.19	7055	6730	325
1960	37.64	66.15	0.15	6270	5780	490
1961	15.44	37.05	0.06	4180	4125	55
1962	14.09	55.42	0.05	3875	3575	300
1963	31.27	82.81	0.12	3815	3490	325
1964	73.35	79.57	0.27	5050	4355	700
1965	68.20	76.22	0.24	7620	6170	1450
1966	55.80	101.08	0.19	8130	6805	1325
1967	80.36	104.46	0.27	3950	3925	25
1968	92.58	104.17	0.30	4220	4190	30
1969	92.69	96.31	0.29	5950	5585	365
1970	80.19	129.80	0.24	5370	5365	5
1971	97.24	150.42	0.29	5845	5835	10
1972	147.12	162.80	0.44	5350	5205	145
1973	151.93	166.88	0.44	5535	5445	90
1974	155.31	166.56	0.45	6380	6375	5
1975	132.83	165.53	0.37	6490	6480	10
1976	149.60	182.02	0.42	7415	7340	75
1977	146.23	171.03	0.40	7555	7425	130
1978	147.47	170.29	0.40	7755	7575	180
1979	154.09	199.79	0.42	9995	9510	485
1980	184.47	185.29	0.50	11865	11185	680

9-4 续表

年 份	全年出栏肉猪(万头)	年末牲猪存栏(万头)	每一农业人口出栏肉猪(头)	水产品产量(吨)	#鱼 类(吨)	#虾贝类(吨)
1981	162.53	185.15	0.44	13195	12045	1150
1982	171.95	209.23	0.46	15520	14175	1345
1983	186.52	238.51	0.49	17025	16100	925
1984	230.25	245.42	0.62	21310	21140	170
1985	273.91	265.86	0.74	23265	22785	480
1986	306.75	283.68	0.81	27050	26572	478
1987	331.33	294.08	0.87	29983	29464	519
1988	370.10	307.93	0.93	33426	32983	443
1989	378.68	313.48	0.94	36079	35585	494
1990	399.12	328.75	0.98	36669	36184	485
1991	415.00	336.04	1.02	41276	40726	550
1992	480.11	358.38	1.17	47762	47198	564
1993	537.38	396.32	1.31	53917	53234	683
1994	560.84	385.31	1.37	56256	55128	1128
1995	592.63	369.33	1.43	61664	60719	679
1996	601.34	346.91	1.50	67887	66601	710
1997	608.33	355.90	1.53	75529	73663	851
1998	622.75	345.52	1.54	77425	75451	954
1999	596.75	322.08	1.52	82195	80965	771
2000	621.28	350.78	1.58	85191	83744	1015
2001	655.78	364.91	1.67	89965	88334	1208
2002	658.26	367.07	1.69	92874	90875	1502
2003	683.13	391.77	1.77	94235	91553	2104
2004	756.66	415.30	1.96	100128	97790	1805
2005	801.54	432.77	2.08	104201	101355	2249
2006	786.94	417.29	…	105074	102726	1764
2007	832.20	424.90	2.13	95302	93000	1537
2008	835.90	446.26	2.13	96395	94296	1442
2009	846.00	450.70	2.14	101443	99056	1738
2010	824.65	438.00	2.08	106571	104328	1819
2011	804.68	427.60	2.02	107154	104889	1563
2012	833.20	436.20	2.01	114084	111661	1643

9－5 农村基层组织情况与农业生产条件(2012年)

指　　　标	单　位	全　市	芙蓉区	天心区
一、农村基层组织情况				
1. 乡镇个数	个	101		
# 镇个数	个	82		
2. 村(居)民委员会个数	个	1511	14	24
# 村委员会个数	个	1179	13	13
二、乡村人口与从业人员				
1. 乡村户数	万户	133.91	1.54	1.75
(1)农业户	万户	115.23	1.31	0.89
(2)非农业户	万户	18.68	0.23	0.86
2. 乡村人口数	万人	442.70	5.10	4.84
# 农业人口	万人	398.28	3.80	2.85
3. 乡村劳动力资源数	万人	290.18	3.71	1.73
4. 乡村从业人员数	万人	260.61	3.53	1.65
按性别分				
(1)男	万人	146.74	1.95	0.87
(2)女	万人	113.87	1.58	0.78
按国民经济行业分				
(1)农业从业人员	万人	107.81	0.03	0.47
(2)工业从业人员	万人	57.39	0.89	0.17
(3)建筑业从业人员	万人	33.38	0.79	0.36
(4)交运运输、仓储及邮政从业人员	万人	10.52	0.39	0.09
(5)信息传输、计算机服务和软件从业人员	万人	3.88	0.07	0.06
(6)批零零售业从业人员	万人	18.63	0.26	0.15
(7)住宿和餐饮业从业人员	万人	10.56	0.55	0.12
(8)其他从业人员	万人	18.44	0.55	0.23
三、农村基础设施				
1. 自来水受益村数	个	546	13	13
2. 通汽车村数	个	1179	13	13
3. 通电话村数	个	1179	13	13
4. 通电村数	个	1179	13	13
5. 有邮路及农村投递线路的村	个	1179	13	13

岳麓区	开福区	雨花区	望城区	长沙县	浏阳市	宁乡县
3	3		11	18	33	33
3	3		10	18	27	21
102	57	43	156	292	401	422
87	30		125	218	318	375
9.40	3.96	3.00	15.48	24.84	36.98	36.96
8.32	2.98	2.60	13.39	20.17	33.03	32.54
1.08	0.98	0.40	2.09	4.67	3.95	4.42
28.00	12.58	9.90	51.24	80.25	128.95	121.84
25.15	8.80	8.50	47.00	69.32	119.80	113.06
18.86	7.70	5.80	32.20	51.63	78.93	89.62
16.43	5.72	4.50	28.90	47.79	75.05	77.04
9.73	3.17	2.50	16.92	26.89	41.26	43.45
6.70	2.55	2.00	11.98	20.90	33.79	33.59
7.01	1.50	1.90	13.12	21.94	30.01	31.83
2.30	1.02	0.50	2.86	10.48	23.20	15.97
2.76	1.33	0.60	6.30	5.66	5.45	10.13
0.84	0.54	0.24	0.86	1.85	2.89	2.82
0.37	0.20	0.05	0.22	0.66	0.98	1.27
1.22	0.29	0.60	1.43	3.04	5.25	6.39
0.94	0.37	0.33	0.79	1.76	2.81	2.89
0.99	0.47	0.28	3.32	2.40	4.46	5.74
52	30		76	109	98	155
87	30		125	218	318	375
87	30		125	218	318	375
87	30		125	218	318	375
87	30		125	218	318	375

9－5 续表

指　　　标	单　位	全　市	芙蓉区	天心区
四、农业主要能源及物资消耗				
(一)农村电气化情况				
1. 农村用电量(不包括县办工业和城镇生活用电)	万千瓦小时	211855	6950	4540
2. 乡办水电站	个	32		
装机容量	千瓦	17490		
发电量	万千瓦小时	5915		
3. 村及村以下办水电站个数	个	25		
装机容量	千瓦	4328		
发电量	万千瓦小时	930		
(二)农用化肥施用量				
1. 按实物量计算	吨	643278	568	3280
(1)氮 肥	吨	236392	68	1200
(2)磷 肥	吨	145649	70	1160
(3)钾 肥	吨	74414	65	430
(4)复合肥	吨	186823	365	490
2. 按折纯量计算	吨	204783	230	997
(1)氮 肥	吨	64354	25	410
(2)磷 肥	吨	21178	10	152
(3)钾 肥	吨	36680	32	215
(4)复合肥	吨	82571	163	220
(三)农用塑料薄膜使用量	吨	6661	69	14
# 地膜使用量	吨	5486	20	11
地膜覆盖面积	公顷	65258	233	181
(四)农用柴油使用量	吨	50712	78	17
(五)农药使用量(实物量)	吨	9954	2	6
五、耕地面积情况				
(一)年初实有耕地面积	千公顷	275.65	0.18	0.71
(二)年内增加的耕地面积	千公顷	0.13		
# 新开荒地	千公顷	0.08		
园地改耕地	千公顷	0.05		
(三)年内减少的耕地面积	千公顷	0.89		
国家建设占地	千公顷	0.77		
其它建设占地	千公顷	0.11		
(四)年末实有耕地面积	千公顷	274.89	0.18	0.71
# 常用耕地面积	千公顷	271.63	0.18	0.71
1. 水 田	千公顷	241.62	0.05	0.66
2. 旱 地	千公顷	33.27	0.13	0.05
# 水浇地	千公顷	3.43	0.12	0.04
(五)年末耕地中国有单位的面积	千公顷	0.13		

岳麓区	开福区	雨花区	望城区	长沙县	浏阳市	宁乡县
6690	11620	12800	9528	99396	33659	26672
				2	25	5
				1050	13990	2450
				212	5225	478
					18	7
					3750	578
					710	220
23949	7166	3735	72641	114857	178799	238283
10678	4060	1200	41143	43125	40427	94491
4601	1105	950	19102	24347	35408	58906
1839	840	185	6609	10438	21160	32848
6831	1161	1400	5787	36947	81804	52038
7019	2010	1225	16193	34420	62816	79872
2421	925	380	7484	9250	10977	32482
690	146	133	2865	3651	5285	8246
902	419	92	3241	5116	10559	16105
3006	521	620	2604	16404	35995	23039
425	81	31	683	803	2217	2338
410	71	21	657	601	1616	2079
6773	890	252	7293	8598	17938	23100
1114	482	44	2325	7608	27844	11200
823	107	25	1086	2251	2312	3342
9.99	3.04	0.61	30.47	58.09	78.23	94.33
			0.05		0.07	0.01
			0.04		0.03	0.01
			0.01		0.04	
0.02		0.06	0.04	0.41	0.19	0.17
		0.06	0.02	0.41	0.18	0.10
0.02			0.01		0.01	0.07
9.97	3.04	0.55	30.48	57.68	78.11	94.17
9.95	3.04	0.50	30.48	57.68	77.99	91.10
7.95	2.54	0.42	26.94	53.57	69.83	79.66
2.02	0.50	0.13	3.54	4.11	8.28	14.51
0.13	0.05	0.03			0.05	3.01
			0.08		0.05	

9－6 主要农产品生产情况(2012年)

指标	单位	全市	芙蓉区	天心区
农作物总播种面积	**千公顷**	**656.72**	**1.08**	**1.51**
一、粮食作物播种面积	千公顷	371.15	0.27	0.81
单产	公斤/亩	445	515	420
总产量	吨	2479354	2084	5101
(一)谷物播种面积	千公顷	349.45	0.27	0.78
单产	公斤/亩	453	515	424
总产量	吨	2372494	2084	4963
1.稻谷播种面积	千公顷	337.67	0.27	0.76
单产	公斤/亩	455	515	422
总产量	吨	2303806	2084	4811
(1)早稻播种面积	千公顷	148.95	0.10	0.31
单产	公斤/亩	400	402	402
总产量	吨	892706	603	1871
#杂交稻面积	千公顷	62.88	0.10	0.31
单产	公斤/亩	422	402	402
总产量	吨	397709	603	1871
优质稻面积	千公顷	112.98	0.10	0.31
单产	公斤/亩	406	402	402
总产量	吨	688067	603	1871
(2)中稻与一季晚稻播种面积	千公顷	31.01	0.07	0.14
单产	公斤/亩	517	605	526
总产量	吨	240522	662	1104
#杂交稻面积	千公顷	26.11	0.07	0.14
单产	公斤/亩	510	605	526
总产量	吨	199916	662	1104
优质稻面积	千公顷	24.55	0.07	0.14
单产	公斤/亩	489	605	526
总产量	吨	180075	662	1104
(3)晚稻播种面积	千公顷	157.71	0.10	0.31
单产	公斤/亩	495	546	395
总产量	吨	1170578	819	1836
#杂交稻面积	千公顷	97.72	0.10	0.31
单产	公斤/亩	515	546	395
总产量	吨	754779	819	1836
优质稻面积	千公顷	133.73	0.10	0.31
单产	公斤/亩	509	546	395
总产量	吨	1020931	819	1836

岳麓区	开福区	雨花区	望城区	长沙县	浏阳市	宁乡县
29.23	**8.82**	**0.51**	**100.30**	**137.35**	**180.33**	**197.59**
17.07	3.17	0.05	53.59	86.09	80.97	129.13
407	464	407	459	442	454	440
104295	24389	305	368874	570464	551362	852480
15.60	2.88	0.05	49.31	80.05	75.23	125.28
413	293	407	465	451	467	444
96555	22076	305	344089	541863	526962	833597
15.39	2.88	0.05	48.79	77.34	72.49	119.70
412	295	407	466	453	471	446
95170	22076	305	340907	525580	511752	801121
7.54	0.43	0.01	23.99	38.10	21.98	56.49
378	400	400	400	412	390	397
42808	2590	60	143940	235458	128669	336707
4.58	0.43	0.01	4.83	10.67	20.45	21.50
374	400	400	414	448	415	431
25696	2590	60	28815	71680	127400	138995
2.92	0.33	0.01	19.16	32.00	16.20	41.95
344	400	400	401	413	420	402
15089	2358	60	115126	198240	102060	252660
0.34	1.98	0.03	0.10	0.32	26.75	1.28
354	539	400	500	550	515	540
1804	16224	180	825	2640	206715	10368
0.22	1.91	0.03	0.09	0.32	22.48	0.85
536	475	400	500	550	515	519
1777	13602	180	675	1640	173658	6618
0.12	1.49	0.03	0.09	0.32	21.35	0.94
521	550	400	500	550	516	524
922	1229	180	700	2640	165249	7389
7.51	0.47	0.01	24.70	38.92	23.76	61.93
449	460	433	529	492	495	489
50558	3262	65	196142	287482	176368	454046
4.70	0.47	0.01	4.73	22.00	18.30	47.10
455	460	433	592	527	502	509
32081	3262	65	42002	173910	137799	363005
2.99	0.43	0.01	19.97	35.33	22.87	51.72
460	460	433	529	506	502	509
20663	3162	65	158461	268180	172245	395500

9－6 续表 1

指　　标	单　位	全　市	芙蓉区	天心区
2. 小麦播种面积	千公顷	0.72		
单　产	公斤/亩	193		
总产量	吨	2088		
3. 玉米播种面积	千公顷	10.20		0.01
单　产	公斤/亩	416		319
总产量	吨	63696		48
#杂交玉米播种面积	千公顷	5.57		0.01
单　产	公斤/亩	424		300
总产量	吨	35431		41
4. 高粱播种面积	千公顷	0.31		0.01
单　产	公斤/亩	264		694
总产量	吨	1229		104
5. 其他谷物播种面积	千公顷	0.55		
单　产	公斤/亩	203		
总产量	吨	1675		
(1)其它春夏收杂粮播种面积	千公顷	0.12		
单　产	公斤/亩	207		
总产量	吨	372		
①大麦播种面积	千公顷	0.07		
单　产	公斤/亩	219		
总产量	吨	230		
②其他春夏收杂粮播种面积	千公顷	0.05		
单　产	公斤/亩	189		
总产量	吨	142		
(2)其它秋收杂粮播种面积	千公顷	0.43		
单　产	公斤/亩	202		
总产量	吨	1303		
①荞麦播种面积	千公顷	0.06		
单　产	公斤/亩	187		
总产量	吨	168		
②其他秋收杂粮播种面积	千公顷	0.37		
单　产	公斤/亩	205		
总产量	吨	1135		
(二)豆类播种面积	千公顷	8.35		0.02
单　产	公斤/亩	222		358
总产量	吨	27834		68
1. 大豆播种面积	千公顷	4.67		0.01
单　产	公斤/亩	270		148
总产量	吨	18890		22
2. 绿豆播种面积	千公顷	1.50		
单　产	公斤/亩	187		
总产量	吨	4213		2
3. 蚕豌豆播种面积	千公顷	1.69		0.01
单　产	公斤/亩	127		
总产量	吨	3218		14
4. 红小豆播种面积	千公顷	0.15		
单　产	公斤	159		
总产量	吨	357		
5. 其他杂豆播种面积	千公顷	0.34		
单　产	公斤	227		
总产量	吨	1156		30

岳麓区	开福区	雨花区	望城区	长沙县	浏阳市	宁乡县
			0.01		0.03	0.68
			350		200	190
			70		90	1928
0.20			0.48	2.61	2.20	4.70
448			421	405	420	420
1363			2959	15856	13860	29610
0.01			0.19	2.14	2.20	1.02
374			430	405	420	475
37			1225	13000	13860	7267
			0.02	0.08	0.10	0.10
			410	285	200	420
			123	342	30	630
0.01			0.01	0.02	0.41	0.10
			190	284	200	205
22			30	85	1230	308
0.01			0.01		0.05	0.05
			190		200	225
22			30		150	170
					0.02	0.05
					200	225
					60	170
0.01			0.01		0.03	
			190		190	
22			30		90	
				0.02	0.36	0.05
				284	200	185
				85	1080	138
					0.01	0.05
					190	185
					30	138
				0.02	0.35	
				284	200	
				85	1050	
0.73	0.13		1.03	2.24	2.45	1.75
194	143		171	238	232	238
1918	292		2589	8012	8692	6263
0.17	0.09		0.37	1.42	1.60	1.01
219	151		183	267	272	296
559	204		1406	5687	6528	4484
0.12			0.02	0.24	0.62	0.50
227			225	226	180	168
403			59	814	1674	1261
0.40	0.04		0.63	0.40	0.13	0.08
232	142		131	145	120	148
706	88		1092	870	270	178
				0.03	0.10	0.02
				108	150	292
				49	220	88
0.04			0.01	0.15		0.14
219			200	263		120
250			32	592		252

9－6 续表 2

指　　　标	单　位	全　市	芙蓉区	天心区
(三)薯类播种面积(按折粮计算)	千公顷	13.35		0.01
单　产	公斤/亩	395		
总产量	吨	79026		70
1.红薯播种面积	千公顷	7.99		
单　产	公斤/亩	468		
总产量	吨	56149		32
2.马铃薯播种面积	千公顷	5.36		0.01
单　产	公斤/亩	285		
总产量	吨	22877		38
# 夏马铃薯播种面积	千公顷	1.50		
单　产	公斤/亩	343		
总产量	吨	7726		
二、油料播种面积	千公顷	49.77		0.01
单　产	公斤/亩	108		198
总产量	吨	80644		38
1.花生果播种面积	千公顷	4.44		
单　产	公斤/亩	211		
总产量	吨	14082		11
2.油菜籽播种面积	千公顷	44.28		0.01
单　产	公斤/亩	97		120
总产量	吨	64729		26
# 双低油菜籽播种面积	千公顷	32.45		0.01
单　产	公斤/亩	97		120
总产量	吨	47250		26
3.芝麻播种面积	千公顷	0.47		
单　产	公斤/亩	113		
总产量	吨	798		1
4.其他油料播种面积	千公顷	0.58		
单　产	公斤	119		
总产量	吨	1035		
三、棉花播种面积	千公顷	0.67		
单　产	公斤/亩	108		
总产量	吨	1088		
四、麻类播种面积	千公顷	0.19		
单　产	公斤/亩	121		
总产量	吨	346		
# 苎麻播种面积	千公顷	0.18		
单　产	公斤/亩	122		
总产量	吨	329		
五、甘蔗播种面积	千公顷	0.20		
单　产	公斤/亩	1493		
总产量	吨	4478		

岳麓区	开福区	雨花区	望城区	长沙县	浏阳市	宁乡县
0.74	0.16		3.25	3.80	3.29	2.10
451	820		525	361	432	400
5822	2021		22196	20589	15708	12620
0.54	0.10		2.25	1.89	1.89	1.32
453	973		439	415	480	440
3819	1460		16753	11765	13608	8712
0.20	0.06		1.00	1.91	1.40	0.78
444	580		357	308	350	334
2003	561		5443	8824	2100	3908
			0.25	1.11		0.14
			358	310		350
			1828	5162		736
0.96	0.07		3.81	7.36	30.26	7.30
204	128		123	105	103	148
2073	129		7003	11567	45307	14527
0.08			0.10	0.57	1.24	2.45
242			224	180	205	215
358			460	1539	3813	7901
0.87	0.07		3.08	6.65	28.80	4.80
132	128		115	98	96	90
1715	129		5319	9776	41284	6480
0.35	0.07		3.08	0.14	28.80	
48	128		115	120	96	
240	129		5319	252	41284	
0.01			0.05	0.14	0.22	0.05
			171	120	70	195
			189	252	210	146
			0.58			
			115			
			1035			
				0.02	0.35	0.30
				71	120	105
				21	594	473
			0.01		0.16	0.02
			150		195	113
			20		292	34
			0.01		0.16	0.01
			150		195	113
			20		292	17
					0.15	0.05
					1500	1771
					3150	1328

9－6 续表 3

指　　标	单　位	全　市	芙蓉区	天心区
六、烟叶播种面积	千公顷	13.22		
单　产	公斤/亩	148		
总产量	吨	29408		
1. 烤烟播种面积	千公顷	11.91		
单　产	公斤/亩	144		
总产量	吨	25655		
2. 晒(土)烟播种面积	千公顷	1.31		
单　产	公斤/亩	191		
总产量	吨	3753		
七、药材播种面积	千公顷	2.27		
单　产	公斤/亩	521		
总产量	吨	17744		
八、蔬菜播种面积(含菜用瓜)	千公顷	154.41	0.81	0.61
单　产	公斤/亩	2144	3020	2151
总产量	吨	4966859	36693	19590
九、瓜果类播种面积	千公顷	7.07		0.08
单　产	公斤/亩	2077		3864
总产量	吨	220215		4800
1. 西瓜播种面积	千公顷	6.03		0.08
单　产	公斤/亩	2192		3792
总产量	吨	198289		4709
2. 甜瓜播种面积	千公顷	0.89		
单　产	公斤/亩	1431		
总产量	吨	19099		46
3. 草莓播种面积	千公顷	0.15		
单　产	公斤/亩	1256		
总产量	吨	2826		44
十、其它农作物播种面积	千公顷	57.77		
1. 青饲料播种面积	千公顷	15.41		
2. 绿肥播种面积	千公顷	32.87		
3. 其他农作物播种面积	千公顷	9.49		
4. 其他农作物产量	吨	949		
莲子(肉莲)	吨	449		
菱角	吨	490		
荸荠	吨	10		

岳麓区	开福区	雨花区	望城区	长沙县	浏阳市	宁乡县
0.01				0.05	6.76	6.40
100				177	150	146
13				132	15210	14053
0.01				0.04	6.76	5.10
100				174	150	135
13				104	15210	10328
				0.01		1.30
				187		191
				28		3725
			0.08	0.22	1.57	0.40
			233	482	550	720
			284	1616	12963	2880
9.97	5.10	0.46	29.87	30.71	37.45	39.43
1957	2043	1783	2037	2245	2020	2313
292669	156250	12300	912756	1034043	1134535	1368023
0.07	0.05		0.73	1.31	3.73	1.10
828	610		1979	2503	2232	1854
1355	442		22074	49192	111752	30600
0.04	0.04		0.61	1.00	3.20	1.06
1883	657		2076	2877	2622	1883
1130	260		19141	43151	99944	29954
0.03	0.01		0.11	0.27	0.45	0.02
500	2000		1574	1291	1529	1740
225	140		2708	5228	10230	522
			0.01	0.04	0.08	0.02
	800		1071	1355	1287	413
	42		225	813	1578	124
1.15	0.43		12.21	11.59	18.93	13.46
0.17	0.33		3.99	3.72	4.65	2.55
0.84	0.10		6.70	7.84	7.08	10.31
0.14			1.52	0.03	7.20	0.60
			689			260
			369			80
			320			170
						10

9－7 茶叶、水果生产情况(2012年)

指　　标	单　位	全　市	芙蓉区	天心区
一、茶叶产量	吨	27151		
绿茶	吨	17124		
青茶	吨	79		
红茶	吨	6302		
其它茶	吨	3646		
二、水果产量	吨	376979	90	4736
1. 园林水果	吨	156765	90	41
柑	吨	29679		
桔	吨	66947	90	41
橙	吨	2028		
柚	吨	6179		
桃	吨	12448		
猕猴桃	吨	192		
李子	吨	9232		
梨	吨	10215		
葡萄	吨	10248		
红枣(干枣折成鲜枣)	吨	373		
鲜柿子(柿饼折成鲜柿)	吨	6136		
枇杷	吨	538		
其他园林水果	吨	2550		
2. 瓜果类水果(西瓜、甜瓜、草莓)	吨	220215		4695
三、食用坚果	吨	4523		
核桃	吨			
板栗	吨	4523		
松子	吨			
三、年末茶园面积	千公顷	13.87		
# 当年采摘	千公顷	12.69		
四、年末果园面积	千公顷	17.73		
# 柑桔园面积	千公顷	6.86		
桃园面积	千公顷	1.91		
猕猴桃园面积	千公顷	0.07		
梨园面积	千公顷	1.78		
葡萄园面积	千公顷	1.12		
柑桔树	万株	1584.16		0.40
梨树	万株	256.40		

岳麓区	开福区	雨花区	望城区	长沙县	浏阳市	宁乡县
100	6		620	19867	1528	5030
37	6		620	11542	1103	3815
					54	25
45				5785	2	470
18				2539	369	720
12153	1870	200	33093	81756	183269	59708
10798	1428		11019	32564	71517	29108
4976	270	20	340	2691	17497	3885
3079	370	180	7504	11745	25538	18400
212	2		69	522	983	240
474	58		113	1825	3608	101
834	203		382	2536	6953	1540
	6		45		75	66
75	3		508	3180	2886	2580
132	100		571	2672	4670	2070
753	403		1131	5465	2285	211
82			2	173	109	7
141	5		15	847	5128	
35				98	401	4
5	8		339	810	1384	4
1355	442		22074	49192	111752	30600
			49	2150	2305	19
			49	2150	2305	19
0.17	0.04		0.76	6.12	2.90	3.88
0.10	0.02		0.75	6.12	2.25	3.45
0.28	0.03	0.01	1.32	6.54	5.48	4.07
0.23	0.02	0.01	0.69	1.17	2.25	2.49
0.02	0.01		0.10	0.35	1.14	0.29
			0.01		0.03	0.03
0.01			0.05	0.47	0.92	0.33
0.02			0.14	0.42	0.40	0.14
11.46	25.00		216.55	89.00	1162.00	79.75
0.32	0.30		3.87	8.20	222.00	21.71

9－8 畜牧业生产情况(2012年)

指标	单位	全市	芙蓉区	天心区
一、当年出栏猪头数	万头	833.20	4.90	5.10
1.出栏肉猪	万头	833.20	4.90	5.10
2.出口中仔猪	万头			
二、当年出售和自宰的肉用牛	万头	10.78		0.01
三、当年出售和自宰的肉用羊	万只	83.08		0.03
四、当年出售和自宰的肉用驴	匹	166.00		
五、当年出售和自宰的家禽(鸡鸭鹅)	万羽	6005.75	4.80	7.30
# 鸡	万羽	5292.02	4.80	5.80
六、当年出售和自宰的肉用兔	万只	18.63		
七、当年出售和自宰的鹌鹑	羽	148225	78000	
八、当年出售和自宰的肉鸽	羽	249680		
九、当年出售和自宰的狗	只	158516	490	400
十、当年肉类总产量	吨	711252	3440	3483
1.猪肉产量	吨	599354	3332	3315
①肉猪肉产量	吨	599354	3332	3315
②出口中仔猪肉产量	吨			
2.牛肉产量	吨	12376		13
3.羊肉产量	吨	13248		5
4.驴肉产量	吨	14		
5.禽肉产量	吨	84744	96	146
# 鸡肉产量	吨	70708	96	86
6.兔肉产量	吨	78		
7.其他肉产量	吨	1432	12	4
十一、当年牛奶产量	吨	7879	840	
十二、当年蜂蜜产量	吨	745		

岳麓区	开福区	雨花区	望城区	长沙县	浏阳市	宁乡县
42.84	17.20	5.50	110.65	207.77	197.55	241.69
42.84	17.20	5.50	110.65	207.77	197.55	241.69
0.15			0.38	2.08	2.33	5.83
0.34	0.01		1.04	2.19	68.12	11.35
					166.00	
80.85	53.60	2.20	312.17	271.28	1151.00	4122.55
60.86	28.40	1.44	229.49	230.20	815.00	3916.03
0.02			0.10	0.17	15.12	3.22
1750			9567	500	56298	2110
1428			6897	170300	53897	17158
3820	280	1200	14725	36226	73824	27551
29429	12056	3880	85645	158888	174040	240391
27846	11248	3850	80457	151672	143619	174015
27846	11248	3850	80457	151672	143619	174015
168			433	2392	2670	6700
51	2		168	352	10967	1703
					14	
1340	804	22	4437	4069	16115	57715
867	430	20	3417	3662	11420	50710
0			1	3	26	48
24	2	8	149	400	623	210
50			2703	2795	891	600
			4	4	695	42

9－8 续表

指　　标	单 位	全 市	芙蓉区	天心区
十三、当年蜂蜡产量	公斤	36305		
十四、当年禽蛋产量	吨	53439	13	200
1. 鸡鸭鹅禽蛋产量	吨	52823	2	125
# 鸡蛋产量	吨	43693	2	75
2. 其他禽蛋产量	吨	616	11	75
十五、大牲畜存栏总头数	头	158508	280	90
1. 牛存栏	头	157863	280	90
(1)肉牛	头	104864		70
# 能繁母牛	头	33454		9
当年生仔牛	头	15488		4
(2)役用牛	头	50563		20
# 能繁母牛	头	19527		8
当年生仔牛	头	7872		4
(3)奶牛	头	2436	280	
# 能繁母牛	头	1467	220	
当年生仔牛	头	459	30	
2. 马存栏	匹	155		
# 能繁母马	匹	40		
当年生仔马	匹	18		
3. 驴存栏	头	340		
# 能繁母驴	头	66		
当年生仔驴	头	40		
4. 骡存栏	头	150		
# 当年生仔骡	头	29		
十六、生猪存栏	万头	436.15	1.86	2.90
# 能繁母猪	万头	51.62	0.08	0.11
十七、山羊存栏	万只	62.99		0.03
# 能繁母羊	万只	27.67		0.01
十八、养蜂箱数	箱	38741		
十九、兔存栏	万只	14.56		
二十、家禽存笼	万羽	2781.70	0.75	4.20
# 鸡	万羽	2341.65	0.60	2.60
# 蛋鸡	万羽	1345.01	0.06	1.80

岳麓区	开福区	雨花区	望城区	长沙县	浏阳市	宁乡县
				620	34325	1360
2053	540	100	14071	8955	9851	17656
1944	540	65	13899	8756	9836	17656
1091	152	30	10011	7517	8905	15910
109		35	172	199	15	
2442	200		6754	29400	43742	75600
2442	200		6754	29400	43097	75600
1058			1348	17088	22900	62400
136			712	6350	10740	15507
52			326	4200	3158	7748
1338	200		4505	11600	19900	13000
423	52		2364	5200	6685	4795
60	10		1126	2400	2144	2128
46			901	712	297	200
20			582	451	150	44
8			184	180	29	28
					155	
					40	
					18	
					340	
					66	
					40	
					150	
					29	
25.20	8.90	1.20	58.99	118.62	96.41	122.07
1.69	0.99	0.04	5.99	13.90	11.82	17.00
0.46			2.40	2.84	46.17	11.09
0.13			1.54	0.79	21.00	4.20
			1984	1330	31322	4105
			0.11	0.05	9.80	4.60
74.68	14.20	1.60	324.44	289.73	892.00	1180.10
56.76	10.20	0.90	223.43	214.66	689.00	1143.50
36.30	5.11	0.56	172.59	96.39	402.00	630.20

9－9 渔业生产情况(2012年)

指标	单位	全市	芙蓉区	天心区
一、水产品总产量	吨	114084	360	2840
(一)淡水产品捕捞产量	吨	7645	12	20
1. 鱼类(含鳝鱼、泥鳅)	吨	7318	12	20
2. 甲壳类	吨	224		
3. 贝类	吨	92		
4. 其他类	吨	11		
(1)龟	公斤	480		
(2)鳖	公斤	420		
(3)其他	吨	10		
(二)淡水产品养殖产量	吨	106439	348	2820
1. 鱼类(含鳝鱼、泥鳅)	吨	104343	348	2820
2. 甲壳类	吨	810		
3. 贝类	吨	517		
4. 其他类	吨	669		
(1)珍珠	公斤	2688		
(2)龟	公斤	83710		
(3)鳖	公斤	237659		
(4)牛蛙	吨	290		
二、淡水养殖面积合计	千公顷	26.24	0.01	0.18
(一)池塘养殖	千公顷	18.01	0.01	0.13
# 精养池塘	千公顷	8.84	0.01	
(二)湖泊养殖	千公顷	2.27		
# 粗养	千公顷	0.16		
(三)河沟养殖	千公顷	0.16		
(四)水库养殖	千公顷	5.71		0.05
# 粗养	千公顷	0.85		
(五)其他养殖	千公顷	0.09		
附:1. 稻田养鱼面积	千公顷	2.14		
2. 稻田养殖成鱼面积	千公顷	1.12		
成鱼产量	吨	331		
3. 养殖水面中鱼种池面积	千公顷	0.57		

岳麓区	开福区	雨花区	望城区	长沙县	浏阳市	宁乡县
10418	1924	1180	23476	17767	22720	33399
329	14		1999	150	1071	4050
312	14		1697	150	1068	4045
11			213			
3			89			
3					3	5
						480
						420
3					3	4
10089	1910	1180	21477	17617	21649	29349
10089	1890	1180	20345	17261	21106	29304
			564	345	1	
			252		265	
	20		316	11	277	45
			2503			185
			75500			8210
			193397	5000	23012	16250
			10	6	254	20
1.81	0.34	0.14	7.19	4.45	5.00	7.12
1.61	0.26	0.11	5.14	3.43	2.00	5.32
0.38	0.23	0.09	3.97	0.66	1.00	2.50
			1.68	0.04		0.55
				0.04		0.12
0.03			0.12	0.01		
0.15	0.06	0.03	0.24	0.97	3.00	1.21
0.05	0.06		0.07	0.34		0.33
0.02	0.02		0.01			0.04
0.03			0.08		0.53	1.50
0.03			0.05		0.44	0.60
42			60			229
			0.01		0.28	0.28

9－10 农林牧渔业总产值(2012 年)

指　　标	全　市		芙　蓉　区	
	按现行价格计算	按可比价格计算	按现行价格计算	按可比价格计算
农林牧渔业总产值	**4197846**	**4032356**	**19354**	**18494**
一、农业产值	2303064	2180591	11658	10895
1. 谷物及其他作物	820701	795028	676	647
# 粮食	708177	690689	676	647
(1)谷物	674197	658539	676	647
# 小麦	413	382		
稻谷	626358	611425	554	530
玉米	13408	13102		
(2)薯类	16088	14735		
(3)油料	44250	41646		
# 花生	9932	9284		
油菜籽	31334	29511		
(4)豆类	17892	17415		
# 大豆	8522	8912		
(5)棉花	1338	1342		
(6)麻类	154	151		
(7)糖料	411	376		
(8)烟草	63840	58196		
(9)其他农作物	2532	2628		
# 饲料作物	283	286		
2. 蔬菜园艺作物	1296102	1215886	10971	10236
(1)蔬菜	1092777	1018918	10971	10236
(2)食用菌(干鲜混合)	1405	1402		
(3)花卉	37715	35663		
(4) 盆景园艺	164205	159904		
3. 水果、坚果、饮料和香料作物	170024	153520	12	12
# 水果、坚果(含果用瓜)	78440	70930	12	12
# 梨	2678	2567		
柑桔	10061	9591	12	12
茶及其他饮料	86277	78742		
4. 中药材	16238	16157		
二、林业产值	195535	192860	4	4
(一)林木的培育和种植	59180	56687	4	4
1. 育种育苗	48155	47147		

单位:万元

天心区		岳麓区		开福区		雨花区	
按现行价格计算	按可比价格计算	按现行价格计算	按可比价格计算	按现行价格计算	按可比价格计算	按现行价格计算	按可比价格计算
16532	**16480**	**229258**	**225232**	**83077**	**79234**	**33482**	**34549**
5828	5690	142608	138888	53179	50608	19683	20702
1438	1373	33535	32838	9053	8245	72	62
1415	1353	32466	31897	8966	8172	72	62
1358	1303	28056	27594	7842	7105	72	62
1272	1213	26448	26000	7626	6889	68	60
10	10	289	275				
18	16	1443	1397	900	835		
23	20	1012	884	87	73		
9	7	233	233				
12	11	750	621	87	73		
39	35	2967	2907	224	233		
10	11	393	333	110	122		
		25	25				
		31	31				
		4	4				
3722	3649	104967	102136	43922	42185	19587	20617
3722	3649	89557	86706	43922	42185	19587	20617
		955	955				
		276	296				
		14180	14180				
668	668	4106	3915	204	178	25	22
668	668	3925	3741	204	178	25	22
		40	32				
5	5	1933	1868	124	108	25	22
		181	173				
		7771	7613			58	57
		4706	4608			42	41
		3600	3512			18	18

9－10 续表1

指　　　标	全　市		芙　蓉　区	
	按现行价格计算	按可比价格计算	按现行价格计算	按可比价格计算
2. 造林	2276	1157		
3. 抚育和管理	8748	8384	4	4
（二）竹木采运	49957	49481		
（三）林产品	86398	86692		
三、牧业产值	1484271	1443670	7173	7090
（一）牲畜饲养	55568	51857	450	450
1. 牛的饲养	28869	27015		
2. 羊的饲养	23392	22414		
3. 牛奶	3307	2429	450	450
（二）猪的饲养	1148672	1123318	6611	6530
# 肉猪	1148672	1123318	6611	6530
（三）家禽饲养	269666	258504	106	104
1. 肉禽	186344	177289	95	93
2. 禽蛋	83322	81215	11	11
（四）其他畜牧业	10365	9992	6	6
# 兔	3518	3518		
四、渔业产值	145535	144529	328	314
1. 鱼类	138473	137362	328	314
2. 虾蟹类	948	948		
3. 贝类	269	269		
4. 其他	5846	5951		
五、农林牧渔服务业	69441	70705	192	192

单位:万元

天心区		岳麓区		开福区		雨花区	
按现行价格计算	按可比价格计算	按现行价格计算	按可比价格计算	按现行价格计算	按可比价格计算	按现行价格计算	按可比价格计算
		1106	1096			24	22
		2758	2704			16	16
		307	301				
7425	7499	63491	63529	28576	27397	12243	12310
44	38	1215	1215				
29	24	828	828				
15	14	357	357				
		30	30				
6829	6912	55664	55815	27059	25991	12071	12137
6829	6912	55664	55815	27059	25991	12071	12137
536	536	6571	6458	630	566	146	147
194	188	4458	4430	144	130	21	20
342	347	2113	2028	487	436	125	126
16	13	41	41	887	840	26	26
3124	3130	9465	9279	1222	1138	1416	1399
3124	3130	9465	9279	1222	1138	1416	1399
155	161	5923	5923	100	92	81	81

9－10 续表 2

指　　标	望城区		长沙县	
	按现行价格计算	按可比价格计算	按现行价格计算	按可比价格计算
农林牧渔业总产值	**522236**	**502903**	**929012**	**893113**
一、农业产值	299625	285637	532048	494875
1. 谷物及其他作物	105452	102586	164267	155718
# 粮食	99760	97332	157496	149613
(1)谷物	95436	93369	147417	140482
# 小麦	14	14		
稻谷	89722	87684	138221	131549
玉米	627	597	3266	3378
(2)薯类	3169	2909	5189	4497
(3)油料	4123	3574	6326	5708
# 花生	357	255	1205	913
油菜籽	2511	2183	4614	4292
(4)豆类	1155	1055	4890	4634
# 大豆	492	547	2457	2844
(5)棉花			122	138
(6)麻类	11	11		
(7)糖料				
(8)烟草			292	242
(9)其他农作物	1559	1669	31	17
# 饲料作物	104	106	2	2
2. 蔬菜园艺作物	184314	175377	278870	258642
(1)蔬菜	176235	166781	203930	190931
(2)食用菌(干鲜混合)				
(3)花卉	1553	1726	17138	14564
(4) 盆景园艺	6527	6870	57803	53147
3. 水果、坚果、饮料和香料作物	9840	7660	87167	78817
# 水果、坚果(含果用瓜)	7584	6070	15711	14661
# 梨	172	172	567	521
柑桔	1029	942	1862	1855
茶及其他饮料	2225	1559	67567	61674
4. 中药材	19	15	1744	1697
二、林业产值	6198	6224	25331	23949
(一)林木的培育和种植	3283	3132	21601	20329
1. 育种育苗	1607	1533	18424	18420

单位:万元

浏阳市		宁乡县	
按现行价格计算	按可比价格计算	按现行价格计算	按可比价格计算
1084447	1033119	1280449	1229231
588902	561394	649533	611903
215114	206378	291094	287182
155442	152101	251885	249511
147475	144325	245866	243653
14	14	386	354
136280	133214	226167	224285
2938	2863	6277	5978
3429	3195	1940	1887
25279	24079	7399	7309
2993	2742	5136	5136
21417	20481	1944	1851
4538	4581	4079	3970
2774	2878	2287	2178
		1216	1204
134	132	9	9
238	217	173	159
33680	29506	29843	28422
342	342	569	569
112	112	61	61
315407	300572	334341	302472
245257	230408	299597	267405
		450	446
12544	12547	6204	6531
57606	57618	28090	28090
44538	40603	23464	21646
41256	37375	9056	8203
1276	1276	623	566
2347	2347	2723	2431
1907	1903	14398	13432
13842	13842	634	603
119639	117981	36534	37032
29449	28485	95	89
24412	23575	95	89

9－10 续表 3

指　　标	望　城　区		长　沙　县	
	按现行价格计算	按可比价格计算	按现行价格计算	按可比价格计算
2. 造林	265	265	1819	700
3. 抚育和管理	1412	1335	1357	1209
(二)竹木采运	1175	1300	1181	1080
(三)林产品	1740	1792	2550	2540
三、牧业产值	177408	172156	340755	342903
(一)牲畜饲养	2080	1841	8069	6247
1. 牛的饲养	1175	979	5294	4375
2. 羊的饲养	433	412	1065	1017
3. 牛奶	473	450	1711	855
(二)猪的饲养	145374	141762	312444	316239
# 肉猪	145374	141762	312444	316239
(三)家禽饲养	29600	28230	18534	18999
1. 肉禽	9112	8168	7086	6874
2. 禽蛋	20488	20063	11448	12124
(四)其他畜牧业	354	322	1708	1419
# 兔	3	2	16	16
四、渔业产值	32356	32170	19601	19639
1. 鱼类	26450	26137	19152	19191
2. 虾蟹类	583	583	364	364
3. 贝类	188	187		
4. 其他	5135	5263	85	85
五、农林牧渔服务业	6649	6716	11277	11747

单位:万元

浏阳市		宁乡县	
按现行价格计算	按可比价格计算	按现行价格计算	按可比价格计算
192	192		
4845	4718		
29875	29286	14953	15094
60315	60210	21486	21850
317443	295823	529757	514965
26062	24762	17647	17303
6550	6108	14995	14701
18967	18109	2555	2504
545	545	98	98
238071	219902	344550	338030
238071	219902	344550	338030
46630	44479	166912	158986
28137	27476	137097	129909
18493	17003	29816	29077
6680	6680	647	646
3500	3500		
31846	31304	46178	46155
31560	31019	45755	45755
1	1		
81	81		
203	203	423	400
26618	26618	18448	19176

10 工 业

长沙统计年鉴

10－1 历 年 工 业 总 产 值

单位:万元

年份	合计	#大中型企业	#国有工业	#集体工业	#乡办工业	轻工业	重工业
1949	5791	…	433		…	4896	895
1950	9002	…	1630	39	…	7921	1081
1951	14892	…	4057	129	…	12945	1947
1952	20409	…	10400	201	…	17076	3333
1953	28847	…	14602	378	…	24199	4648
1954	30875	…	17846	714	…	24523	6352
1955	35450	…	19311	2234	…	28742	6708
1956	45732	…	36351	7660	…	35686	10046
1957	49355	…	39277	9360	…	39189	10166
按1957年不变价格计算							
1957	46096	…	36541	8845		36868	9228
1958	80433	…	58213	22109	4659	59711	20722
1959	105816	…	75554	30262	4455	68870	36946
1960	120489	…	86411	34078	3508	68554	51935
1961	63898	…	46444	17333	1051	46572	17326
1962	53339	…	38507	14580	467	40256	13083
1963	54016	…	40829	12992	178	38672	15344
1964	64857	…	49533	15219	290	45358	19499
1965	79691	…	58891	20797	1277	51868	27823
1966	96285	…	68584	27701	3073	62743	33542
1967	87318	…	59683	27635	3151	57524	29794
1968	78585	…	51981	26604	3382	54247	24338
1969	97375	…	68078	29297	2194	60575	36800
1970	140654	…	104311	36343	2948	78545	62109
1971	150535	…	111997	38538	3577	81623	68912
按1970年不变价格计算							
1971	132575	…	96260	36315	3577	72794	59781
1972	154173	48387	113309	40864	3627	86545	67628
1973	163927	50018	118714	45213	4691	93632	70295
1974	128974	34209	89526	39448	5633	82062	46912
1975	163374	51074	113325	50049	7181	94128	69246
1976	147984	37453	97010	50974	9479	88653	59331
1977	190006	50228	125967	64039	11791	106133	83873
1978	238489	55004	153188	85301	14509	132376	106113
1979	274260	63033	178564	95696	17671	155407	118853
1980	302624	69477	192773	108551	19593	180677	121947
1981	312240	67577	193803	117076	20046	199146	113094

10－1 续表

单位：万元

年　份	合　计	# 大中型企业	# 国有工业	#集体工业	# 乡办工业	轻工业	重工业
			按 1980 年不变价格计算				
1981	305989	65529	190040	114625	20357	197536	108453
1982	318933	68386	192110	124599	22348	204500	114433
1983	339270	80644	203733	135294	24694	213291	125979
1984	387985	108532	228587	158835	30208	239867	148118
1985	463521	139538	255540	207209	42044	279040	184481
1986	524318	179662	294463	218422	46225	301104	223214
1987	635046	227241	348228	271609	65890	364015	271031
1988	763387	275958	406300	329184	90309	418990	344397
1989	837404	307890	418981	369449	68336	465656	371748
1990	864295	332217	428900	388730	79207	481316	382979
			按 1990 年不变价格计算				
1990	1201241	519530	685839	461738	124188	680329	520912
1991	1389702	572449	751752	561615	167332	780430	609272
1992	1655135	646830	877163	716342	219372	856131	799004
1993	1923267	828288	907141	900189	345084	988828	934439
1994	2261762	917685	950930	664639	352342	1215599	1046163
1995（原规定）	2625906	888684	1072289	635231	388926	1458138	1167768
1995（新规定）	2465662	884923	1047582	887074	410523	1347777	1117885
1996	2874962	916152	1112524	1103270	492329	1465786	1409176
1997	3366581	1029812	1169371	1147896	518527	1655539	1711042
1998	3871568	1157742	1244845	1082559	490985	1812982	2058586
1999	4316798	1322056	1338019	990848		1990907	2325891
2000	4836651	1486342	1530512	914127		2235016	2601635
2001	5349642	1975827	1208526	1011082		2404381	2945261
2002	6079083	2522050	1318284			2412608	3666475
2003	7147780	2435058	1703105			2516350	4631430
			按当年价格计算				
2003	8034980	4075032	2273348			3438771	4596209
2004	10060596	4848325	2679230			4488562	5572034
2005	13006235	6193647	3151357			5802766	7203469
2006	16509547	7667315	3998824			5978281	10531266
2007	21546411	9933579	5289693			7461083	14085328
2008	35074824	17520328	10109994			14391159	20683665
2009	41618121	20436243	11793145			16262144	25355977
2010	54877395	28190353	15158744			21443162	33434233
2011	71273582	38750233	19293574			27958192	43315390
2012	82630847	42333662	21852534			32276868	50353979

10－2 历年工业总产值指数

（以1949年为100）

年份	工业总产值	#国有工业	轻工业	重工业
1949	100	100	100	100
1950	155.4	376.4	161.8	120.8
1951	257.2	937.0	264.4	217.5
1952	352.4	2401.8	348.8	372.4
1953	498.1	3372.3	496.3	519.3
1954	533.2	4121.5	500.9	709.7
1955	612.2	4459.8	587.1	749.5
1956	789.1	8395.2	728.9	1122.5
1957	852.3	9070.9	800.4	1135.9
1958	1487.1	14451.0	1296.4	2550.5
1959	1956.4	18755.9	1495.3	4547.5
1960	2227.7	21451.0	1488.4	6392.4
1961	1181.4	11529.6	1011.2	2132.5
1962	986.2	9559.1	874.0	1610.3
1963	998.7	10135.6	839.6	1888.6
1964	1199.1	12296.3	984.8	2400.0
1965	1473.4	14619.4	1126.1	3424.6
1966	1780.2	17025.6	1362.3	4128.5
1967	1614.4	14815.9	1248.9	3667.2
1968	1453.0	12903.9	1177.8	2995.6
1969	1800.4	16900.0	1315.2	4529.5
1970	2600.6	25894.7	1705.3	7544.6
1971	2783.3	27802.8	1772.2	8481.9
1972	3236.5	32726.1	2106.9	9595.6
1973	3441.3	34287.3	2279.4	9974.1
1974	2707.5	25857.0	1997.8	6656.3
1975	3429.7	32730.7	2291.5	9825.1
1976	3106.6	28018.7	2158.2	8418.3
1977	3988.8	36382.0	2583.7	11900.6
1978	5006.7	44180.5	3280.2	15302.0

10－2 续表 1　　　　(以 1949 年为 100)

年　份	工业总产值	# 国有工业	轻工业	重工业
1979	5757.7	51499.1	3860.0	17181.1
1980	6353.2	55597.1	4477.1	17585.4
1981	6555.0	55894.1	4934.7	16308.7
1982	6832.3	56502.9	5108.7	17208.0
1983	7268.0	59921.5	5328.3	18944.2
1984	8311.6	67231.5	5992.2	22273.4
1985	9929.8	75158.8	6970.8	27741.5
1986	11232.2	86606.8	7522.0	33566.0
1987	13604.2	102420.0	9093.6	40756.5
1988	16353.6	119500.0	10466.6	51789.0
1989	17939.4	123387.3	11764.7	56626.4
1990	18514.8	126305.5	12159.6	58332.8
1991	21419.6	138444.2	13948.7	68227.5
1992	25510.7	161540.1	15301.7	89446.2
1993	29643.5	167061.0	17673.5	104562.7
1994	34860.7	175125.0	21720.7	117057.9
1995	40473.3	181107.4	26043.1	130636.7
1996	47191.9	192334.7	28334.9	164732.8
1997	55261.7	202162.5	31990.1	199985.6
1998	63550.9	215210.6	35029.2	240582.7
1999	70859.3	237359.0	38462.1	271858.5
2000	79362.4	271506.4	43191.8	303937.8
2001	87774.8	214490.1	46474.4	344057.6
2002	99712.2	234008.7	46613.8	428351.1
2003	120950.9	302339.2	48618.2	541007.4
2004	151430.5	367946.9	63461.3	655863.3
2005	192771.0	484954.0	80215.1	847375.4
2006	251951.7	614921.7	101632.5	1129551.4
2007	328819.1	813425.8	126840.5	1510749.0
2008	433712.4	1002954.0	160326.4	2870788.7
2009	514643.1	1169945.8	181168.8	3519299.9
2010	618774.0	1515874.4	214431.6	4343423.3
2011	803787.4	1929708.1	279618.8	5629076.6
2012	931589.6	2186359.3	322680.1	6540987.0

10－2 续表 2

（以上年为 100）

年　　份	工业总产值	# 国有工业	轻工业	重工业
1950	155.4	376.4	161.8	120.8
1951	165.4	248.9	163.4	180.1
1952	137.0	256.3	131.9	171.2
1953	141.3	140.4	141.7	139.5
1954	107.0	122.2	101.3	136.7
1955	114.8	108.2	117.2	105.6
1956	129.0	188.2	124.2	149.8
1957	107.9	108.0	109.8	101.2
1958	174.5	159.3	162.0	224.5
1959	131.6	129.8	115.3	178.3
1960	113.9	114.4	99.5	140.6
1961	53.0	53.7	67.9	33.4
1962	83.5	82.9	86.4	75.5
1963	101.3	106.0	96.1	117.3
1964	120.1	121.3	117.3	127.1
1965	122.9	118.9	114.4	142.7
1966	120.8	116.5	121.0	120.6
1967	90.7	87.0	91.7	88.8
1968	90.0	87.1	94.3	81.7
1969	123.9	131.0	111.7	151.2
1970	144.4	153.2	129.7	168.8
1971	107.0	107.4	103.9	110.0
1972	116.3	117.7	118.9	113.1
1973	106.3	104.8	108.2	103.9
1974	78.7	75.4	87.6	66.7
1975	126.7	126.6	114.7	147.6
1976	90.6	85.6	94.2	85.7
1977	128.4	129.8	119.7	141.4
1978	125.5	121.6	124.7	126.5
1979	115.0	116.6	117.4	112.0
1980	110.3	108.0	110.2	102.6
1981	103.2	100.5	110.2	92.1
1982	104.2	101.1	103.5	105.5
1983	106.4	106.1	104.3	110.1
1984	114.4	112.2	112.5	117.6
1985	119.5	111.8	116.3	124.6
1986	113.1	115.2	107.9	121.0
1987	121.1	118.3	120.9	121.4
1988	120.2	116.7	115.1	127.1
1989	109.7	103.1	111.1	107.9
1990	103.2	102.4	103.4	103.0

10－2 续表3 （以上年为100）

年　　份	工业总产值	#国有工业	轻工业	重工业
1991	115.7	109.6	114.7	117.0
1992	119.1	116.7	109.7	131.1
1993	116.2	103.4	115.5	116.9
1994	117.6	104.8	122.9	112.0
1995	116.1	112.8	119.9	111.6
1996	116.6	106.2	108.8	126.1
1997	117.1	105.1	112.9	121.4
1998	115.0	111.0	109.5	120.3
1999	111.5	110.3	109.8	113.0
2000	112.0	112.8	112.3	111.8
2001	110.6	79.0	107.6	113.2
2002	113.6	109.1	100.3	124.5
2003	121.3	129.2	104.3	126.3
2004	125.2	121.7	130.5	121.2
2005	127.3	131.8	126.4	129.2
2006	130.7	126.8	126.7	133.3
2007	130.5	132.3	124.8	133.7
2008	131.9	123.3	126.4	137.4
2009	118.7	116.7	113.0	122.6
2010	131.9	128.5	131.9	131.9
2011	129.9	127.3	130.4	129.6
2012	115.9	113.3	115.4	116.2

10－3 全部工业总产值

计量单位：万元

指　　标	2012年		2011年	
	企业单位数（个）	按当年价格计算	企业单位数（个）	按当年价格计算
一、全部工业总产值	60463	82630847	63537	71273582
按是否国有控股分：				
国有及国有控股	81	21852534	87	19293574
其它经济	51431	60778313	63450	51980008
二、主营业务收入2000万元以上	2282	70583246	2219	59756609
#大　型	41	33977699	42	30930691
中　型	204	8355963	208	7819542
#轻工业	1089	23843547	1065	19900669
重工业	1193	46739699	1154	39855940
三、主营业务收入2000万元以下	58181	12047601	61318	11516973

注：全部工业总产值对应的企业单位数含个体工业单位数。

10－4 规模以上工业企业主要产品产量

产　　品	单　位	2012 年	2011 年	2012 年为 2011 年的%
一、纺织工业产品				
纱	吨	51410	52345	98.2
布	万米	607	410.32	147.9
#纯化纤布	万米	357	410.32	87.0
棉布	万米	250	251	99.6
针棉织品折用纱线量	吨	160	621	25.8
毛巾	万条	2704	1544.04	175.1
皮革服装	万件	7.78	37.8	20.6
服装	万件	4033	3691.73	109.2
二、轻工产品				
家用电冰箱	万台	16.5	26.01	63.4
家用洗衣机	万台	37.65	62.99	59.8
机制纸及纸板	吨	267137	234137	114.1
家具	万件	141.56	133.26	106.2
日用陶瓷	万件			
合成洗涤剂	吨	152042	152366	99.8
酱油	吨	227975	229121	99.5

10－4 续表1

产　　品	单　位	2012 年	2011 年	2012 年为 2011 年的%
卷烟	万箱	367.55	363.24	101.2
饮料酒	千升	75433	72293	104.3
# 白酒	千升	5918	4259	139.0
啤酒	千升	67768	66236	102.3
糕点	吨			
乳制品	吨	218883	175437	124.8
塑料制品	万吨		12.95	
皮鞋	万双		1175.31	
食用植物油	吨	122463	81505	150.3
饲料	万吨	208.4	168.42	123.7
三、石油化工产品				
农用化肥	万吨	1.83	1.8	101.7
化学农药(原药)	吨	17524	12229	143.3
油漆	吨	263387	160285	164.3
涂料	吨	263387	160285	164.3
焰火制品	亿元	256.91	206.94	124.1

10－4 续表 2

产　　品	单　位	2012 年	2011 年	2012 年为 2011 年的%
四、机械产品				
泵	万台	0.9	0.8	112.5
风机	万台	2.44	1.99	122.6
交流电动机	万千瓦	311.94	244	127.8
变压器	万千伏安	–	8.67	
电力电缆	万千米	128.74	107.74	119.5
电子束管(显像管)	万只	7.06	5.32	132.7
汽车	辆	103943	91582	113.5
金属切削机床	台	1661	2532	65.6
# 数控机床	台	197	323	61.0
工业锅炉	蒸发量吨	11185	54389	20.6
矿山设备	吨	22640	20724	109.2
起重设备	吨	772013	801273	96.3
混凝土机械	台	52744	45439	116.1
铲土运输机械	台	36096	37509	96.2
压实机械	台	3035	3999	75.9
五、冶金、电力、煤炭工业产品				
发电量	万千瓦小时	593623	766616	77.4
# 水电	万千瓦小时	59159	27740	213.3
原煤	万吨	627.07	511.51	122.6
钢材	吨	98586	85270	115.6
铝材	吨	911020	754335	120.8
六、建材工业产品				
水泥	万吨	1318.91	1337.68	98.6
商品混凝土	万立方米	480.89	475.8	101.1

10－5　1998－2012年规模以上工业企业主要经济指标

指　　标	1998年	1999年	2000年	2001年	2002年	2003年
企业单位数(个)	602	672	657	744	895	1096
# 亏损企业	273	241	223	230	258	226
工业总产值(当年价格)	2656096	3098178	3301641	3700281	4441769	5643301
工业总产值(90年不变价格)	2017204	2471464	2779138	3191784	4122195	5476719
工业销售产值(当年价格)	2560872	3007318	3229826	3636080	4391451	5578889
工业增加值(当年价格)	990023	1071758	1178774	1325474	1603271	2031020
流动资产合计	1889708	2097902	2456692	2742156	3077790	3772809
存货	713805	726300	849283	917658	1073247	1291700
# 产成品	238900	259808	313282	314616	387805	443290
固定资产合计	1905649	2113116	2364939	2416425	2673026	2775924
固定资产原价合计	2337912	2590306	2909204	3153749	3496219	3817462
固定资产净值平均余额	1582335	1756358	1888985	2076331	2298696	2411178
资产总计	4277157	4722014	5406433	5891896	6629858	7582870
流动负债合计	1954242	2101611	2306733	2551023	2729096	3220482
负债合计	2666746	2859586	3148273	3328496	3637202	4148846
主营业务收入	2531715	2916883	3212467	3538980	4296915	5679012
主营业务成本	1714194	1963016	2171292	2399290	2944484	3842496
主营业务费用	111048	150292	164677	204212	256901	318318
主营业务税金及附加	322040	348163	370445	356460	356106	402640
营业利润	363206	455412	506053	579018	759425	1115558
利润总额	99866	176898	211786	240180	332138	470195
亏损企业亏损额	94747	79032	55843	60056	66425	60483
利税总额	595522	717684	789784	833951	936369	1157914
应交增值税	173616	192623	207553	237311	248126	285078

注：1. 从1998年起工业企业主要经济指标为规模以上工业企业(即年主营业务收入500万元以上独立核算工业企业)主要经济指标。

2. 2008年数据按第二次经济普查数据修正。

3. 从2011年起，规模以上工业企业统计标准由年主营业务收入500万元以上变更为2000万元及以上。

单位:万元

2004 年	2005 年	2006 年	2007 年	2008 年	2009 年	2010 年	2011 年	2012 年
1464	1691	1920	2047	2575	2527	2617	2219	2282
263	217	165	133	139	172	83	107	133
7699353	9733713	12717585	17326728	28153645	33728555	45716906	59756609	70583246
7594852	9551244	12673496	17105805	27807656	33256951	45390816	59014457	69289554
2718925	3523338	4411148	5845815	11296207	12360165	15722264	21092400	23098396
4574168	5102554	6357110	7761100	12471386	14094846	21065939	24386980	31078962
1607995	1838326	2267629	2564681	4130906	4820399	5985926	6907187	8391415
478979	507981	718122	1010958	1154176	1377478	1833303	1894490	2589496
3283857	3955661	4259095	5181152	9879593	12853030	13662049	14022082	16886035
4300092	5051470	5542976	6435469	12819906	14421067	15780005	18563250	21314194
2748064	3167717	3820512	4112795	7985703	10379476	11360425	13364154	
9251983	10675036	12728342	15679718	27347526	30867064	40568029	47623577	58250722
3871544	4505124	4881277	5891835	8910948	9765456	13402078	17902397	21572983
5014353	5802134	6722111	8464062	14926586	16705263	21315603	25903355	32693115
7490187	9351579	12350206	17518483	27181162	32754428	45087877	58597585	68645424
5428851	6753573	8770195	12115525	19484114	23391354	33142414	42733271	51359043
393043	505709	646888						
580931	648061	714015	899198	2452071	2617761	3388886	4043661	4748995
558645	688131	1172544	1756969	3356097	4234120	5160913	5882254	5977448
569891	640280	950519	1704861	2924227	3341951	4962418	5632994	6084527
80676	62222	48274	161573	124990	101164	28593	157392	197853
1498648	1770675	2236963	3396882	7033955	7464562	10647497	12249468	13531182
347826	482333	572429	792824	1657657	1504850	2296193	2558087	2697660

10－6 规模以上工业企业主要经济指标(2012年)

指　　标	企业单位数(个)	#亏损企业(个)	工业总产值(当年价格)	#新产品产　值	工业销售产值(当年价)
总　　计	**2282**	**133**	**70583246**	**23524553**	**69289554**
按轻重行业分组					
轻工业	1097	38	23891374	8565602	23569406
重工业	1185	95	46691872	14958951	45720148
按登记注册类型分组					
内资企业	2152	110	65276246	22302146	64093342
国有企业	42	10	10450029	7462622	10331810
集体企业	50	1	1116336	2259	1110951
股份合作企业	26	1	406591	109279	393867
联营企业	11		87616	6923	86169
集体联营企业	4		33648	850	33554
国有与集体联营企业	7		53967	6073	52615
有限责任公司	435	39	19651764	6235943	19321092
国有独资公司	7	2	297703	75012	291961
其他有限责任公司	428	37	19354061	6160931	19029131
股份有限公司	86	8	12404352	6080056	12285490
私营企业	1321	48	19328509	2216885	18790610
私营独资企业	261		2956716	67793	2925080
私营合伙企业	130	1	1285133	80779	1271128
私营有限责任公司	852	43	13194215	1734992	12828078
私营股份有限公司	78	4	1892445	333321	1766324
其他企业	181	3	1831049	188177	1773354
港、澳、台商投资企业	64	8	2815165	664433	2683779
合资经营企业(港或澳、台资)	38	5	1787665	293209	1728083
合作经营企业(港或澳、台资)	3		55146	147	55146
港、澳、台商独资经营企业	20	3	793054	294971	723120
港、澳、台商投资股份有限公司	3		179300	76106	177430
外商投资企业	66	15	2491835	557975	2512432
中外合资经营企业	39	7	1259388	310686	1283483
中外合作经营企业	2	1	13692	606	12761
外资企业	23	7	1088330	176507	1085764
外商投资股份有限公司	1		120176	70176	120176
其他外商投资企业	1		10250		10249

单位:万元

#出口交货值	流动资产合计	#应收账款	存货	#产成品	固定资产合计	固定资产原价	累计折旧	资产总计
2967287	**31078962**	**7570172**	**8391415**	**2589496**	**16886035**	**21314194**	**6562350**	**58250722**
625470	8417796	1015998	3581712	607255	3466807	5168720	1960421	13898570
2341817	22661166	6554174	4809703	1982241	13419228	16145474	4601929	44352152
2455124	28835042	7055802	7889190	2362950	15035342	19004508	5956639	53555429
54736	6167894	578625	2995061	244222	6445902	8347832	3314630	13989389
11272	73514	21399	17529	11236	115499	137383	32360	198229
19728	81318	27934	18872	16586	81455	73444	22071	194138
2541	11778	3140	5455	3832	7250	10082	3072	20513
	1321	395	286	268	2709	4346	1637	4104
2541	10456	2745	5169	3565	4542	5737	1436	16408
1373974	9487204	2987462	2059058	719635	4093746	5162607	1276700	17699061
56880	261471	63828	66059	26778	311058	399916	151093	612176
1317094	9225733	2923635	1993000	692857	3782688	4762691	1125607	17086885
436326	8016745	2034812	1605589	801348	1166060	1583748	474635	11618992
457394	4791081	1339212	1139846	538462	2977808	3506554	780245	9401111
50346	312648	84288	73194	50567	397272	452114	74944	896976
31235	113382	31299	31208	15167	187778	214825	44223	336917
337382	3493360	976793	831074	369862	2104562	2536460	589570	6819770
38431	871690	246832	204371	102865	288195	303156	71507	1347449
99153	205510	63218	47779	27631	147623	182857	52926	433996
244569	949456	267598	202104	80319	575838	724181	273922	1752100
210933	426108	124781	113732	28993	335965	422551	102508	901423
6147	3914	924	781	603	9713	11942	2325	15557
23759	456510	133005	76206	44706	196289	249175	158654	721967
3730	62924	8888	11385	6018	33871	40514	10435	113153
267595	1294464	246772	300122	146227	1274855	1585505	331790	2943194
99083	791338	106837	143430	68665	874243	1051978	184717	1928594
	2781	1244	989	663	2069	5608	3543	5384
168512	397111	129736	145744	69401	392519	520447	142082	898683
	102923	8800	9828	7461	5872	7173	1301	110071
	310	155	130	37	153	300	147	463

10－6 续表 1

指　　标	企业单位数（个）	#亏损企业（个）	工业总产值（当年价格）	#新产品产　值	工业销售产值（当年价）
按经济组织类型分组					
独资企业	396	21	16404465	8004152	16176725
国有企业	42	10	10450029	7462622	10331810
集体企业	50	1	1116336	2259	1110951
私营独资企业	261		2956716	67793	2925080
港澳台商独资经营企业	20	3	793054	294971	723120
外资企业	23	7	1088330	176507	1085764
合作合伙企业	353	6	3679228	385912	3592425
股份合作企业	26	1	406591	109279	393867
集体联营企业	4		33648	850	33554
国有与集体联营企业	7		53967	6073	52615
私营合伙企业	130	1	1285133	80779	1271128
合作经营企业(港或澳、台资)	3		55146	147	55146
中外合作经营企业	2	1	13692	606	12761
其他企业(内资)	181	3	1831049	188177	1773354
股份有限公司	168	12	14596272	6559659	14349420
股份有限公司(内资)	86	8	12404352	6080056	12285490
私营股份有限公司	78	4	1892445	333321	1766324
港澳台商投资股份有限公司	3		179300	76106	177430
外商投资股份有限公司	1		120176	70176	120176
有限责任公司	1364	94	35893031	8574831	35160735
国有独资公司	7	2	297703	75012	291961
私营有限责任公司	852	43	13194215	1734992	12828078
合资经营企业(港或澳、台资)	38	5	1787665	293209	1728083
中外合资经营企业	39	7	1259388	310686	1283483
其他有限责任公司	428	37	19354061	6160931	19029131
在总计中:国有控股企业	93	20	22180369	13414714	22113296
在总计中:大型企业	48	7	34692098	19405603	34208485
中型企业	268	25	9064840	1482380	8874598
小型企业	1929	97	25110199	2602433	24448037
在总计中:亏损企业	133	133	1670733	410855	1616485
在总计中:农村工业	97		895013	13495	869231

单位:万元

#出口交货值	流动资产合计	#应收账款	存货	#产成品	固定资产合计	固定资产原价	累计折旧	资产总计
308625	7407678	947053	3307733	420131	7547480	9706951	3722670	16705244
54736	6167894	578625	2995061	244222	6445902	8347832	3314630	13989389
11272	73514	21399	17529	11236	115499	137383	32360	198229
50346	312648	84288	73194	50567	397272	452114	74944	896976
23759	456510	133005	76206	44706	196289	249175	158654	721967
168512	397111	129736	145744	69401	392519	520447	142082	898683
158804	418682	127760	105084	64483	435888	498758	128161	1006503
19728	81318	27934	18872	16586	81455	73444	22071	194138
	1321	395	286	268	2709	4346	1637	4104
2541	10456	2745	5169	3565	4542	5737	1436	16408
31235	113382	31299	31208	15167	187778	214825	44223	336917
6147	3914	924	781	603	9713	11942	2325	15557
	2781	1244	989	663	2069	5608	3543	5384
99153	205510	63218	47779	27631	147623	182857	52926	433996
478486	9054282	2299331	1831173	917692	1493998	1934590	557878	13189665
436326	8016745	2034812	1605589	801348	1166060	1583748	474635	11618992
38431	871690	246832	204371	102865	288195	303156	71507	1347449
3730	62924	8888	11385	6018	33871	40514	10435	113153
	102923	8800	9828	7461	5872	7173	1301	110071
2021373	14198009	4195873	3147294	1187155	7408517	9173596	2153494	27348847
56880	261471	63828	66059	26778	311058	399916	151093	612176
337382	3493360	976793	831074	369862	2104562	2536460	589570	6819770
210933	426108	124781	113732	28993	335965	422551	102508	901423
99083	791338	106837	143430	68665	874243	1051978	184717	1928594
1317094	9225733	2923635	1993000	692857	3782688	4762691	1125607	17086885
520345	14278028	2722547	4545304	976450	7731086	10124341	3907200	25719265
1930185	22338443	5145130	6335127	1634696	9479627	11549552	3690479	39427448
467709	3606752	884045	879576	366908	2188415	2923419	902516	6781171
569393	4662641	1477754	1126443	575270	3883947	4667685	1129576	9973476
91262	2008293	452551	432016	192362	1669368	2028170	379480	4512393
34174	53542	18275	11128	6955	59588	72312	18678	137404

10－6 续表2

指　　标	企业单位数（个）	#亏损企业（个）	工业总产值（当年价格）	#新产品产　值	工业销售产值（当年价）
按行业大类分组					
采矿业	82		922291	10023	897768
煤炭开采和洗选业	21		468139	2662	454771
黑色金属矿采选业	7		46658		45699
有色金属矿采选业	8		73426		71988
非金属矿采选业	46		334068	7361	325310
制造业	2166	128	67231880	23488067	65997950
农副食品加工业	138	7	2872644	254456	2829236
食品制造业	61	5	1273187	113939	1239811
酒、饮料和精制茶制造业	55	4	1126245	34041	1114847
烟草制品业	2		7015488	6905163	7037687
纺织业	26	1	474121	113952	466566
纺织服装、服饰业	27	1	592679	139314	584970
皮革、毛皮、羽毛及其制品和制鞋业	16		292897	735	292677
木材加工和木、竹、藤、棕、草制品业	21		171980	2914	165903
家具制造业	31		393088	27420	375648
造纸和纸制品业	69	4	746740	39124	726344
印刷和记录媒介复制业	55	3	896420	37812	866977
文教、工美、体育和娱乐用品制造业	16		169365	3981	157890
石油加工、炼焦和核燃料加工业	5	1	82493	2088	81561
化学原料和化学制品制造业	491	8	5831047	708081	5697693
医药制造业	64	2	1980238	340707	1937727
橡胶和塑料制品业	81	5	1258032	118720	1239366
非金属矿物制品业	196	12	2750642	190378	2708351
黑色金属冶炼和压延加工业	44	1	641910	128117	643258
有色金属冶炼和压延加工业	65	6	3916805	1019076	3990598
金属制品业	72	4	1542749	200395	1506749
通用设备制造业	190	15	3154239	593381	3001370
专用设备制造业	136	14	20253773	8973078	20010049
汽车制造业	97	14	2887113	864077	2899051
铁路、船舶、航空航天和其他运输设备制造业	13	2	313112	35270	290997
电气机械和器材制造业	107	8	2297191	385657	2199410
计算机、通信和其他电子设备制造业	47	9	3410739	1936984	3137004
仪器仪表制造业	29	1	744514	305623	656873
其他制造业	6		79544	1150	78533
废弃资源综合利用业	4	1	36582	7802	35687
金属制品、机械和设备修理业	2		26302	4637	25120
电力、热力、燃气及水生产和供应业	34	5	2429075	26464	2393836
电力、热力生产和供应业	9	2	1922341		1919093
燃气生产和供应业	10		289218		281828
水的生产和供应业	15	3	217517	26464	192915

单位:万元

#出口交货值	流动资产合计	#应收账款	存货	#产成品	固定资产合计	固定资产原价	累计折旧	资产总计
7262	84365	18023	17536	12632	167951	199974	41819	277784
	45295	5722	6059	5770	55443	70858	16912	108687
7	4938	497	1802	977	16833	17976	4582	23991
	9678	2974	3467	1228	21029	31330	11760	33585
7255	24455	8831	6209	4657	74647	79811	8565	111521
2960025	30195543	7373930	8278212	2567960	10677755	13979217	4026084	50738898
75540	383344	77227	133764	64094	349565	411259	95946	859930
95	463881	45208	73223	28923	210162	281960	77076	776675
23704	288364	42353	67324	37402	274992	466772	198269	693260
27733	4826110	189698	2688126	142306	800758	1706815	906057	6515209
10255	182419	25521	72128	54101	113547	130824	25263	360064
32284	119628	26282	28625	17626	93063	129333	39233	223901
	33597	6113	11038	6994	23174	32244	9073	62122
616	23793	5936	7084	5682	29074	33253	6380	56449
26326	33402	9795	9797	5260	67125	67847	16019	135747
24	124364	42565	29975	10910	97582	107874	23671	263896
1490	274261	74055	104533	39268	174864	283157	131326	492208
13995	37717	6402	18490	15354	16764	15235	2482	57094
	27484	5677	3596	2571	39950	50341	10756	70698
479068	892996	300983	231172	136615	723103	809456	191398	1844095
15364	581330	117824	133290	65448	307889	384193	114126	1032331
8783	260197	83815	75766	45419	283992	344645	81125	715852
7804	712781	302421	169809	63716	602261	765782	201747	1407911
30904	165124	52376	49556	21391	146151	194622	58652	368888
17287	703101	126851	112388	45244	514994	602522	121086	1585993
16222	347235	112557	87515	47508	193067	238867	68432	671210
96997	1068464	308876	342707	148946	610493	853747	291181	1934967
673067	13849360	4187878	2777591	1105420	2399624	3050272	684299	21632081
254107	2102021	469942	441833	188778	1067064	1275709	250274	3927807
550	259576	76245	67550	10997	116242	118258	23070	507648
45053	855150	255620	188295	97626	382213	427641	113845	1454334
1079155	1000161	251045	269485	127722	799836	1006766	229685	2191552
21884	520929	165019	65810	29370	190883	131734	46026	782569
	6663	2250	1370	513	7377	8528	1877	16569
	9964	1568	2009	1303	31400	33429	2129	41677
1720	42128	1828	14364	1456	10547	16132	5585	56163
	799054	178219	95667	8904	6040329	7135003	2494448	7234041
	453472	90977	61733	57	5601295	6540353	2311343	6304167
	93034	10771	17676	2118	142194	171231	29677	294557
	252548	76471	16259	6729	296840	423419	153428	635318

10－6 续表 3

指　　标	流动负债合计	#应付账款	负债合计	所有者权益合计	#实收资本
总　　计	**21572983**	**5755645**	**32693115**	**25548754**	**7253116**
按轻重行业分组					
轻工业	4044539	1204879	4793427	9102695	2008046
重工业	17528444	4550767	27899688	16446059	5245070
按登记注册类型分组					
内资企业	19422064	4972022	30091222	23455878	6259774
国有企业	3987090	1107348	7772108	6217281	1362603
集体企业	61584	15116	91636	106593	45770
股份合作企业	58562	14019	72834	121095	49572
联营企业	4730	2753	7464	13049	6977
集体联营企业	683	353	1071	3034	2276
国有与集体联营企业	4047	2399	6393	10015	4701
有限责任公司	7159423	1368155	11215088	6483200	1436507
国有独资公司	388182	41443	435735	176441	92978
其他有限责任公司	6771241	1326713	10779353	6306759	1343528
股份有限公司	4298327	1020769	5926663	5692063	1226850
私营企业	3707260	1401726	4820897	4573133	2011420
私营独资企业	151724	42703	340361	556616	286657
私营合伙企业	62065	30794	100130	236780	141240
私营有限责任公司	2960019	1173748	3782314	3030459	1391577
私营股份有限公司	533453	154482	598093	749279	191947
其他企业	145088	42136	184531	249466	120074
港、澳、台商投资企业	793877	311237	933922	817654	272415
合资经营企业(港或澳、台资)	499528	161095	599342	301557	162036
合作经营企业(港或澳、台资)	660	33	1689	13868	1962
港、澳、台商独资经营企业	270156	148314	304918	417050	80467
港、澳、台商投资股份有限公司	23532	1795	27974	85180	27950
外商投资企业	1357042	472386	1667971	1275223	720927
中外合资经营企业	961622	282300	1223968	704626	376974
中外合作经营企业	1052	715	1052	4332	4523
外资企业	384557	186901	433140	465542	331327
外商投资股份有限公司	9811	2470	9811	100260	6863
其他外商投资企业				463	1240

单位:万元

国家资本	集体资本	法人资本	个人资本	港澳台资本	外商资本	主营业务收入	主营业务成本	主营业务税金及附加
969735	**144546**	**3414398**	**1489661**	**340783**	**893994**	**68645424**	**51359043**	**4748995**
488647	52900	764796	508982	88166	104556	23337786	14310332	4375103
481088	91646	2649602	980679	252617	789437	45307638	37048711	373893
912780	131316	3133226	1442853	208790	430809	63409113	47068110	4671227
602971	18	489671	2698		267246	10268888	4174872	4143056
	5182	33543	7046			1074544	865013	8964
5580	206	36744	6802		240	412214	316410	5577
	1530	2250	1727		1470	84745	69279	357
		1880	396			32998	27174	151
	1530	370	1331		1470	51747	42105	206
123969	13058	819572	335880	55486	88543	19120554	15530674	137212
53629		39349				297581	235214	1082
70340	13058	780222	335880	55486	88543	18822972	15295460	136130
145970	43046	638879	198595	142776	57585	11964015	9671242	92134
29772	60316	1054483	840642	10500	15706	18695917	14997582	245012
3843	21863	124456	132632	3442	420	2896322	2396394	47459
112	4296	107755	29078			1259005	1018574	24575
21816	28955	735185	583513	7058	15050	12684937	10203197	159994
4001	5203	87088	95419		236	1855652	1379417	12983
4518	7960	58085	49464	28	20	1788237	1443039	38914
21618	3	116055	13910	109982	10848	2719358	2240250	27758
20115		83196	11188	44705	2833	1788296	1524127	14811
1503	3	2	155	300		55146	39541	419
		10006	2568	59878	8015	727791	555388	8919
		22850		5100		148125	121194	3610
35338	13227	165118	32898	22011	452336	2516953	2050684	50011
35338	13227	140817	26256	8065	153271	1253973	1039987	41908
		101		4340	83	12228	11106	376
		24200	6642	2993	297493	1145025	935625	7246
				6613	250	95478	56075	398
					1240	10249	7890	83

10－6 续表 4

指　　标	流动负债合计	#应付账款	负债合计	所有者权益合计	#实收资本
按经济组织类型分组					
独资企业	4855111	1500382	8942163	7763081	2106824
国有企业	3987090	1107348	7772108	6217281	1362603
集体企业	61584	15116	91636	106593	45770
私营独资企业	151724	42703	340361	556616	286657
港澳台商独资经营企业	270156	148314	304918	417050	80467
外资企业	384557	186901	433140	465542	331327
合作合伙企业	272156	90450	367699	638589	324348
股份合作企业	58562	14019	72834	121095	49572
集体联营企业	683	353	1071	3034	2276
国有与集体联营企业	4047	2399	6393	10015	4701
私营合伙企业	62065	30794	100130	236780	141240
合作经营企业(港或澳、台资)	660	33	1689	13868	1962
中外合作经营企业	1052	715	1052	4332	4523
其他企业(内资)	145088	42136	184531	249466	120074
股份有限公司	4865124	1179515	6562541	6626781	1453610
股份有限公司(内资)	4298327	1020769	5926663	5692063	1226850
私营股份有限公司	533453	154482	598093	749279	191947
港澳台商投资股份有限公司	23532	1795	27974	85180	27950
外商投资股份有限公司	9811	2470	9811	100260	6863
有限责任公司	11580592	2985298	16820711	10519841	3367094
国有独资公司	388182	41443	435735	176441	92978
私营有限责任公司	2960019	1173748	3782314	3030459	1391577
合资经营企业(港或澳、台资)	499528	161095	599342	301557	162036
中外合资经营企业	961622	282300	1223968	704626	376974
其他有限责任公司	6771241	1326713	10779353	6306759	1343528
在总计中:国有控股企业	8708921	2224665	14090534	11628730	2583828
在总计中:大型企业	14516685	3754554	22810432	16617015	3148385
中型企业	2718270	758780	3651754	3129417	1395984
小型企业	3649812	985609	4800777	5163976	2514229
在总计中:亏损企业	2748726	1114843	3435649	1076213	1122400
在总计中:农村工业	29845	9399	50767	86637	41040

单位:万元

国家资本	集体资本	法人资本	个人资本	港澳台资本	外商资本	主营业务收入	主营业务成本	主营业务税金及附加
606814	27063	681876	151586	66312	573174	16112570	8927292	4215645
602971	18	489671	2698		267246	10268888	4174872	4143056
	5182	33543	7046			1074544	865013	8964
3843	21863	124456	132632	3442	420	2896322	2396394	47459
		10006	2568	59878	8015	727791	555388	8919
		24200	6642	2993	297493	1145025	935625	7246
11713	13994	204936	87225	4668	1813	3611575	2897948	70217
5580	206	36744	6802		240	412214	316410	5577
		1880	396			32998	27174	151
	1530	370	1331		1470	51747	42105	206
112	4296	107755	29078			1259005	1018574	24575
1503	3	2	155	300		55146	39541	419
		101		4340	83	12228	11106	376
4518	7960	58085	49464	28	20	1788237	1443039	38914
149971	48249	748817	294014	154489	58071	14063270	11227928	109125
145970	43046	638879	198595	142776	57585	11964015	9671242	92134
4001	5203	87088	95419		236	1855652	1379417	12983
		22850		5100		148125	121194	3610
				6613	250	95478	56075	398
201238	55240	1778769	956837	115313	259696	34847761	28297985	353925
53629		39349				297581	235214	1082
21816	28955	735185	583513	7058	15050	12684937	10203197	159994
20115		83196	11188	44705	2833	1788296	1524127	14811
35338	13227	140817	26256	8065	153271	1253973	1039987	41908
70340	13058	780222	335880	55486	88543	18822972	15295460	136130
886269	7900	1132577	83705	150616	322761	21787010	13659302	4224604
669632	10615	1410000	266677	211835	579626	33934887	23100578	4258308
165634	36304	613002	254603	74916	251524	8708885	6945281	89466
107917	97628	1262968	937443	46431	61843	24247808	19683461	365086
84086	18396	561194	54499	36299	367928	1675830	1515110	10652
277	3408	23207	14114	22	12	858752	663358	16016

10－6 续表 5

指　　标	流动负债合计	#应付账款	负债合计	所有者权益合计	#实收资本
按行业大类分组					
采矿业	43726	12869	76654	201130	137797
煤炭开采和洗选业	18540	2127	35493	73194	49766
黑色金属矿采选业	3545	665	3832	20159	13840
有色金属矿采选业	6726	2212	14415	19170	10508
非金属矿采选业	14916	7865	22915	88606	63684
制造业	19143985	5370031	26512074	24217971	6362446
农副食品加工业	289349	58627	360356	499515	195866
食品制造业	190225	48320	231655	545020	182088
酒、饮料和精制茶制造业	232171	62672	328963	364297	166799
烟草制品业	1582776	544912	1583036	4932173	446000
纺织业	108174	33558	136520	223543	34385
纺织服装、服饰业	74963	18680	89511	134390	34690
皮革、毛皮、羽毛及其制品和制鞋业	23379	9735	26649	35264	13078
木材加工和木、竹、藤、棕、草制品业	12757	3316	17192	39257	10030
家具制造业	40940	12485	54870	80788	36646
造纸和纸制品业	107479	53920	145597	118032	54663
印刷和记录媒介复制业	223256	55900	263913	228294	73078
文教、工美、体育和娱乐用品制造业	29660	12244	31821	25273	14856
石油加工、炼焦和核燃料加工业	28192	3723	34467	36231	10997
化学原料和化学制品制造业	654515	165557	836592	1007127	378174
医药制造业	300471	90370	404782	626420	208534
橡胶和塑料制品业	251881	66884	310070	405102	285653
非金属矿物制品业	616042	176955	754708	653126	360220
黑色金属冶炼和压延加工业	168422	36000	221456	147433	85576
有色金属冶炼和压延加工业	464342	78374	787036	798799	386051
金属制品业	210195	62459	278535	392360	150639
通用设备制造业	909853	285118	1062002	867965	402402
专用设备制造业	8279106	1597187	13177948	8453654	1146842
汽车制造业	2327206	1182808	2823590	1104206	795121
铁路、船舶、航空航天和其他运输设备制造业	189826	60511	287032	220617	95576
电气机械和器材制造业	449721	160660	609457	844877	307019
计算机、通信和其他电子设备制造业	1064557	360319	1296860	894692	394695
仪器仪表制造业	260549	119293	293910	488659	74362
其他制造业	7866	1927	7999	8564	3496
废弃资源综合利用业	8209	3336	17613	24064	4390
金属制品、机械和设备修理业	37907	4184	37935	18228	10520
电力、热力、燃气及水生产和供应业	2385271	372746	6104387	1129654	752873
电力、热力生产和供应业	1972301	328892	5530256	773910	621845
燃气生产和供应业	128099	8611	182495	112061	31115
水的生产和供应业	284872	35242	391636	243682	99914

单位:万元

国家资本	集体资本	法人资本	个人资本	港澳台资本	外商资本	主营业务收入	主营业务成本	主营业务税金及附加
16118	7439	60759	53481			907740	718454	18541
16118		32468	1180			461532	379569	6526
	4936	4000	4904			45699	34917	711
		7300	3208			73575	53081	1837
	2503	16991	44190			326934	250886	9467
838801	117081	3025383	1430929	335355	614898	65328510	48608266	4712530
740	10777	104472	75555	207	4117	2721702	2286564	32515
217	5553	111395	26201	38236	486	1190136	905460	13061
2096	21216	53290	22720	27306	40172	1132809	893964	12424
430000		16000				7025344	1402396	4125070
		8551	25835			460181	360788	3144
851	605	17398	13018		2818	566754	434995	4002
		5286	7282		510	284282	239799	4427
		1045	8985			163884	136870	1113
6	286	18695	17645	6	8	391421	315125	6273
1136	892	15599	32721	4315		729227	613039	10962
	1995	44850	18246	6697	1290	853545	703674	9083
32	300	5498	7526	1500		156246	116839	2377
		7750	3247			94529	77817	1227
15473	7960	161203	182451	4977	6110	5672112	4439331	143801
16421	2898	97386	84298	3000	4532	1895031	1395127	12024
	282	94689	38454	9555	142673	1231538	969756	19950
45076	17049	204472	86352	3422	3850	2589542	2108399	33416
5183	268	41130	32663		6332	621185	539914	5249
4283	128	320143	42643	1847	17008	3909535	3559698	30327
1870	500	97649	45520	5100		1524183	1237574	18101
63388	7026	138826	183579	421	9163	3007973	2340186	36009
134667	21358	583619	191149	142956	73094	19723648	15754186	95552
71647	3415	366694	78994	27700	246671	2983494	2477701	49171
7707		84800	3069			288180	207811	1314
18007	4538	136403	103976		44096	2192992	1809973	23218
16805	10024	244012	54227	57659	11969	3121250	2681727	9946
3198	12	33712	37439			660944	497222	7546
		2200	1296			78130	63869	880
		1590	2348	452		33859	19186	118
		7028	3492			24856	19278	231
114816	20027	328256	5251	5428	279096	2409173	2032324	17925
65660	20009	268930			267246	1929356	1671305	14081
13100		7165	200	2400	8250	268559	213251	2267
36056	18	52161	5051	3028	3600	211258	147768	1577

10－6 续表 6

指　　标	其他业务利润	营业费用	管理费用	#税金	财务费用
总　　计	**53638**	**2609722**	**3141048**	**112281**	**772801**
按轻重行业分组					
轻工业	1028	894604	1095895	42773	73303
重工业	52610	1715118	2045153	69508	699498
按登记注册类型分组					
内资企业	31556	2323054	2848501	98850	729475
国有企业	－7948	136283	619703	17618	194355
集体企业		13617	30188	1208	3988
股份合作企业	95	13829	14627	1274	2036
联营企业		750	2237	51	122
集体联营企业		107	302		96
国有与集体联营企业		643	1935	51	25
有限责任公司	8082	806730	872249	30742	319025
国有独资公司	163	17198	33326	637	15644
其他有限责任公司	7919	789533	838923	30105	303380
股份有限公司	5986	594437	490048	13044	56047
私营企业	24543	723054	772793	32333	145219
私营独资企业	－3	55945	54080	1711	19340
私营合伙企业		25280	31022	2235	6065
私营有限责任公司	24411	547024	624467	25207	102314
私营股份有限公司	135	94805	63224	3180	17499
其他企业	797	34355	46656	2581	8685
港、澳、台商投资企业	7373	115061	129318	3467	15926
合资经营企业(港或澳、台资)	6085	60626	62971	1448	10150
合作经营企业(港或澳、台资)		667	1690	7	276
港、澳、台商独资经营企业	1012	49691	55612	1898	4248
港、澳、台商投资股份有限公司	276	4078	9045	115	1252
外商投资企业	14709	171606	163229	9965	27400
中外合资经营企业	2528	49945	88059	6283	21786
中外合作经营企业		173	641	135	－4
外资企业	12140	100469	64815	3485	6962
外商投资股份有限公司	41	20971	9631	61	－1351
其他外商投资企业		49	83		6

单位:万元

#利息支出	营业利润	投资收益	补贴收入	营业外收入	营业外支出	利润总额	应交所得税	亏损企业亏损额
833050	**5977448**	**-66261**	**141547**	**468874**	**371578**	**6084527**	**943716**	**197853**
85288	2309198	70302	93950	129660	119225	2324288	426922	16994
747763	3668250	-136563	47597	339214	252353	3760238	516794	180859
781551	5700338	-77474	129117	393752	356711	5743324	893965	121617
211117	1135158	71254	82790	122117	43382	1213976	295409	11952
3800	133848	11	96	101	87	133862	19862	191
1998	42224		3348	4088	20459	25854	2980	686
58	6735		86	155	172	6718	1197	
35	3607		3	3		3610	800	
24	3128		83	152	172	3108	397	
342829	1578997	81832	16098	160566	70644	1670432	192588	66091
14756	-1109	91	295	6118	1871	3446	1362	4241
328073	1580106	81741	15802	154448	68773	1666985	191226	61850
94309	1207990	-230597	8476	49517	136629	1120879	200176	7027
121539	1496771	-633	17983	55617	73126	1482912	174909	32911
12377	224504	66	146	2840	3326	224032	29071	
5045	111093	15		876	2027	109942	18397	217
83679	962807	-727	17006	45327	65608	946148	110813	31998
20438	198367	14	831	6574	2165	202790	16628	696
5901	98615	658	241	1591	12213	88692	6845	2759
21605	214461	3882	7831	11048	2261	224175	27330	9017
12023	110665	302	5315	6938	2068	115941	10533	7936
275	6535					6535		
7919	80300	3480	2516	3610	138	84293	14114	1081
1389	16961	100		500	55	17406	2683	
29894	62649	7332	4599	64073	12606	117028	22421	67219
23765	300	6662	2351	60780	10605	53386	11155	50920
	-63				7	-70		483
6123	50423	56	2149	3193	1993	51623	10525	15816
	10400	614	99	101	2	10498	741	
6	1591					1591		

10－6 续表7

指　　标	其他业务利润	营业费用	管理费用	#税金	财务费用
按经济组织类型分组					
独资企业	5202	356005	824398	25920	228893
国有企业	－7948	136283	619703	17618	194355
集体企业		13617	30188	1208	3988
私营独资企业	－3	55945	54080	1711	19340
港澳台商独资经营企业	1012	49691	55612	1898	4248
外资企业	12140	100469	64815	3485	6962
合作合伙企业	892	75053	96874	6282	17180
股份合作企业	95	13829	14627	1274	2036
集体联营企业		107	302		96
国有与集体联营企业		643	1935	51	25
私营合伙企业		25280	31022	2235	6065
合作经营企业(港或澳、台资)		667	1690	7	276
中外合作经营企业		173	641	135	－4
其他企业(内资)	797	34355	46656	2581	8685
股份有限公司	6438	714291	571948	16400	73447
股份有限公司(内资)	5986	594437	490048	13044	56047
私营股份有限公司	135	94805	63224	3180	17499
港澳台商投资股份有限公司	276	4078	9045	115	1252
外商投资股份有限公司	41	20971	9631	61	－1351
有限责任公司	41107	1464324	1647745	63680	453274
国有独资公司	163	17198	33326	637	15644
私营有限责任公司	24411	547024	624467	25207	102314
合资经营企业(港或澳、台资)	6085	60626	62971	1448	10150
中外合资经营企业	2528	49945	88059	6283	21786
其他有限责任公司	7919	789533	838923	30105	303380
在总计中:国有控股企业	－1134	612604	1071917	30339	273087
在总计中:大型企业	8045	1396600	1609720	46589	463753
中型企业	10620	460211	464723	18655	94789
小型企业	33984	734003	937939	43439	161499
在总计中:亏损企业	4695	138947	166646	4963	43143
在总计中:农村工业	21	12924	18036	1109	2862

单位:万元

#利息支出	营业利润	投资收益	补贴收入	营业外收入	营业外支出	利润总额	应交所得税	亏损企业亏损额
241337	1624231	74867	87697	131861	48926	1707786	368981	29040
211117	1135158	71254	82790	122117	43382	1213976	295409	11952
3800	133848	11	96	101	87	133862	19862	191
12377	224504	66	146	2840	3326	224032	29071	
7919	80300	3480	2516	3610	138	84293	14114	1081
6123	50423	56	2149	3193	1993	51623	10525	15816
13277	265139	673	3676	6710	34878	237670	29417	4144
1998	42224		3348	4088	20459	25854	2980	686
35	3607		3	3		3610	800	
24	3128		83	152	172	3108	397	
5045	111093	15		876	2027	109942	18397	217
275	6535					6535		
	-63				7	-70		483
5901	98615	658	241	1591	12213	88692	6845	2759
116137	1433717	-229870	9405	56692	138850	1351573	220228	7723
94309	1207990	-230597	8476	49517	136629	1120879	200176	7027
20438	198367	14	831	6574	2165	202790	16628	696
1389	16961	100		500	55	17406	2683	
	10400	614	99	101	2	10498	741	
462295	2652769	88069	40769	273610	148924	2785906	325089	156946
14756	-1109	91	295	6118	1871	3446	1362	4241
83679	962807	-727	17006	45327	65608	946148	110813	31998
12023	110665	302	5315	6938	2068	115941	10533	7936
23765	300	6662	2351	60780	10605	53386	11155	50920
328073	1580106	81741	15802	154448	68773	1666985	191226	61850
328358	2205635	-171386	93741	233534	186965	2252675	483201	22503
550223	3506331	-80488	98744	285928	197216	3595044	637574	93171
103358	676589	8553	16223	52003	51155	678291	92624	46743
124947	1806576	5005	26580	48257	109496	1754268	211024	57582
39210	-211684	-1227	10893	17860	4061	-197853	-187	197853
2893	55514	508	31	629	2525	54156	4962	

10－6 续表 8

指　　标	其他业务利润	营业费用	管理费用	#税金	财务费用
按行业大类分组					
采矿业	7	18020	25111	1280	3723
煤炭开采和洗选业		4055	11408	221	773
黑色金属矿采选业	7	722	2566	14	391
有色金属矿采选业		2161	3203	53	239
非金属矿采选业		11082	7935	992	2319
制造业	50143	2568383	2969328	106796	562121
农副食品加工业	1365	96167	120991	4732	14047
食品制造业	1753	90325	59786	2408	－928
酒、饮料和精制茶制造业	3199	94546	33258	1337	5982
烟草制品业	－12609	104876	422135	12630	－15074
纺织业	80	45480	15495	683	2394
纺织服装、服饰业	46	37284	39617	2638	1869
皮革、毛皮、羽毛及其制品和制鞋业	9	8988	9348	160	1136
木材加工和木、竹、藤、棕、草制品业	1245	5805	6955	146	966
家具制造业		10519	14322	439	2113
造纸和纸制品业	487	18567	19557	1006	4714
印刷和记录媒介复制业	4135	19060	32810	2245	4892
文教、工美、体育和娱乐用品制造业		10891	6003	120	2482
石油加工、炼焦和核燃料加工业	25	4161	4295	47	1863
化学原料和化学制品制造业	313	173288	201312	13396	39553
医药制造业	283	181929	105726	1951	8192
橡胶和塑料制品业	1236	47861	62500	2930	10821
非金属矿物制品业	10669	93094	97214	3943	24549
黑色金属冶炼和压延加工业	1898	18217	29678	648	7706
有色金属冶炼和压延加工业	132	50094	66738	2674	30111
金属制品业	1734	43937	71163	2486	9421
通用设备制造业	5031	138254	178010	7441	26789
专用设备制造业	5599	927293	827731	23946	284347
汽车制造业	3863	168233	202230	9402	46633
铁路、船舶、航空航天和其他运输设备制造业	1859	8826	29398	1301	4056
电气机械和器材制造业	1895	75503	102142	2836	11376
计算机、通信和其他电子设备制造业	14594	42939	143787	3475	21367
仪器仪表制造业	1228	49468	54795	1378	9197
其他制造业		1432	4654	196	1139
废弃资源综合利用业		728	2808	181	426
金属制品、机械和设备修理业	74	616	4873	22	－20
电力、热力、燃气及水生产和供应业	3488	23319	146608	4206	206957
电力、热力生产和供应业	2153	2396	112708	2297	193055
燃气生产和供应业	1111	6904	14012	210	3585
水的生产和供应业	224	14019	19888	1699	10316

单位:万元

#利息支出	营业利润	投资收益	补贴收入	营业外收入	营业外支出	利润总额	应交所得税	亏损企业亏损额
2695	94098	236		3927	3977	94284	19206	
825	45374			2623	368	47630	13392	
319	5810			648	843	5615	686	
221	11542	236		327	2650	9455	807	
1330	31372			329	117	31584	4322	
622581	5830143	-78377	135266	431928	362329	5905593	893176	169203
11578	190573	-1865	1449	3146	6781	187021	28624	1869
3729	116374	-900	260	3967	3941	116906	21223	1679
5556	72728	4141	535	2835	3274	74899	14657	2925
	1038147	64816	79089	79523	37924	1079747	263710	
2837	31465	63	141	688	924	31229	5099	1391
1537	41407		105	640	2221	39826	6979	36
948	18226		7	202	782	17646	1759	
564	14003				517	13486	762	
1961	35951		226	896	901	36172	6723	
3330	47362	-1081	10	991	3513	44841	4321	678
4574	78832	186	1068	1421	3589	76664	9751	438
2190	11319			190	153	11357	1339	
1618	5215				4	5211	113	686
32943	396247	1158	5619	17437	39354	375538	33397	2267
8157	164742	2100	4790	7786	22895	149687	14090	56
7952	102330	159	2357	2657	14838	90152	13807	6025
23449	220572	78	2564	6059	8741	217935	27757	5357
6841	30448	3128		3542	1560	32430	4676	120
27031	235121	57218	73	7665	7738	235157	12272	1469
8323	131273	132	623	2515	6032	128154	21986	1330
22562	278721	1307	1788	13283	19658	272724	27953	14567
350850	1886990	-217877	4431	160643	108768	1938888	284461	4920
44119	64121	472	7886	70019	58648	75639	15874	94019
4121	37032	2317	495	4710	33	41709	5068	472
11986	152125	180	1257	6260	4055	154329	20990	9280
22326	339638	2778	14732	26517	3912	362243	35728	18014
10083	80174	3102	5716	7934	602	87507	8266	1602
1046	5522					5522	1066	
370	2436			55	947	1545	344	7
	1051	13	45	349	26	1432	380	
207774	53207	11880	6281	33018	5273	84649	31334	28649
195180	9794	8973	4117	26700	2300	37620	22912	26483
3365	30744	2958	95	153	122	30776	5990	
9230	12670	-51	2069	6165	2851	16254	2432	2166

10－6 续表 9

指　　标	利税总额	本年应付工资总额	本年应付福利费总额	本年应交增值税	本年进项税额
总　　计	**13531182**	**4053505**	**171172**	**2697660**	**6532664**
按轻重行业分组					
轻工业	8060022	1394716	53057	1360631	1690809
重工业	5471160	2658789	118116	1337029	4841855
按登记注册类型分组					
内资企业	12971669	3712048	150294	2557118	6012873
国有企业	6509631	366440	20748	1152599	879234
集体企业	165393	56535	1287	22566	81170
股份合作企业	43502	14372	601	12071	32866
联营企业	7721	2306	26	647	5928
集体联营企业	4032	446	25	271	2690
国有与集体联营企业	3689	1860	1	376	3237
有限责任公司	2262486	1266991	43259	454842	1843850
国有独资公司	13580	43759	4396	9052	44654
其他有限责任公司	2248905	1223233	38863	445790	1799196
股份有限公司	1600148	717627	52307	387135	1672153
私营企业	2214755	1149078	30269	486832	1397108
私营独资企业	343314	138348	2976	71822	195101
私营合伙企业	179254	86466	1261	44738	96116
私营有限责任公司	1428830	816886	23170	322688	945358
私营股份有限公司	263358	107379	2862	47584	160532
其他企业	168033	138698	1797	40426	100566
港、澳、台商投资企业	336639	153780	7706	84705	334331
合资经营企业(港或澳、台资)	186708	104049	4328	55956	213825
合作经营企业(港或澳、台资)	8143	1188		1189	11282
港、澳、台商独资经营企业	115878	35674	3066	22667	97068
港、澳、台商投资股份有限公司	25909	12869	313	4894	12155
外商投资企业	222875	187676	13172	55837	185460
中外合资经营企业	125354	80533	3779	30061	129401
中外合作经营企业	542	363		237	230
外资企业	80279	96517	7299	21410	53542
外商投资股份有限公司	14957	8432	2094	4061	2252
其他外商投资企业	1742	1831		68	35

单位:万元

本年销项税额	全部从业人员年平均人数(人)	研究与开发人员(人)	专业技术人员(人)	总资产贡献率(%)	资产负债率(%)	流动资产周转率(次/年)	成本费用利润率(%)	产销率(%)
8160331	**612464**	**95012**	**79936**	**24.66**	**56.12**	**2.21**	**10.51**	**98.17**
2951157	220712	9637	18594	58.61	34.49	2.77	14.19	98.65
5209174	391752	85375	61342	14.02	62.90	2.00	9.06	97.92
7573202	554254	91677	73250	25.68	56.19	2.20	10.84	98.19
1746995	46593	5418	7416	48.04	55.56	1.66	23.69	98.87
100638	9974	881	1029	85.35	46.23	14.62	14.66	99.52
42809	3353	102	328	23.44	37.52	5.07	7.45	96.87
6308	661	12	82	37.93	36.39	7.20	9.28	98.35
2898	261	2	13	99.08	26.09	24.98	13.04	99.72
3410	400	10	69	22.63	38.96	4.95	6.95	97.49
2213507	192573	61980	26985	14.72	63.37	2.02	9.53	98.32
53311	6522	284	1176	4.63	71.18	1.14	1.14	98.07
2160196	186051	61696	25809	15.08	63.09	2.04	9.68	98.32
1579636	72050	9597	16077	14.58	51.01	1.49	10.37	99.04
1757490	201552	12879	19762	24.85	51.28	3.90	8.91	97.22
244632	33890	353	1745	39.65	37.95	9.26	8.87	98.93
130898	18868	388	710	54.70	29.72	11.10	10.17	98.91
1182665	131589	9827	15004	22.18	55.46	3.63	8.24	97.23
199296	17205	2311	2303	21.06	44.39	2.13	13.04	93.34
125819	27498	808	1571	40.08	42.52	8.70	5.79	96.85
359888	29671	1321	3177	20.45	53.30	2.86	8.97	95.33
215171	20589	437	1851	22.05	66.49	4.20	6.99	96.67
12471	460		18	54.11	10.86	14.09	15.50	100.00
116059	7658	771	1227	17.15	42.23	1.59	12.68	91.18
16188	964	113	81	24.12	24.72	2.35	12.84	98.96
227241	28539	2014	3509	8.59	56.67	1.94	4.85	100.83
141053	11576	1208	1700	7.73	63.46	1.58	4.45	101.91
170	237	5	11	10.07	19.53	4.40	-0.59	93.20
79620	16023	764	1761	9.61	48.20	2.88	4.66	99.76
6312	503	37	35	13.59	8.91	0.93	12.30	100.00
86	200		2	377.43	0.09	33.03	19.82	99.99

10－6 续表 10

指　　标	利税总额	本年应付工资总额	本年应付福利费总额	本年应交增值税	本年进项税额
按经济组织类型分组					
独资企业	7214495	693515	35377	1291064	1306115
国有企业	6509631	366440	20748	1152599	879234
集体企业	165393	56535	1287	22566	81170
私营独资企业	343314	138348	2976	71822	195101
港澳台商独资经营企业	115878	35674	3066	22667	97068
外资企业	80279	96517	7299	21410	53542
合作合伙企业	407195	243393	3685	99307	246988
股份合作企业	43502	14372	601	12071	32866
集体联营企业	4032	446	25	271	2690
国有与集体联营企业	3689	1860	1	376	3237
私营合伙企业	179254	86466	1261	44738	96116
合作经营企业(港或澳、台资)	8143	1188		1189	11282
中外合作经营企业	542	363		237	230
其他企业(内资)	168033	138698	1797	40426	100566
股份有限公司	1904372	846307	57576	443674	1847092
股份有限公司(内资)	1600148	717627	52307	387135	1672153
私营股份有限公司	263358	107379	2862	47584	160532
港澳台商投资股份有限公司	25909	12869	313	4894	12155
外商投资股份有限公司	14957	8432	2094	4061	2252
有限责任公司	4003378	2268459	74535	863547	3132435
国有独资公司	13580	43759	4396	9052	44654
私营有限责任公司	1428830	816886	23170	322688	945358
合资经营企业(港或澳、台资)	186708	104049	4328	55956	213825
中外合资经营企业	125354	80533	3779	30061	129401
其他有限责任公司	2248905	1223233	38863	445790	1799196
在总计中:国有控股企业	7997986	1062373	75254	1520708	2636419
在总计中:大型企业	9606332	2062624	113304	1752980	3660483
中型企业	1023313	705970	31506	255556	807304
小型企业	2745098	1225099	26309	625744	1752129
在总计中:亏损企业	－152335	193039	6336	34866	193350
在总计中:农村工业	90351	81397	1582	20178	27841

单位:万元

本年销项税额	全部从业人员年平均人数(人)	研究与开发人员(人)	专业技术人员(人)	总资产贡献率(%)	资产负债率(%)	流动资产周转率(次/年)	成本费用利润率(%)	产销率(%)
2287943	114138	8187	13178	44.63	53.53	2.18	16.52	98.61
1746995	46593	5418	7416	48.04	55.56	1.66	23.69	98.87
100638	9974	881	1029	85.35	46.23	14.62	14.66	99.52
244632	33890	353	1745	39.65	37.95	9.26	8.87	98.93
116059	7658	771	1227	17.15	42.23	1.59	12.68	91.18
79620	16023	764	1761	9.61	48.20	2.88	4.66	99.76
318475	51077	1315	2720	41.78	36.53	8.63	7.70	97.64
42809	3353	102	328	23.44	37.52	5.07	7.45	96.87
2898	261	2	13	99.08	26.09	24.98	13.04	99.72
3410	400	10	69	22.63	38.96	4.95	6.95	97.49
130898	18868	388	710	54.70	29.72	11.10	10.17	98.91
12471	460		18	54.11	10.86	14.09	15.50	100.00
170	237	5	11	10.07	19.53	4.40	-0.59	93.20
125819	27498	808	1571	40.08	42.52	8.70	5.79	96.85
1801431	90722	12058	18496	15.32	49.76	1.55	10.74	98.31
1579636	72050	9597	16077	14.58	51.01	1.49	10.37	99.04
199296	17205	2311	2303	21.06	44.39	2.13	13.04	93.34
16188	964	113	81	24.12	24.72	2.35	12.84	98.96
6312	503	37	35	13.59	8.91	0.93	12.30	100.00
3752396	356327	73452	45540	16.33	61.50	2.45	8.74	97.96
53311	6522	284	1176	4.63	71.18	1.14	1.14	98.07
1182665	131589	9827	15004	22.18	55.46	3.63	8.24	97.23
215171	20589	437	1851	22.05	66.49	4.20	6.99	96.67
141053	11576	1208	1700	7.73	63.46	1.58	4.45	101.91
2160196	186051	61696	25809	15.08	63.09	2.04	9.68	98.32
3383760	117200	13055	24116	32.37	54.79	1.53	14.42	99.70
4665914	251723	67761	42944	25.76	57.85	1.52	13.53	98.61
998965	127558	12160	13157	16.61	53.85	2.41	8.52	97.9
2239756	219711	11368	22902	28.78	48.14	5.20	8.15	97.36
220195	37618	2313	4688	-2.51	76.14	0.83	-10.62	96.75
38120	14818	1025	495	67.86	36.95	16.04	7.77	97.12

10－6 续表 11

指　　标	利税总额	本年应付工资总额	本年应付福利费总额	本年应交增值税	本年进项税额
按行业大类分组					
采矿业	149450	86018	1594	36625	76054
煤炭开采和洗选业	74051	59886	742	19896	50031
黑色金属矿采选业	8963	5214	328	2637	3574
有色金属矿采选业	14873	5934	119	3581	5007
非金属矿采选业	51563	14984	405	10512	17442
制造业	13162313	3848123	167370	2544190	6204933
农副食品加工业	255121	136827	3952	35585	211657
食品制造业	174223	65843	3765	44256	113841
酒、饮料和精制茶制造业	125893	52881	2939	38570	113216
烟草制品业	6137869	202889	17911	933053	489516
纺织业	53947	23967	480	19574	46049
纺织服装、服饰业	57970	36193	1256	14142	37770
皮革、毛皮、羽毛及其制品和制鞋业	28670	16292	574	6598	22130
木材加工和木、竹、藤、棕、草制品业	18408	12967	492	3808	7920
家具制造业	53215	23024	889	10770	29008
造纸和纸制品业	71092	61635	723	15290	58107
印刷和记录媒介复制业	110264	45077	1135	24517	117475
文教、工美、体育和娱乐用品制造业	17379	11455	398	3646	17079
石油加工、炼焦和核燃料加工业	8721	1102	53	2282	10079
化学原料和化学制品制造业	669062	511519	11247	149723	358310
医药制造业	214570	194704	8786	52859	105687
橡胶和塑料制品业	139837	36415	1353	29735	53822
非金属矿物制品业	340768	126385	3272	89417	155264
黑色金属冶炼和压延加工业	58344	35062	1162	20665	144086
有色金属冶炼和压延加工业	339821	67256	3068	74338	428399
金属制品业	187329	44075	1650	41075	192867
通用设备制造业	382015	172882	11363	73282	295332
专用设备制造业	2591816	1162276	68595	557375	2375367
汽车制造业	187274	191748	9554	62464	296826
铁路、船舶、航空航天和其他运输设备制造业	54042	27704	801	11019	52144
电气机械和器材制造业	225711	116488	4705	48163	194482
计算机、通信和其他电子设备制造业	523109	424187	3938	150921	186654
仪器仪表制造业	121262	37061	2815	26209	82271
其他制造业	9563	1989	61	3161	7775
废弃资源综合利用业	3312	1828	80	1649	1321
金属制品、机械和设备修理业	1706	6392	353	43	483
电力、热力、燃气及水生产和供应业	219419	119364	2209	116845	251677
电力、热力生产和供应业	154739	80635	73	103038	229003
燃气生产和供应业	39258	20592	1197	6215	22176
水的生产和供应业	25422	18137	938	7592	498

单位:万元

本年销项税额	全部从业人员年平均人数(人)	研究与开发人员(人)	专业技术人员(人)	总资产贡献率(%)	资产负债率(%)	流动资产周转率(次/年)	成本费用利润率(%)	产销率(%)
103628	16994	55	494	54.77	27.59	10.76	12.32	97.34
67393	10123	46	253	68.89	32.66	10.19	12.03	97.14
6210	1437		52	38.69	15.97	9.26	14.55	97.95
7671	1412		101	44.94	42.92	7.60	16.11	98.04
22354	4022	9	88	47.43	20.55	13.37	11.60	97.38
7836254	573887	91343	76313	27.17	52.25	2.16	10.79	98.16
233329	19460	1911	1752	31.01	41.91	7.10	7.43	98.49
152472	14908	304	1320	22.91	29.83	2.57	11.08	97.38
143147	12239	1109	1215	18.96	47.45	3.93	7.29	98.99
1422564	16829	182	2846	94.21	24.30	1.46	56.40	100.32
63960	6628	237	489	15.77	37.92	2.52	7.36	98.41
46509	9623	78	599	26.58	39.98	4.74	7.75	98.70
27008	3281	86	188	47.68	42.90	8.46	6.81	99.92
10637	2313	131	92	33.61	30.46	6.89	8.96	96.47
36233	5474	70	352	40.65	40.42	11.72	10.57	95.56
68682	9143	441	787	28.20	55.17	5.86	6.84	97.27
139001	8568	355	871	23.33	53.62	3.11	10.08	96.72
19234	2580	80	501	34.28	55.73	4.14	8.34	93.22
12361	361	21	76	14.62	48.75	3.44	5.91	98.87
463683	87396	3739	4215	38.07	45.37	6.35	7.74	97.71
144382	14920	1171	2169	21.58	39.21	3.26	8.85	97.85
86803	10555	326	1549	20.65	43.31	4.73	8.26	98.52
232219	25207	1313	2249	25.87	53.60	3.63	9.38	98.46
162726	8589	409	691	17.67	60.03	3.76	5.45	100.21
460042	11380	501	2066	23.13	49.62	5.56	6.34	101.88
231568	10071	663	1418	29.15	41.50	4.39	9.41	97.67
303688	33278	3733	4979	20.91	54.88	2.82	10.16	95.15
2452072	121728	65016	29271	13.60	60.92	1.42	10.90	98.80
310926	40760	3163	6734	5.89	71.89	1.42	2.61	100.41
62582	4460	337	1134	11.46	56.54	1.11	16.68	92.94
233762	19214	1557	2646	16.34	41.91	2.56	7.72	95.74
200094	65154	2490	4043	24.89	59.18	3.12	12.54	91.97
105262	7576	1870	1800	16.78	37.56	1.27	14.33	88.23
9318	465	25	50	64.03	48.27	11.73	7.77	98.73
1643	398	7	46	8.83	42.26	3.40	6.67	97.55
347	1329	18	165	3.04	67.54	0.59	5.79	95.50
220449	21583	3614	3129	5.91	84.38	3.02	3.51	98.55
179302	15630	3491	1812	5.55	87.72	4.25	1.90	99.83
28714	1828	23	289	14.47	61.96	2.89	12.94	97.45
12432	4125	100	1028	5.45	61.64	0.84	8.47	88.69

10－7 规模以上国有及国有控股工业企业主要经济指标(2012年)

指　　标	企业单位数（个）	#亏损企业（个）	工业总产值（当年价格）	#新产品产　值	工业销售产值（当年价）
总　　计	**196**	**28**	**24580232**	**13720115**	**24482639**
按轻重行业分组					
轻工业	57	6	8195544	7021271	8198486
重工业	139	22	16384688	6698845	16284153
按登记注册类型分组					
内资企业	190	27	24252303	13696182	24104651
国有企业	42	10	10450029	7462622	10331810
集体企业	50	1	1116336	2259	1110951
股份合作企业	25	1	396157	109279	383433
联营企业	4		33648	850	33554
集体联营企业	4		33648	850	33554
有限责任公司	47	12	1205041	245525	1208600
国有独资公司	7	2	297703	75012	291961
其他有限责任公司	40	10	907338	170512	916639
股份有限公司	21	3	10679152	5714878	10663810
其他企业	1		371939	160769	372492
港、澳、台商投资企业	2		43552	23934	43594
合资经营企业(港或澳、台资)	1		39890	23934	39932
合作经营企业(港或澳、台资)	1		3662		3662
外商投资企业	4	1	284377		334394
中外合资经营企业	4	1	284377		334394
按经济组织类型分组					
独资企业	92	11	11566365	7464881	11442761
国有企业	42	10	10450029	7462622	10331810
集体企业	50	1	1116336	2259	1110951
合作合伙企业	31	1	805407	270898	793142
股份合作企业	25	1	396157	109279	383433
集体联营企业	4		33648	850	33554
合作经营企业(港或澳、台资)	1		3662		3662
其他企业(内资)	1		371939	160769	372492
股份有限公司	21	3	10679152	5714878	10663810
股份有限公司(内资)	21	3	10679152	5714878	10663810
有限责任公司	52	13	1529308	269458	1582925
国有独资公司	7	2	297703	75012	291961
合资经营企业(港或澳、台资)	1		39890	23934	39932
中外合资经营企业	4	1	284377		334394
其他有限责任公司	40	10	907338	170512	916639
在总计中:国有控股企业	93	20	22180369	13414714	22113296
在总计中:大型企业	17	1	19253848	13203579	19146914
中型企业	40	10	1481838	224454	1474782
小型企业	136	17	2461523	292083	2426836
在总计中:亏损企业	28	28	334669	76883	328434
在总计中:农村工业	14		161022		157852

单位:万元

#出口交货值	流动资产合计	#应收账款	存货	#产成品	固定资产合计	固定资产原价	累计折旧	资产总计
566364	**14726658**	**2831591**	**4640528**	**1043024**	**8092948**	**10576083**	**4044525**	**26680921**
48614	5276560	305776	2788957	177460	1175688	2243641	1112897	7438488
517750	9450098	2525815	1851571	865564	6917260	8332442	2931628	19242432
562496	14350377	2775479	4613280	1026963	8071915	10544534	4033705	26200156
54736	6167894	578625	2995061	244222	6445902	8347832	3314630	13989389
11272	73514	21399	17529	11236	115499	137383	32360	198229
19728	80840	27768	18675	16460	80761	72594	21916	192961
	1321	395	286	268	2709	4346	1637	4104
	1321	395	286	268	2709	4346	1637	4104
100267	900575	314970	220083	78869	668180	899643	329696	1716187
56880	261471	63828	66059	26778	311058	399916	151093	612176
43387	639105	251142	154025	52090	357122	499727	178603	1104011
376493	7102029	1819791	1354516	671700	748235	1062809	324169	10062193
	24204	12532	7131	4211	10630	19927	9298	37093
	31259	12771	6561	1683	3791	4290	499	36354
	29833	12521	6461	1683	2831	3075	244	33969
	1426	250	100		960	1215	256	2386
3868	345022	43341	20687	14378	17242	27259	10321	444410
3868	345022	43341	20687	14378	17242	27259	10321	444410
66008	6241408	600024	3012590	255457	6561401	8485215	3346990	14187618
54736	6167894	578625	2995061	244222	6445902	8347832	3314630	13989389
11272	73514	21399	17529	11236	115499	137383	32360	198229
19728	107791	40944	26191	20938	95059	98082	33106	236544
19728	80840	27768	18675	16460	80761	72594	21916	192961
	1321	395	286	268	2709	4346	1637	4104
	1426	250	100		960	1215	256	2386
	24204	12532	7131	4211	10630	19927	9298	37093
376493	7102029	1819791	1354516	671700	748235	1062809	324169	10062193
376493	7102029	1819791	1354516	671700	748235	1062809	324169	10062193
104135	1275430	370832	247232	94929	688253	929976	340260	2194565
56880	261471	63828	66059	26778	311058	399916	151093	612176
	29833	12521	6461	1683	2831	3075	244	33969
3868	345022	43341	20687	14378	17242	27259	10321	444410
43387	639105	251142	154025	52090	357122	499727	178603	1104011
520345	14278028	2722547	4545304	976450	7731086	10124341	3907200	25719265
488074	12917986	2366074	4265413	892093	5666599	6987808	2774131	21802979
30594	815204	201692	213166	77649	760325	978061	274091	1803439
47696	614051	225590	145855	69314	451713	583516	183916	1230297
21452	493144	157110	122835	54559	256780	357881	110431	904198
	18091	5327	4490	2658	17602	22669	6278	37332

10－7 续表 1

指　　标	企业单位数（个）	#亏损企业（个）	工业总产值（当年价格）	#新产品产　值	工业销售产值（当年价）
按行业大类分组					
采矿业	11		325314	7361	321571
煤炭开采和洗选业	7		298470		296144
黑色金属矿采选业	1		4900		4750
有色金属矿采选业	1		9510		8399
非金属矿采选业	2		12434	7361	12277
制造业	171	26	22262602	13712754	22173394
农副食品加工业	7	1	441733		440176
食品制造业	2	1	36207	850	36163
酒、饮料和精制茶制造业	3		39262		38480
烟草制品业	1		7001370	6905163	7023569
纺织业	3	1	12727		12709
纺织服装、服饰业	3		21036		20987
皮革、毛皮、羽毛及其制品和制鞋业	2		32649		32397
家具制造业	1		2421		2228
造纸和纸制品业	6		58706		58486
印刷和记录媒介复制业	7	1	118712	3845	118926
文教、工美、体育和娱乐用品制造业	2		15876	2210	16363
石油加工、炼焦和核燃料加工业	1	1	9384		9384
化学原料和化学制品制造业	16	3	292473	86136	283337
医药制造业	3		212139	93810	199285
橡胶和塑料制品业	3		20076		19048
非金属矿物制品业	24	3	500167	694	499065
黑色金属冶炼和压延加工业	7	1	149171	59358	152173
有色金属冶炼和压延加工业	5	1	502132	185504	500849
金属制品业	8	1	267696	95707	265606
通用设备制造业	21	5	467540	59795	458114
专用设备制造业	6	2	9334515	5154477	9323491
汽车制造业	11	2	895215	351629	966412
铁路、船舶、航空航天和其他运输设备制造业	4		255387	29721	234174
电气机械和器材制造业	10	1	586297	80979	577435
计算机、通信和其他电子设备制造业	9	2	892709	598598	785636
仪器仪表制造业	5		76580	4281	78486
金属制品、机械和设备修理业	1		20422		20417
电力、热力、燃气及水生产和供应业	14	2	1992316		1987674
电力、热力生产和供应业	6		1889183		1885935
燃气生产和供应业	2		13809		13809
水的生产和供应业	6	2	89324		87930

单位:万元

#出口交货值	流动资产合计	#应收账款	存货	#产成品	固定资产合计	固定资产原价	累计折旧	资产总计
7255	42179	5164	6144	5983	35260	49114	13854	84028
	40590	4685	5664	5551	33124	46247	13123	79059
	500	310	190	180	6	175	169	842
	449	71	78	58	1465	1769	304	2821
7255	641	98	211	195	666	924	258	1306
559109	14102958	2691075	4573397	1036222	2533959	3996022	1630380	20196825
42	54389	7287	33710	11947	70460	81539	13426	137856
	27313	809	3211	2076	11042	17962	6920	40668
822	8864	1565	4586	551	3904	7146	3242	16776
27733	4811996	184617	2687026	142306	787596	1684711	897115	6487309
	23950	287	918	555	980	4239	3583	28615
	8929	1249	1994	999	4946	7072	2182	13875
	4134	2399	347	82	1687	2362	678	6079
	562	125	246	246	1190	1263	72	1753
	8347	3946	1985	1355	2824	4033	1212	14010
252	73188	24506	27541	3342	40803	80504	41398	125337
	3678	788	1078	916	2377	2914	536	6055
	14524	462	1555	1555	4656	5972	1316	22084
70691	113848	23804	38107	28082	116650	120210	43447	238469
7948	62405	14037	17658	5764	37548	35171	13533	118708
	11715	2207	3401	2733	4815	8825	4010	17231
2259	242445	124001	44951	16856	179459	225447	63017	428679
	68746	22532	26927	10408	76959	107517	30928	183694
	58525	28499	13848	7453	22305	35492	13556	86284
10941	86566	32893	19398	15973	41019	43970	18516	157438
27014	304155	126945	109551	41921	184784	250023	79126	509848
323445	6456534	1684696	1204140	583696	477539	705218	228750	8887014
52256	614124	107415	77672	44826	111608	136738	40776	887419
550	224004	62216	63230	8306	103495	103247	20493	453514
1895	277194	84568	60867	32112	67749	87673	25978	407234
33261	478495	141559	110626	70092	148685	194391	63035	820326
	29930	6916	7491	2072	19884	28363	8509	54128
	34398	749	11336		8996	14022	5026	46423
	581521	135351	60988	818	5523728	6530946	2400291	6400068
	430015	90445	59797	57	5279249	6169110	2261046	5955041
	3413	695	158	58	8294	10657	2363	11807
	148094	44211	1033	703	236186	351179	136882	433221

10－7 续表2

指　　标	流动负债合计	#应付账款	负债合计	所有者权益合计	#实收资本
总　　计	**9029580**	**2300864**	**14495965**	**12184747**	**2795731**
按轻重行业分组					
轻工业	2062808	597783	2185231	5253049	569609
重工业	6966772	1703081	12310734	6931698	2226121
按登记注册类型分组					
内资企业	8847846	2248999	14309094	11890853	2726776
国有企业	3987090	1107348	7772108	6217281	1362603
集体企业	61584	15116	91636	106593	45770
股份合作企业	57812	14019	72058	120695	49172
联营企业	683	353	1071	3034	2276
集体联营企业	683	353	1071	3034	2276
有限责任公司	990765	207907	1104616	611570	285271
国有独资公司	388182	41443	435735	176441	92978
其他有限责任公司	602583	166464	668882	435129	192292
股份有限公司	3728203	894742	5245895	4816298	966684
其他企业	21710	9513	21710	15383	15000
港、澳、台商投资企业	17354	9476	22491	13863	5993
合资经营企业(港或澳、台资)	17354	9476	21756	12213	4493
合作经营企业(港或澳、台资)			735	1651	1500
外商投资企业	164380	42389	164380	280031	62962
中外合资经营企业	164380	42389	164380	280031	62962
按经济组织类型分组					
独资企业	4048673	1122465	7863745	6323874	1408374
国有企业	3987090	1107348	7772108	6217281	1362603
集体企业	61584	15116	91636	106593	45770
合作合伙企业	80205	23885	95573	140761	67948
股份合作企业	57812	14019	72058	120695	49172
集体联营企业	683	353	1071	3034	2276
合作经营企业(港或澳、台资)			735	1651	1500
其他企业(内资)	21710	9513	21710	15383	15000
股份有限公司	3728203	894742	5245895	4816298	966684
股份有限公司(内资)	3728203	894742	5245895	4816298	966684
有限责任公司	1172498	259772	1290752	903814	352725
国有独资公司	388182	41443	435735	176441	92978
合资经营企业(港或澳、台资)	17354	9476	21756	12213	4493
中外合资经营企业	164380	42389	164380	280031	62962
其他有限责任公司	602583	166464	668882	435129	192292
在总计中:国有控股企业	8708921	2224665	14090534	11628730	2583828
在总计中:大型企业	7155729	1769772	11322807	10480172	2033563
中型企业	730975	155582	1273889	529550	333211
小型企业	494618	128562	599209	630880	267183
在总计中:亏损企业	532782	124312	632573	271626	201474
在总计中:农村工业	11116	2949	16830	20502	9088

单位:万元

国家资本	集体资本	法人资本	个人资本	港澳台资本	外商资本	主营业务收入	主营业务成本	主营业务税金及附加
891860	**59967**	**1257738**	**112549**	**150616**	**323001**	**24094642**	**15559897**	**4256997**
470866	8418	74669	15417		240	8106437	2265802	4148433
420994	51550	1183069	97132	150616	322761	15988205	13294095	108564
863548	49592	1254818	93042	142776	323001	23722110	15243462	4228824
602971	18	489671	2698		267246	10268888	4174872	4143056
	5182	33543	7046			1074544	865013	8964
5580	206	36744	6402		240	401963	306860	5457
		1880	396			32998	27174	151
		1880	396			32998	27174	151
112027	4471	152084	16689			1222658	1015359	6023
53629		39349				297581	235214	1082
58398	4471	112734	16689			925077	780145	4941
142970	39716	525897	59810	142776	55515	10348566	8505130	64189
		15000				372492	349054	984
1500		2920	1573			43594	32574	214
		2920	1573			39932	29248	185
1500						3662	3326	29
26812	10375		17935	7840		328938	283861	27958
26812	10375		17935	7840		328938	283861	27958
602971	5200	523213	9744		267246	11343432	5039885	4152021
602971	18	489671	2698		267246	10268888	4174872	4143056
	5182	33543	7046			1074544	865013	8964
7080	206	53624	6798		240	811116	686415	6620
5580	206	36744	6402		240	401963	306860	5457
		1880	396			32998	27174	151
1500						3662	3326	29
		15000				372492	349054	984
142970	39716	525897	59810	142776	55515	10348566	8505130	64189
142970	39716	525897	59810	142776	55515	10348566	8505130	64189
138839	14845	155004	36197	7840		1591528	1328468	34167
53629		39349				297581	235214	1082
		2920	1573			39932	29248	185
26812	10375		17935	7840		328938	283861	27958
58398	4471	112734	16689			925077	780145	4941
886269	7900	1132577	83705	150616	322761	21787010	13659302	4224604
662881	3791	854131	47223	142776	322761	18837894	11057247	4184149
141023	29654	147298	15236			1441079	1192112	7616
61404	26522	146622	32155	240	240	2379235	1956506	31539
61427	12177	126095	1775			333804	291808	1154
	564	7986	538			155500	132068	798

10－7 续表3

指　　标	流动负债合计	#应付账款	负债合计	所有者权益合计	#实收资本
按行业大类分组					
采矿业	18572	2380	31953	52074	32329
煤炭开采和洗选业	17485	1823	30408	48651	30304
黑色金属矿采选业	590	120	590	252	60
有色金属矿采选业	390	390	520	2301	1500
非金属矿采选业	107	48	435	871	465
制造业	7123490	1961069	8994047	11202569	2072081
农副食品加工业	56481	2774	74162	63694	11181
食品制造业	23987	4430	23997	16671	8750
酒、饮料和精制茶制造业	8492	1945	9160	7617	1400
烟草制品业	1580174	544557	1580435	4906874	430000
纺织业	6467	264	20469	8146	829
纺织服装、服饰业	7500	2267	7505	6370	2306
皮革、毛皮、羽毛及其制品和制鞋业	2674	1822	2674	3196	1032
家具制造业			962	791	280
造纸和纸制品业	6571	1746	8344	5666	2916
印刷和记录媒介复制业	63605	10228	64310	61026	24994
文教、工美、体育和娱乐用品制造业	3418	303	3476	2579	300
石油加工、炼焦和核燃料加工业	17461	1205	17461	4623	5250
化学原料和化学制品制造业	126875	22590	161160	77309	22146
医药制造业	40379	2143	58735	59973	14803
橡胶和塑料制品业	1933	383	2076	15155	5411
非金属矿物制品业	245477	64290	265333	163347	73118
黑色金属冶炼和压延加工业	101188	13261	116827	66868	25578
有色金属冶炼和压延加工业	52799	16136	53433	32851	30786
金属制品业	54760	17536	63085	94353	54887
通用设备制造业	317725	103848	354404	155444	88227
专用设备制造业	3339556	777733	4723075	4163939	796613
汽车制造业	427052	127599	479203	408217	113570
铁路、船舶、航空航天和其他运输设备制造业	155376	54270	249257	204257	88307
电气机械和器材制造业	135028	46603	153263	253971	55143
计算机、通信和其他电子设备制造业	295226	139362	443772	376554	202317
仪器仪表制造业	17565	1579	21722	32406	6937
金属制品、机械和设备修理业	35722	2199	35751	10673	5000
电力、热力、燃气及水生产和供应业	1887518	337415	5469965	930103	691321
电力、热力生产和供应业	1654866	324355	5185410	769631	618746
燃气生产和供应业	4413	925	5155	6652	5500
水的生产和供应业	228239	12135	279400	153821	67074

单位:万元

国家资本	集体资本	法人资本	个人资本	港澳台资本	外商资本	主营业务收入	主营业务成本	主营业务税金及附加
16118	60	14711	1440			316594	265453	3725
16118		14186				291962	247741	3433
	60					4750	4266	39
		500	1000			9986	6666	150
		25	440			9897	6781	104
768525	39890	946337	110958	150616	55755	21782324	13594146	4238720
26	2010	4351	4795			388777	344302	16090
		8700	50			30010	24286	157
		440	960			38746	32972	235
430000						7011827	1395074	4124914
		732	97			12779	12719	28
851	105	1350				20593	16025	98
		1032				30921	27189	175
	280					3369	3097	36
	606		2310			58300	50247	1554
	1845	21149	2000			118508	96242	410
	200	100				15472	13083	51
		5250				25092	24474	21
14829	3025	2914	1138		240	290840	234862	1747
8933		1315	4555			174773	95216	2719
		5095	316			18055	14563	80
31441	2239	38184	1253			489559	402041	3470
5183	60	10888	9447			138858	124467	816
4283		26468	36			499896	463935	1593
1580		45630	7677			263385	225353	1285
58913	1920	19990	7405			457185	362369	2679
128002	19285	450566	469	142776	55515	9088543	7482715	45207
48304	3025	32894	21508	7840		965169	784029	30272
7707		80600				232484	163549	1121
8471	1187	27260	18225			529531	430196	2676
16805	4090	152851	28571			783518	699857	881
3198	12	3580	148			75942	55768	397
		5000				20194	15516	11
107216	20018	296690	151		267246	1995724	1700299	14552
65660	20000	265840			267246	1890255	1623907	13785
5500						14319	9917	107
36056	18	30849	151			91150	66474	660

10－7 续表 4

指　　标	其他业务利润	营业费用	管理费用	#税金	财务费用
总　　计	**495**	**659721**	**1159312**	**33216**	**282599**
按轻重行业分组					
轻工业	－10543	154347	492278	15013	－90
重工业	11038	505374	667034	18203	282689
按登记注册类型分组					
内资企业	497	645392	1131280	31620	270585
国有企业	－7948	136283	619703	17618	194355
集体企业		13617	30188	1208	3988
股份合作企业	95	13660	14106	931	2013
联营企业		107	302		96
集体联营企业		107	302		96
有限责任公司	4004	49830	95542	2508	31031
国有独资公司	163	17198	33326	637	15644
其他有限责任公司	3841	32632	62216	1871	15387
股份有限公司	4345	425160	365930	9246	39026
其他企业		6736	5509	109	76
港、澳、台商投资企业		3914	2643	76	150
合资经营企业(港或澳、台资)		3914	2565	70	149
合作经营企业(港或澳、台资)			78	7	1
外商投资企业	－2	10415	25389	1520	11864
中外合资经营企业	－2	10415	25389	1520	11864
按经济组织类型分组					
独资企业	－7948	149900	649891	18826	198343
国有企业	－7948	136283	619703	17618	194355
集体企业		13617	30188	1208	3988
合作合伙企业	95	20502	19995	1046	2186
股份合作企业	95	13660	14106	931	2013
集体联营企业		107	302		96
合作经营企业(港或澳、台资)			78	7	1
其他企业(内资)		6736	5509	109	76
股份有限公司	4345	425160	365930	9246	39026
股份有限公司(内资)	4345	425160	365930	9246	39026
有限责任公司	4003	64159	123496	4097	43044
国有独资公司	163	17198	33326	637	15644
合资经营企业(港或澳、台资)		3914	2565	70	149
中外合资经营企业	－2	10415	25389	1520	11864
其他有限责任公司	3841	32632	62216	1871	15387
在总计中:国有控股企业	－1134	612604	1071917	30339	273087
在总计中:大型企业	－5574	533582	861222	23839	173754
中型企业	2425	62531	75584	2534	44675
小型企业	2969	52276	103085	3349	13461
在总计中:亏损企业	1298	24666	41107	1698	12416
在总计中:农村工业	82	3438	3330	407	643

单位:万元

#利息支出	营业利润	投资收益	补贴收入	营业外收入	营业外支出	利润总额	应交所得税	亏损企业亏损额
337917	**2431041**	**-162669**	**97320**	**238720**	**208355**	**2461876**	**512203**	**31027**
15053	1113894	62982	84112	88716	58910	1144025	272473	5158
322864	1317147	-225651	13209	150004	149446	1317851	239730	25870
323930	2448995	-162669	97315	181268	198195	2432539	511879	29234
211117	1135158	71254	82790	122117	43382	1213976	295409	11952
3800	133848	11	96	101	87	133862	19862	191
1975	42187		3348	4088	20459	25816	2980	686
35	3607		3	3		3610	800	
35	3607		3	3		3610	800	
29853	35693	-1272	4888	12726	2342	46464	8784	12265
14756	-1109	91	295	6118	1871	3446	1362	4241
15097	36802	-1363	4592	6608	472	43017	7422	8024
77069	1088369	-232663	6190	42099	131883	998586	182511	4141
82	10134			134	43	10225	1534	
129	4090					4090		
129	3871					3871		
	219					219		
13857	-22043		6	57451	10160	25248	324	1793
13857	-22043		6	57451	10160	25248	324	1793
214918	1269006	71265	82885	122218	43469	1347838	315271	12143
211117	1135158	71254	82790	122117	43382	1213976	295409	11952
3800	133848	11	96	101	87	133862	19862	191
2091	56146		3351	4225	20502	39870	5313	686
1975	42187		3348	4088	20459	25816	2980	686
35	3607		3	3		3610	800	
	219					219		
82	10134			134	43	10225	1534	
77069	1088369	-232663	6190	42099	131883	998586	182511	4141
77069	1088369	-232663	6190	42099	131883	998586	182511	4141
43839	17520	-1272	4893	70177	12502	75582	9108	14057
14756	-1109	91	295	6118	1871	3446	1362	4241
129	3871					3871		
13857	-22043		6	57451	10160	25248	324	1793
15097	36802	-1363	4592	6608	472	43017	7422	8024
328358	2205635	-171386	93741	233534	186965	2252675	483201	22503
225334	2185262	-171894	86962	140511	173310	2152462	471342	1675
46618	62253	3209	3623	6256	1902	66728	17233	20947
13184	213059	5993	6735	9330	20927	201811	22474	8404
12479	-33683	-1377	1975	3485	858	-31027	382	31027
630	16082				3	16079	3379	

10－7 续表 5

指　　标	其他业务利润	营业费用	管理费用	#税金	财务费用
按行业大类分组					
采矿业		2094	9016	14	620
煤炭开采和洗选业		1669	8444		474
黑色金属矿采选业		48	125		26
有色金属矿采选业		243	177	10	40
非金属矿采选业		134	270	4	80
制造业	－1842	646258	1028447	30426	81355
农副食品加工业	134	2072	29009	445	2043
食品制造业		1666	2584	35	145
酒、饮料和精制茶制造业	227	1190	2305	154	382
烟草制品业	－12893	104520	419810	12508	－15028
纺织业	83	125	1318	1	3
纺织服装、服饰业	46	654	2674	3	132
皮革、毛皮、羽毛及其制品和制鞋业		950	1218	4	7
家具制造业		65	93		
造纸和纸制品业		533	692	144	212
印刷和记录媒介复制业	1681	2999	7422	338	988
文教、工美、体育和娱乐用品制造业		643	576	3	50
石油加工、炼焦和核燃料加工业		140	84	9	1080
化学原料和化学制品制造业		9214	18824	30	6788
医药制造业		28831	12796	744	1011
橡胶和塑料制品业	288	291	1109	46	16
非金属矿物制品业	－35	12113	20267	719	9199
黑色金属冶炼和压延加工业	1732	4417	10765	259	4158
有色金属冶炼和压延加工业	94	7947	10405	193	1652
金属制品业	17	4708	7944	372	703
通用设备制造业	440	21290	35473	1549	8811
专用设备制造业	1516	352710	293928	7973	32943
汽车制造业	1400	43822	51247	2806	17680
铁路、船舶、航空航天和其他运输设备制造业	1858	6485	25274	1147	3409
电气机械和器材制造业	327	20170	18260	10	－772
计算机、通信和其他电子设备制造业	1186	15307	45458	851	5316
仪器仪表制造业		3069	5182	86	451
金属制品、机械和设备修理业	60	327	3731		－22
电力、热力、燃气及水生产和供应业	2337	11370	121849	2776	200625
电力、热力生产和供应业	2153	1913	110862	2164	191769
燃气生产和供应业		2020	1052	7	156
水的生产和供应业	184	7437	9935	605	8700

单位:万元

#利息支出	营业利润	投资收益	补贴收入	营业外收入	营业外支出	利润总额	应交所得税	亏损企业亏损额
688	38305			2621	199	40728	12074	
549	34720			2621	199	37142	11352	
26	246					246		
40	1961					1961	432	
73	1379					1379	290	
134682	2354374	-171642	96084	205587	205190	2354893	476260	29035
1797	26449	66	319	319	157	26610	5724	799
104	-407	-1900		35	70	-442		614
396	1881		65	71	2	1950	401	
	1034459	64816	79089	79501	37918	1076042	262674	
2	-1332		10	86	4	-1250	5	1391
133	820			367	10	1177		
4	1385					1385	346	
33	46					46		
166	4957					4957	211	
1075	10590		176	224	22	10791	1009	257
49	1069					1069	200	
1153	-682				3	-686		686
5879	7090	78	51	2723	1315	8498	819	2052
1358	30905		4012	3958	20003	14914	912	
	828		3	146	32	941	160	
8380	43950		1933	2993	607	46337	8228	1382
4003	-644	3128		3197	92	2461	315	120
1568	14331		61	277	58	14549	2585	479
786	16106			752	454	16404	3894	1100
8818	27494	242	609	1204	269	28458	2690	13082
68761	992232	-242133	455	26842	89384	929690	164701	2095
19116	39042	247	1523	59661	51483	47220	2810	264
3493	34844	2317	309	4515	31	39328	4837	
652	43084	139	318	1586	541	44129	4617	807
6492	14061	1344	7126	16568	2684	27945	8388	3909
466	10913			213	29	11098	356	
	904	13	25	349	21	1270	380	
202547	38361	8973	1237	30511	2966	66255	23869	1992
193898	38991	8973	769	26657	2300	63427	22912	
	1057				1	1056	210	
8649	-1687		468	3854	665	1772	747	1992

10－7 续表 6

指　　标	利税总额	本年应付工资总额	本年应付福利费总额	本年应交增值税	本年进项税额
总　　计	**8295276**	**1167532**	**78031**	**1576403**	**2824498**
按轻重行业分组					
轻工业	6252185	284547	19830	959728	603254
重工业	2043091	882985	58200	616675	2221245
按登记注册类型分组					
内资企业	8226919	1150475	77722	1565556	2754962
国有企业	6509631	366440	20748	1152599	879234
集体企业	165393	56535	1287	22566	81170
股份合作企业	42566	14332	601	11293	32866
联营企业	4032	446	25	271	2690
集体联营企业	4032	446	25	271	2690
有限责任公司	92094	111791	7436	39607	173217
国有独资公司	13580	43759	4396	9052	44654
其他有限责任公司	78513	68033	3040	30555	128563
股份有限公司	1393445	597879	47575	330670	1531011
其他企业	19759	3051	48	8550	54774
港、澳、台商投资企业	5867	1414	159	1563	
合资经营企业(港或澳、台资)	5619	1348	159	1563	
合作经营企业(港或澳、台资)	248	66			
外商投资企业	62490	15643	150	9284	69537
中外合资经营企业	62490	15643	150	9284	69537
按经济组织类型分组					
独资企业	6675024	422976	22035	1175165	960403
国有企业	6509631	366440	20748	1152599	879234
集体企业	165393	56535	1287	22566	81170
合作合伙企业	66604	17895	675	20114	90330
股份合作企业	42566	14332	601	11293	32866
集体联营企业	4032	446	25	271	2690
合作经营企业(港或澳、台资)	248	66			
其他企业(内资)	19759	3051	48	8550	54774
股份有限公司	1393445	597879	47575	330670	1531011
股份有限公司(内资)	1393445	597879	47575	330670	1531011
有限责任公司	160203	128782	7746	50454	242754
国有独资公司	13580	43759	4396	9052	44654
合资经营企业(港或澳、台资)	5619	1348	159	1563	
中外合资经营企业	62490	15643	150	9284	69537
其他有限责任公司	78513	68033	3040	30555	128563
在总计中:国有控股企业	7997986	1062373	75254	1520708	2636419
在总计中:大型企业	7748854	912051	71062	1412243	2178924
中型企业	128544	97255	4148	54199	186759
小型企业	288697	102724	2820	55347	198735
在总计中:亏损企业	－20964	38118	2574	8908	41273
在总计中:农村工业	21760	6125	157	4883	14701

单位:万元

本年销项税额	全部从业人员年平均人数(人)	研究与开发人员(人)	专业技术人员(人)	总资产贡献率(%)	资产负债率(%)	流动资产周转率(次/年)	成本费用利润率(%)	产销率(%)
3619538	**136240**	**14497**	**26293**	**32.36**	**54.33**	**1.64**	**13.94**	**99.60**
1556583	29338	670	4710	84.25	29.38	1.54	39.28	100.04
2062954	106902	13827	21583	12.30	63.98	1.69	8.94	99.39
3549507	133924	14322	25914	32.64	54.61	1.65	14.07	99.39
1746995	46593	5418	7416	48.04	55.56	1.66	23.69	98.87
100638	9974	881	1029	85.35	46.23	14.62	14.66	99.52
42809	3308	57	320	23.08	37.34	4.97	7.67	96.79
2898	261	2	13	99.08	26.09	24.98	13.04	99.72
2898	261	2	13	99.08	26.09	24.98	13.04	99.72
200995	21316	968	3711	7.11	64.36	1.36	3.90	100.30
53311	6522	284	1176	4.63	71.18	1.14	1.14	98.07
147684	14794	684	2535	8.48	60.59	1.45	4.83	101.03
1391848	51835	6996	13338	14.61	52.13	1.46	10.70	99.86
63324	637		87	53.49	58.53	15.39	2.83	100.15
	284	75	81	16.49	61.87	1.39	10.41	100.10
	252	75	81	16.92	64.05	1.34	10.79	100.11
	32			10.38	30.81	2.57	6.43	100.00
70031	2032	100	298	17.18	36.99	0.95	7.62	117.59
70031	2032	100	298	17.18	36.99	0.95	7.62	117.59
1847633	56567	6299	8445	48.56	55.43	1.82	22.32	98.93
1746995	46593	5418	7416	48.04	55.56	1.66	23.69	98.87
100638	9974	881	1029	85.35	46.23	14.62	14.66	99.52
109031	4238	59	420	29.04	40.40	7.52	5.47	98.48
42809	3308	57	320	23.08	37.34	4.97	7.67	96.79
2898	261	2	13	99.08	26.09	24.98	13.04	99.72
	32			10.38	30.81	2.57	6.43	100.00
63324	637		87	53.49	58.53	15.39	2.83	100.15
1391848	51835	6996	13338	14.61	52.13	1.46	10.70	99.86
1391848	51835	6996	13338	14.61	52.13	1.46	10.70	99.86
271026	23600	1143	4090	9.30	58.82	1.25	4.85	103.51
53311	6522	284	1176	4.63	71.18	1.14	1.14	98.07
	252	75	81	16.92	64.05	1.34	10.79	100.11
70031	2032	100	298	17.18	36.99	0.95	7.62	117.59
147684	14794	684	2535	8.48	60.59	1.45	4.83	101.03
3383760	117200	13055	24116	32.37	54.79	1.53	14.42	99.70
2943007	85760	7284	20113	36.57	51.93	1.46	17.05	99.44
230828	21213	1980	2963	9.71	70.64	1.77	4.85	99.52
238971	17349	1748	2491	24.54	48.70	3.87	9.50	98.59
48844	8926	660	1258	-0.94	69.96	0.68	-8.39	98.14
19350	1944	32	170	59.97	45.08	8.60	11.53	98.03

10－7 续表7

指　　标	利税总额	本年应付工资总额	本年应付福利费总额	本年应交增值税	本年进项税额
按行业大类分组					
采矿业	56723	36932	723	12270	39216
煤炭开采和洗选业	52175	35932	658	11600	37746
黑色金属矿采选业	435	180		150	540
有色金属矿采选业	2416	571	65	306	
非金属矿采选业	1697	250		214	930
制造业	8049656	1041080	76888	1456043	2555404
农副食品加工业	46765	12539	305	4064	67908
食品制造业	293	2577	31	578	3506
酒、饮料和精制茶制造业	3912	2001	6	1728	4528
烟草制品业	6132065	200374	17648	931109	489055
纺织业	－993	1529	18	229	1748
纺织服装、服饰业	1977	2195	170	701	554
皮革、毛皮、羽毛及其制品和制鞋业	3056	978	2	1496	3761
家具制造业	160	485		78	
造纸和纸制品业	7779	7481		1269	4723
印刷和记录媒介复制业	14384	8264	509	3183	19781
文教、工美、体育和娱乐用品制造业	1664	1283	36	544	2126
石油加工、炼焦和核燃料加工业	－482	65	12	182	4261
化学原料和化学制品制造业	18361	40739	3632	8117	50160
医药制造业	24989	18219	665	7355	1239
橡胶和塑料制品业	1709	1603	247	688	1585
非金属矿物制品业	75866	22607	1744	26060	30887
黑色金属冶炼和压延加工业	8299	12892	481	5022	91976
有色金属冶炼和压延加工业	29688	6335	56	13546	70380
金属制品业	26058	8227	476	8369	60851
通用设备制造业	42134	41704	2724	10997	66480
专用设备制造业	1272040	484761	43123	297143	1300257
汽车制造业	97074	51426	1515	19582	148932
铁路、船舶、航空航天和其他运输设备制造业	49620	22272	620	9170	47654
电气机械和器材制造业	57038	45529	1614	10233	54565
计算机、通信和其他电子设备制造业	120770	33071	832	91943	25050
仪器仪表制造业	14115	5951	98	2620	3174
金属制品、机械和设备修理业	1317	5976	324	36	266
电力、热力、燃气及水生产和供应业	188897	89520	420	108090	229879
电力、热力生产和供应业	180219	77927	26	103007	229003
燃气生产和供应业	1593	824		431	876
水的生产和供应业	7085	10769	393	4653	

单位:万元

本年销项税额	全部从业人员年平均人数(人)	研究与开发人员(人)	专业技术人员(人)	总资产贡献率(%)	资产负债率(%)	流动资产周转率(次/年)	成本费用利润率(%)	产销率(%)
51114	7273		133	68.32	38.03	7.51	14.69	98.85
49365	6955		128	66.69	38.46	7.19	14.38	99.22
690	46			54.75	70.08	9.50	5.51	96.94
	128			87.06	18.43	22.23	27.51	88.32
1059	144		5	135.50	33.32	15.45	18.98	98.74
3384015	110925	11006	23740	40.52	44.53	1.54	15.34	99.60
70976	900	187	108	35.23	53.80	7.15	7.05	99.65
4033	407	27	69	0.97	59.01	1.10	-1.54	99.88
6203	445		63	25.68	54.60	4.37	5.29	98.01
1420164	15889	182	2846	94.52	24.36	1.46	56.50	100.32
1976	842		16	-3.46	71.53	0.53	-8.82	99.86
270	1049	20	26	15.21	54.09	2.31	6.04	99.77
5257	324		26	50.34	43.99	7.48	4.72	99.23
	150		5	11.00	54.88	5.99	1.41	92.06
5509	909	5	35	56.71	59.55	6.98	9.59	99.62
22371	1902	15	206	12.33	51.31	1.62	10.02	100.18
2630	455	55	347	28.29	57.41	4.21	7.45	103.07
4443	19		7	3.04	79.07	1.73	-2.66	100.00
57978	4470	219	486	10.17	67.58	2.55	3.15	96.88
6734	1143	133	205	22.19	49.48	2.80	10.82	93.94
2215	377	4	20	9.92	12.05	1.54	5.89	94.88
39988	5546	650	538	19.65	61.90	2.02	10.45	99.78
102609	3364	194	192	6.70	63.60	2.02	1.71	102.01
83206	1363	91	226	36.22	61.93	8.54	3.01	99.74
70472	1439	15	216	17.05	40.07	3.04	6.87	99.22
36873	7752	411	1305	9.99	69.51	1.50	6.65	97.98
1132886	37464	5549	11220	15.09	53.15	1.41	11.39	99.88
151301	9407	1211	2578	13.09	54.00	1.57	5.27	107.95
56657	3358	161	968	11.71	54.96	1.04	19.79	91.69
64753	3230	410	349	14.17	37.64	1.91	9.43	98.49
29713	6618	1278	1370	15.51	54.10	1.64	3.65	88.01
4605	895	189	166	26.94	40.13	2.54	17.21	102.49
196	1208		147	2.84	77.01	0.59	6.50	99.97
184409	18042	3491	2420	6.12	85.47	3.43	3.26	99.77
179302	15251	3491	1728	6.28	87.08	4.40	3.29	99.83
1306	212		7	13.49	43.66	4.20	8.03	100.00
3800	2579		685	3.63	64.49	0.62	1.92	98.44

10－8 规模以上大中型工业企业主要经济指标(2012年)

指标	企业单位数(个)	#亏损企业(个)	工业总产值(当年价格)	#新产品产值	工业销售产值(当年价)
总计	**316**	**32**	**43756938**	**20887983**	**43083083**
按轻重行业分组					
轻工业	156	7	12598123	7631318	12538026
重工业	160	25	31158815	13256665	30545058
按登记注册类型分组					
内资企业	273	22	40645874	20080641	40135689
国有企业	19	5	8941459	7456309	8834291
集体企业	9		300127	2210	300514
有限责任公司	65	9	14175339	5503111	14014205
国有独资公司	5	1	285998	75012	281232
其他有限责任公司	60	8	13889341	5428099	13732974
股份有限公司	28	3	11254271	5892005	11213680
私营企业	132	5	5333097	1060523	5134065
私营独资企业	20		334517	3927	333450
私营合伙企业	9		163926	35717	168025
私营有限责任公司	90	5	3655384	759098	3568415
私营股份有限公司	13		1179270	261781	1064175
其他企业	20		641582	166482	638935
港、澳、台商投资企业	22	2	1496951	408910	1375102
合资经营企业(港或澳、台资)	12	2	739475	61180	680799
港、澳、台商独资经营企业	8		629715	271625	568412
港、澳、台商投资股份有限公司	2		127761	76106	125892
外商投资企业	21	8	1614113	398432	1572293
中外合资经营企业	7	4	538851	174052	499320
外资企业	13	4	955086	154204	952797
外商投资股份有限公司	1		120176	70176	120176
按经济组织类型分组					
独资企业	69	9	11160904	7888275	10989463
国有企业	19	5	8941459	7456309	8834291
集体企业	9		300127	2210	300514
私营独资企业	20		334517	3927	333450
港澳台商独资经营企业	8		629715	271625	568412
外资企业	13	4	955086	154204	952797
合作合伙企业	29		805508	202199	806960
私营合伙企业	9		163926	35717	168025
其他企业(内资)	20		641582	166482	638935
股份有限公司	44	3	12681477	6300068	12523922
股份有限公司(内资)	28	3	11254271	5892005	11213680
私营股份有限公司	13		1179270	261781	1064175
港澳台商投资股份有限公司	2		127761	76106	125892
外商投资股份有限公司	1		120176	70176	120176
有限责任公司	174	20	19109049	6497441	18762739
国有独资公司	5	1	285998	75012	281232
私营有限责任公司	90	5	3655384	759098	3568415
合资经营企业(港或澳、台资)	12	2	739475	61180	680799
中外合资经营企业	7	4	538851	174052	499320
其他有限责任公司	60	8	13889341	5428099	13732974

单位:万元

#出口交货值	流动资产合计	#应收账款	存货	#产成品	固定资产合计	固定资产原价	累计折旧	资产总计
2397894	**25945195**	**6029175**	**7214702**	**2001603**	**11668042**	**14472971**	**4592995**	**46208618**
263351	6760696	540364	3154730	390328	1907257	3298082	1491366	10093613
2134543	19184498	5488811	4059972	1611276	9760785	11174889	3101629	36115005
1951696	24426087	5676863	6835521	1823965	10396859	12885821	4158811	42974906
53579	5917335	495821	2942158	227359	5170678	6239398	2474026	12283724
1710	23235	4279	3555	2535	37628	44055	9419	62028
1230614	8308013	2594598	1773785	585196	3280355	4091553	957747	15378558
56880	255986	62642	65074	26778	286311	361207	134531	579866
1173734	8052026	2531956	1708711	558418	2994044	3730346	823216	14798692
382432	7681897	1953875	1516716	749871	943863	1330031	414354	10927176
275877	2438235	608557	585346	249750	940544	1139768	285031	4214025
27333	32992	10822	9045	4665	31650	39691	8278	83280
8930	41280	7497	13320	4122	34283	42852	9495	86010
218020	1646109	400428	390905	152466	695099	888195	229208	2990083
21594	717854	189810	172076	88496	179512	169030	38050	1054651
7484	57373	19733	13961	9254	23790	41016	18235	109396
232461	701364	193411	126514	49058	403983	519613	220707	1292650
208731	243036	58028	60220	13111	202573	269782	67815	559929
20000	399416	126620	55265	30132	168513	210187	142987	626581
3730	58912	8764	11029	5815	32897	39644	9904	106141
213737	817743	158900	252668	128581	867200	1067537	213477	1941062
47171	347493	32910	102711	54768	487265	567109	80148	983493
166567	367328	117191	140129	66352	374063	493256	132028	847498
	102923	8800	9828	7461	5872	7173	1301	110071
269189	6740305	754733	3150152	331043	5782532	7026586	2766739	13903110
53579	5917335	495821	2942158	227359	5170678	6239398	2474026	12283724
1710	23235	4279	3555	2535	37628	44055	9419	62028
27333	32992	10822	9045	4665	31650	39691	8278	83280
20000	399416	126620	55265	30132	168513	210187	142987	626581
166567	367328	117191	140129	66352	374063	493256	132028	847498
16414	98652	27230	27281	13376	58074	83869	27729	195406
8930	41280	7497	13320	4122	34283	42852	9495	86010
7484	57373	19733	13961	9254	23790	41016	18235	109396
407756	8561586	2161248	1709649	851643	1162144	1545877	463609	12198039
382432	7681897	1953875	1516716	749871	943863	1330031	414354	10927176
21594	717854	189810	172076	88496	179512	169030	38050	1054651
3730	58912	8764	11029	5815	32897	39644	9904	106141
	102923	8800	9828	7461	5872	7173	1301	110071
1704535	10544651	3085964	2327621	805542	4665292	5816639	1334918	19912063
56880	255986	62642	65074	26778	286311	361207	134531	579866
218020	1646109	400428	390905	152466	695099	888195	229208	2990083
208731	243036	58028	60220	13111	202573	269782	67815	559929
47171	347493	32910	102711	54768	487265	567109	80148	983493
1173734	8052026	2531956	1708711	558418	2994044	3730346	823216	14798692

10－8 续表1

指　　标	企业单位数(个)	#亏损企业(个)	工业总产值(当年价格)	#新产品产　值	工业销售产值(当年价)
在总计中:国有控股企业	40	7	19941394	13249302	19834604
在总计中:大型企业	48	7	34692098	19405603	34208485
中型企业	268	25	9064840	1482380	8874598
在总计中:亏损企业	32	32	1089724	346299	1043046
在总计中:农村工业	7		174786	884	174006
按行业大类分组					
采矿业	11		377817		374951
煤炭开采和洗选业	8		328044		325958
黑色金属矿采选业	1		14580		14126
有色金属矿采选业	2		35193		34867
制造业	298	32	42350369	20869645	41699953
农副食品加工业	14	1	627623	96084	610066
食品制造业	15	1	612809	92884	606545
酒、饮料和精制茶制造业	11	2	604136	9649	600116
烟草制品业	2		7015488	6905163	7037687
纺织业	7	1	265322	112080	259631
纺织服装、服饰业	7		350406	112306	347204
皮革、毛皮、羽毛及其制品和制鞋业	3		143983		145612
木材加工和木、竹、藤、棕、草制品业	1		21593	1600	21549
家具制造业	4		134570	8073	123739
造纸和纸制品业	6		107199		106623
印刷和记录媒介复制业	4		231234	11611	216097
文教、工美、体育和娱乐用品制造业	4		52205	2353	52903
化学原料和化学制品制造业	60	1	1614496	261983	1583789
医药制造业	13		980226	202861	953176
橡胶和塑料制品业	9	1	436148	20863	430597
非金属矿物制品业	17	3	710972	100990	701506
黑色金属冶炼和压延加工业	5		197866	124884	205205
有色金属冶炼和压延加工业	6		2184677	700362	2239327
金属制品业	7		256992	36106	276409
通用设备制造业	20	5	1014743	288915	1007171
专用设备制造业	20	2	18681494	8756647	18481776
汽车制造业	28	6	1825658	758814	1810799
铁路、船舶、航空航天和其他运输设备制造业	3		225917	251	205917
电气机械和器材制造业	14	3	696010	138909	660325
计算机、通信和其他电子设备制造业	13	6	2959231	1848430	2691325
仪器仪表制造业	4		378951	277827	304444
金属制品、机械和设备修理业	1		20422		20417
电力、热力、燃气及水生产和供应业	7		1028753	18338	1008180
电力、热力生产和供应业	3		718315		718315
燃气生产和供应业	1		191319		184335
水的生产和供应业	3		119119	18338	105529

单位：万元

#出口交货值	流动资产合计	#应收账款	存货	#产成品	固定资产合计	固定资产原价	累计折旧	资产总计
512798	13501814	2521397	4426505	936398	6294173	7787464	2995918	23183496
1930185	22338443	5145130	6335127	1634696	9479627	11549552	3690479	39427448
467709	3606752	884045	879576	366908	2188415	2923419	902516	6781171
88061	1547358	338921	343674	151247	1092199	1301906	220965	3313180
1860	13619	2587	2282	1462	15116	20868	6527	31777
	49873	7223	9450	6454	51620	72780	21624	109768
	40999	4861	5657	5464	40544	54378	14297	86869
	2600		981	364	2031	4622	2591	6517
	6274	2362	2812	626	9045	13780	4737	16383
2397894	25319703	5877858	7127843	1989739	7280625	9896815	3012307	41026446
75484	88961	16382	31425	23473	79827	96376	22673	210217
	356017	26305	45414	15782	115993	162512	48496	556809
22687	154017	21740	41257	27673	166455	313864	148042	341789
27733	4826110	189698	2688126	142306	800758	1706815	906057	6515209
10255	158766	19544	63889	48948	69351	84848	20958	289388
12660	85057	17246	22690	13525	52127	81533	31153	139365
	13490	1689	7562	4816	10622	15098	4475	26488
	724	625	98	96	1133	1292	160	4016
	5641	2127	1752	1102	4755	11464	6807	30665
	27189	2616	6762	2573	28838	28591	6287	60971
1155	179934	47408	74940	26477	58674	125201	79088	252193
13995	7766	3323	3406	2250	9059	7668	1112	18301
121790	405250	138767	106121	62810	261649	304623	98767	733244
7948	351120	59047	79821	33711	158274	203494	61138	605399
1984	96914	24848	33863	17704	123005	143134	23525	338909
2259	333310	93915	106079	26995	272604	365793	107970	636969
13831	98912	27822	32003	14527	81575	114166	39223	228831
1982	446971	37578	35751	14359	340554	403207	84316	1113612
3730	130077	35672	23740	11727	46161	59472	14326	192313
58862	588474	166758	200147	79686	288530	432709	156059	1026133
662999	13430499	4068694	2683025	1066579	2200090	2834507	637972	20857464
241493	1572200	362865	379378	161583	946840	1115183	200142	3111113
	198285	54214	51535	1559	98365	97108	19484	413034
22314	493914	136143	105799	48645	205137	216487	62940	796905
1072849	836495	186118	243633	118248	728956	918174	206678	1921523
21884	399211	135967	48291	22584	122299	39474	19434	559164
	34398	749	11336		8996	14022	5026	46423
	575619	144094	77410	5411	4335797	4503376	1559064	5072404
	361727	85345	53217		4060137	4136657	1447678	4487680
	54715	5888	11472		116136	139596	23460	222284
	159178	52861	12721	5411	159524	227124	87926	362441

10－8 续表 2

指　　标	流动负债合计	#应付账款	负债合计	所有者权益合计	#实收资本
总　　计	**17234954**	**4513335**	**26462186**	**19746432**	**4544369**
按轻重行业分组					
轻工业	2841278	832678	3070123	7023490	1076712
重工业	14393677	3680657	23392063	12722943	3467657
按登记注册类型分组					
内资企业	15852551	3886552	24681486	18293420	3805422
国有企业	3334070	869502	6440141	5843582	1204424
集体企业	9651	1616	19967	42060	18014
有限责任公司	6286212	1096605	10073563	5304995	929671
国有独资公司	371792	37931	419335	160531	90478
其他有限责任公司	5914420	1058675	9654227	5144464	839192
股份有限公司	4041238	971620	5603960	5323217	1067073
私营企业	2130597	935835	2487365	1726660	562230
私营独资企业	24703	7575	25645	57635	27197
私营合伙企业	24157	9915	27853	58158	24611
私营有限责任公司	1667012	799156	1973820	1016264	403981
私营股份有限公司	414725	119189	460047	594604	106440
其他企业	50784	11373	56490	52906	24010
港、澳、台商投资企业	564478	228708	669872	622779	193237
合资经营企业(港或澳、台资)	329545	108454	407026	152903	107405
港、澳、台商独资经营企业	213915	118918	237408	389173	57981
港、澳、台商投资股份有限公司	21019	1336	25437	80704	27850
外商投资企业	817926	398075	1110828	830233	545710
中外合资经营企业	442996	216301	687350	296143	232465
外资企业	365118	179304	413668	433830	306382
外商投资股份有限公司	9811	2470	9811	100260	6863
按经济组织类型分组					
独资企业	3947456	1176916	7136829	6766281	1613998
国有企业	3334070	869502	6440141	5843582	1204424
集体企业	9651	1616	19967	42060	18014
私营独资企业	24703	7575	25645	57635	27197
港澳台商独资经营企业	213915	118918	237408	389173	57981
外资企业	365118	179304	413668	433830	306382
合作合伙企业	74940	21288	84343	111063	48622
私营合伙企业	24157	9915	27853	58158	24611
其他企业(内资)	50784	11373	56490	52906	24010
股份有限公司	4486792	1094615	6099255	6098784	1208227
股份有限公司(内资)	4041238	971620	5603960	5323217	1067073
私营股份有限公司	414725	119189	460047	594604	106440
港澳台商投资股份有限公司	21019	1336	25437	80704	27850
外商投资股份有限公司	9811	2470	9811	100260	6863
有限责任公司	8725765	2220517	13141758	6770305	1673522
国有独资公司	371792	37931	419335	160531	90478
私营有限责任公司	1667012	799156	1973820	1016264	403981
合资经营企业(港或澳、台资)	329545	108454	407026	152903	107405
中外合资经营企业	442996	216301	687350	296143	232465
其他有限责任公司	5914420	1058675	9654227	5144464	839192

单位:万元

国家资本	集体资本	法人资本	个人资本	港澳台资本	外商资本	主营业务收入	主营业务成本	主营业务税金及附加
835266	**46919**	**2023002**	**521280**	**286752**	**831151**	**42643772**	**30045859**	**4347774**
466338	9843	309722	155886	61745	73178	12431722	5540244	4180185
368928	37076	1713280	365394	225007	757973	30212050	24505615	167589
808605	40634	1817452	516066	197442	425224	39706784	27710972	4320243
573376		363270	532		267246	8754942	2754810	4135322
	498	16316	1200			293467	250430	2819
87558	9262	544022	146986	54666	87177	13835557	11182999	74372
53629		36849				287171	226054	1051
33929	9262	507173	146986	54666	87177	13548386	10956946	73321
142970	22871	563236	139706	142776	55515	10930903	8866574	56442
4701	8003	312020	222220		15286	5241257	4074263	44338
		1100	26097			324062	262868	4939
		21818	2793			167573	132641	1920
4700	5000	254285	124946		15050	3590833	2869926	31975
1	3003	34816	68384		236	1158789	808828	5504
		18588	5423			650657	581896	6951
19911		78949	5214	79704	9458	1353555	1065575	13986
19911		50193	2646	33212	1443	684285	563878	7152
		6006	2568	41392	8015	571515	426972	6445
		22750		5100		97755	74724	389
6750	6285	126601		9606	396469	1583434	1269312	13545
6750	6285	102401			117030	472330	389467	6322
		24200		2993	279189	1015627	823770	6825
				6613	250	95478	56075	398
573376	498	410893	30397	44385	554450	10959613	4518850	4156351
573376		363270	532		267246	8754942	2754810	4135322
	498	16316	1200			293467	250430	2819
		1100	26097			324062	262868	4939
		6006	2568	41392	8015	571515	426972	6445
		24200		2993	279189	1015627	823770	6825
		40406	8216			818230	714537	8871
		21818	2793			167573	132641	1920
		18588	5423			650657	581896	6951
142971	25874	620802	208090	154489	56001	12282924	9806201	62732
142970	22871	563236	139706	142776	55515	10930903	8866574	56442
1	3003	34816	68384		236	1158789	808828	5504
		22750		5100		97755	74724	389
				6613	250	95478	56075	398
118920	20546	950901	274578	87878	220700	18583005	15006270	119820
53629		36849				287171	226054	1051
4700	5000	254285	124946		15050	3590833	2869926	31975
19911		50193	2646	33212	1443	684285	563878	7152
6750	6285	102401			117030	472330	389467	6322
33929	9262	507173	146986	54666	87177	13548386	10956946	73321

10－8 续表3

指　　标	流动负债合计	#应付账款	负债合计	所有者权益合计	#实收资本
在总计中:国有控股企业	7728854	1888769	12401442	10782054	2275635
在总计中:大型企业	14516685	3754554	22810432	16617015	3148385
中型企业	2718270	758780	3651754	3129417	1395984
在总计中:亏损企业	1986859	1024782	2544013	769168	830140
在总计中:农村工业	9745	2697	13998	17780	2975
按行业大类分组					
采矿业	25642	3717	39857	69911	42568
煤炭开采和洗选业	17856	1919	31801	55068	36360
黑色金属矿采选业	1686	211	1686	4831	500
有色金属矿采选业	6101	1587	6370	10013	5708
制造业	15742614	4366450	22011189	19015256	3916466
农副食品加工业	76332	23101	93734	116483	46221
食品制造业	118060	26981	124804	432005	108282
酒、饮料和精制茶制造业	166466	46132	176228	165561	74488
烟草制品业	1582776	544912	1583036	4932173	446000
纺织业	84145	29851	99038	190351	23339
纺织服装、服饰业	46095	12431	49050	90315	22099
皮革、毛皮、羽毛及其制品和制鞋业	13627	4413	15011	11477	4805
木材加工和木、竹、藤、棕、草制品业	1012	962	2012	2004	2000
家具制造业	8961	572	9083	21582	2798
造纸和纸制品业	33940	24257	36699	24272	7464
印刷和记录媒介复制业	135390	29725	153091	99102	28874
文教、工美、体育和娱乐用品制造业	4005	1376	5300	13001	9290
化学原料和化学制品制造业	335363	65188	397205	336039	98182
医药制造业	147757	32930	201124	404275	100817
橡胶和塑料制品业	83825	28302	108900	230009	177633
非金属矿物制品业	305122	82185	396193	240777	109382
黑色金属冶炼和压延加工业	123649	20323	155482	73348	27805
有色金属冶炼和压延加工业	304270	48109	511325	602287	289600
金属制品业	57557	11772	69765	122548	28938
通用设备制造业	576529	153081	616966	409167	163564
专用设备制造业	8007360	1530654	12819266	8038198	967226
汽车制造业	1998940	1088615	2457205	653908	599036
铁路、船舶、航空航天和其他运输设备制造业	132345	49270	223762	189273	82707
电气机械和器材制造业	225175	76493	297273	499632	147786
计算机、通信和其他电子设备制造业	963893	328015	1175266	746257	327370
仪器仪表制造业	174299	104603	198622	360542	15760
金属制品、机械和设备修理业	35722	2199	35751	10673	5000
电力、热力、燃气及水生产和供应业	1466699	143168	4411140	661265	585335
电力、热力生产和供应业	1129760	110440	4001148	486532	508486
燃气生产和供应业	98197	6540	142903	79381	15000
水的生产和供应业	238743	26188	267089	95352	61849

单位:万元

国家资本	集体资本	法人资本	个人资本	港澳台资本	外商资本	主营业务收入	主营业务成本	主营业务税金及附加
803904	3791	948413	53990	142776	322761	19494371	11566182	4187124
669632	10615	1410000	266677	211835	579626	33934887	23100578	4258308
165634	36304	613002	254603	74916	251524	8708885	6945281	89466
52476	9938	389256	2603	22465	353402	1072766	973441	7717
		1600	1375			171866	145471	3088
15618		26242	708			370769	310508	4479
15618		20742				321776	272370	3886
			500			14126	10161	193
		5500	208			34867	27977	400
723612	26919	1807457	516072	286752	555655	41257469	29018645	4332665
	5000	30141	10650		431	574553	467221	4569
1	1353	66958	6396	33089	486	562967	410089	3898
110		9908	8576	26318	29576	626998	474812	5225
430000		16000				7025344	1402396	4125070
		1821	21518			249518	178277	1548
851		12930	5500		2818	331757	232070	1170
		490	3805		510	145602	128037	1570
			2000			21549	17972	123
		1088	1710			138540	114582	2348
		1500	5964			107078	95424	1083
		26551	150	2173		208351	166649	726
		4945	4345			49932	32985	1061
14629	3007	19768	58946	165	1667	1582930	1258749	27856
10376		42550	46447		1443	915574	618821	5408
		22000	15028		140605	424730	338004	7567
13292	483	79299	16309			669354	548351	8104
		16417	11389			185600	165498	1036
		273000	16600			2179637	2031735	19218
		20600	3238	5100		271362	203057	1855
54615	782	25594	74557		8015	991364	747081	8707
124738	7935	508135	113127	142776	70515	18215647	14534672	80140
41549	3025	273279	15118	19473	246593	1916525	1584724	11855
7707		75000				204228	144340	981
8471		60704	37585		41027	654050	530956	4088
16085	5334	208296	28028	57659	11969	2681408	2322848	5144
1187		5484	9089			302679	223778	2306
		5000				20194	15516	11
96036	20000	189303	4500		275496	1015534	716707	10630
64286	20000	156954			267246	719552	498235	7974
6750					8250	175817	135860	1691
25000		32349	4500			120165	82611	965

10－8 续表4

指　　标	其他业务利润	营业费用	管理费用	#税金	财务费用
总　　计	**18665**	**1856812**	**2074443**	**65244**	**558542**
按轻重行业分组					
轻工业	－3805	562862	690428	22028	13146
重工业	22470	1293949	1384015	43216	545396
按登记注册类型分组					
内资企业	37	1627469	1877409	58370	536994
国有企业	－9049	126700	509356	15203	151248
集体企业		2340	4765	27	1111
有限责任公司	－1861	646460	666481	22753	287641
国有独资公司	－185	16881	32156	556	15594
其他有限责任公司	－1676	629580	634325	22197	272047
股份有限公司	4636	543130	415868	10398	48806
私营企业	5811	294962	266780	9085	46952
私营独资企业	－3	9930	9656	70	1508
私营合伙企业		4944	6484	351	1086
私营有限责任公司	5754	207980	211044	7332	31545
私营股份有限公司	60	72109	39596	1333	12813
其他企业	500	13877	14159	904	1237
港、澳、台商投资企业	4905	86880	89255	1838	9607
合资经营企业(港或澳、台资)	3793	41468	37687	443	5159
港、澳、台商独资经营企业	837	42194	46491	1280	3583
港、澳、台商投资股份有限公司	276	3218	5077	115	865
外商投资企业	13723	142463	107779	5036	11940
中外合资经营企业	1683	25026	38563	1521	6751
外资企业	12000	96466	59585	3455	6540
外商投资股份有限公司	41	20971	9631	61	－1351
按经济组织类型分组					
独资企业	3784	277630	629853	20034	163990
国有企业	－9049	126700	509356	15203	151248
集体企业		2340	4765	27	1111
私营独资企业	－3	9930	9656	70	1508
港澳台商独资经营企业	837	42194	46491	1280	3583
外资企业	12000	96466	59585	3455	6540
合作合伙企业	500	18821	20643	1255	2323
私营合伙企业		4944	6484	351	1086
其他企业(内资)	500	13877	14159	904	1237
股份有限公司	5012	639427	470172	11907	61134
股份有限公司(内资)	4636	543130	415868	10398	48806
私营股份有限公司	60	72109	39596	1333	12813
港澳台商投资股份有限公司	276	3218	5077	115	865
外商投资股份有限公司	41	20971	9631	61	－1351
有限责任公司	9369	920934	953775	32048	331096
国有独资公司	－185	16881	32156	556	15594
私营有限责任公司	5754	207980	211044	7332	31545
合资经营企业(港或澳、台资)	3793	41468	37687	443	5159
中外合资经营企业	1683	25026	38563	1521	6751
其他有限责任公司	－1676	629580	634325	22197	272047

单位:万元

#利息支出	营业利润	投资收益	补贴收入	营业外收入	营业外支出	利润总额	应交所得税	亏损企业亏损额
653581	**4182921**	**-71936**	**114967**	**337931**	**248371**	**4273335**	**730198**	**139913**
38891	1491815	70489	83031	109584	55009	1547100	327866	8479
614690	2691106	-142424	31936	228347	193361	2726235	402332	131434
624974	4001214	-79622	103526	322494	245073	4078967	690911	93989
168230	1122631	71165	82067	95296	41005	1177005	292733	11215
1068	35397				3	35394	8497	
315875	1217175	82763	10006	149325	51604	1314934	148994	53165
14669	-1139	91	25	6082	1870	3111	1362	3984
301206	1218314	82671	9981	143244	49734	1311823	147632	49181
88458	1137985	-236283	7181	47192	132692	1052485	192359	4840
50269	452733	2604	4238	30145	12266	470692	44719	24769
1230	29304	63	131	131	313	29122	3953	
1148	17409	15		414	752	17071	2654	
30724	262808	2525	4107	24222	10858	276252	27668	24769
17166	143212			5379	342	148249	10445	
1076	35294	130	35	536	7504	28456	3610	
15662	116909	3766	7609	9914	1019	126325	22923	7476
7200	30394	186	5093	5965	856	35503	6478	7476
7257	72301	3480	2516	3449	108	76163	13761	
1204	14214	100		500	55	14660	2683	
12945	64797	3921	3832	5523	2278	68043	16364	38448
7338	10325	3307	1584	2281	337	12269	6138	23428
5608	44073		2149	3142	1939	45275	9485	15020
	10400	614	99	101	2	10498	741	
183392	1303706	74708	86863	102018	43368	1362960	328429	26235
168230	1122631	71165	82067	95296	41005	1177005	292733	11215
1068	35397				3	35394	8497	
1230	29304	63	131	131	313	29122	3953	
7257	72301	3480	2516	3449	108	76163	13761	
5608	44073		2149	3142	1939	45275	9485	15020
2224	52703	145	35	949	8256	45526	6264	
1148	17409	15		414	752	17071	2654	
1076	35294	130	35	536	7504	28456	3610	
106828	1305811	-235569	7279	53172	133091	1225892	206227	4840
88458	1137985	-236283	7181	47192	132692	1052485	192359	4840
17166	143212			5379	342	148249	10445	
1204	14214	100		500	55	14660	2683	
	10400	614	99	101	2	10498	741	
361137	1520702	88781	20789	181793	63656	1638957	189278	108838
14669	-1139	91	25	6082	1870	3111	1362	3984
30724	262808	2525	4107	24222	10858	276252	27668	24769
7200	30394	186	5093	5965	856	35503	6478	7476
7338	10325	3307	1584	2281	337	12269	6138	23428
301206	1218314	82671	9981	143244	49734	1311823	147632	49181

10－8 续表 5

指　　标	其他业务利润	营业费用	管理费用	#税金	财务费用
在总计中:国有控股企业	－3437	576676	912860	25867	215161
在总计中:大型企业	8045	1396600	1609720	46589	463753
中型企业	10620	460211	464723	18655	94789
在总计中:亏损企业	3859	112892	119273	3862	26000
在总计中:农村工业	7	1331	4567	17	595
按行业大类分组					
采矿业	7	4485	13977	17	818
煤炭开采和洗选业		2795	9484		684
黑色金属矿采选业	7		1698	6	67
有色金属矿采选业		1690	2795	11	67
制造业	17265	1840620	2025215	63560	394042
农副食品加工业	1059	36620	24731	2039	3257
食品制造业	275	62704	34966	551	－3851
酒、饮料和精制茶制造业	1993	82872	21122	552	1977
烟草制品业	－12609	104876	422135	12630	－15074
纺织业	80	42554	11622	423	1464
纺织服装、服饰业	46	30846	32565	2466	878
皮革、毛皮、羽毛及其制品和制鞋业	9	4176	4104	25	552
木材加工和木、竹、藤、棕、草制品业		52	60		74
家具制造业		3889	4805	26	796
造纸和纸制品业	31	5253	3209	142	800
印刷和记录媒介复制业	3296	2977	12275	476	1604
文教、工美、体育和娱乐用品制造业		3320	1764	3	885
化学原料和化学制品制造业	1885	62913	75182	3628	17769
医药制造业	276	123658	60986	596	3004
橡胶和塑料制品业	801	15709	22595	1105	2982
非金属矿物制品业	489	32507	31056	1096	13611
黑色金属冶炼和压延加工业	1898	8119	16355	402	4540
有色金属冶炼和压延加工业		26709	33904	1212	20023
金属制品业		13521	17365	361	2415
通用设备制造业	1020	66241	76061	2798	9153
专用设备制造业	3334	881935	759179	21470	273902
汽车制造业	3067	133159	141296	6056	25525
铁路、船舶、航空航天和其他运输设备制造业	1756	4406	22356	1046	3307
电气机械和器材制造业	410	33481	36724	720	1389
计算机、通信和其他电子设备制造业	7663	26190	118947	2981	18084
仪器仪表制造业	429	31605	36123	759	4999
金属制品、机械和设备修理业	60	327	3731		－22
电力、热力、燃气及水生产和供应业	1393	11707	35251	1667	163682
电力、热力生产和供应业	1491	170	13444		151815
燃气生产和供应业	147	2172	10481	161	3345
水的生产和供应业	－245	9365	11326	1506	8522

单位:万元

#利息支出	营业利润	投资收益	补贴收入	营业外收入	营业外支出	利润总额	应交所得税	亏损企业亏损额
268450	2197196	-171768	90535	145869	174391	2168795	476459	16875
550223	3506331	-80488	98744	285928	197216	3595044	637574	93171
103358	676589	8553	16223	52003	51155	678291	92624	46743
24053	-151873	-1591	8398	13830	1900	-139913	-288	139913
768	14680			37	92	14625	2804	
890	40349			2657	247	42759	12875	
757	36893			2620	227	39287	12121	
67	1519					1519	380	
66	1937			37	20	1954	375	
487250	4070863	-83543	113961	330474	246525	4155665	690161	139913
3252	39701	-6	454	1037	2069	38674	4241	28
1641	63523	-1031	253	3430	189	67147	14358	614
2867	31504	588	359	1106	522	32226	7700	2573
	1038147	64816	79089	79523	37924	1079747	263710	
1906	17280	63	141	688	924	17044	3309	1391
732	27365		55	576	110	27831	5257	
756	6843		7	7	2	6848	1171	
13	3554					3554	138	
793	12075			802	802	12075	2849	
687	8829	1419		296	340	8785	587	
1991	27271	186	931	968	1388	26851	2616	
785	5186			190	153	5224	100	
16871	123543	390	1718	8511	20305	111749	7662	1887
4329	79217	2100	738	2918	1080	81109	9339	
2586	39645		2029	2197	7771	34071	5363	4607
14347	54078		1067	2807	851	56033	9380	2370
4190	3927	3128		3305	846	6386	697	
18569	124336	57054	10	6857	7161	124032	5448	
2614	33695			953	103	34545	7106	
9163	98173	3618	997	8953	6059	101226	11919	12615
343567	1770791	-222983	2735	157221	108140	1819872	268296	1930
22601	41223	207	7094	11193	45712	6780	11232	90506
3362	31032	2317	49	4255	20	35267	4280	
3857	40717	127	505	4828	1071	44474	7613	4819
19631	305859	1348	13024	23107	2897	326069	31789	16575
6139	42446	3102	2682	4398	68	46777	3619	
	904	13	25	349	21	1270	380	
165441	71709	11607	1006	4801	1599	74910	27162	
153835	44196	8871	769	1310	208	45298	21774	
3333	24006	2858		23	88	23941	4265	
8273	3506	-122	237	3468	1302	5672	1123	

10－8 续表 6

指　　标	利税总额	本年应付工资总额	本年应付福利费总额	本年应交增值税	本年进项税额
总　　计	**10629645**	**2768593**	**144811**	**2008537**	**4467786**
按轻重行业分组					
轻工业	6828402	719894	42293	1101117	948002
重工业	3801244	2048700	102518	907420	3519784
按登记注册类型分组					
内资企业	10334201	2516579	127954	1934991	4196415
国有企业	6407862	308988	20425	1095535	626969
集体企业	48163	24150	243	9950	40201
有限责任公司	1705246	1024462	39022	315940	1436980
国有独资公司	12891	42986	4396	8730	44654
其他有限责任公司	1692354	981476	34626	307210	1392325
股份有限公司	1472883	667129	49556	363956	1613620
私营企业	651382	453275	18026	136351	419750
私营独资企业	44696	39918	943	10635	20666
私营合伙企业	27539	15388	302	8548	18545
私营有限责任公司	395945	330854	14211	87719	265846
私营股份有限公司	183201	67115	2571	29449	114694
其他企业	48665	38575	683	13259	58895
港、澳、台商投资企业	180405	112796	4961	40094	191759
合资经营企业(港或澳、台资)	61120	72793	1804	18465	97509
港、澳、台商独资经营企业	100205	28170	3009	17597	82094
港、澳、台商投资股份有限公司	19081	11833	148	4032	12155
外商投资企业	115039	139219	11896	33452	79613
中外合资经营企业	27813	37948	2521	9223	31295
外资企业	72269	92839	7281	20168	46067
外商投资股份有限公司	14957	8432	2094	4061	2252
按经济组织类型分组					
独资企业	6673195	494065	31900	1153885	815997
国有企业	6407862	308988	20425	1095535	626969
集体企业	48163	24150	243	9950	40201
私营独资企业	44696	39918	943	10635	20666
港澳台商独资经营企业	100205	28170	3009	17597	82094
外资企业	72269	92839	7281	20168	46067
合作合伙企业	76204	53963	984	21807	77440
私营合伙企业	27539	15388	302	8548	18545
其他企业(内资)	48665	38575	683	13259	58895
股份有限公司	1690122	754509	54368	401498	1742720
股份有限公司(内资)	1472883	667129	49556	363956	1613620
私营股份有限公司	183201	67115	2571	29449	114694
港澳台商投资股份有限公司	19081	11833	148	4032	12155
外商投资股份有限公司	14957	8432	2094	4061	2252
有限责任公司	2190124	1466057	57559	431347	1831629
国有独资公司	12891	42986	4396	8730	44654
私营有限责任公司	395945	330854	14211	87719	265846
合资经营企业(港或澳、台资)	61120	72793	1804	18465	97509
中外合资经营企业	27813	37948	2521	9223	31295
其他有限责任公司	1692354	981476	34626	307210	1392325

单位:万元

本年销项税额	全部从业人员年平均人数(人)	研究与开发人员(人)	专业技术人员(人)	总资产贡献率(%)	资产负债率(%)	流动资产周转率(次/年)	成本费用利润率(%)	产销率(%)
5664880	**379281**	**79921**	**56101**	**24.42**	**57.27**	**1.64**	**12.37**	**98.46**
2010640	104291	4912	9865	68.04	30.42	1.84	22.73	99.52
3654239	274990	75009	46236	12.23	64.77	1.57	9.83	98.03
5370598	334925	77175	51211	25.50	57.43	1.63	12.85	98.74
1542289	33237	1108	6335	53.54	52.43	1.48	33.23	98.80
50051	5391	763	595	79.37	32.19	12.63	13.68	100.13
1700287	147196	59029	21302	13.14	65.50	1.67	10.29	98.86
52989	6392	277	1120	4.75	72.32	1.12	1.07	98.33
1647299	140804	58752	20182	13.47	65.24	1.68	10.50	98.87
1505673	65011	8497	14849	14.29	51.28	1.42	10.66	99.64
503329	76429	7678	7619	16.65	59.03	2.15	10.05	96.27
28455	9192	27	356	55.15	30.79	9.82	10.26	99.68
26171	3915	144	179	33.35	32.38	4.06	11.76	102.50
308975	53015	5583	5435	14.27	66.01	2.18	8.32	97.62
139728	10307	1924	1649	19.00	43.62	1.61	15.88	90.24
68970	7661	100	511	45.47	51.64	11.34	4.66	99.59
181433	23265	1032	2396	15.17	51.82	1.93	10.10	91.86
68354	16296	214	1225	12.20	72.69	2.82	5.48	92.07
96891	6186	725	1104	17.15	37.89	1.43	14.67	90.26
16188	783	93	67	19.11	23.97	1.66	17.48	98.54
112848	21091	1714	2494	6.59	57.23	1.94	4.44	97.41
36156	5664	931	828	3.57	69.89	1.36	2.67	92.66
70380	14924	746	1631	9.19	48.81	2.76	4.59	99.76
6312	503	37	35	13.59	8.91	0.93	12.30	100.00
1788066	68930	3369	10021	49.32	51.33	1.63	24.38	98.46
1542289	33237	1108	6335	53.54	52.43	1.48	33.23	98.80
50051	5391	763	595	79.37	32.19	12.63	13.68	100.13
28455	9192	27	356	55.15	30.79	9.82	10.26	99.68
96891	6186	725	1104	17.15	37.89	1.43	14.67	90.26
70380	14924	746	1631	9.19	48.81	2.76	4.59	99.76
95141	11576	244	690	40.14	43.16	8.29	6.02	100.18
26171	3915	144	179	33.35	32.38	4.06	11.76	102.50
68970	7661	100	511	45.47	51.64	11.34	4.66	99.59
1667900	76604	10551	16600	14.73	50.00	1.43	11.17	98.76
1505673	65011	8497	14849	14.29	51.28	1.42	10.66	99.64
139728	10307	1924	1649	19.00	43.62	1.61	15.88	90.24
16188	783	93	67	19.11	23.97	1.66	17.48	98.54
6312	503	37	35	13.59	8.91	0.93	12.30	100.00
2113773	222171	65757	28790	12.81	66.00	1.76	9.52	98.19
52989	6392	277	1120	4.75	72.32	1.12	1.07	98.33
308975	53015	5583	5435	14.27	66.01	2.18	8.32	97.62
68354	16296	214	1225	12.20	72.69	2.82	5.48	92.07
36156	5664	931	828	3.57	69.89	1.36	2.67	92.66
1647299	140804	58752	20182	13.47	65.24	1.68	10.50	98.87

10－8 续表 7

指　　标	利税总额	本年应付工资总额	本年应付福利费总额	本年应交增值税	本年进项税额
在总计中:国有控股企业	7796745	970385	74441	1440826	2261465
在总计中:大型企业	9606332	2062624	113304	1752980	3660483
中型企业	1023313	705970	31506	255556	807304
在总计中:亏损企业	－107856	145753	5770	24340	123685
在总计中:农村工业	24910	16653	347	7198	6670
按行业大类分组					
采矿业	64917	45304	933	17679	46258
煤炭开采和洗选业	57145	38869	702	13972	41798
黑色金属矿采选业	3298	3239	213	1586	706
有色金属矿采选业	4474	3196	18	2121	3754
制造业	10412372	2665956	142479	1924042	4373587
农副食品加工业	54863	32324	1797	11620	61001
食品制造业	101458	43026	3152	30413	58921
酒、饮料和精制茶制造业	56388	35383	2705	18937	75614
烟草制品业	6137869	202889	17911	933053	489516
纺织业	32008	17766	333	13416	21909
纺织服装、服饰业	35236	26187	872	6234	16598
皮革、毛皮、羽毛及其制品和制鞋业	11350	9077	479	2932	7670
木材加工和木、竹、藤、棕、草制品业	3879	3770		203	105
家具制造业	19187	8560	672	4764	9274
造纸和纸制品业	12746	12989	468	2877	11426
印刷和记录媒介复制业	35126	16763	646	7548	58159
文教、工美、体育和娱乐用品制造业	7548	7145	361	1264	1361
化学原料和化学制品制造业	180842	187504	7149	41237	149876
医药制造业	115597	119675	7948	29080	51189
橡胶和塑料制品业	51054	15310	1091	9415	－1949
非金属矿物制品业	92028	63862	1908	27891	50571
黑色金属冶炼和压延加工业	15395	17880	763	7974	97077
有色金属冶炼和压延加工业	165090	34446	2499	21841	241055
金属制品业	42911	13099	708	6511	59263
通用设备制造业	134554	85702	5135	24622	145938
专用设备制造业	2416572	1047260	66881	516561	2274621
汽车制造业	52306	139545	8721	33671	172364
铁路、船舶、航空航天和其他运输设备制造业	44387	19854	451	8139	44107
电气机械和器材制造业	66854	71537	3148	18292	90371
计算机、通信和其他电子设备制造业	462968	405729	3671	131755	140160
仪器仪表制造业	62839	22700	2686	13756	47129
金属制品、机械和设备修理业	1317	5976	324	36	266
电力、热力、燃气及水生产和供应业	152357	57334	1399	66816	47942
电力、热力生产和供应业	110132	31430	24	56860	34828
燃气生产和供应业	30478	14317	753	4846	13114
水的生产和供应业	11747	11587	622	5110	

单位:万元

本年销项税额	全部从业人员年平均人数(人)	研究与开发人员(人)	专业技术人员(人)	总资产贡献率(%)	资产负债率(%)	流动资产周转率(次/年)	成本费用利润率(%)	产销率(%)
3044317	98032	8270	21918	34.79	53.49	1.44	16.34	99.46
4665914	251723	67761	42944	25.76	57.85	1.52	13.53	98.61
998965	127558	12160	13157	16.61	53.85	2.41	8.52	97.90
143309	26189	1613	3115	-2.53	76.78	0.69	-11.36	95.72
13033	3537	64	134	80.81	44.05	12.62	9.62	99.55
63036	9333		230	59.95	36.31	7.43	12.97	99.24
54870	7488		142	66.65	36.61	7.85	13.77	99.36
2292	920		32	51.64	25.87	5.43	12.73	96.89
5875	925		56	27.71	38.88	5.56	6.01	99.07
5541429	361675	79891	53756	26.57	53.65	1.63	12.49	98.46
64956	5641	1236	448	27.65	44.59	6.46	7.27	97.20
85808	9710	186	651	18.52	22.41	1.58	13.33	98.98
91665	7690	937	591	17.34	51.56	4.07	5.55	99.33
1422564	16829	182	2846	94.21	24.30	1.46	56.40	100.32
33907	4510	235	287	11.72	34.22	1.57	7.29	97.86
18565	6536	49	324	25.81	35.20	3.90	9.39	99.09
9193	1536	79	80	45.70	56.67	10.79	5.00	101.13
307	387	2	6	96.91	50.10	29.78	19.57	99.80
13207	1641		78	65.16	29.62	24.56	9.73	91.95
13485	2337	70	326	22.03	60.19	3.94	8.39	99.46
65345	2647	92	212	14.72	60.70	1.16	14.63	93.45
1136	1326	6	364	45.54	28.96	6.43	13.41	101.34
187036	31058	1439	1800	26.96	54.17	3.91	7.90	98.10
73727	8839	908	1427	19.81	33.22	2.61	9.70	97.24
14550	3801	168	702	15.83	32.13	4.38	8.98	98.73
70652	8500	739	742	16.70	62.20	2.01	8.96	98.67
107792	4709	307	250	8.56	67.95	1.88	3.28	103.71
223156	5473	184	1359	16.49	45.92	4.88	5.87	102.50
69144	3123	95	267	23.67	36.28	2.09	14.62	107.56
128255	16109	2337	2055	14.01	60.13	1.68	11.27	99.25
2320620	109639	63756	27326	13.23	61.46	1.36	11.06	98.93
167804	30290	2428	5188	2.41	78.98	1.22	0.36	99.19
52054	3090	22	772	11.56	54.18	1.03	20.22	91.15
108210	9312	745	1128	8.87	37.30	1.32	7.38	94.87
137679	61134	2235	3225	25.12	61.16	3.21	13.12	90.95
60419	4600	1454	1155	12.34	35.52	0.76	15.78	80.34
196	1208		147	2.84	77.01	0.59	6.50	99.97
60415	8273	30	2115	6.27	86.96	1.76	8.08	98.00
38604	4482		1195	5.88	89.16	1.99	6.83	100.00
18333	1005		215	15.21	64.29	3.21	15.77	96.35
3478	2786	30	705	5.52	73.69	0.75	5.07	88.59

10-9 规模以上工业企业主要能源按行业分组消费量(2012年)

行业	能源合计(吨标准煤)	原煤(吨)	其他洗煤(吨)	煤制品(吨)	焦炭(吨)	天然气(万立方米)	液化天然气(吨)	汽油(吨)
总计	**5753918**	**5526618**	**3349**	**10869**	**48111**	**16340**	**6469**	**70681**
采矿业	103032	56518						4971
1. 煤炭开采和洗选业	75504	43219						4259
2. 石油和天然气开采业								
3. 黑色金属矿采选业	3524	572						64
4. 有色金属矿采选业	4993	2894						177
5. 非金属矿采选业	19011	9833						471
6. 其他采矿业								
制造业	3861214	3008061	3349	10869	48111	16340	6469	65192
1. 农副食品加工业	121886	83442	1619	2283	229	869	3	3926
2. 食品制造业	108612	76199				1970		1303
3. 饮料制造业	83027	28408		22		2367		1060
4. 烟草制品业	7034	8452						
5. 纺织业	23900	18268				48		1020
6. 纺织服装、鞋、帽制造业	15330	6426				170		877
7. 皮革、毛皮、羽毛(绒)及其制品业	16277	8210						777
8. 木材加工及木、竹、藤、棕、草制品业	10938	10790						188
9. 家具制造业	12095	8537				33	26	659
10. 造纸及纸制品业	194110	190898				303		447
11. 印刷业和记录媒介的复制	35088	24848				181		972
12. 文教体育用品制造业	11191	7108				101	121	586
13. 石油加工、炼焦及核燃料加工业	2463	998				28		135
14. 化学原料及化学制品制造业	268778	177943		1994	1413	1816	2	6711
15. 医药制造业	165878	160399				717	2469	1724
16. 化学纤维制造业	74625							
17. 橡胶制品业和塑料制品业	1412353	19842		18	2311	615	52	2685
18. 非金属矿物制品业	88424	1617963			815	902	2419	6116
19. 黑色金属冶炼及压延加工业	348499	39590		1811	5679	313	183	1603
20. 有色金属冶炼及压延加工业	63545	247512	1730		395	2215		2844
21. 金属制品业	142023	15415			1971	552		3818
22. 通用设备制造业	273262	62090		4731	17776	397		9109
23. 专用设备制造业	7595	86548		5	2309	516	605	6992
24. 交通运输设备制造业	86731	579			522	42	577	282
25. 电气机械及器材制造业	136907	21260			5039	861		3847
26. 通信设备、计算机及其他电子设备制造业	16393	15390				180		1695
27. 仪器仪表及文化、办公用机械制造业	7192	5686			2915	3		791
28. 工艺品及其他制造业	2731	7355		5		10		219
29. 废弃资源和废旧材料回收加工业	1566					6		21
电力、燃气及水的生产和供应业	1789671	2462040						517
1. 电力、热力的生产和供应业	1751491	2461575						157
2. 燃气生产和供应业	4002	378						219
3. 水的生产和供应业	34178	87						142

煤油（吨）	柴油（吨）	燃料油（吨）	液化石油气（吨）	其他石油制品（吨）	热力（百万千焦）	电力（万千瓦时）	生物质废料用于燃料（吨）	其它工业废料用于燃料（吨）	其他燃料（吨标准煤）
971	**119758**	**7910**	**3033**	**10926**	**2353236**	**900315**	**36028**		**2115**
	8654					34753			
	2365					28413			
	228					2188			
	298					1815			
	5763					2338			
971	109870	7910	3033	10926	1832384	794715	36028		2115
8	2665		954		48744	28810	213		
	1202				216687	14192			
	1448	48			80434	20717	12		
	54					747			
	1110					5662			
	489					5357			
34	491				14342	6521			
	701					1573			
	626					2927			
	341				836938	13235	15717		
	1087		1		971	9776			
	155	46				2795			
	225					705			
29	4641				135683	62185	15209		
50	3813				10810	21088			1980
	4198		15		96397	27890	4877		
10	20176	5		3	70201	117933			
	1856		186			35724			
	8464	7808	1661		74810	88402			
	3196		44			27173			
16	7394		14	194	29387	38378			
144	33867		135	10547		87203			
43	463					3221			
80	1751		7		211258	32368			135
36	550					97817			
105	390					5792			
	190					982			
	1465					401			
	1233				520852	70846			
	769				520852	41033			
	446					2245			
	18					27568			

10－10 规模以上工业企业能源购进、消费及库存(2012年)

能源名称	计量单位	年初库存量	购进实物量	消费量合计	#生产消费	#原材料	年末库存量
原煤	吨	588165	5508517	5526618	5509446	311036	570064
其他洗煤	吨	179	3220	3349	3222		50
煤制品	吨	175	10766	10869	10680		72
焦炭	吨	275	48040	48111	48111	3850	204
发生炉煤气	万立方米						
天然气(气态)	万立方米		16340	16340	16015	1389	
液化天然气(液态)	吨		6469	6469	6455	1378	
汽油	吨	245	70436	70681	56785	2347	
煤油	吨	22	1087	971	947	29	138
柴油	吨	1572	119203	119758	113832	7723	1017
燃料油	吨	28	7893	7910	7910	1697	11
液化石油气	吨	1	3033	3033	2887		1
润滑油	吨	45	8389	8326	8326	22	108
其他石油制品	吨	112	10926	10926	10926	20	112
热力	百万千焦		1773055	2353236	2324515		
电力	万千瓦时		846205	900315	879148		
生物质废料用于燃料	吨	260	35938	36028	36028	4877	170
余热余压	百万千焦		5417	1358367	1358367		
其它燃料	吨标准煤		2115	2115	2115		

11 运输和邮电

长沙统计年鉴

11－1 1995－2012 年全社会客、货运输量

指　　标	单位	1995 年	2000 年	2001 年	2002 年	2003 年	2004 年	2005 年
一、货物运输量	万吨	6419	5910	7550	8766	10632	11066	10991
# 铁路	万吨	284	206	188	162	189	196	218
公路	万吨	5376	4972	6668	7929	9572	9831	9834
水运	万吨	758	729	691	671	867	1035	934
民航(吞吐量)	万吨	1.0	1.9	2.0	2.5	3.5	4.3	5.2
民航(发送量)	万吨	0.4	0.9	1.0	1.4	2.1	2.6	3.1
二、货物周转量	万吨公里	601306	1404785	1396492	799550	910771	1011770	1003793
# 公路	万吨公里	306737	308200	322125	434100	445990	446428	447386
水运	万吨公里	288791	1094511	1072216	58837	69841	124605	99596
三、旅客运输量	万人	8935	9052	8578	10032	10609	11580	10895
# 铁路	万人	785	981	1070	984	942	1187	1218
公路	万人	8021	7825	7242	8743	9351	10003	9228
水运	万人	44	43	44	45	17	9	7
民航(吞吐量)	万人	160	203	222	260	299	380	442
民航(发送量)	万人	79	101	111	130	149	191	221
四、旅客周转量	万人公里	348951	348315	398125	739488	835591	978328	995729
# 公路	万人公里	267579	275029	322154	393873	457038	496035	469947
水运	万人公里	6325	3580	3094	4103	2362	1459	1211

11－1 续表

指　　标	单位	2006 年	2007 年	2008 年	2009 年	2010 年	2011 年	2012 年
一、货物运输量	万吨	12478	16184	17158	21074	22947	25651	26145
# 铁路	万吨	233	244	164	158	167	172	157
公路	万吨	10905	13994	14651	18084	19270	21788	23139
水运	万吨	1334	1939	2336	2669	3369	3529	2668
民航(吞吐量)	万吨	6.3	6.9	7.1	8.7	10.8	11.5	11.1
民航(发送量)	万吨	3.5	3.6	3.7	4.5	6.0	6.0	5.6
二、货物周转量	万吨公里	1094995	1296332	1323224	1769962	2192493	2571162	3016629
# 公路	万吨公里	480520	517363	535795	1036295	1285375	1609109	2061286
水运	万吨公里	142569	277565	287962	210498	369090	408774	425713
三、旅客运输量	万人	11863	11919	13488	31304	33983	35525	36440
# 铁路	万人	1243	1305	1442	1479	1642	1816	1954
公路	万人	10022	9934	11334	28868	31257	33102	33847
水运	万人	3			16	18	15	1
民航(吞吐量)	万人	595	680	713	942	1066	1183	1278
民航(发送量)	万人	281	341	355	471	535	592	638
四、旅客周转量	万人公里	1073632	1190289	1249445	1747800	1945489	2454122	2544691
# 公路	万人公里	506305	540261	596745	1060178	1130385	1206736	1236101
水运	万人公里	467			116	141	125	9

注:1. 公路运输量、周转量从 2009 年起将出城的公交车和的士纳入了统计调查范围,与以往年份口径不同。

2. 2011 年以前,民航货物运输量和旅客运输量按货邮吞吐量和旅客吞吐量统计;从 2011 年开始,按货邮发送量和旅客发送量统计。

11－2 陆运工具情况

单位:辆

指标	2005年	#私人	2006年	#私人	2007年	#私人	2008年	#私人
一、汽车	190684	126289	233388	163162	298280	221801	375305	290783
1.载客汽车	149154	104718	188563	138760	239870	184369	308420	245501
2.载货汽车	38759	20309	41492	23002	45384	26878	50298	31898
3.其它汽车	2771	1262	3333	1400	13026	10554	16587	13384
二、摩托车	221983	215481	221008	215401	218738	213957	219100	215313
1.普通	216528	210112	216475	210932	214406	209680	215010	211275
2.轻便	5455	5369	4533	4469	4332	4277	4090	4038
三、拖拉机	8759	8759	10351	10351	12112	12112	12763	12757
1.大型	20	20	439	439	725	725	4700	4699
2.小型	8739	8739	9912	9912	11387	11387	8063	8058
四、挂车	607	155	648	140	751	154	842	181

11－2续表

指标	2009年	#私人	2010年	#私人	2011年	#私人	2012年	#私人
一、汽车	520622	403195	672275	546834	826223	689957	1001039	856813
1.载客汽车	441276	347324	572881	473654	712671	604727	876321	761391
2.载货汽车	62932	43213	82361	59529	96161	71360	107715	82028
3.其它汽车	16414	12658	17033	13651	17391	13870	17003	13394
二、摩托车	253653	249451	312693	308761	340740	337480	375796	372928
1.普通	251639	247474	310253	306358	339181	335933	373989	371126
2.轻便	2014	1977	2440	2403	1559	1547	1807	1802
三、拖拉机	15098	15098	18172	18172	20002	20002	22949	22949
1.大型	5641	5641	6464	6464	6814	6814	7819	7819
2.小型	9210	9210	11422	11422	12832	12832	14493	14493
四、挂车	2324	313	2873	560	3521	750	4049	942

11－3 市区旅客发送量(2012年)

单位:万人

指标	合计	一季度	二季度	三季度	四季度
总计	**4713.38**	**1075.22**	**1216.33**	**1236.16**	**1185.67**
铁路	1951.50	377.80	535.00	546.24	492.46
公路	2122.85	552.42	523.67	512.35	534.41
水运	1.07	0.27	0.80		
民航	637.96	144.73	156.86	177.57	158.80

11－4 公路里程与桥梁情况(2012年)

指标	单位	合计	国运公路	省运公路	市县公路	乡公路	村道
一、通车里程	公里	15709.46	477.80	2517.32	2047.79	2707.57	7959.00
#绿化里程	公里	14462.58	450.79	2373.62	1901.70	2537.86	7198.61
高级、次高级路面	公里	11756.36	477.80	2385.27	1862.74	2294.64	4735.91
中级路面	公里	3953.10		132.05	185.05	412.92	3223.08
二、常年养护里程	公里	15643.66	443.83	2517.32	2016.66	2707.57	7958.28
三、桥梁	米	142581.64	18205.45	91559.17	10140.12	7651.80	15025.10
	座	2532	226	780	346	386	794

11－5 电信业务基本情况(2012 年)

指　标	单　位	2011 年	2012 年
销售营业网点数	处	9641	8374
自办营业网点数	处	504	244
电信业务代办营业网点数	处	9137	8130
电信设备			
光缆线路长度	公里	137803	161811
# 长途光缆线路长度	公里	2285	2366
移动电话基站	个	11835	15785
互联网宽带接入端口	万个	176.88	239.23
电信主要业务			
固定电话通话时长	万分钟	485460	381235
移动电话通话时长	万分钟	4288542	4576710
移动短信业务量	万条	961969	978921
移动电话年末用户	万户	898.48	984.45
# GSM 用户	万户	849.45	885.94
3G 移动电话用户	万户	98.52	216.70
固定本地电话年末用户	万户	214.43	211.65
# 普通电话用户	万户	169.98	170.83
公用电话用户	万户	30.33	30.23
PHS 用户	万户	14.00	10.00

11－6 邮政业务基本情况(2012年)

指标	单位	合计	市区	#望城区	长沙县	浏阳市	宁乡县
一、邮政局、所总计	处	263	136	37	50	38	39
自办局、所	处	253	126	35	50	38	39
代办所	处	10	10	2			
三、邮路							
单程长度邮路	公里	50011	10924	1449	2395	1299	411
农村投递线路	公里	12280	3050	3050	2407	5046	1777
四、邮政设备和其他服务点							
自备火车箱	辆	9	9				
汽车	辆	185	140	13	18	16	11
邮筒信箱	个	254	123	51	51	44	36
五、邮政主要业务							
函件	万件	3430.85	2587.64	245.64	165.26	492.27	185.68
包件	万件	69.34	57.57	5.19	5.76	3.72	2.29
汇票	万张	118.60	61.13	11.99	30.80	14.97	11.70
订销报纸期发数	万份	44.44	24.83	5.36	6.29	8.19	5.13
订销报纸累计数	万份	10721.08	5807.34	1393.88	1587.74	2067.60	1258.40
订销杂志期发数	万份	28.46	20.35	1.94	3.32	2.51	2.28
订销杂志累计数	万份	533.83	380.75	36.63	65.43	45.66	41.99

注:邮区中心局有一段单程长度邮路34982公里,无法分到市区和县(市)。

11－7 1998－2012年邮电通信网及邮电业务量

指　　标	单位	1998年	1999年	2000年	2001年	2002年	2003年	2004年	2005年
邮电通信网									
年末邮电局、所	处	853	451	706	782	774	782	808	1008
年末邮路长度	公里	41006	40191	53435	55443	68991	48091	48647	53609
邮电业务量									
邮电业务总量	万元	210369	267068	349844	499322	695514	546699	650301	802762
函件	万件	5666	8738	8399	13901	17292	18000	3684	3919
报刊期发数	万份	136	155	171	183	164	84	73	86
年末固定电话用户	万户	56.38	74.65	108.47	126.44	136.41	159.87	189.17	218.56
年末无线移动电话用户	万户	21.78	35.46	58.78	97.87	146.01	196.79	242.33	316.85
国际互联网用户	万户	0.93	2.00	14.60	22.44	55.87	58.09	60.94	63.93

11－7 续表

指　　标	单位	2006年	2007年	2008年	2009年	2010年	2011年	2012年
邮电通信网								
年末邮电局、所	处	1066	1027	963	885	860	717	497
年末邮路长度	公里	52368	69748	77458	43065	50671	51771	62291
邮电业务量								
邮电业务总量	万元	1067203	1454623	1386790	1506054	846295	1049349	1149802
函件	万件	3597	2986	3530	4928	4248	4175	3431
报刊期发数	万份	64	35	38	54	56	62	44
年末固定电话用户	万户	254.20	269.73	216.52	221.09	210.40	214.43	211.65
年末无线移动电话用户	万户	370.87	450.79	632.75	644.13	780.21	898.48	984.45
国际互联网用户	万户	88.29	73.72	62.35	75.63	90.78	115.60	134.25

注：从2010年开始，邮电业务总量按2010年不变价格计算，与以前年度数据不具有可比性。

11-8 民用车辆拥有量(2012年)

指　　标	总　　计	营　运	非营运	总计中:		
				#进口	#个人	#新注册
合　　计	**1408329**	**124625**	**1283704**	**55981**	**1258128**	**249421**
一、汽车	1001039	93120	907919	55864	856813	191600
1. 载客汽车	876321	23357	852964	55684	761391	174717
# 大型	9243	6569	2674	120	37	1200
中型	9890	1657	8233	384	3208	490
小型	834194	15110	819084	54973	736674	172082
微型	22994	21	22973	207	21472	945
# 轿车	603235	13147	590088	24518	542214	119289
2. 载货汽车	107715	60739	46976	104	82028	15839
# 重型	20330	18103	2227	50	10950	3411
中型	11735	9564	2171	1	8943	624
轻型	75385	33007	42378	53	61917	11790
微型	265	65	200		218	14
# 普通载货	46998	16409	30589	25	38065	6824
3. 其他汽车	17003	9024	7979	76	13394	1044
# 三轮汽车	5157	3432	1725		5136	57
低速货车	5516	3921	1595	1	5110	186
三、摩托车	375796	257	375539	117	372928	51450
1. 普通	373989	257	373732	117	371126	51017
2. 轻便	1807		1807		1802	433
四、拖拉机	22949	22943	6		22949	5156
1. 大中型	7819	7819			7819	401
2. 小型方向盘式	14493	14492	1		14493	1593
五、挂车	4049	3809	240		942	506
六、其他类型车	4496	4496			4496	709

注:2012年全市机动车驾驶员1564332人,其中:汽车驾驶员1445146人。

12 国内外贸易、对外经济和旅游

长沙统计年鉴

12－1　历年社会消费品零售总额

单位:万元

年　份	全　市	市　区	县　区
1978	77191	45539	31652
1979	95027	56574	38453
1980	112891	66721	46170
1981	123518	73330	50188
1982	133437	77260	56177
1983	150016	88953	61063
1984	184280	113789	70491
1985	243928	159701	84227
1986	284219	187672	96547
1987	335287	222449	112838
1988	441905	299143	142762
1989	482953	331689	151264
1990	513871	363110	150761
1991	564467	404684	159783
1992	649946	469391	180555
1993	819319	592123	227196
1994	1147852	858308	289544
1995	1658020	1256370	401650
1996	1951814	1478084	473730
1997	2273476	1730180	543296
1998	2599228	1969477	629751
1999	2998120	2267977	730143
2000	3492966	2669100	823866
2001	4064366	3105442	958924
2002	4717720	3602472	1115247
2003	5413075	4090296	1322779
2004	6403344	4868325	1535019
2005	7485700	5722359	1763341
2006	8774300	6742687	2031613
2007	10583200	8194711	2388489
2008	13087545	10147164	2940381
2009	15229971	11798735	3431236
2010	18120800	13934435	4186365
2011	21259112	16689148	4569964
2012	24547118	19249096	5298022

注:根据第一次全国经济普查结果对 1994－2004 年社会消费品零售总额进行了调整,根据第二次全国经济普查结果对2005－2008 年社会消费品零售总额进行了调整。因方法制度改革,从 2010 年开始取消行业分组中的“其他”,由于基数调整,从 2010 年开始发展速度不能直接计算取得。

12-2 分行业社会消费品零售总额

单位:万元

年份	全市	批发零售业	住宿餐饮业	其他
1993	819319	610886	45708	162725
1994	1147852	859649	78355	209848
1995	1658020	1280314	100764	276942
1996	1951814	1485447	123176	343192
1997	2273476	1754880	162508	356088
1998	2599228	1956167	246606	396456
1999	2998120	2210101	339621	448399
2000	3492966	2570810	402656	519500
2001	4064366	3516625	508612	39129
2002	4717720	4063137	612654	41929
2003	5413075	4628513	736867	47696
2004	6403344	5457088	890904	55352
2005	7485700	6310593	1105383	69724
2006	8774300	7399489	1296058	78753
2007	10583200	8919020	1575314	88866
2008	13087545	11030860	1953855	102830
2009	15229971	12908257	2205145	116569
2010	18120800	16098960	2021840	
2011	21259112	18919810	2339302	
2012	24547118	21877371	2669747	

注:根据第一次全国经济普查结果对1994-2004年社会消费品零售总额进行了调整,根据第二次全国经济普查结果对2005-2008年社会消费品零售总额进行了调整。因方法制度改革,从2010年开始取消行业分组中的“其他”,由于基数调整,从2010年开始发展速度不能直接计算取得。

12－3　限额以上批发、零售、住宿和餐饮业基本情况(2012年)

指　　标	法人企业数（个）	产业活动单位数（个）	年末从业人数（人）
总　　计	**1246**	**2534**	**159588**
批发业	424	537	32416
内资企业	419	531	31308
国有企业	13	17	1334
集体企业	1	1	7
股份合作企业	7	7	195
有限责任公司	113	118	10887
股份有限公司	22	105	6444
私营企业	246	266	11704
其他企业	17	17	737
港、澳、台商投资企业	3	4	970
外商投资企业	2	2	138
零售业	516	1490	67372
内资企业	498	1341	59248
国有企业	15	218	3385
集体企业	4	14	179
股份合作企业	4	4	186
有限责任公司	145	388	25542
股份有限公司	12	77	6633
私营企业	293	555	18554
其他企业	25	85	4769
港、澳、台商投资企业	14	141	5295
外商投资企业	4	8	2829
住宿业	155	156	31811
内资企业	149	150	30106
国有企业	31	32	6638
集体企业	5	5	1038
股份合作企业	3	3	547
联营企业	1	1	100
有限责任公司	55	55	11206
股份有限公司	6	6	2410
私营企业	38	38	6243
其他企业	10	10	1924
港、澳、台商投资企业	3	3	945
外商投资企业	3	3	760
餐饮业	151	351	27989
内资企业	142	219	20423
国有企业	4	4	409
集体企业	2	2	61
股份合作企业	1	1	35
有限责任公司	57	86	8059
股份有限公司	4	4	203
私营企业	66	114	11014
其他企业	8	8	642
港、澳、台商投资企业	4	5	345
外商投资企业	5	127	7221

12－4 限额以上批发和零售业商品购进、销售、库存总额(2012年)

单位:万元

指 标	购进总额	#进口	销售总额	批发	#出口	零售	年末库存总额
总 计	**32642753**	**457992**	**30115869**	**18135671**	**543368**	**11980198**	**2347561**
一、批发业	22793888	181869	18275384	16951225	543368	1324159	1532413
1.按登记注册类型分组							
内资企业	22311343	181619	17764018	16463112	540248	1300906	1503983
国有企业	5619305	85383	1378332	1377467	74674	865	323971
集体企业	1689		1794	1794			
股份合作企业	61099	1661	59643	56749	28560	2894	8653
有限责任公司	6900587	23919	7037999	6850479	185197	187520	481971
股份有限公司	5191155	3612	3993891	3777988	78688	215903	166731
私营企业	4187549	67043	4739433	3856731	100662	882703	473786
其他企业	349959		552925	541904	72466	11021	48872
港、澳、台商投资企业	227692		241598	241598	3120		12591
外商投资企业	248895	251	263835	240581		23254	15788
2.按国民经济行业分组							
农、林、牧产品批发	345101	11170	387364	384241	33530	3123	41454
食品、饮料及烟草制品批发	1199534	6504	2465726	2400343	72740	65383	328808
纺织、服装及家庭用品批发	1239801	9917	1224837	1073353	100360	151484	184004
文化、体育用品及器材批发	426657		442561	415606	27260	26955	58010
医药及医疗器材批发	1841054	32939	2173054	1892033	998	281021	219533
矿产品、建材及化工产品批发	16389799	47039	10157547	9594626	254841	562921	558543
机械设备、五金产品及电子产品批发	1083802	33267	1150730	933871	41943	216859	117971
贸易经纪与代理	12235	10673	17594	17594			8
其他批发业	255905	30361	255972	239558	11696	16413	24083

12－4 续表

指 标	购进总额	#进口	销售总额	批发	#出口	零售	年末库存总额
二、零售业	9848865	276123	11840485	1184446		10656039	815148
1. 按登记注册类型分组							
内资企业	8606236	276123	10843087	1184239		9658846	707092
国有企业	440866	3996	1801563	295468		1506095	43469
集体企业	16334		18178	2327		15850	494
股份合作企业	53147	2	77506			77506	2313
有限责任公司	3562104	72291	3854386	355306		3499080	281726
股份有限公司	847747	77158	1051833	40129		1011704	33928
私营企业	3408898	116797	3698605	440350		3258254	312436
其他企业	277140	5880	341016	50659		290357	32726
港、澳、台商投资企业	759618		462676			462676	81312
外商投资企业	326080		335184			335184	18594
2. 按国民经济行业分组							
综合零售	2667910		2632276	65255		2567022	193458
食品、饮料及烟草制品专门零售	177661	2486	225885	30678		195208	25065
纺织、服装及日用品专门零售	253027		267194	62119		205075	54949
文化、体育用品及器材专门零售	185076	3996	190164	93707		96457	38241
医药及医疗器材专门零售	1222021	12423	1321286	392615		928671	70613
汽车、摩托车、燃料及零配件专门零售	4156001	257162	5791349	389163		5402186	375064
家用电器及电子产品专门零售	494186		571690	96383		475307	32813
五金、家具及室内装饰材料专门零售	307195	56	376742	18319		358423	11162
货摊、无店铺及其他零售业	385789		463899	36207		427692	13784

12－5 限额以上住宿业和餐饮业经营情况(2012年)

单位:万元

指标	营业额	客房收入	餐费收入	商品销售收入	其他收入
总计	**1504370**	**275615**	**1138211**	**29504**	**61040**
一、住宿业	611188	247598	298706	14805	50079
1.按登记注册类型分组					
内资企业	569853	223687	284064	14402	47703
国有企业	119584	42354	61503	4555	11172
集体企业	20804	6979	9991	3218	616
股份合作企业	8955	5806	3150		
联营企业	3056	1213	1742	30	71
有限责任公司	225172	83267	120339	4028	17539
股份有限公司	53952	18813	27526	852	6762
私营企业	115167	55647	48893	1719	8909
其他企业	23163	9609	10920		2634
港、澳、台商投资企业	16266	8035	6255	11	1965
外商投资企业	11290	7317	3575	21	377
2.按国民经济行业分组					
旅游饭店	565610	220611	283137	14206	47655
一般旅馆	40439	23576	14399	586	1877
其他住宿业	5139	3411	1170	13	546
二、餐饮业	893182	28018	839505	14699	10960
1.按登记注册类型分组					
内资企业	375693	17594	343967	3817	10315
国有企业	4111	1096	2617	2	397
集体企业	905	314	527	31	32
股份合作企业	1939		1939		
有限责任公司	171544	5806	161396	1114	3229
股份有限公司	8071	872	5310		1888
私营企业	175509	9127	158943	2670	4769
其他企业	13614	379	13235		
港、澳、台商投资企业	8006		7296	579	131
外商投资企业	129134		129054		80
2.按国民经济行业分组					
正餐服务	665596	28018	613022	13642	10914
快餐服务	169274		168649	579	46
饮料及冷饮服务	55112		55074	38	
其他餐饮业	3200		2760	440	

12－6 限额以上零售业、住宿业和餐饮业连锁经营情况(2012年)

指标	单位	合计		直营店		加盟店	
		2012年	2011年	2012年	2011年	2012年	2011年
门店总数	个	2330	2716	1161	1155	1169	1561
营业面积	平方米	1523714	1628917	1383793	1478897	139921	150020
经营餐饮业务餐位数	个	56062	48228	37326	31068	18736	17160
从业人员	人	40211	38482	33195	31809	7016	6673
商品购进总额	万元	3374118	2546941	3299847	2447340	74271	75621
# 统一配送商品购进额	万元	2423888	2092264	2357813	2024410	66075	61854
商品销售总额	万元	3223041	2979370	3145892	2907518	77149	71852
# 零售额	万元	2626312	2550853	2550518	2485164	75794	65689
营业额	万元	192755	180599	167405	157312	25350	23287
# 餐费收入和商品销售额	万元	192755	180599	167405	157312	25350	23287

12－7 限额以上批发企业主要财务状况(2012年)

指　　标	法人企业数(个)	执行《2006年企业会计准则》企业数(个)	流动资产合计	#存货	固定资产合计
总　　计	**424**	**321**	**5726500**	**1293646**	**599216**
1.按登记注册类型分组					
内资企业	419	316	5641565	1267515	592158
国有企业	13	11	431317	131871	98850
集体企业	1	1	500		1
股份合作企业	7	5	17260	4070	2214
有限责任公司	113	86	2184745	477896	159383
股份有限公司	22	16	828207	248577	195713
私营企业	246	184	2073490	359023	87646
其他企业	17	13	106047	46078	48351
港、澳、台商投资企业	3	3	48905	12591	448
外商投资企业	2	2	36030	13540	6611
2.按行业分组					
农畜产品批发	12	10	229132	42540	24224
食品、饮料及烟草制品批发	54	42	956752	310888	236932
纺织、服装及日用品批发	37	27	646576	186806	7294
文化、体育用品及器材批发	23	18	264960	46648	9459
医药及医疗器材批发	58	48	860174	226745	65870
矿产品、建材及化工产品批发	134	106	2292404	372694	224978
机械设备、五金交电及电子产品批发	94	61	364480	87525	27859
其他批发	12	9	112023	19801	2602

单位:万元

固定资产原价	累计折旧	#本年折旧	资产总计	流动负债合计	负债合计	所有者权益合计	#实收资本	主营业务收入
829504	**232607**	**52892**	**7875652**	**5165885**	**5432092**	**2443560**	**1430898**	**15522611**
818727	228874	51934	7773340	5073268	5339247	2434093	1428406	15087274
167196	68401	8097	602378	233251	236256	366121	48846	1141927
6	5	1	1106	20	686	420	420	1533
2713	499	73	21779	11476	11966	9813	3838	51436
195200	35972	13181	2790876	2106555	2176991	613885	387833	6177848
281172	86923	19451	1833420	794726	943860	889560	650863	3394196
114505	27488	9408	2325104	1830852	1860690	464413	299062	3820203
57938	9586	1724	198679	96387	108798	89881	37545	500132
919	487	85	51229	43228	43455	7773	492	209797
9857	3247	872	51083	49389	49389	1694	2000	225540
41155	16931	1425	308428	171185	175111	133317	60563	354896
321446	84532	18754	1559293	781765	845277	714016	162352	2168292
11969	4675	1690	675702	596419	612195	63507	29891	789884
15304	5846	1201	454264	243190	245897	208367	173286	412272
82010	16159	5444	971891	746987	767679	204212	114603	1864857
314964	92152	21983	3347830	2169554	2326867	1020963	817245	8729546
38874	11117	2153	440713	356427	358480	82234	64780	984363
3782	1195	243	117531	100359	100587	16945	8179	218502

12－7 续表

指　　标	主营业务成本	主营业务税金及附加	其他业务利润	营业费用	管理费用
总　　计	**14602365**	**68836**	**15616**	**328697**	**268135**
1. 按登记注册类型分组					
内资企业	14196246	68328	15616	314688	264988
国有企业	930229	45664	2802	32551	57530
集体企业	1489	15			72
股份合作企业	45490	85	64	3509	1073
有限责任公司	5972529	5695	8278	100454	65092
股份有限公司	3242159	6097	773	48688	58843
私营企业	3559959	8883	2608	111028	67659
其他企业	444392	1890	1090	18458	14719
港、澳、台商投资企业	191008	396		9760	2322
外商投资企业	215111	113		4250	824
2. 按行业分组					
农畜产品批发	333258	157	1393	8217	7888
食品、饮料及烟草制品批发	1807322	47657	3574	96003	103436
纺织、服装及日用品批发	711265	1480	400	44511	14131
文化、体育用品及器材批发	368198	1040	706	14983	12953
医药及医疗器材批发	1743789	2834	5832	57421	29382
矿产品、建材及化工产品批发	8518874	12317	2542	67738	71270
机械设备、五金交电及电子产品批发	912356	2341	1117	36127	26427
其他批发	207302	1010	53	3698	2648

单位:万元

#税金	差旅费	工会经费	财务费用	#利息支出	营业利润	利润总额	应　交所得税	应付职工薪酬(本年贷方累计发生额)	应　交增值税
12477	**12293**	**2241**	**80457**	**73014**	**210187**	**261673**	**47667**	**189847**	**228144**
12115	12107	2209	80803	73019	198169	249883	46565	182492	223834
1959	168	377	-397	2352	91071	106103	26354	24719	78406
15	1	0	40	30	-83			26	15
162	122	8	454	402	890	1751	142	812	205
4013	3604	673	24653	24243	19770	49890	5548	58547	49350
1394	2258	571	21275	24947	14979	21003	3150	41828	55192
4319	4133	510	31051	18078	51098	49135	7881	49062	36974
255	1822	70	3727	2967	20444	22001	3492	7499	3691
78	149	1	-311	34	6652	6364	181	5257	3276
283	38	31	-36	-39	5366	5426	921	2098	1034
458	293	83	3084	3713	2779	4377	-20	4336	506
3133	2962	903	17755	19552	104326	147929	32011	58206	53265
540	834	118	1439	146	16986	21874	3303	26201	12859
245	175	185	-4213	386	18747	12927	364	12491	7059
2086	1808	164	6773	3014	32130	29313	4183	25636	15248
4946	4464	560	49549	41385	28115	36310	5081	41383	126344
1006	1478	219	4539	3413	4656	6684	2448	20376	11668
63	280	9	1531	1405	2448	2260	296	1219	1195

12-8 限额以上零售企业主要财务状况(2012年)

指标	法人企业数(个)	执行《2006年企业会计准则》企业数(个)	流动资产合计	#存货	固定资产合计
总计	**516**	**391**	**3453774**	**769487**	**690258**
1.按登记注册类型分组					
内资企业	498	379	3198027	721228	634912
国有企业	15	14	223935	67071	112550
集体企业	4	3	6659	534	1445
股份合作企业	4	2	12567	4076	6616
有限责任公司	145	110	1226276	254846	272518
股份有限公司	12	11	418524	80585	101180
私营企业	293	216	1110085	283991	118313
其他企业	25	23	199981	30125	22290
港、澳、台商投资企业	14	9	127063	40372	16627
外商投资企业	4	3	128685	7888	38719
2.按行业分组					
综合零售	53	42	1063157	174134	379684
食品、饮料及烟草制品专门零售	24	21	110487	20720	6144
纺织、服装及日用品专门零售	22	12	103509	48315	5724
文化、体育用品及器材专门零售	34	23	67494	23079	6195
医药及医疗器材专门零售	32	26	520906	63276	20362
汽车、摩托车、燃料及零配件专门零售	250	186	1235053	390908	234645
家用电器及电子产品专门零售	62	47	151923	29225	18382
五金、家具及室内装修材料专门零售	27	24	41484	6542	7660
无店铺及其他零售	12	10	159762	13289	11464

单位:万元

固定资产原价	累计折旧	#本年折旧	资产总计	流动负债合计	负债合计	所有者权益合计	#实收资本	主营业务收入
1043439	**349143**	**75146**	**5070877**	**3423359**	**3632101**	**1438776**	**819942**	**9865357**
929868	298151	67629	4604393	3191992	3357393	1247000	679220	9214032
162427	49877	8330	500314	261754	269660	230654	216212	1574203
2380	935	708	11804	12681	12777	(973)	1252	16108
7695	1079	104	20823	18501	18571	2252	2400	66096
397689	125421	22926	1811286	1260531	1372993	438293	183171	3276264
140121	38941	8171	696961	358066	367895	329067	74841	902107
166439	51072	12961	1336089	1076252	1111148	224941	187494	3085449
53118	30828	14429	227116	204206	204349	22766	13850	293804
31243	14616	2974	272399	134892	178171	94228	86477	375524
82328	36376	4543	194085	96476	96537	97548	54246	275801
596126	209210	44298	1843917	1144165	1242385	601532	226183	2263021
8240	2096	606	152608	92645	97854	54754	28188	172093
8601	2877	1129	145186	98067	127161	18024	16792	198916
12332	6137	716	84065	41728	43933	40131	27814	148011
29167	8805	2101	602896	504348	509030	93866	56619	1083850
332986	101449	22982	1763764	1232888	1291588	472176	366635	4980761
24020	5726	696	222719	166078	170486	52234	29768	484686
9035	1375	264	68576	50160	50446	18130	15264	114106
22933	11469	2354	187147	93280	99219	87928	52680	419913

12－8 续表

指　　标	主营业务成本	主营业务税金及附加	其他业务利润	营业费用	管理费用
总　　计	**8749642**	**38143**	**104570**	**570269**	**312884**
1. 按登记注册类型分组					
内资企业	8218460	34302	91213	499798	276584
国有企业	1478445	2556	1652	41806	23310
集体企业	14753	12	559	845	812
股份合作企业	60898	1291	36	1194	594
有限责任公司	2874851	14541	31371	233964	127954
股份有限公司	760770	7670	20441	47956	39750
私营企业	2784927	7190	19768	137025	77513
其他企业	243817	1044	17386	37009	6652
港、澳、台商投资企业	303984	2321	3316	51125	14116
外商投资企业	227197	1520	10041	19346	22184
2. 按行业分组					
综合零售	1872825	19295	76145	190184	130418
食品、饮料及烟草制品专门零售	145650	990	3119	17394	11070
纺织、服装及日用品专门零售	157441	906	1560	31349	9107
文化、体育用品及器材专门零售	120269	559	569	8254	9987
医药及医疗器材专门零售	971100	2888	3239	59012	27352
汽车、摩托车、燃料及零配件专门零售	4627768	7551	6617	149051	90883
家用电器及电子产品专门零售	430285	1939	3393	42779	12264
五金、家具及室内装修材料专门零售	95095	1799	8899	13198	4198
无店铺及其他零售	329210	2216	1029	59046	17604

单位:万元

#税金	差旅费	工会经费	财务费用	#利息支出	营业利润	利润总额	应交所得税	应付职工薪酬(本年贷方累计发生额)	应交增值税
13907	**9109**	**3054**	**57061**	**38315**	**176466**	**169957**	**42031**	**293635**	**145240**
12449	8703	2754	53219	34257	156607	154923	38712	259266	131116
955	423	193	5869	6690	21182	23786	5354	21112	12846
37	4	3	16	16	226	202	24	719	142
126	69	47	1182	200	2892	2890	25	1025	1398
4340	3153	1169	15184	8936	47243	50212	9634	121960	54721
1358	456	327	3492	4031	68361	69937	18023	30768	24498
5444	3899	865	26195	13420	12487	7157	5784	71883	32506
189	699	150	1281	964	4217	740	-132	11799	5005
450	244	141	5367	3953	5353	2437	1299	21920	8986
1008	162	159	-1525	105	14507	12597	2020	12450	5139
6746	1550	1209	10084	7383	101045	100615	24398	110271	47231
132	434	67	593	519	2644	3496	950	11278	5128
160	209	17	1076	1454	493	-2688	114	12400	5117
416	484	152	559	207	8275	8450	549	7583	2752
776	2707	455	9655	6469	18364	13913	2225	26557	13685
4746	2779	663	33770	21311	29513	28596	12310	83134	47870
505	444	285	1602	494	415	-220	898	18945	7365
230	143	29	358	311	2725	2487	543	3440	1635
196	358	177	-635	165	12993	15309	45	20027	14458

12－9 限额以上住宿企业主要财务状况(2012年)

指　　标	法人企业数(个)	执行《2006年企业会计准则》企业数(个)	流动资产合计	#存货	固定资产合计
总　　计	**155**	**116**	**525560**	**21450**	**727561**
1.按登记注册类型分组					
内资企业	149	111	490163	20316	662562
国有企业	31	23	61324	4007	151975
集体企业	5	4	18913	702	7150
股份合作企业	3	2	2389	91	9744
联营企业	1	1	1903	6	1051
有限责任公司	55	40	188324	8186	335941
股份有限公司	6	5	139496	1753	60581
私营企业	38	27	71710	4423	70946
其他企业	10	9	6105	1147	25174
港、澳、台商投资企业	3	2	23782	560	25249
外商投资企业	3	3	11614	574	39750
2.按行业分组					
旅游饭店	120	91	517888	20237	715005
一般旅馆	27	17	5926	1058	11144
其他住宿服务	8	8	1747	155	1412

单位:万元

固定资产原价	累计折旧	#本年折旧	资产总计	流动负债合计	负债合计	所有者权益合计	#实收资本	主营业务收入
1140742	**415277**	**60208**	**1665899**	**708837**	**1127484**	**538415**	**448068**	**576971**
1030305	369839	54293	1510434	607703	1005489	504945	391387	548604
239891	86545	8552	266018	75821	99519	166499	132192	114060
22647	15396	1238	27779	8730	8730	19049	8388	20804
15629	5885	679	15339	1773	16183	-844	1100	8571
1785	733	75	2954	816	1036	1918	362	3056
462172	128099	22153	588440	302610	453511	134929	118115	223730
130477	69896	5596	388997	96456	231106	157891	86244	53935
121462	51727	9001	166515	74720	144407	22108	29011	101478
36242	11558	7001	54392	46777	50997	3395	15976	22971
54136	28888	2275	75041	40397	43397	31644	30501	16053
56301	16551	3641	80425	60737	78599	1826	26180	12314
1118992	404006	58050	1639087	690599	1108559	530528	437171	543272
17728	8660	1854	23247	15185	15668	7578	9116	29523
4023	2611	304	3566	3053	3257	309	1781	4176

12－9 续表

指　　标	主营业务成本	主营业务税金及附加	其他业务利润	营业费用	管理费用
总　　计	**165447**	**30958**	**4288**	**145926**	**192852**
1. 按登记注册类型分组					
内资企业	156115	29396	4288	140922	180068
国有企业	38749	5137	－327	25473	32392
集体企业	4974	1092		5368	7569
股份合作企业	2308	478		1750	2826
联营企业	1523	57		322	401
有限责任公司	61537	12637	1971	66907	67686
股份有限公司	15668	3061	28	5995	17286
私营企业	26712	5638	2583	27365	33527
其他企业	4644	1296	33	7742	18382
港、澳、台商投资企业	4307	914		3552	7742
外商投资企业	5025	648		1452	5043
2. 按行业分组					
旅游饭店	152241	29024	2917	135717	182950
一般旅馆	11787	1700	1372	9238	8060
其他住宿服务	1419	234		971	1842

单位:万元

			财务费用		营业利润	利润总额	应交所得税	应付职工薪酬(本年贷方累计发生额)
#税金	差旅费	工会经费		#利息支出				
11766	**1711**	**1250**	**37767**	**26196**	**-3645**	**5284**	**4375**	**128339**
9214	1575	1133	35530	24344	-869	8069	4337	121865
2201	325	341	1983	665	729	1253	784	26331
286	20	2	561	174	1240	1248	6	2641
129	17	15	69		559	662		1611
12	2	1	31	31	722	722		567
2739	577	378	19672	12004	-3812	3672	2089	47570
1214	73	92	7078	6883	5889	6076	1404	12987
1492	274	193	5982	4588	2941	3650	53	22528
1140	287	111	154		-9139	-9213		7629
2107	18	14	190	37	-652	-649	38	3195
445	118	103	2048	1815	-2123	-2136		3280
11212	1497	1141	37486	26089	-2132	6605	4354	120413
456	203	102	211	48	-1156	-883	20	6864
98	11	7	70	58	-356	-438	1	1062

12 - 10　限额以上餐饮企业主要财务状况(2012 年)

指　　标	法人企业数(个)	执行《2006 年企业会计准则》企业数(个)	流动资产合计	#存货	固定资产合计
总　　计	**151**	**109**	**128569**	**24568**	**154215**
1. 按登记注册类型分组					
内资企业	142	103	117174	19848	136766
国有企业	4	4	2318	411	10622
集体企业	2	2	49	9	770
股份合作企业	1	1	10	5	870
有限责任公司	57	47	50589	8698	23696
股份有限公司	4	3	2030	32	2666
私营企业	66	40	57974	6818	60553
其他企业	8	6	4202	3876	37590
港、澳、台商投资企业	4	2	2569	91	968
外商投资企业	5	4	8826	4630	16482
2. 按行业分组					
正餐服务	141	101	114647	19046	129548
快餐服务	9	8	13807	5407	24607
饮料及冷饮服务	1		115	115	61

单位:万元

固定资产原价	累计折旧	#本年折旧	资产总计	流动负债合计	负债合计	所有者权益合计	#实收资本	主营业务收入
204692	**51318**	**12306**	**352866**	**199054**	**226301**	**126565**	**98894**	**504105**
177555	41621	10367	317121	176281	202791	114330	93692	365487
14564	3942	355	15480	1192	1192	14289	14195	3848
870	100	23	841	57	470	370	240	905
890	20	10	890			890	890	1850
42473	18856	3781	93136	61857	68323	24813	14227	167086
3110	444	68	5331	2820	2820	2511	2392	8069
74173	14283	4477	147376	87728	107238	40138	31164	170157
41476	3976	1654	54067	22628	22748	31320	30584	13572
1738	778	113	4779	4554	4554	225	1469	7766
25400	8919	1825	30966	18219	18956	12010	3733	130852
170135	41426	10397	299969	162184	185352	114617	92499	335765
34460	9854	1907	52721	36868	40773	11948	6396	168115
97	39	2	176	2	175			225

12－10 续表

指　　标	主营业务成本	主营业务税金及附加	其他业务利润	营业费用	管理费用
总　　计	**259616**	**26868**	**5721**	**140538**	**51848**
1. 按登记注册类型分组					
内资企业	185134	19292	5385	104765	41071
国有企业	1288	92	3	1031	1748
集体企业	605	66			125
股份合作企业	1480	98		28	35
有限责任公司	90737	8836	1742	47010	16907
股份有限公司	5345	318	54	1315	418
私营企业	78767	9063	314	52360	19291
其他企业	6913	819	3272	3021	2549
港、澳、台商投资企业	5523	314	47	996	627
外商投资企业	68959	7262	289	34776	10149
2. 按行业分组					
正餐服务	176220	17582	5674	87402	39546
快餐服务	83344	9272	47	52980	12296
饮料及冷饮服务	51	14		156	5

单位:万元

#税金	差旅费	工会经费	财务费用	#利息支出	营业利润	利润总额	应交所得税	应付职工薪酬(本年贷方累计发生额)
10828	**1758**	**1026**	**7948**	**3441**	**18363**	**10893**	**4409**	**81076**
3604	1647	931	7142	3441	9074	1448	1900	67608
33	13	6	9		-320	-395	11	1142
11	2	2	13	2	96	96	21	182
11	2		1		138	138	11	159
1431	455	231	2632	1583	700	1755	529	28875
10	9	4	140		534	549	88	919
1673	376	185	4292	1842	6713	1059	1198	34514
435	789	504	56	14	1214	-1755	42	1817
76	7	3	121		111	-766	23	1040
7148	104	92	686		9178	10211	2486	12428
3553	1545	912	6655	2940	9641	3178	1651	63088
7275	211	112	1291	501	8726	7715	2758	17871
1	2	2	2		-4			117

12-11 商品交易市场情况(2012年)

指标	市场数(个)	拥有摊位数(个)	出租摊位数(个)	成交额(万元)
总计	**331**	**85564**	**73764**	**16070765**
一、综合市场	121	29589	22572	5517128
综合贸易市场	121	29589	22572	5517128
工业消费品综合市场	10	10985	7549	2241415
农产品综合市场	73	11501	9248	2826785
其他综合市场	38	7103	5775	448928
二、专业市场	210	55975	51192	10553637
生产资料市场	20	11539	9930	3576355
建材市场	14	7663	6492	616550
化工材料及制品市场	2	1169	731	105323
金属材料市场	1	1600	1600	2640000
机械设备市场	2	440	440	187200
其他生产资料市场	1	667	667	27282
农产品市场	67	7188	6444	1123510
粮油市场	7	730	668	22770
肉禽蛋市场	4	363	310	6616
水产品市场	1	313	300	407100
蔬菜市场	25	3299	2917	619460
干鲜果品市场	1	200	195	28000
其他农产品市场	29	2283	2054	39564
食品、饮料及烟酒市场	6	699	687	32544
茶叶市场	1	198	198	8500
烟酒市场	1	208	208	17200
其他食品饮料及烟酒市场	4	293	281	6844
纺织、服装、鞋帽市场	39	13093	11624	324291
布料及纺织品市场	5	482	427	8911
服装市场	30	12212	10866	303501
其他纺织服装鞋帽市场	4	399	331	11879
日用品及文化用品市场	13	2426	2150	168788
小商品市场	4	768	713	25822
文具市场	2	177	177	42710
图书、报刊杂志市场	1	423	423	82755
其他日用品及文化用品市场	6	1058	837	17501
电器、通讯器材、电子设备市场	22	3299	2923	405393
家电市场	4	379	379	31887
通讯器材市场	13	882	777	48667
计算机及辅助设备市场	5	2038	1767	324839
家具、五金及装饰材料市场	23	9461	9332	2526699
家具市场	6	602	602	46998
装饰材料市场	11	3171	3106	367191
五金材料市场	2	1503	1503	159019
其他装修市场	4	4185	4121	1953491
汽车、摩托车及零配件市场	10	7074	7016	2201260
汽车市场	5	1188	1161	1797133
摩托车市场	1	127	102	18433
机动车零配件市场	4	5759	5753	385694
花、鸟、鱼、虫市场	3	539	537	166140
花卉市场	2	464	462	165420
其他花鸟鱼虫市场	1	75	75	720
旧货市场	6	581	489	27157
古玩、古董、字画市场	5	549	473	26357
其他旧货市场	1	32	16	800
其他专业市场	1	76	60	1500

亿元商品交易市场情况(2012年)

续表

指　　标	年末出租摊位个数(个)	成交额(万元)
总　　计	**47405**	**15423069**
1. 粮油、食品、饮料、烟酒类	11100	5260432
2. 服装、鞋帽、针纺织品类	8419	425770
3. 化妆品类	152	18985
4. 日用品类	663	154175
5. 五金、电料类	2544	813685
6. 体育、娱乐用品类	92	25530
7. 书报杂志类	331	62979
8. 电子出版物及音像制品类	176	34132
9. 家用电器和音像器材类	731	277327
10. 中西药品类	287	122335
11. 文化办公用品类	1634	475971
12. 家具类	1307	301752
13. 通讯器材类	467	63462
14. 煤炭及制品类	1	44
15. 木材及制品类	347	13222
16. 石油及制品类	1	62
17. 化工材料及制品类	862	111270
18. 金属材料类	1706	2643498
19. 建筑及装潢材料类	7359	1333025
20. 机电产品及设备类	987	443642
21. 汽车类	6619	2457824
22. 种子饲料类	3	90
23. 其他类	1617	383857
市场个数	63	

12－12　三资企业利用外资情况(2012 年)

单位:万美元

项　　目	项目个数		合同外资		实际利用外资	
	2012 年	2011 年	2012 年	2011 年	2012 年	2011 年
外商直接投资合计	**94**	**185**	**222262**	**490518**	**297666**	**260116**
中外合资企业	27	45	72292	46455	38916	21134
中外合作企业	1	3	－42	9637	4852	2950
外资企业	65	136	143961	407362	243529	208986
外商投资股份制	1	1	6051	27064	10369	27046

12－13　利用外资按行业和主要国别(地区)分(2012 年)

单位:万美元

项　　目	项目个数		合同外资		实际利用外资	
	2012 年	2011 年	2012 年	2011 年	2012 年	2011 年
合　　计	**94**	**185**	**222262**	**490518**	**297666**	**260116**
一、按行业分						
1. 农、林、牧、渔业	5	8	9682	16795	8391	9970
2. 采矿业			19			
3. 制造业	50	121	158365	291376	182946	172678
4. 电力、燃气及水的生产和供应业		3	2614	6684	15126	1004
5. 建筑业	1	2	126	16464	4365	6765
6. 交通运输、仓储和邮政业	3	2	5792	2047	3804	2319
7. 信息传输、计算机服务和软件业	1	5	2894	1178	518	14
8. 批发和零售业	9	15	1051	3204	868	13697
9. 住宿和餐饮业	2	2	1381	3207	296	600
10. 金融业	1	2	394	1030	200	30
11. 房地产业	3	5	29482	123382	71043	44261
12. 租赁和商务服务业	10	13	2872	10981	5830	5228
13. 科学研究、技术服务和地质勘查业	3	3	5826	8727	3281	15
14. 水利、环境和公共设施管理业	1	3	567	4740	508	950
15. 居民服务和其他服务业	2		459	265	14	
16. 卫生、社会保障和社会福利业	1		79			
17. 文化、体育和娱乐业	2	1	659	438	476	2585
二、按主要国别(地区)分						
# 香港	54	120	160588	349281	192786	185771
日本	6	8	25280	－6197	10367	7902
美国	4	6	3123	6635	5520	1320
台湾省	4	9	47	8983	7233	5259
法国		3	－538	4377	3856	47
韩国		1		321	300	1200
加拿大	3	2	4128	8521	2489	2480
英国	2		8	－18		1600
德国	3	1	401	196	3041	
英属维尔京群岛	4	8	－81	41187	19189	20006
毛里求斯			500	1500	5000	4504
新加坡	3	2	5343	466	4967	690

12－14 对外贸易进出口总值

单位:万美元

项目	2008年	2009年	2010年	2011年	2012年
进出口总额	**516781**	**411800**	**608928**	**748934**	**869252**
1.出口	347939	244587	355144	408396	517382
2.进口	168842	167213	253784	340538	351870

12－15 主要进出口商品总值(2012年)

单位:万美元

指标	2009年		2010年		2011年		2012年	
	出口	进口	出口	进口	出口	进口	出口	进口
一、机电产品	91032	122933	151877	185791	199566	244953	267416	240107
#金属制品	14481	3049	29513	3623	28278	3308	32312	4519
机械产品	33862	46044	47107	62090	73283	73989	87328	65196
电器及电子产品	15989	21871	41329	26818	51543	30840	76725	33319
运输工具	24517	42168	29041	81399	40547	121267	52903	118130
仪器仪表	1162	9722	1639	11683	2769	15377	7113	18385
二、高新技术产品	12827	21301	36733	32483	47976	50011	91467	47401
#生物技术	154		179	4	226		65	
生命科学技术	5621	2407	7360	3023	7008	3712	12162	4014
光电技术	457	2550	647	3676	758	4952	732	7490
计算机与通信技术	1765	2078	15245	2151	29416	2297	66129	7216
电子技术	3527	4661	12184	5411	9061	7069	8980	7511
计算机集成制造技术	753	9004	871	17353	1228	26306	2614	19719
航空航天技术	466	557	191	809	133	5545	192	1135
三、农产品	21113	11800	24313	12565	30902	13270	34800	11820

12－16 进出口商品主要产销国别(地区)总值(2012年)

单位:万美元

国家(地区)	2012年		2012年比2011年±%	
	出口	进口	出口	进口
合　计	**517382**	**351870**	**26.7**	**3.3**
#日　本	18851	106530	-4.2	-2.4
德　国	17129	78407	21.6	-0.8
香　港	76908	494	92.2	-44.3
美　国	52639	17441	27.8	-33.5
韩　国	18765	17737	-18.2	86.7
荷　兰	18608	3440	8.5	-7.8
意大利	9731	12083	10.3	-8.0
巴　西	19044	317	-12.4	-2.9
澳大利亚	9985	7317	38.2	-18.4
印度尼西亚	16068	1051	19.3	-49.8
印　度	13359	3632	-40.2	87.7
台湾省	5501	11279	6.4	-16.3
瑞　典	925	15787	26.8	47.8
泰　国	13296	2145	37.8	22.3
俄罗斯联邦	12776	1994	9.4	13.2
马来西亚	10134	2486	78.3	1.4
加拿大	9055	2695	28.4	-59.8
沙特阿拉伯	10888	453	28.8	7.1

12－17 外派劳务按区、县(市)分组

单位:人

项　目	2008年	2009年	2010年	2011年	2012年
合　计	**8710**	**9760**	**10860**	**12504**	**10764**
芙蓉区	555	568	684	758	716
天心区	558	575	610	752	665
岳麓区	552	567	428	720	553
开福区	555	570	619	719	743
雨花区	562	574	695	790	712
望城区	520	592	831	1210	993
长沙县	554	561	600	754	663
浏阳市	761	827	1157	1206	1260
宁乡县	597	688	1050	1227	1200
长沙高新区	220	241	303	451	434
长沙经开区	220	241	300	450	425
其　他	3056	3756	3583	3467	2400

12－18　旅游业基本情况

项　　目	单　位	2008 年	2009 年	2010 年	2011 年	2012 年
一、接待旅游者总人数	万人次	3297.2	3894.5	4854.6	6013.6	8088.1
接待国内游客	万人次	3242.3	3836.7	4784.4	5930.1	7982.9
接待海外游客	人次	549216	578221	702141	835241	1051912
外国人	人次	374422	380709	459228	527389	650966
港澳台胞	人次	174794	197512	242913	307852	399946
二、旅游业总收入(人民币)	亿元	300.2	355.8	458.0	582.9	783.1
国内旅游收入(人民币)	亿元	271.2	324.8	422.3	543.5	741.1
旅游创汇(美元)	万美元	42381	45322	52878	62493	66453
三、接待海外旅游者人天数	万人天	231.2	243.4	264.4	351.6	378.3
# 外国人	万人天	157.6	160.3	169.9	222.0	234.3
四、旅行社总数	个	172	178	199	214	245
出境组团社	个	19	13	13	16	21
非出境组团社	个	153	165	186	198	224
五、星级饭店总数	个	86	85	84	82	83
五星级	个	10	10	12	12	12
四星级	个	17	20	21	21	22
三星级	个	45	45	42	41	41
二星级	个	14	10	9	8	8
星级饭店客房总数	间	14581	15052	15723	15650	16453

12－19　接待国际游客按国别(地区)分

单位:人次

国别(地区)	2008 年	2009 年	2010 年	2011 年	2012 年
接待国际游客总数	549216	578221	702141	835241	1050912
港澳台胞	174794	197512	242913	307852	399946
港澳同胞	92662	89985	102978	122087	165220
台　胞	82132	107527	139935	185765	234726
外国人	374422	380709	459228	527389	650966
# 美　国	63350	31332	40439	45926	50678
日　本	34617	43147	56104	48293	56748
韩　国	182625	198901	225929	250273	307595
加 拿 大	6061	6929	8184	10266	14011
西 班 牙	1221	1325	1865	3580	4880
马来西亚	10036	11135	13141	12167	19045
新 加 坡	8988	10781	12302	18896	23136
德　国	6538	7527	9709	17341	20841
法　国	5456	6869	8675	10387	13453
瑞　典	521	596	930	1571	1988
英　国	7341	8906	10853	15035	20079
澳大利亚	3796	4241	5670	11211	15278
俄 罗 斯	3291	4478	5123	14522	22052

13 服务业

13－1 限额以上服务业行政事业单位财务状况(2012年)

指标	单位个数(个)	本年收入合计	#财政拨款	上级补助收入	事业收入	营业收入
总计	**722**	**5628693**	**1948949**	**116268**	**3076184**	**211882**
交通运输、仓储和邮政业	8	51368	43993	4592	2289	46
道路运输业	7	50436	43662	4587	1738	
仓储业	1	932	331	5	551	46
信息传输、软件和信息技术服务业	1	1232			209	1023
软件和信息技术服务业	1	1232			209	1023
金融业	4	5853	5661			
资本市场服务	1	1038	1038			
保险业	3	4815	4623			
房地产业	2	9123	798	6817	670	837
房地产业	2	9123	798	6817	670	837
租赁和商务服务业	35	109870	95277	659	8295	2789
商务服务业	35	109870	95277	659	8295	2789
科学研究和技术服务业	122	353169	173468	3758	73236	82269
研究和试验发展	43	136921	62184	1037	48186	17037
专业技术服务业	63	203236	100305	2578	24026	64987
科技推广和应用服务业	16	13011	10979	143	1024	245
水利、环境和公共设施管理业	52	105831	68042	20987	5996	6415
水利管理业	14	8215	6105	783	586	155
生态保护和环境治理业	6	2367	2000	339		17
公共设施管理业	32	95249	59937	19865	5410	6243
居民服务、修理和其他服务业	4	11037	1395	627	8888	
居民服务业	4	11037	1395	627	8888	
教育	280	2146591	1319277	56903	562981	24146
教育	280	2146591	1319277	56903	562981	24146
卫生和社会工作	136	2078362	176350	17907	1769285	75799
卫生	116	2028544	144475	14325	1759495	75799
社会工作	20	49818	31874	3583	9791	
文化、体育和娱乐业	78	756258	64688	4020	644334	18558
新闻和出版业	14	13097	1214	102	7696	4057
广播、电视、电影和影视录音制作业	16	639941	13593	3564	589778	10672
文化艺术业	33	45616	38708	209	3372	2014
体育	12	14053	11174	100	538	1816
娱乐业	3	43551		45	42950	

单位:万元

支出合计	#工资福利支出	商品和服务支出	对个人和家庭的补助	本年收支结余	经营税金（限事业单位填）	经营支出	资产合计	固定资产原价	从业人员平均人数（人）
5142150	**1231553**	**2362551**	**479687**	**486544**	**24137**	**140136**	**9660531**	**5679826**	**174801**
41129	9460	8893	1378	10239	47	46	66354	16271	1789
40197	9036	8822	1012	10239			60661	11692	1659
932	424	71	366		47	46	5694	4579	130
1056	256			176			1210	655	35
1056	256			176			1210	655	35
5796	2233	1642	997	57			18439	5704	262
1038	180	136	722				105	1	16
4759	2053	1507	274	57			18334	5703	246
9105	5264	2876	485	17	43	837	10021	5452	675
9105	5264	2876	485	17	43	837	10021	5452	675
88136	8917	25361	8956	21734	311	1669	139474	25757	1411
88136	8917	25361	8956	21734	311	1669	139474	25757	1411
336131	62595	136144	40838	17038	4938	78019	605652	212706	11732
127213	25510	59253	15249	9708	1154	13952	219002	92460	4510
196301	33116	71090	23391	6935	3774	64067	369936	112277	6526
12617	3969	5801	2198	395	9		16714	7970	696
103818	39957	39783	10667	2013	638	4873	355473	236135	12212
7871	2401	1914	799	344	16	67	85468	8876	481
2146	575	1004	197	222		16	7776	6048	100
93801	36981	36865	9671	1448	622	4790	262229	221211	11631
11191	2643	6096	595	-155	6		14793	8877	324
11191	2643	6096	595	-155	6		14793	8877	324
1990643	540123	685058	301668	155948	3389	3312	4610297	3356824	86592
1990643	540123	685058	301668	155948	3389	3312	4610297	3356824	86592
1962648	470610	1050270	99952	115714	129	42840	2261878	1273150	48433
1914268	462994	1040633	75081	114276	129	42840	2227900	1255061	47081
48381	7616	9637	24871	1438			33978	18089	1352
592495	89496	406428	14152	163763	14638	8540	1576940	538296	11336
12822	2031	7966	225	275	537	3613	10764	3769	542
477357	66937	357380	4634	162584	6280	1731	1280714	346509	6658
45905	12308	21315	7186	-289	495	1721	143878	123409	2851
13628	5435	5009	1972	425	155	1475	39657	36982	1022
42783	2785	14758	135	768	7171		101927	27627	263

13－2 限额以上服务业企业财务状况(2012年)

指　　标	单位个数(个)	资产总计	固定资产原　值	本年折旧
总　　计	**3579**	**252965202**	**12470426**	**806012**
农、林、牧、渔业	3	64137	3572	76
农、林、牧、渔服务业	3	64137	3572	76
批发和零售业	940	12946529	1872943	128038
批发业	424	7875652	829504	52892
零售业	516	5070877	1043439	75146
交通运输、仓储和邮政业	154	4512646	1682303	89645
铁路运输业	1	1093067	407544	8353
道路运输业	87	1641610	848445	57421
水上运输业	5	49752	46439	4805
航空运输业	4	890338	135816	6202
装卸搬运和运输代理业	29	251480	75451	3609
仓储业	19	161013	54549	2665
邮政业	9	425387	114058	6590
住宿和餐饮业	306	2018765	1345435	72514
住宿业	155	1665899	1140742	60208
餐饮业	151	352866	204692	12306
信息传输、软件和信息技术服务业	155	2088772	2663667	216590
电信、广播电视和卫星传输服务	22	1593780	2530351	187137
互联网和相关服务	7	87070	73400	24776
软件和信息技术服务业	126	407922	59916	4677
金融业	152	165776050	1261323	97977
货币金融服务	71	157019626	972581	74124
资本市场服务	9	5031624	161375	14930
保险业	65	2790574	97070	7069
其他金融业	7	934226	30297	1854

单位:万元

负债合计	所有者权益合计	营业收入	#主营业务收入	营业成本	#主营业务成本
216465510	**36499692**	**51617576**	**50860750**	**42489605**	**40642933**
31197	32940	58937	58510	33931	33903
31197	32940	58937	58510	33931	33903
9064193	3882336	25549390	25387968	23477822	23352007
5432092	2443560	15566435	15522611	14623708	14602365
3632101	1438776	9982955	9865357	8854114	8749642
2477968	2034678	1977928	1927115	1699402	1675420
334251	758817	86475	81453	60623	57195
1223563	418047	774455	738424	644718	634792
16320	33432	16727	16608	17709	17709
354449	535889	328059	326070	246119	245258
120522	130958	566353	563376	533921	529704
132649	28364	120997	117706	118573	113362
296214	129172	84861	83479	77739	77401
1353785	664980	1085109	1081076	440757	425063
1127484	538415	578764	576971	178809	165447
226301	126565	506345	504105	261948	259616
1414596	674177	1335439	1304727	680926	631026
1189306	404474	1045118	1021908	471405	441174
80679	6391	16650	16631	10639	10625
144611	263312	273671	266189	198882	179226
158041298	7734752	10629665	10319877	8292454	6852212
149326557	7693069	9185116	8909015	6875922	5684065
2928040	2103583	329195	314687	258246	153423
3041936	-251362	1020220	1003680	1142691	1002616
2744765	-1810539	95135	92494	15594	12108

13－2 续表 1

指　　标	单位个数（个）	资产总计	固定资产原　值	本年折旧
房地产业	978	41369197	851323	55772
房地产业开发经营	803	41063680	746713	49975
物业管理、房地产中介服务及其他	175	305517	104610	5797
租赁和商务服务业	389	17745502	1466940	67642
租赁业	14	156276	12754	1487
商务服务业	375	17589226	1454186	66155
科学研究和技术服务业	234	2507537	388418	35113
研究和试验发展	29	282599	32351	2370
专业技术服务业	186	1960794	331302	31751
科技推广和应用服务业	19	264144	24765	992
水利、环境和公共设施管理业	43	573404	333318	11037
水利管理业	8	211071	230826	7316
生态保护和环境治理业	1	16211	1920	54
公共设施管理业	34	346121	100572	3667
居民服务、修理和其他服务业	51	87735	31574	2222
居民服务业	31	62847	15507	1282
机动车、电子产品和日用产品修理业	12	5936	1617	123
其他服务业	8	18952	14449	817
教育	22	50909	29060	1507
教育	22	50909	29060	1507
卫生和社会工作	40	209362	106182	5678
卫生	39	198205	101422	5655
社会工作	1	11157	4760	23
文化、体育和娱乐业	112	3014658	434370	22201
新闻和出版业	29	1843908	232548	11961
广播、电视、电影和影视录音制作业	23	1007164	64506	3265
文化艺术业	17	33641	22421	587
体育	12	55241	37996	1594
娱乐业	31	74705	76899	4795

单位:万元

负债合计	所有者权益合计	营业收入	#主营业务收入	营业成本	#主营业务成本
31924474	9444723	6768566	6678161	4867614	4756963
31722037	9341643	6599693	6514282	4772098	4664642
202437	103079	168873	163879	95516	92321
9184459	8561043	1969228	1893979	1408854	1372804
147915	8361	20212	19620	12131	12130
9036544	8552681	1949016	1874359	1396723	1360674
1387611	1119926	1367703	1350025	1011922	992392
124131	158468	67281	58608	47653	42416
1129851	830943	1204148	1195251	875350	861057
133629	130515	96275	96166	88918	88918
282793	290611	88376	87565	67532	67247
62125	148946	31908	31664	22009	21873
10651	5561				
210017	136104	56468	55901	45523	45374
69695	18040	71363	68819	44704	41725
53824	9023	58953	56803	37069	34090
1809	4127	6136	5755	3834	3834
14063	4889	6275	6261	3802	3801
24288	26621	40311	39165	33094	32226
24288	26621	40311	39165	33094	32226
180471	28890	173160	172757	103346	92314
174887	23317	170282	169880	101199	90167
5584	5573	2877	2877	2147	2147
1028682	1985976	502402	491007	327250	317632
337778	1506131	371249	369819	266131	261199
613385	393779	54818	51185	29730	28780
15638	18003	14282	12221	8811	7644
33940	21300	11641	7570	5902	3488
27941	46763	50413	50212	16676	16521

13－2 续表2

指　　标	营业税金及附加	#主营业务税金及附加	三项费用合计	#税金
总　　计	**1316202**	**1283579**	**6349471**	**106130**
农、林、牧、渔业			7536	
农、林、牧、渔服务业			7536	
批发和零售业	109504	106979	1617502	26383
批发业	69146	68836	677289	12477
零售业	40358	38143	940213	13907
交通运输、仓储和邮政业	37039	33630	232501	4310
铁路运输业	2018		13534	
道路运输业	18379	17957	109983	2769
水上运输业	391	279	4173	19
航空运输业	9545	9545	37886	777
装卸搬运和运输代理业	4055	3870	25698	105
仓储业	1225	552	9990	24
邮政业	1427	1427	31236	616
住宿和餐饮业	58178	57826	576879	22594
住宿业	31202	30958	376546	11766
餐饮业	26977	26868	200333	10828
信息传输、软件和信息技术服务业	36968	36107	432240	3000
电信、广播电视和卫星传输服务	31802	31003	358326	2684
互联网和相关服务	705	705	10674	12
软件和信息技术服务业	4460	4399	63240	304
金融业	392100	392051	1761961	12162
货币金融服务	347691	347649	1276749	9778
资本市场服务	13327	13320	235474	1056
保险业	24780	24780	224464	1144
其他金融业	6302	6302	25274	184

单位:万元

营业利润	利润总额	应交所得税	本年应付职工薪酬	应交增值税	从业人员平均人数（人）
3849318	**4001199**	**833080**	**2510924**	**409339**	**403062**
17499	17716	11	4236		243
17499	17716	11	4236		243
386653	431631	89698	483482	373384	97836
210187	261673	47667	189847	228144	31883
176466	169957	42031	293635	145240	65953
18055	67817	20654	267601	1698	45364
10301	9252	2326	17642	3	2330
2717	37191	12191	92896	755	22448
-5235	-1801	48	4918		780
37757	42257	3711	49036	376	4226
4457	6018	1570	43250	491	6548
-6802	-15	225	1973	6	765
-25140	-25084	583	57887	67	8267
14719	16177	8784	209415		58207
-3645	5284	4375	128339		31754
18363	10893	4409	81076		26453
162137	173367	40919	132027	3737	19240
161324	160730	38033	83661	-18	9565
-5753	-4375	39	3648	2	802
6566	17012	2846	44718	3753	8873
2302169	2293236	405530	688824		50712
2297319	2277484	381290	499032		29160
71056	74130	9315	92815		8627
-127275	-123915	3792	90073		12571
61068	65537	11134	6905		354

13－2 续表 3

指　　标	营业税金及附加	#主营业务税金及附加	三项费用合计	#税金
房地产业	538690	518557	820857	25629
房地产开发经营	528392	509000	759384	23846
物业管理、房地产中介服务及其他	10298	9557	61474	1783
租赁和商务服务业	78620	76027	417722	5035
租赁业	746	714	7578	59
商务服务业	77874	75313	410145	4976
科学研究和技术服务业	44653	42924	220943	2836
研究和试验发展	3157	2969	23713	382
专业技术服务业	41191	39678	183646	2325
科技推广和应用服务业	305	278	13584	129
水利、环境和公共设施管理业	3007	2926	13079	208
水利管理业	610	610	5544	122
生态保护和环境治理业			140	7
公共设施管理业	2397	2316	7395	79
居民服务、修理和其他服务业	2660	2649	23063	70
居民服务业	2119	2108	20179	45
机动车、电子产品和日用产品修理业	142	142	1216	16
其他服务业	399	399	1668	9
教育	907	864	10299	89
教育	907	864	10299	89
卫生和社会工作	198	198	54263	407
卫生	198	198	53213	407
社会工作			1049	
文化、体育和娱乐业	13679	12840	160626	3407
新闻和出版业	8155	8078	72109	2482
广播、电视、电影和影视录音制作业	2303	1995	53279	78
文化艺术业	317	239	5822	1
体育	733	393	5511	448
娱乐业	2171	2135	23905	399

单位:万元

营业利润	利润总额	应交所得税	本年应付职工薪酬	应交增值税	从业人员平均人数（人）
557090	581657	194787	235402	777	47521
552829	576587	192568	174561		25886
4261	5070	2219	60841	777	21635
197058	194858	43126	117359	21711	24999
-209	-289	51	3149	96	707
197267	195147	43075	114211	21615	24292
107089	123537	20557	220904	-448	28717
-7562	1753	740	12304	465	2580
103349	109768	19622	205650	-1076	25479
11303	12016	195	2950	163	658
9625	10450	706	11789	3565	3322
3618	4692	23	3795	3558	1075
	-140		63		16
6008	5898	683	7931	7	2231
2815	3090	510	26697	283	6390
1460	1775	205	23703	159	5239
950	949	188	1102	124	379
405	367	118	1893		772
-3572	2187	270	12196	22	2527
-3572	2187	270	12196	22	2527
21719	22529	4858	34777		5648
22038	22447	4858	34647		5616
-319	82		130		32
56263	62948	2671	66214	4610	12336
51379	54851	518	45203	4216	6019
-1859	313	-77	7676	161	1678
-676	297	64	2288	98	860
-504	-495	10	2138	67	802
7923	7982	2156	8909	68	2977

13－3 限额以上服务业民间非营利组织及其他单位财务状况(2012年)

单位:万元

指　　标	单位个数(个)	本年收入合　计	#捐赠收入	会费收入	提供服务收入	政府补助收入
总　　计	**42**	**108006**	**4481**	**385**	**89084**	**1790**
金融业	2	1083		37	213	
保险业	1	250		37	213	
其他金融业	1	833				
租赁和商务服务业	1	202				
商务服务业	1	202				
居民服务、修理和其他服务业	1	96			96	
居民服务业	1	96			96	
教育	31	91486	4481	348	83575	1543
教育	31	91486	4481	348	83575	1543
卫生和社会工作	7	15140			5201	247
卫生	6	14888			4948	247
社会工作	1	252			252	

13－3 续表

指　　标	本年费用合计	#业务活动成本	管理费用	年末资产	固定资产原价	从业人员平均人数(人)
总　　计	**107851**	**76793**	**24546**	**318530**	**208565**	**7210**
金融业	921	549	372	10769	2565	61
保险业	359	275	84	2319	1360	45
其他金融业	562	274	288	8450	1205	16
租赁和商务服务业	186	77	8	649	150	13
商务服务业	186	77	8	649	150	13
居民服务、修理和其他服务业	70	55	15	26	24	21
居民服务业	70	55	15	26	24	21
教育	93994	68269	19432	278776	195616	6447
教育	93994	68269	19432	278776	195616	6447
卫生和社会工作	12681	7844	4719	28310	10212	668
卫生	12505	7709	4679	27582	10179	640
社会工作	176	135	41	727	33	28

长沙统计年鉴

14 教育和科技

14－1 历年高等学校情况

单位:人

年　份	学校数(所)	招生数	毕业生数	在　校学生数	校本部教职工数
1949	2	…	…	2685	1359
1950	2	…	428	2450	1558
1952	4	3240	973	6109	1604
1953	5	2836	1399	6490	2256
1955	6	2636	2054	8374	2834
1957	6	3448	1551	13557	3923
1958	10	8083	2494	18839	4407
1960	21	10354	2955	29104	6462
1962	12	3006	4528	25477	7756
1965	9	4973	5435	19412	8038
1966	8	196	1198	18972	8330
1970	7	2288	7688	5837	8486
1975	8	6357	5757	18390	13474
1976	8	5425	6590	16620	13953
1977	8	7168	5902	16544	14830
1978	8	6937	4619	18895	15778
1979	11	7369	4235	21549	16382
1980	11	6702	817	28491	16719
1981	10	7994	761	30720	12815
1982	11	6592	11459	25641	14168
1983	12	8498	7186	26600	15110
1984	14	9783	6346	30035	16193
1985	23	13831	6661	37182	18734
1986	21	11178	7632	40458	19886
1987	21	13121	11333	43114	20510
1988	22	14472	11103	46022	21902
1989	22	12550	12896	46444	21956
1990	21	12787	12726	46041	22297
1991	21	13327	12953	45810	22655
1992	21	15470	12404	48050	18244
1993	21	18769	11737	55810	18270
1994	21	18455	12857	61641	18531
1995	21	19532	15911	64866	18222
1996	21	20013	16365	67420	18205
1997	20	21444	17119	72020	18473
1998	20	23570	17484	78050	18408
1999	23	35823	19152	94493	19913
2000	23	49391	19777	125582	21165
2001	29	54329	21289	158158	24568
2002	30	73379	29094	201881	26331
2003	37	94527	48597	268613	29145
2004	39	107979	60985	329424	33950
2005	45	130337	79277	394399	37698
2006	45	132662	97149	418132	39378
2007	48	147825	108698	454288	47887
2008	49	155192	129419	483917	49401
2009	48	158215	130626	504111	50509
2010	48	149977	140840	508254	50267
2011	50	148780	143310	516765	50930
2012	50	157679	151428	523174	50902

14－2 历年中等职业学校情况

单位:人

年份	学校数(所)	招生数	毕业生数	在校学生数	校本部教职工数
1949	16	…	…	2296	513
1950	19	638	311	4955	283
1952	12	2227	708	6069	887
1953	11	1532	1246	6305	966
1955	10	2307	1135	5445	872
1957	16	1573	2057	10006	1900
1958	28	10438	2131	17457	2046
1960	32	11685	1699	28055	2229
1962	15	112	1751	8302	1827
1965	21	3420	2734	7771	2188
1966	12	132	899	5756	1894
1970	8	540	187	676	922
1975	21	3647	2582	9871	2722
1976	21	2964	4040	8171	2878
1977	21	5162	5529	7519	4149
1978	23	5509	2342	9782	3853
1979	30	4497	302	14492	4149
1980	31	4737	5699	12641	4408
1981	31	5054	6512	11425	4928
1982	32	5687	4110	13436	5508
1983	33	6398	4696	14762	5658
1984	32	6521	5746	15621	5622
1985	32	8469	5869	18218	4851
1986	34	6841	6160	18366	4898
1987	39	8457	8701	18681	6111
1988	40	10427	6002	23037	6074
1989	39	9256	5994	26152	6915
1990	40	8140	8581	25626	7926
1991	42	9540	8613	26480	7118
1992	43	13091	8536	30554	6157
1993	43	19526	8352	39202	6399
1994	42	16944	7153	47272	6689
1995	42	18477	9508	55438	6352
1996	47	23704	14060	66195	7065
1997	46	27215	16186	76808	6856
1998	47	29772	20282	85987	6899
1999	40	21406	15752	70406	4395
2000	40	19334	24192	84113	5238
2001	40	19478	25748	77270	5378
2002	24	22100	25465	64948	2588
2003	105	45505	30059	107475	6041
2004	112	48194	30227	116187	5697
2005	104	43902	36938	112698	4858
2006	84	42673	41176	123870	5935
2007	81	43490	51593	113018	5855
2008	78	39042	38980	99693	6141
2009	79	65028	39894	137568	6417
2010	67	41159	53368	113709	5708
2011	59	46540	35083	115596	4794
2012	50	43426	47767	120945	4890

注:2003 年开始,中等职业教育报表制度改革,现行报表制度包括前普通中专、职业高中。2002 年及以前年份的数据是中等专业学校情况。

14－3 历年普通中学情况

单位:人

年份	学校数(所)	招生数	毕业生数	在校学生数	教职工数
1949	45	…	…	11347	1237
1950	38	4540	2352	10335	819
1952	40	7938	3387	23222	1289
1953	37	9950	5667	26384	1674
1955	37	11441	10172	31460	2199
1957	112	13864	10640	49484	3256
1958	164	25254	10224	49804	3105
1960	101	31992	12295	68205	3648
1962	129	22928	12152	51605	3933
1965	159	30945	17115	75367	5424
1966	293	21095	21298	71433	4598
1970	289	65230	29904	107921	6091
1975	567	136529	74396	237176	13796
1976	1473	198464	94903	331353	19991
1977	1148	192835	125324	372679	23992
1978	662	147133	159281	331109	22128
1979	676	116981	150239	268246	19564
1980	457	80492	52928	234707	19137
1981	466	82847	71738	215852	19292
1982	453	77146	58458	212388	18274
1983	438	65438	53829	199172	17887
1984	412	80035	56619	214658	18001
1985	422	80871	60933	221971	17916
1986	427	77229	53806	236055	18508
1987	433	87389	66953	245438	19421
1988	429	77029	67441	235257	19597
1989	429	82389	65762	238878	19915
1990	438	87892	72833	242065	20133
1991	422	86487	69188	243473	20309
1992	418	86754	68457	246662	20769
1993	421	88993	71579	248075	21347
1994	409	98763	70133	262655	21768
1995	391	106990	72276	284050	22231
1996	379	106047	78143	298924	23364
1997	379	108558	88071	309415	23737
1998	383	119832	95489	319792	24418
1999	379	131057	95136	345200	25946
2000	377	141865	97009	384192	26636
2001	368	149566	109141	413043	27330
2002	355	153589	124346	436307	27567
2003	358	132957	134525	432826	28429
2004	347	111583	144961	395687	27783
2005	339	102616	150972	345167	26814
2006	322	95515	130686	307095	25580
2007	310	99466	110263	292979	24888
2008	298	98650	97313	289960	24582
2009	291	102405	94639	295269	24924
2010	284	111383	96302	307427	24716
2011	280	114280	93657	325136	26871
2012	284	121302	100267	343769	28063

14－4 历年小学情况

单位:人

年份	学校数(所)	招生数	毕业生数	在校学生数	教职工数
1949	2640	…	…	147114	7810
1950	2378	…	…	154514	7881
1952	3685	79618	28137	309698	10697
1953	2787	61714	30528	315487	10753
1955	2487	95171	39718	340451	11270
1957	2737	95487	50993	440851	12179
1958	4073	102730	49306	517473	13467
1960	3768	106735	54607	541157	14664
1962	3475	95669	51696	401229	14214
1965	4755	116549	47117	593692	17203
1966	4485	80245	62524	574329	16919
1970	3575	132014	73946	464530	17310
1975	3668	138992	106360	727790	26935
1976	2693	144455	152006	703398	26093
1977	2787	134963	135165	673741	25873
1978	3231	136850	118693	680090	25719
1979	3069	133973	127970	685466	26752
1980	3244	122705	119369	673804	27056
1981	3272	126340	128653	667152	27046
1982	3253	110548	113744	649570	26687
1983	3268	102405	98641	641960	27525
1984	3276	98470	101218	629737	27503
1985	3270	92389	100920	616305	27098
1986	3257	91033	104750	601606	26521
1987	3260	91680	107676	583871	26929
1988	3241	98996	85465	578286	28119
1989	3243	97335	95557	576904	27973
1990	3212	92649	96433	570704	28193
1991	3201	93372	90896	563850	28290
1992	3181	100555	90813	568617	28363
1993	3135	108385	87421	567721	28982
1994	3048	112303	92437	602788	28792
1995	3014	116075	93875	623662	28283
1996	2925	112256	88836	646190	28765
1997	2779	85984	90517	642950	28373
1998	2710	56648	99459	599897	27902
1999	2486	43026	109414	535127	27221
2000	2154	43689	113714	466515	25133
2001	1830	50945	114425	399513	22187
2002	1719	54293	112215	342110	20548
2003	1580	59466	87744	313587	19762
2004	1433	63519	59049	318024	19330
2005	1272	63328	46516	338655	20475
2006	1217	68104	44977	366100	21593
2007	1162	69292	52844	382981	21954
2008	1126	67278	55007	395059	22479
2009	1055	67924	61722	403562	22443
2010	1024	73977	66404	413498	22391
2011	987	74333	66371	425405	20865
2012	938	78853	69948	439532	21410

14－5 历年高考录取人数

单位:人

年份	报名人数	大学录取人数	本科	专科	大学录取率(%)
1978	54649	2491			4.56
1979	32487	1362			4.19
1980	25700	1711	1407	304	6.66
1981	8537	1136	937	199	13.31
1982	5779	1142	969	173	19.76
1983	6986	2273	862	1411	32.54
1984	7501	3049	1846	1203	40.65
1985	9480	4320	2213	2107	45.57
1986	9308	3799	2008	1791	40.81
1987	9618	4431	2388	2043	46.07
1988	10358	5219	2201	3018	50.39
1989	16418	2674	1113	1561	16.29
1990	19248	3242	1705	1537	16.84
1991	17941	3032	1419	1613	16.9
1992	17455	4504	2028	2476	25.8
1993	15317	5569	2265	3304	36.36
1994	14642	6061	2367	3694	41.39
1995	13006	6073	2573	3500	46.69
1996	13765	5886	2577	3309	42.76
1997	13864	6003	3002	3001	43.3
1998	15241	6855	3469	3386	44.98
1999	16207	10383	5720	4663	64.06
2000	18953	12037	6108	5929	63.51
2001	22893	15177	8319	6858	66.3
2002	28965	21179	10619	10560	73.12
2003	32482	26197	11540	14657	80.65
2004	37886	30726	13020	17706	81.1
2005	50750	38871	16131	22740	76.59
2006	53845	33922	16557	17365	63
2007	62871	42250	18966	23284	67.2
2008	66149	43072	20618	22454	65.11
2009	56494	41603	22003	19600	73.64
2010	46553	38393	22187	16206	82.47
2011	42002	34432	21240	13192	81.98
2012	43969	35557	22888	12669	80.87

14－6 历 年 高 校 研 究 生 数

单位：人

年 份	培养博士学位				培养硕士学位			
	机构(个)	招生人数	毕业人数	在学人数	机构(个)	招生人数	毕业人数	在学人数
1983	3	8		13	7	324	87	676
1984	3	7		22	7	389	31	1030
1985	4	24	1	44	7	751	224	1552
1986	4	36		80	7	645	342	1853
1987	5	47	10	112	9	670	424	2094
1988	6	73	14	174	9	587	750	1910
1989	4	62	22	212	9	518	637	1771
1990	6	70	42	237	9	578	621	1696
1991	6	92	62	260	9	540	606	1606
1992	7	89	43	282	9	567	445	1694
1993	7	114	102	337	9	702	513	1791
1994	8	191	78	431	9	899	497	2144
1995	7	205	73	544	9	878	564	2425
1996	8	219	90	676	10	1036	703	2779
1997	7	226	129	748	9	962	850	2789
1998	7	285	189	838	9	1198	829	3110
1999	7	479	196	1114	9	1559	1021	3708
2000	5	575	155	1534	6	2411	945	5158
2001	7	794	239	2142	10	3732	1383	8335
2002	5	899	285	2669	6	4075	1331	9501
2003	6	1350	371	3317	10	5983	2272	13390
2004	6	1553	493	4628	11	7585	3163	18214
2005	7	1602	577	5669	11	8237	3943	22657
2006	7	1645	773	6538	11	9463	5612	26663
2007	11	1687	948	7238	11	9988	7081	29670
2008	10	1723	1088	7889	10	10360	8062	31602
2009	10	1776	1136	8489	10	12157	9260	34686
2010	10	1809	1411	8863	10	12865	9521	37487
2011	10	1878	1297	9365	10	13128	10299	39679
2012	10	1918	1399	9935	10	13497	11611	40636

14－7　历年技工学校情况

单位:人

年　份	学校数(所)	招生数	毕业生数	在校学生数	教职工数
1979	23	3700	1552	4614	913
1980	26	2579	1739	6672	1362
1981	28	1784	4218	4179	1646
1982	27	192	3357	1693	1562
1983	24	1230	1787	1551	1471
1984	21	1181	227	2596	1246
1985	19	1337	1318	2931	1386
1986	23	2557	1390	4671	1658
1987	22	2809	1549	5792	1717
1988	22	3678	2402	7140	1837
1989	25	2894	2198	7283	1951
1990	25	3451	3197	8002	2075
1991	24	3973	3024	8989	2095
1992	28	4543	3321	10381	2245
1993	32	5140	3655	11785	2318
1994	31	5112	4264	12951	2398
1995	34	4742	5342	12575	2416
1996	41	5024	5840	13581	2412
1997	40	4850	5793	12686	2696
1998	41	3528	5566	10541	2642
1999	43	2819	4127	9331	2700
2000	43	3791	3407	7706	2418
2001	42	5562	2940	9870	2613
2002	30	5155	2968	12257	2158
2003	32	8262	3478	14942	2026
2004	33	8729	6215	14810	2069
2005	32	10676	4902	18845	2050
2006	32	9221	5841	18736	1876
2007	24	9634	6502	20208	1923
2008	24	12095	7643	22666	2016
2009	26	15271	11206	32981	3124
2010	26	14549	7354	33685	2897
2011	26	10143	10645	26250	2340
2012	23	6366	7391	18003	1537

14-8 高考录取情况(2012年)

单位:人

项目	全市	市区	县市	长沙县	浏阳市	宁乡县
报名人数	43969	25895	18074	5578	5538	6958
录取总人数	35557	20243	15314	4646	4693	5975
总录取率(%)	80.87	78.17	84.73	83.29	84.74	85.87
录取总人数中						
本科	22888	14445	8443	1866	3066	3511
专科	12669	5798	6871	2780	1627	2464
录取总人数中						
文科	11450	6500	4950	1334	1546	2070
理科	16778	9700	7078	1404	2544	3130
职高对口	3064	1365	1699	1518	70	111
音乐	1538	1015	523	133	170	220
美术	2140	1447	693	166	243	284
体育	587	216	371	91	120	160
附:保送生(本科)	181	178	3		1	2
单招生	3913	3321	592	416	66	110
本科	1660	1619	41	12	6	23
专科	2253	1702	551	404	60	87

注:1. 录取总人数中:音乐含文、理音乐;美术含文、理美术;体育含文、理体育。
2. 录取总人数中不包括保送生和单招生人数。

14-9 大学基本情况(2012年)

单位:人

项目	学校数(所)	招生人数	在校学生数	毕业生数	校本部教职工数	专任教师
大学合计	50	157569	522753	151025	50902	31187
综合大学	15	54746	182304	51504	22115	12172
理工院校	12	34526	116366	37138	9849	6374
农业院校	2	9597	34714	9496	3536	1912
医药院校	4	11296	40575	6674	3759	2798
师范院校	2	8958	27134	8849	1961	1475
财经院校	7	17106	54306	16261	3891	2713
林业院校	1	6399	24355	5777	2248	1493
其他院校	7	14941	42999	15326	3543	2250
成人高校普通本专科		110	421	403		

14－10 成人高等学历教育基本情况(2012 年)

单位:人

项目	合计	小计	#职工大学	#广播电视大学	#教育学院	#管理干部学院	普通高等学校
学校数(所)	—	5	2	1	1	1	
在校学生数	99558	1696	551	1067	78		97862
本年招生数	51223	677	276	358	43		50546
本年毕业生数	36834	1077	232	804	41		35757
教职员工数	779	779	72	635	72		
#专任教师	308	308	58	192	58		

14－11 普通中学、小学情况(2012 年)

单位:人

项目	学校数(所)	招生人数	毕业生人数	在校学生人数	教职工人数	专任教师人数
普通中学	284	121302	100267	343769	28063	23678
市区	105	63160	51621	176412	14489	11657
县(市)	179	58142	48646	167357	13574	12021
合计中:教育和集体办	263	107631	88102	303834	23934	20940
民办	12	8658	7413	25281	3113	1882
其他部门办	9	5013	4752	14654	1016	856
小学合计	938	78853	69948	439532	21410	20147
市区	339	37912	32885	208688	9956	9600
县(市)	599	40941	37063	230844	11454	10547
合计中:教育和集体办	922	74751	65004	412775	19947	19219
民办	9	3037	3724	20056	1122	631
其他部门办	8	1065	1220	6701	341	297

14-12 特殊教育学校情况(2012年)

单位:人

项目	盲、聋、哑学校	工读学校
学校数(所)	4	1
班数(个)	56	6
毕业生数	49	70
招生数	103	62
在校学生数	1110	230
教职工数	240	56
专任教师数	179	42

14-13 幼儿园情况(2012年)

单位:人

项目	园数(所)	班数(个)	在园幼儿数	教职工数	#教师	#保育员
总计	**1325**	**7924**	**205063**	**19879**	**9125**	**5292**
其中:公办	252	2487	40943	4571	2121	1209
市区	616	3753	95498	12935	5912	3307
县(市)	709	4171	109565	6944	3213	1985
长沙县	208	1073	27833	2645	1219	713
浏阳市	203	1467	37759	1417	716	363
宁乡县	298	1631	43973	2882	1278	909

14－14 规模以上工业企业科技活动情况(2012年)

项目	合计	#国有控股企业	大型工业企业	中型工业企业	小型工业企业	微型工业企业
规模以上工业企业个数(个)	2263	93	49	268	1918	28
# 有科技活动的企业个数	460	47	35	111	314	
企业科技活动人员(人)	57938	18749	40095	9342	8501	
# 全时人员	43323	13258	28814	7593	6916	
# 高中级技术职称人员	14867	4112	9343	2638	2886	
# 研究与试验发展人员	37118	12252	25776	6214	5128	
企业办科技机构数(个)	341	60	74	100	167	
企业办科技机构科技活动人员(人)	21676	6129	15165	3842	2669	
# 博士毕业	445	128	213	67	165	
# 硕士毕业	5924	1454	5093	400	431	
科技活动费支出总额(万元)	1251943	481917	1016073	111125	124745	
# 内部支出	1184242	444990	954925	108308	121009	
# 研究与试验发展经费内部支出	876258	343970	718779	82272	75207	
基础研究支出						
应用研究支出	5447	2298	2965	1740	741	
试验发展支出	870811	341672	715814	80531.8	74466	
# 新产品开发经费支出	941125	394306	771682	81136	88307	
# 人员劳务费	361326	100818	296694	31469	33163	
# 原材料费	432440	222432	329271	51462	51708	
新产品产值(万元)	15987415	8838531	13943795	1054018	989602	
新产品销售收入(万元)	15326403	8528420	13410054	981940	934409	
# 出口	596455	368764	557798	18917	19740	
限额以上科技项目数(项)	1724	593	752	351	621	
# 新产品项目数	1176	367	432	289	455	
# 研究与试验发展项目数	1220	435	528	263	429	
限额以上科技项目参加人员(人)	40567	11555	27527	6789	6251	
限额以上科技项目经费内部支出(万元)	1000457	353385	820128	88641	91688	
专利申请数(件)	7883	2610	5304	1019	1557	3
有效发明专利数(件)	4649	586	1541	2242	865	1

14－15　规模以上工业企业科技活动人员与经费情况(2012年)

项　　目	科技活动人员（人）	#高中级技术职称人员	科技活动费支出总额（万元）	#新产品开发经费支出
总　　计	**57938**	**14867**	**1251943**	**941125**
按区县(市)分组:				
芙蓉区	707	228	9597	6687
天心区	1699	804	42051	33547
岳麓区	15552	2200	403474	332382
开福区	1355	310	31871	18790
雨花区	4034	1789	56409	34521
望城区	3876	1655	151896	45345
长沙县	25692	6722	452208	393881
浏阳市	3124	740	69394	52870
宁乡县	1899	419	35042	23103
按企业规模分组:				
大型企业	40095	9343	1016073	771682
中型企业	9342	2638	111124.7	81135.7
小型企业	8501	2886	124745.3	88307.1
微型企业				
按登记注册类型分组:				
内资企业	54171	14022	1139831	863954
国有	4259	2128	78329	58099
集体	86	26	1432.9	296.6
股份合作	81	13	1393	870.8
国有联营				
集体联营				
国有与集体联营	36	11	360.6	281.5
其他联营				
国有独资公司	371	186	5242.1	2768.8
其他有限责任公司	23346	6367	490828.8	364348.4
股份有限公司	15678	2119	408227.8	340558.7
私营独资	192	45	4906.9	3030.4
私营合伙	157	7	1119.7	603.8
私营有限责任公司	7773	2544	104337.5	58790.8
私营股份有限公司	1624	406	34089.9	25625.4
其他企业	568	170	9562.5	8680.6
港、澳、台商投资企业	2016	395	40491.7	30130.2
外商投资企业	1751	450	71620	47040.3

14－15 续表

项　　目	科技活动人员（人）	#高中级技术职称人员	科技活动费支出总额（万元）	#新产品开发经费支出
按工业行业大类分组：				
煤炭开采和洗选业				
石油和天然气开采业				
黑色金属矿采选业				
有色金属矿采选业				
非金属矿采选业				
其他采矿业				
农副食品加工业	570	307	9812	6357
食品制造业	524	146	12595	8727
饮料制造业	155	55	1532	1202
烟草制品业	437	357	14314	5012
纺织业	220	85	1784	1238
纺织服装、鞋、帽制造业	679	142	9347	2303
皮革、毛皮、羽毛(绒)及其制品业				
木材加工及木、竹、藤、棕、草制品业	8	2	34	
家具制造业	27	9	325	325
造纸及纸制品业	204	24	6129	5123
印刷业和记录媒介的复制	140	45	3917	3881
文教体育用品制造业	157	54	3813	264
石油加工、炼焦及核燃料加工业	22	5	654	514
化学原料及化学制品制造业	1419	433	36615	19245
医药制造业	2059	534	26179	19654
化学纤维制造业				
橡胶制品业	22	2	919	336
塑料制品业	231	40	6951	5241
非金属矿物制品业	820	254	6696	4816
黑色金属冶炼及压延加工业	482	187	8657	6566
有色金属冶炼及压延加工业	1629	644	115948	17310
金属制品业	293	124	3761	2882
通用设备制造业	3412	1123	28746	20060
专用设备制造业	30861	6233	685363	609605
交通运输设备制造业	4204	1099	119367	87377
电气机械及器材制造业	1815	585	32094	22518
通信设备、计算机及其他电子设备制造业	4094	1135	82462	64651
仪器仪表及文化、办公用机械制造业	1784	338	22910	20851
工艺品及其他制造业				
废弃资源和废旧材料回收加工业	145	79	279	279
电力、热力的生产和供应业	1246	738	8228	4480
燃气生产和供应业				
水的生产和供应业	279	88	2512	307

14－16 规模以上工业企业办科技机构情况(2012 年)

项　　目	企业办科技机构数（个）	企业办科技机构人员（人）	#博士	硕士
总　　计	**341**	**21676**	**445**	**5924**
按区县(市)分组：				
芙蓉区	7	144	11	17
天心区	9	265		10
岳麓区	75	5246	86	1305
开福区	11	354	10	46
雨花区	24	1203	67	226
望城区	52	1986	60	294
长沙县	82	10561	132	3793
浏阳市	43	795	58	162
宁乡县	38	1122	21	71
按企业规模分组：				
大型企业	74	15165	213	5093
中型企业	100	3842	67	400
小型企业	167	2669	165	431
微型企业				
按登记注册类型分组：				
内资企业	318	20182	431	5709
国有	16	1071	57	203
集体	3	30	1	2
股份合作	1	15		3
国有联营				
集体联营				
国有与集体联营	1	12	3	3
其他联营				
国有独资公司	2	222	10	60
其他有限责任公司	69	8535	133	3639
股份有限公司	57	5428	75	1231
私营独资	9	107	4	12
私营合伙				
私营有限责任公司	136	3437	124	380
私营股份有限公司	17	969	17	153
其他企业	7	356	7	23
港、澳、台商投资企业	14	1007	10	162
外商投资企业	9	487	4	53

14－16 续表

项　　目	企业办科技机构数（个）	企业办科技机构人员（人）	#博士	硕士
按工业行业大类分组:				
煤炭开采和洗选业				
石油和天然气开采业				
黑色金属矿采选业				
有色金属矿采选业				
非金属矿采选业				
其他采矿业				
农副食品加工业	18	254	15	43
食品制造业	8	146	7	32
饮料制造业	5	73	2	18
烟草制品业	1	66	7	16
纺织业				
纺织服装、鞋、帽制造业	12	552	8	19
皮革、毛皮、羽毛(绒)及其制品业				
木材加工及木、竹、藤、棕、草制品业	1	4		
家具制造业				
造纸及纸制品业	2	60		4
印刷业和记录媒介的复制	5	123		3
文教体育用品制造业	3	58	2	7
石油加工、炼焦及核燃料加工业	1	12		3
化学原料及化学制品制造业	22	685	29	106
医药制造业	30	696	44	150
化学纤维制造业				
橡胶制品业	1	22		
塑料制品业	4	98	3	21
非金属矿物制品业	18	319	15	50
黑色金属冶炼及压延加工业	6	134	5	24
有色金属冶炼及压延加工业	11	893	24	149
金属制品业	6	112	12	13
通用设备制造业	39	1551	24	154
专用设备制造业	65	11152	145	4497
交通运输设备制造业	25	1710	20	156
电气机械及器材制造业	23	895	17	64
通信设备、计算机及其他电子设备制造业	14	647	10	112
仪器仪表及文化、办公用机械制造业	18	1076	17	166
工艺品及其他制造业				
废弃资源和废旧材料回收加工业				
电力、热力的生产和供应业	1	261	39	100
燃气生产和供应业				
水的生产和供应业	2	77		17

14－17 规模以上工业企业科技活动新产品情况(2012年)

项目	新产品产值(万元)	新产品销售收入(万元)	专利申请数(件)	有效发明专利数(件)
总计	**15987415**	**15326403**	**7883**	**4649**
按区县(市)分组:				
芙蓉区	540114	534591	128	176
天心区	609503	484613	198	208
岳麓区	5829835	5646144	2554	2303
开福区	274332	251916	178	64
雨花区	2614938	2613609	364	261
望城区	534225	519047	404	60
长沙县	5094846	4807830	3042	1064
浏阳市	268938	259271	562	304
宁乡县	220684	209383	453	209
按企业规模分组:				
大型企业	13943795	13410054	5304	1541
中型企业	1054018	981940	1019	2242
小型企业	989602	934409	1557	865
微型企业			3	1
按登记注册类型分组:				
内资企业	14523669	14058812	7512	4560
国有	3002394	2881216	437	264
集体	5187	5177	2	2
股份合作	42614	34513	16	6
国有联营				
集体联营				
国有与集体联营	2590	2590	2	3
其他联营				
国有独资公司	70742	68620	26	110
其他有限责任公司	4215855	4168572	2935	1131
股份有限公司	5903746	5694493	2465	2258
私营独资	55011	53102	11	3
私营合伙			14	7
私营有限责任公司	818578	767789	1039	494
私营股份有限公司	230212	206731	494	258
其他企业	176740	176009	71	24
港、澳、台商投资企业	812495	700381	312	50
外商投资企业	651252	567211	59	39

14－17 续表

项　　目	新产品产值(万元)	新产品销售收入(万元)	专利申请数(件)	有效发明专利数(件)
按工业行业大类分组:				
煤炭开采和洗选业				
石油和天然气开采业				
黑色金属矿采选业				
有色金属矿采选业				
非金属矿采选业				
其他采矿业				
农副食品加工业	98763	98475	42	18
食品制造业	121198	109500	18	33
饮料制造业	30061	29531	8	3
烟草制品业	2416807	2420417	21	41
纺织业	112020	97791	49	1
纺织服装、鞋、帽制造业	94407	91768	20	
皮革、毛皮、羽毛(绒)及其制品业				
木材加工及木、竹、藤、棕、草制品业	462	462	1	
家具制造业	5776	5689	7	3
造纸及纸制品业	26001	24396	30	14
印刷业和记录媒介的复制	15610	13123	22	26
文教体育用品制造业	3314	3195	6	6
石油加工、炼焦及核燃料加工业	2088	2046	3	4
化学原料及化学制品制造业	193843	184870	474	385
医药制造业	251470	237496	229	98
化学纤维制造业				
橡胶制品业			21	7
塑料制品业	9108	9100	62	38
非金属矿物制品业	29330	29228	71	1870
黑色金属冶炼及压延加工业	124332	119177	16	14
有色金属冶炼及压延加工业	623211	614920	242	97
金属制品业	69404	58950	43	30
通用设备制造业	360546	357062	308	300
专用设备制造业	8802713	8601333	4719	1125
交通运输设备制造业	877780	765187	415	84
电气机械及器材制造业	192950	175872	260	71
通信设备、计算机及其他电子设备制造业	1008102	789951	326	214
仪器仪表及文化、办公用机械制造业	326801	311050	253	116
工艺品及其他制造业				
废弃资源和废旧材料回收加工业			11	7
电力、热力的生产和供应业			155	18
燃气生产和供应业	191319	175817	10	11
水的生产和供应业			41	15

14－18　规模以上工业企业科技活动项目情况(2012 年)

项　　目	科技活动项目数（项）	#新产品开发	参与项目人员（人）	项目经费内部支出（万元）
总　　计	**1724**	**1176**	**40567**	**1000457**
按区县(市)分组:				
芙蓉区	58	45	497	7437
天心区	82	57	880	23950
岳麓区	299	251	10268	313753
开福区	60	47	1069	17885
雨花区	394	183	3009	38296
望城区	234	138	3203	134025
长沙县	358	278	18515	380157
浏阳市	131	106	1962	56139
宁乡县	108	71	1164	28814
按企业规模分组:				
大型企业	752	432	27527	820128
中型企业	351	289	6789	88641
小型企业	621	455	6251	91688
微型企业				
按登记注册类型分组:				
内资企业	1584	1066	37750	929935
国有	270	147	2759	48149
集体	5	2	78	1137
股份合作	3	2	74	1131
国有联营				
集体联营				
国有与集体联营	3	1	30	265
其他联营				
国有独资公司	127	51	301	3178
其他有限责任公司	408	290	18295	439247
股份有限公司	245	214	9271	312750
私营独资	17	8	142	3720
私营合伙	24	23	138	692
私营有限责任公司	396	261	5574	80778
私营股份有限公司	74	58	683	30787
其他企业	12	9	405	8099
港、澳、台商投资企业	68	46	1512	35892
外商投资企业	72	64	1305	34631

注:本表综合范围为规模以上工业企业立项经费在 10 万元以上的科技活动项目。

14－18 续表

项　　目	科技活动项目数（项）	#新产品开发	参与项目人员（人）	项目经费内部支出（万元）
按工业行业大类分组：				
煤炭开采和洗选业				
石油和天然气开采业				
黑色金属矿采选业				
有色金属矿采选业				
非金属矿采选业				
其他采矿业				
农副食品加工业	53	48	453	7144
食品制造业	38	27	418	11036
饮料制造业	8	5	81	1154
烟草制品业	64	29	167	5669
纺织业	8	6	160	1084
纺织服装、鞋、帽制造业	37	15	405	7306
皮革、毛皮、羽毛(绒)及其制品业				
木材加工及木、竹、藤、棕、草制品业	1		6	34
家具制造业	3	3	20	190
造纸及纸制品业	10	7	130	5055
印刷业和记录媒介的复制	10	9	116	3409
文教体育用品制造业	6	2	117	3287
石油加工、炼焦及核燃料加工业	8	6	18	645
化学原料及化学制品制造业	196	105	933	20233
医药制造业	123	99	1491	20271
化学纤维制造业				
橡胶和塑料制品业	15	12	133	6026
非金属矿物制品业	36	27	618	5668
黑色金属冶炼及压延加工业	40	27	415	5828
有色金属冶炼及压延加工业	120	50	1203	112037
金属制品业	21	15	249	3398
通用设备制造业	140	107	2338	21078
专用设备制造业	210	184	21709	586161
交通运输设备制造业	144	121	3261	62754
电气机械及器材制造业	123	82	1221	23683
通信设备、计算机及其他电子设备制造业	137	106	2155	59715
仪器仪表及文化、办公用机械制造业	53	43	1300	18019
工艺品及其他制造业				
废弃资源和废旧材料回收加工业	1	1	114	279
电力、热力的生产和供应业	108	38	1107	7079
燃气生产和供应业				
水的生产和供应业	11	2	229	2215

14－19 大中型工业企业科技活动情况(2012年)

项　目	合　计	#国有控股企业	大型工业企业	中型工业企业
大中型工业企业个数(个)	317	41	49	268
# 有科技活动的企业个数	146	28	35	111
企业科技活动人员(人)	49437	17811	40095	9342
# 全时人员	36407	12477	28814	7593
# 高中级技术职称人员	11981	3746	9343	2638
# 研究与试验发展人员	31990	11805	25776	6214
企业办科技机构数(个)	174	51	74	100
企业办科技机构科技活动人员(人)	19007	5841	15165	3842
# 博士毕业	280	121	213	67
# 硕士毕业	5493	1413	5093	400
科技活动费支出总额(万元)	1127197	471580	1016073	111125
# 内部支出	1063233	434668	954925	108308
# 研究与试验发展经费内部支出	801051	339314	718779	82272
基础研究支出				
应用研究支出	4706	2298	2965	1740
试验发展支出	796345	337016	715814	80532
# 新产品开发经费支出	852818	385667	771682	81136
# 人员劳务费	328163	96970	296694	31469
# 原材料费	380732	219449	329271	51462
新产品产值(万元)	14997813	8759525	13943795	1054018
新产品销售收入(万元)	14391994	8447258	13410054	981940
# 出口	576715	368215	557798	18917
限额以上科技项目数(项)	1103	523	752	351
# 新产品项目数	721	312	432	289
# 研究与试验发展项目数	791	387	528	263
限额以上科技项目参加人员(人)	34316	10864	27527	6789
限额以上科技项目经费内部支出(万元)	908769	345902	820128	88641
专利申请数(件)	6323	2439	5304	1019
有效发明专利数(件)	3783	536	1541	2242

14－20 大中型工业企业科技活动人员与经费情况(2012 年)

项目	科技活动人员(人)	#高中级技术职称人员	科技活动费支出总额(万元)	#新产品开发经费支出
总计	**49437**	**11981**	**1127197**	**852818**
按区县(市)分组:				
芙蓉区	286	62	4014	2763
天心区	1155	600	37674	30866
岳麓区	13759	1671	383460	316407
开福区	1255	257	29636	16824
雨花区	2974	1424	43674	26635
望城区	3010	1311	131102	30722
长沙县	23729	6043	419968	372638
浏阳市	1834	381	50835	39523
宁乡县	1435	232	26834	16441
按企业规模分组:				
大型企业	40095	9343	1016073	771682
中型企业	9342	2638	111125	81136
按登记注册类型分组:				
内资企业	46282	11313	1030989	790295
国有	3908	1948	75774	55943
集体	24	11	322	297
股份合作				
国有联营				
集体联营				
国有与集体联营				
其他联营				
国有独资公司	367	183	5214	2769
其他有限责任公司	20847	5510	461192	341895
股份有限公司	14983	1836	397586	332407
私营独资	20	9	985	859
私营合伙	157	7	1120	604
私营有限责任公司	4271	1337	52605	27717
私营股份有限公司	1216	342	28588	21012
其他企业	489	130	7605	6794
港、澳、台商投资企业	1672	292	29514	20032
外商投资企业	1483	376	66694	42491

14－20 续表

项　　目	科技活动人员（人）	#高中级技术职称人员	科技活动费支出总额（万元）	#新产品开发经费支出
按工业行业大类分组：				
煤炭开采和洗选业				
石油和天然气开采业				
黑色金属矿采选业				
有色金属矿采选业				
非金属矿采选业				
其他采矿业				
农副食品加工业	315	206	5622	2363
食品制造业	453	117	10198	6400
饮料制造业	94	35	1239	1113
烟草制品业	437	357	14314	5012
纺织业	216	84	1777	1231
纺织服装、鞋、帽制造业	679	142	9347	2303
皮革、毛皮、羽毛(绒)及其制品业				
木材加工及木、竹、藤、棕、草制品业				
家具制造业	7	1	40	40
造纸及纸制品业	130	4	2771	2771
印刷业和记录媒介的复制	99	24	3673	3673
文教体育用品制造业	55	19	2475	182
石油加工、炼焦及核燃料加工业				
化学原料及化学制品制造业	890	284	29348	13448
医药制造业	1369	295	16905	12853
化学纤维制造业				
橡胶和塑料制品业	128	10	5335	4758
非金属矿物制品业	517	137	3138	1456
黑色金属冶炼及压延加工业	362	138	4219	3300
有色金属冶炼及压延加工业	1236	457	104343	6988
金属制品业	66	35	760	760
通用设备制造业	1895	663	11887	10253
专用设备制造业	29610	5834	669520	599713
交通运输设备制造业	3513	906	107427	77247
电气机械及器材制造业	957	249	19173	16191
通信设备、计算机及其他电子设备制造业	3622	927	76660	60071
仪器仪表及文化、办公用机械制造业	1193	187	16648	15934
工艺品及其他制造业				
废弃资源和废旧材料回收加工业	145	79	279	279
电力、热力的生产和供应业	1246	738	8228	4480
燃气生产和供应业				
水的生产和供应业	203	53	1873	

14－21　大中型工业企业办科技机构情况(2012 年)

项　　目	企业办科技机构数（个）	企业办科技机构人员（人）	#博士	硕士
总　　计	**174**	**19007**	**280**	**5493**
按区县(市)分组：				
芙蓉区	1	24	1	2
天心区	4	99		2
岳麓区	40	4718	59	1230
开福区	7	325	4	42
雨花区	12	1078	60	201
望城区	18	1443	31	176
长沙县	53	9868	94	3703
浏阳市	14	459	20	90
宁乡县	25	993	11	47
按企业规模分组：				
大型企业	74	15165	213	5093
中型企业	100	3842	67	400
按登记注册类型分组：				
内资企业	161	17797	271	5315
国有	14	969	56	196
集体	2	24	1	1
股份合作				
国有联营				
集体联营				
国有与集体联营				
其他联营				
国有独资公司	2	222	10	60
其他有限责任公司	29	7812	90	3519
股份有限公司	51	5352	64	1216
私营独资	1	18		
私营合伙				
私营有限责任公司	52	2252	36	192
私营股份有限公司	7	836	9	120
其他企业	3	312	5	11
港、澳、台商投资企业	7	798	7	129
外商投资企业	6	412	2	49

14－21 续表

项　　目	企业办科技机构数（个）	企业办科技机构人员（人）	#博士	硕士
按工业行业大类分组：				
煤炭开采和洗选业				
石油和天然气开采业				
黑色金属矿采选业				
有色金属矿采选业				
非金属矿采选业				
其他采矿业				
农副食品加工业	8	132	7	29
食品制造业	5	117	2	22
饮料制造业	3	52		5
烟草制品业	1	66	7	16
纺织业				
纺织服装、鞋、帽制造业	12	552	8	19
皮革、毛皮、羽毛(绒)及其制品业				
木材加工及木、竹、藤、棕、草制品业				
家具制造业				
造纸及纸制品业	2	60		4
印刷业和记录媒介的复制	2	99		2
文教体育用品制造业	1	8		
石油加工、炼焦及核燃料加工业				
化学原料及化学制品制造业	7	498	14	75
医药制造业	9	414	15	81
化学纤维制造业				
橡胶和塑料制品业	1	58		8
非金属矿物制品业	9	220	4	34
黑色金属冶炼及压延加工业	4	126	5	23
有色金属冶炼及压延加工业	3	766	17	130
金属制品业	1	66	1	3
通用设备制造业	22	1211	11	108
专用设备制造业	48	10791	117	4431
交通运输设备制造业	14	1415	14	113
电气机械及器材制造业	7	566	4	26
通信设备、计算机及其他电子设备制造业	9	559	8	104
仪器仪表及文化、办公用机械制造业	3	893	7	143
工艺品及其他制造业				
废弃资源和废旧材料回收加工业				
电力、热力的生产和供应业	1	261	39	100
燃气生产和供应业				
水的生产和供应业	2	77		17

14－22　大中型工业企业科技活动新产品情况(2012年)

项　　目	新产品产值(万元)	新产品销售收入(万元)	专利申请数(件)	有效发明专利数(件)
总　　计	**14997813**	**14391994**	**6323**	**3783**
按区县(市)分组:				
芙蓉区	261924	261405	69	69
天心区	522260	408741	151	154
岳麓区	5747414	5570586	2285	2108
开福区	272339	250147	156	54
雨花区	2560784	2555886	234	202
望城区	328667	316617	201	30
长沙县	4952855	4692513	2722	946
浏阳市	231676	222608	223	84
宁乡县	119895	113491	282	136
按企业规模分组:				
大型企业	13943795	13410054	5304	1541
中型企业	1054018	981940	1019	2242
按登记注册类型分组:				
内资企业	13719528	13307228	6087	3731
国有	2999080	2878147	424	259
集体	5187	5177	2	2
股份合作				
国有联营				
集体联营				
国有与集体联营				
其他联营				
国有独资公司	70742	68620	26	110
其他有限责任公司	3885382	3865756	2568	931
股份有限公司	5841514	5629309	2337	2191
私营独资	3655	3585		
私营合伙			14	7
私营有限责任公司	539677	505038	442	145
私营股份有限公司	204684	182514	260	77
其他企业	169608	169081	14	9
港、澳、台商投资企业	657363	547643	195	37
外商投资企业	620921	537124	41	15

14－22 续表

项　　目	新产品产值（万元）	新产品销售收入（万元）	专利申请数（件）	有效发明专利数（件）
按工业行业大类分组：				
煤炭开采和洗选业				
石油和天然气开采业				
黑色金属矿采选业				
有色金属矿采选业				
非金属矿采选业				
其他采矿业				
农副食品加工业	9000	8825	36	13
食品制造业	98387	87188	14	7
饮料制造业	27060	26690	3	3
烟草制品业	2416807	2420417	21	41
纺织业	112020	97791	49	1
纺织服装、鞋、帽制造业	94407	91768	20	
皮革、毛皮、羽毛（绒）及其制品业				
木材加工及木、竹、藤、棕、草制品业				
家具制造业	5776	5689	1	1
造纸及纸制品业	26001	24396	25	14
印刷业和记录媒介的复制	13810	11323	6	6
文教体育用品制造业	1687	1687		
石油加工、炼焦及核燃料加工业				
化学原料及化学制品制造业	114247	110768	187	177
医药制造业	224367	210738	184	66
化学纤维制造业				
橡胶和塑料制品业	2830	2822	11	8
非金属矿物制品业	22400	22400	19	1846
黑色金属冶炼及压延加工业	121100	116123	14	14
有色金属冶炼及压延加工业	445037	444518	219	85
金属制品业	27524	25170	6	4
通用设备制造业	259952	278061	70	197
专用设备制造业	8703478	8504476	4441	968
交通运输设备制造业	775819	660311	241	30
电气机械及器材制造业	94348	82741	151	18
通信设备、计算机及其他电子设备制造业	947363	732118	222	163
仪器仪表及文化、办公用机械制造业	263075	250159	200	95
工艺品及其他制造业				
废弃资源和废旧材料回收加工业			3	
电力、热力的生产和供应业			149	18
燃气生产和供应业	191319	175817		1
水的生产和供应业			31	7

14－23 大中型工业企业科技活动项目情况(2012 年)

项目	科技活动项目数(项)	#新产品开发	参与项目人员(人)	项目经费支出(万元)
总计	**1103**	**721**	**34316**	**908769**
按区县(市)分组:				
芙蓉区	10	7	176	3795
天心区	47	38	504	20538
岳麓区	182	153	8924	298396
开福区	49	36	991	16522
雨花区	326	144	2206	30164
望城区	158	81	2476	116097
长沙县	208	174	16961	359682
浏阳市	57	49	1224	41842
宁乡县	66	39	854	21733
按企业规模分组:				
大型企业	752	432	27527	820128
中型企业	351	289	6789	88641
按登记注册类型分组:				
内资企业	1010	653	31981	851317
国有	238	124	2531	46278
集体	2	2	20	292
股份合作				
国有联营				
集体联营				
国有与集体联营				
其他联营				
国有独资公司	126	51	298	3158
其他有限责任公司	236	156	16490	417116
股份有限公司	201	176	8838	308214
私营独资	2	2	17	814
私营合伙	24	23	138	692
私营有限责任公司	142	90	2933	41624
私营股份有限公司	34	25	366	26671
其他企业	5	4	350	6457
港、澳、台商投资企业	45	26	1219	25741
外商投资企业	48	42	1116	31712

注:本表综合范围为大中型工业企业立项经费在 10 万元以上的科技活动项目。

14－23 续表

项目	科技活动项目数（项）	#新产品开发	参与项目人员（人）	项目经费支出（万元）
按工业行业大类分组：				
煤炭开采和洗选业				
石油和天然气开采业				
黑色金属矿采选业				
有色金属矿采选业				
非金属矿采选业				
其他采矿业				
农副食品加工业	19	16	271	3599
食品制造业	26	16	359	9604
饮料制造业	4	4	38	878
烟草制品业	64	29	167	5669
纺织业	7	5	158	1076
纺织服装、鞋、帽制造业	37	15	405	7306
皮革、毛皮、羽毛(绒)及其制品业				
木材加工及木、竹、藤、棕、草制品业				
家具制造业	1	1	6	40
造纸及纸制品业	4	4	67	2159
印刷业和记录媒介的复制	7	7	83	3230
文教体育用品制造业	2	1	52	2182
石油加工、炼焦及核燃料加工业				
化学原料及化学制品制造业	149	69	514	14780
医药制造业	76	63	1041	13312
化学纤维制造业				
橡胶和塑料制品业	3	3	27	3838
非金属矿物制品业	10	4	407	2465
黑色金属冶炼及压延加工业	28	18	317	3302
有色金属冶炼及压延加工业	91	26	949	102374
金属制品业	1	1	64	742
通用设备制造业	63	57	1296	9632
专用设备制造业	143	130	20687	574058
交通运输设备制造业	88	76	2707	54887
电气机械及器材制造业	50	46	570	15296
通信设备、计算机及其他电子设备制造业	94	72	1806	55403
仪器仪表及文化、办公用机械制造业	23	19	928	13992
工艺品及其他制造业				
废弃资源和废旧材料回收加工业	1	1	114	279
电力、热力的生产和供应业	108	38	1107	7079
燃气生产和供应业				
水的生产和供应业	4		176	1588

15 文化、体育、卫生

15－1 历年文化事业发展情况

单位:个

年份	电影放映单位	#电影院影剧院	艺术表演团体	艺术表演观众人数(万人)	公共图书馆	文化馆
1949	7	7	9	…	1	1
1950	6	…	9	…	1	2
1952	6	6	10	…	1	3
1955	6	…	12	…	1	6
1957	16	7	14	…	2	8
1960	24	…	14	…	3	7
1962	21	10	17	…	3	8
1965	102	13	19	…	4	10
1966	151	…	4	…	4	10
1970	138	…	4	…	4	10
1975	292	…	13	…	4	10
1976	370	18	13	…	5	10
1977	459	…	13	…	5	10
1978	484	31	13	351	5	10
1979	503	…	14	…	5	11
1980	510	38	14	506	5	11
1981	504	42	14	431	6	11
1982	506	33	14	432	6	11
1983	537	43	14	323	6	11
1984	780	41	14	271	6	11
1985	844	42	14	207	7	11
1986	822	42	14	186	7	11
1987	818	42	14	154	7	11
1988	817	50	12	87	7	11
1989	802	48	12	70	7	11
1990	807	47	12	118	7	11
1991	812	46	12	127	7	11
1992	771	48	12	61.9	7	11
1993	657	34	12	55	7	11
1994	641	32	12	125.3	7	11
1995	644	29	12	130.3	7	11
1996	589	30	12	146	7	11
1997	580	31	13	132	7	11
1998	581	32	13	171.1	7	11
1999	485	32	13	167.3	7	11
2000	458	20	13	121	7	11
2001	458	20	13	…	7	11
2002	…	…	12	57	7	10
2003	…	…	12	272	7	10
2004	…	…	12	210.2	7	10
2005	…	…	12	247	12	10
2006	…	…	12	115	12	10
2007	…	…	12	216.1	12	10
2008	…	…	12	357.2	12	10
2009	…	…	12	203.7	12	10
2010	…	…	12	271.2	12	10
2011	…	…	12	193.7	12	10
2012	…	…	9	166.1	12	10

注:由于放映市场的变化,电影放映单位无法统计。

15－2 历年出版事业发展情况

年份	书籍		课本（万册）	杂志		报纸	
	种数（种）	总印数（万册）		种数（种）	总印数（万册）	种数（种）	总印数（万册）
1951	113	482		3	43		
1952	112	1626		4	245	17	6786
1954	110	589	1563	1	6	10	4503
1955	143	877	1853	2	52	10	5403
1957	267	975	2844	4	169	11	6530
1958	764	5467	3622	6	371	23	19317
1960	676	1361	5070	7	402	16	33318
1962	186	495	2735	2	150	12	6983
1965	233	2549	4568	2	211	7	17000
1970	132	10717	4242			6	10028
1975	185	7640	8618	4	1535	8	33861
1976	134	8373	5974	8	1643	8	38365
1977	88	7384	6606	8	2101	8	36931
1978	134	1983	12102	13	2680	3	30057
1979	317	4736	10614	26	3592	3	31120
1980	426	8563	11190	30	3182	5	20830
1981	568	13442	13002	41	2343	7	29838
1982	780	16082	13595	56	2189	11	33089
1983	985	15300	13882	61	2160	11	45705
1984	998	15818	14000	85	2836	23	55911
1985	1270	18850	16288	124	5149	35	59431
1986	1274	10532	19132	131	5247	38	53400
1987	1482	14073	18757	137	5931	40	60134
1988	2157	37293	23396	146	6037	31	55743
1989	2157	35055	19728	145	4968	31	37317
1990	1892	32135	21393	144	5144	28	40325
1991	1969	35086	21392	146	6349	32	47414
1992	2124	36436	20686	149	7700	32	37592
1993	2069	33503	19726	165	7899	36	57677
1994	2249	29597	18693	162	7288	36	47815
1995	2357	33677	20146	178	7636	36	55721
1996	2734	39390	21957	180	7700	33	43698
1997	2893	37512	22139	180	7515	36	48190
1998	3262	36375	22489	171	8695	30	54831
1999	3341	30680	21171	183	12271	31	62613
2000	3156	24844	18342	198	10404	44	62354
2001	2612	24851	18007	203	9867	46	69194
2002	2866	32556	23135	213	10844	46	71169
2003	3123	29554	19222	219	12391	44	87814
2004	3353	12345	18830	192	18958	37	78802
2005	3218	8228	21000	202	10925	38	75309
2006	3221	6832	20838	198	9622	38	78381
2007	2535	8231	22735	181	8143	37	75636
2008	4230	12577	16342	184	8467	36	76080
2009	4421	14084	11820	204	11271	42	100554
2010	6222	18783	12202	201	12540	42	101861
2011	8362	21427	12858	205	12140	40	94019
2012	9526	22328	13831	205	12496	40	102698

注:因新闻出版统计口径变化,从2007年开始,一套书只按一本书计算。

15－3 历年市、县属广播事业发展情况

年份	市台平均日播音时间（时°分′）	市电台覆盖率（%）	县、区广播台、站（个）	市电视台每周播出时间（时°分′）	市电视台覆盖率（%）
1956			1		
1957			3		
1958	8°30′	…	3		
1960	6°30′	…	3		
1961	6°30′	…	3		
1962			…		
1965			3		
1970			4		
1975			4		
1976			4		
1977			4		
1978			5		
1979			5		
1980	8°30′	…	5		
1981	11°05′	89.7	5		
1982	11°05′	90	5		
1983	10°00′	46.1	5		
1984	10°30′	63	5		
1985	10°45′	76	5	16°	23.6
1986	11°25′	70	5	22°	23
1987	11°25′	67.1	5	56°	23
1988	11°25′	70	5	35°	50
1989	11°30′	…	5	56°	80
1990	11°30′	…	5	56°	90
1991	11°20′	…	5	56°	90
1992	11°30′	92.7	5	56°	95
1993	16°30′	95	5	56°	98
1994	16°45′	95	5	56°	98
1995	16°30′	95	5	42°	98
1996	36°30′	96	4	78°	95
1997	49°30′	95	4	125°30′	85.61
1998	36°30′	95	4	174°30′	88.39
1999	36°30′	95	4	238°00′	97.3
2000	37°40′	95	4	206°30′	97.3
2001	43°00′	96.5	4	456°	98.1
2002	54°30′	96.41	4	543°	97.23
2003	60°00′	96.46	4	817°	97.57
2004	64°00′	96.78	4	817°	97.82
2005	89°00′	96.88	4	858°	97.88
2006	82°12′	96.91	4	893°56′	97.9
2007	91°30′	96.93	4	916°00′	97.92
2008	139°46′	99.1	4	970°24′	98.48
2009	140°11′	99.14	4	1057°22′	98.49
2010	140°11′	99.14	4	1060°47′	98.49
2011	139°48′	99.3	4	1078°30′	98.61
2012	142°6′	99.3	4	1096°58′	98.62

15－4 历年市县训练体育干部、举办运动会情况

单位：人

年 份	训练体育干部			举办运动会（次）	参赛人次
	合 计	# 裁判员	# 社会体育指导员		
1978	815	455	100	46	…
1979	538	330		43	17168
1980	1367	385	650	64	19263
1981	1967	1030	424	115	38496
1982	1802	496	768	118	37696
1983	1045	515	252	99	47746
1984	1318	606	192	130	32596
1985	745	160	336	266	66424
1986	1390	425	655	280	74000
1987	2126	599	263	467	92404
1988	1468	579	125	428	69558
1989	2642	764	380	728	164013
1990	1278	800	267	1149	563139
1991	2233	1563	86	2357	503469
1992	1540	1161	22	444	83537
1993	941	277	34	144	57401
1994	938	539		128	79684
1995	2162	352	1387	283	148479
1996	2504	450	1343	384	194981
1997	1292	373	174	152	263015
1998	1401	548	99	219	75255
1999	2480	956	307	206	84579
2000	2165	785	136	163	116958
2001	1959	608	321	149	33203
2002	865	361	150	35	22700
2003	2223	1689	370	14	489300
2004	238	60	75	28	30000
2005	776	76	700	26	12000
2006	547	58	489	200	300000
2007	3285	60	3225	214	320000
2008	5215	65	5150	301	450000
2009	5952	73	5879	334	480000
2010	2136	11	2125	…	…
2011	1058	32	1026	…	…
2012	451	51	400	…	…

15－5 历年卫生事业发展情况

年 份	机构数(个)	# 医院、卫生院	床位数(张)	# 医院、卫生院	卫生工作人员(人)	# 卫生技术人员	# 执业医师和执业助理医师
1949	34	14	747	…	1468	1253	…
1952	522	38	1478	…	4167	2367	…
1957	993	41	3312	…	8412	4645	…
1962	992	…	8081	…	9171	7880	…
1963	986	122	8177	…	10070	7725	…
1965	1035	138	8454	5713	11235	8779	…
1966	993	152	9746	6613	11112	7944	…
1970	768	192	8165	4437	10451	7857	4130
1972	937	304	9276	7842	15749	11345	4949
1975	1066	313	11760	9705	18694	13854	6637
1976	1131	241	12132	11017	19687	14656	7233
1977	1192	316	12410	9941	20447	15416	7370
1978	1195	248	12976	11036	21583	16068	7247
1979	1205	323	13343	10851	23075	16722	8018
1980	1250	290	13356	11974	24637	18266	8435
1981	1337	284	13842	11179	26031	19044	8947
1982	1348	255	14000	11283	26755	19805	9305
1983	1330	317	14051	11521	27787	20979	9668
1984	1397	317	14385	11728	29053	22031	10286
1985	1403	291	13743	11503	29620	21611	10187
1986	1319	290	14940	12085	30196	22106	10034
1987	1388	285	15287	12640	30542	22813	10519
1988	1312	284	16158	13619	31960	23918	11386
1989	1397	300	17823	14281	32871	24606	11868
1990	1346	297	18349	14766	34190	26307	12423
1991	1258	300	19352	15705	34834	26546	12297
1992	1323	300	19968	16470	35549	27092	12225
1993	1009	303	20681	17031	34894	25543	11296
1994	1215	305	20878	17245	36473	26875	12210
1995	1100	205	21378	17594	37115	27553	12107
1996	1295	235	20991	17797	37434	27706	11825
1997	1218	246	20751	18240	38107	27966	11526
1998	1281	249	20569	17974	37954	28579	12070
1999	1216	256	21342	18492	38336	28840	12639
2000	1036	263	20590	17281	36225	27460	12345
2001	1086	265	22538	18998	35303	28187	12310
2002	1127	282	22487	20621	34795	27102	11172
2003	1291	282	23405	21024	38415	29909	11655
2004	1440	258	24360	22264	35937	28142	11412
2005	1519	260	27395	25501	37711	28943	12088
2006	1557	252	28845	27240	40681	31180	12692
2007	2259	265	31891	30046	47340	37402	14683
2008	2385	252	35547	31563	50599	40232	15831
2009	2709	265	41603	35909	55564	44888	17153
2010	2655	255	42629	39983	59738	48791	18258
2011	2680	255	47036	42954	66104	53030	19100
2012	4270	254	51285	46382	69011	55978	20268

注:1. 2001 年(含)以前“执业医师和执业助理医师”指标统计口径为“医生”。

2. 2007 年卫生系统新的报表制度将医务室、社区卫生服务中心、社区卫生服务站均统计到“卫生机构”中,故数据增加较大。

3. 2012 年卫生系统新的报表制度将村卫生室、门诊部、诊所(医务室)、专业公共卫生机构、其他医疗卫生机构均统计到“卫生机构”中,故数据增加较大,按 2011 年同口径数据为 2902 个。

15－6 医疗机构诊疗人数(2012年)

类别	医疗机构数（个）	总诊疗人次数（万人次）	
			#门诊人次数
总计	**4270**	**3336.6**	**2959.5**
#医院合计	142	1757.2	1522.2
#卫生院合计	112	308.3	279.4
#社区卫生服务机构	240	299.8	259.1
社区卫生服务中心	52	170.7	144.3
社区卫生服务站	188	129.1	114.8

15－7 医疗机构入院、出院人数(2012年)

单位:万人

类别	健康检查人数	入院人数	出院人数
总计	**334.0**	**171.3**	**170.5**
#医院合计	146.1	115.1	114.6
#卫生院合计	71.8	30.4	30.1
#社区卫生服务机构	84.1	2.6	2.5
社区卫生服务中心	51.6	2.4	2.3
社区卫生服务站	32.5	0.2	0.2

16 区县（市）主要经济和社会指标

16-1 区县(市)年末户籍户数和人口数(2012年)

单位:人

区县(市)	年末总户数(户)	年末总人口	男性	女性	非农业人口	未落常住户人口
全市	**2114650**	**6606166**	**3340494**	**3265672**	**2455126**	**2439**
市区合计	997460	2979005	1491651	1487354	2017977	2439
芙蓉区	131533	408872	203137	205735	377374	
天心区	140854	396222	200365	195857	356006	2400
岳麓区	201697	626976	313604	313372	369784	
开福区	167043	433334	211931	221403	347726	39
雨花区	179878	556458	282747	273711	488015	
望城区	176455	557143	279867	277276	79072	
县(市)合计	1117190	3627161	1848843	1778318	437149	
长沙县	253517	813395	409217	404178	116810	
浏阳市	416843	1436248	736662	699586	157319	
宁乡县	446830	1377518	702964	674554	163020	

16-2 历年分区县(市)年末户籍人口

单位:人

区县(市)	2000年	2001年	2002年	2003年	2004年	2005年	2006年
全　市	**5831894**	**5870933**	**5954592**	**6017624**	**6103844**	**6209248**	**6309958**
市区合计	2468095	2514547	2596319	2667525	2727127	2796806	2863151
芙蓉区	313987	323035	334844	345817	359797	370498	381843
天心区	356518	369082	386443	401010	417866	422118	429104
岳麓区	314706	326408	353719	376124	386266	395385	416715
开福区	376771	381347	388545	395399	399750	410326	415841
雨花区	392160	407798	426222	444211	460967	488149	502593
望城区	713953	706877	706546	704964	702481	710330	717055
县(市)合计	3363799	3356386	3358273	3350099	3376717	3412442	3446807
长沙县	735402	735958	734198	734731	737560	745179	755524
浏阳市	1320593	1318343	1318611	1325928	1332120	1345410	1355160
宁乡县	1307804	1302085	1305464	1289440	1307037	1321853	1336123

16-2 续表

区县(市)	2007年	2008年	2009年	2010年	2011年	2012年
全　市	**6373561**	**6417367**	**6468350**	**6501248**	**6566185**	**6606166**
市区合计	2899802	2907423	2932712	2939662	2967851	2979005
芙蓉区	397760	408441	406271	406641	409726	408872
天心区	421136	412568	407537	400566	398395	396222
岳麓区	431013	617889	625527	627763	630265	626976
开福区	416085	411404	414841	419868	426620	433334
雨花区	521494	515499	537499	540510	550721	556458
望城区	712314	541622	541037	544314	552124	557143
县(市)合计	3473759	3509944	3535638	3561586	3598334	3627161
长沙县	764869	775815	781972	788566	803861	813395
浏阳市	1363979	1380303	1393501	1407104	1423524	1436248
宁乡县	1344911	1353826	1360165	1365916	1370949	1377518

16－3 历年分区县(市)年末常住人口

单位:人

区县(市)	2000 年	2001 年	2002 年	2003 年	2004 年	2005 年	2006 年
全　　市	**6138719**	**6200800**	**6268778**	**6283499**	**6290000**	**6393000**	**6465000**
市区合计	2809222	2893445	2951137	2983298	2989399	3058600	3106181
芙蓉区	390074	410289	417362	417794	419095	431600	440809
天心区	396827	428547	437439	442319	443619	448100	455086
岳麓区	409939	423318	438665	443720	444820	455300	464847
开福区	423645	433394	442120	454530	455530	467600	474851
雨花区	502388	524477	537598	546496	547796	570000	577828
望城区	686349	673420	677953	678439	678539	686000	692760
县(市)合计	3329497	3307355	3317641	3300201	3300601	3334400	3358819
长沙县	774707	763529	769660	770218	770318	778300	786069
浏阳市	1307572	1303121	1303096	1306304	1306404	1319400	1328470
宁乡县	1247218	1240705	1244885	1223679	1223879	1236700	1244280

16－3 续表

区县(市)	2007 年	2008 年	2009 年	2010 年	2011 年	2012 年
全　　市	**6529200**	**6585600**	**6642200**	**7040709**	**7090700**	**7146600**
市区合计	3186529	3201568	3247658	3615684	3650800	3676000
芙蓉区	447418	460403	460700	523989	528200	530600
天心区	460588	451650	452296	475196	479000	479300
岳麓区	482435	673884	694057	801720	811800	812200
开福区	484299	479420	484405	567140	572900	579700
雨花区	623601	617161	634000	723989	731300	740800
望城区	688188	519050	522200	523650	527600	533400
县(市)合计	3342671	3384032	3394542	3425025	3439900	3470600
长沙县	790656	803428	805249	979420	986700	998600
浏阳市	1310784	1329107	1333923	1279469	1284600	1285500
宁乡县	1241231	1251497	1255370	1166136	1168600	1186500

注:2010 年为人口普查以后的年报数,比以前年度数据有较大的增加。

16－4　区县(市)人口自然变动情况(2012年)

区县(市)	出生人口(人)	死亡人口(人)	自然增长人数(人)	出生率(‰)	死亡率(‰)	自然增长率(‰)
全　　市	**82741**	**42575**	**40166**	**12.56**	**6.46**	**6.10**
市区合计	37146	15854	21292	12.49	5.33	7.16
芙蓉区	4086	1329	2757	9.98	3.25	6.74
天心区	4072	1581	2491	10.25	3.98	6.27
岳麓区	8755	3156	5599	14.29	5.07	9.22
开福区	5363	2677	2686	12.47	6.23	6.25
雨花区	6750	1671	5079	12.19	3.02	9.17
望城区	8120	5440	2680	14.23	10.05	4.18
县(市)合计	45595	26721	18874	12.62	7.40	5.22
长沙县	12247	8100	4147	15.15	10.02	5.13
浏阳市	18637	8277	10360	13.03	5.79	7.25
宁乡县	14711	10344	4367	10.70	7.53	3.18

16－5　区县(市)人口机械增长情况(2012年)

区县(市)	迁入人数(人)	迁出人数(人)	机械增长人数(人)	机械增长率(‰)	自然、机械净增人数(人)	净增率(‰)
全　　市	**94045**	**71875**	**22170**	**3.37**	**62336**	**9.46**
市区合计	76164	62274	13890	4.67	35182	11.83
芙蓉区	12074	9620	2454	6.00	5211	12.73
天心区	11743	14561	－2818	－7.09	－327	－0.82
岳麓区	18376	22211	－3835	－5.80	2262	3.42
开福区	10085	2424	7661	17.82	10347	24.06
雨花区	19819	12271	7548	13.63	12627	22.81
望城区	4067	1187	2880	5.52	5062	9.69
县(市)合计	17881	9601	8280	2.29	27154	7.52
长沙县	7950	2791	5159	6.38	9306	11.51
浏阳市	5267	3420	1847	1.29	12207	8.54
宁乡县	4664	3390	1274	0.93	5641	4.10

16－6　区县(市)地区生产总值(2012年)

单位:万元

指　　标	芙蓉区	天心区	岳麓区	开福区	雨花区	望城区	长沙县	浏阳市	宁乡县
地区生产总值	7980312	5280614	6316135	5321691	11688433	3748847	8800904	8111256	7324953
第一产业	13440	12365	176613	45550	22730	297037	590544	716403	848464
第二产业	1446010	2196651	3717980	1352201	7298207	2767762	6375254	5753749	5017349
工业	1059732	1396027	3223016	790194	6520185	2226827	5573441	5212638	4517331
建筑业	386278	800624	494964	562007	778022	540935	801813	541111	500018
第三产业	6520862	3071598	2421542	3923940	4367496	684048	1835105	1641104	1459140
交通运输、仓储和邮政业	745007	72709	105042	229781	163935	62706	279561	192703	111795
批发和零售业	1768491	621458	232880	772022	812651	70728	252067	360474	235132
住宿和餐饮业	343309	258131	132874	233599	232061	71535	131739	170355	178043
金融业	884053	275283	139507	437484	391306	31617	101561	96093	66932
房地产业	185073	156412	297771	275569	298916	136781	292038	192889	236450
营利性服务业	1398140	1195223	375787	1335456	1159527	43170	310548	208675	216456
非营利性服务业	1196789	492383	1137681	640028	1309100	267512	467592	419915	414330

16－7　区县(市)地区生产总值增长速度(2012年)

单位:%

指　　标	芙蓉区	天心区	岳麓区	开福区	雨花区	望城区	长沙县	浏阳市	宁乡县
地区生产总值	12.8	12.6	14.7	11.2	13.0	13.6	11.0	14.4	14.0
第一产业	-22.4	-10.1	0.9	-2.3	-15.7	5.1	5.2	5.2	5.0
第二产业	16.6	16.2	17.0	8.6	13.6	14.6	10.9	16.3	16.2
工业	19.8	20.1	18.9	10.6	14.2	16.2	11.1	17.2	17.1
建筑业	9.1	9.7	6.0	6.3	8.7	8.9	9.1	8.0	8.3
第三产业	12.0	10.2	12.5	12.2	12.3	13.3	13.0	11.8	11.5
交通运输、仓储和邮政业	12.8	12.5	12.5	12.5	12.5	12.5	12.5	12.5	12.5
批发和零售业	6.0	8.2	6.6	11.9	10.1	11.0	5.5	14.4	11.8
住宿和餐饮业	8.2	8.5	8.0	6.8	8.6	8.7	9.1	8.5	9.1
金融业	12.1	11.6	11.6	11.6	11.6	11.6	17.3	11.6	13.6
房地产业	-4.4	0.8	9.6	-1.7	0.9	12.4	7.8	4.8	-0.6
营利性服务业	19.1	11.1	13.6	17.2	16.3	18.3	18.5	17.1	21.2
非营利性服务业	17.4	13.4	15.0	11.6	14.0	15.4	17.7	11.3	15.4

16-8 区县(市)规模以上工业企业主要经济指标(2012年)

单位:万元

区县(市)	资产	负债	主营业务收入	利润	利税	增加值
全　　市	**58250722**	**32693115**	**68645424**	**6084527**	**13531182**	**23098396**
芙蓉区	962619	393041	3053814	164275	274214	694547
天心区	6822661	5604421	3842239	220891	455511	996249
岳麓区	11670609	6184409	10806399	1070859	1495887	3019306
开福区	1228871	629575	1408190	97515	159334	362556
雨花区	8555247	2890082	9224590	1170492	6309055	6400405
望城区	3635242	2223245	5095670	305253	434601	1353659
长沙县	18390894	11802758	14596292	1200185	1636449	4325877
浏阳市	3352744	1656970	9463991	838985	1190993	2945699
宁乡县	3631835	1308614	11154240	1016073	1575140	3000098

16-9 区县(市)单位GDP能耗

单位:吨标准煤/万元

区县(市)	2005年	2006年	2007年	2008年	2009年	2010年	2011年	2012年
全　　市	**1.03**	**0.990**	**0.944**	**0.886**	**0.846**	**0.826**	**0.640**	**0.601**
芙蓉区	1.01	0.966	0.920	0.862	0.814	0.800	0.679	0.644
天心区	0.98	0.938	0.891	0.835	0.796	0.779	0.610	0.576
岳麓区	0.90	0.852	0.804	0.755	0.722	0.707	0.501	0.469
开福区	0.96	0.906	0.860	0.808	0.771	0.759	0.647	0.612
雨花区	0.75	0.735	0.693	0.651	0.620	0.600	0.521	0.495
望城区	1.18	1.115	1.066	1.000	0.954	0.943	0.860	0.793
长沙县	1.16	1.103	1.055	0.988	0.942	0.912	0.687	0.645
浏阳市	1.19	1.134	1.086	1.023	0.967	0.945	0.628	0.589
宁乡县	1.37	1.310	1.251	1.169	1.117	1.077	0.707	0.662

16-10 区县(市)单位GDP电耗

单位:千瓦时/万元

区县(市)	2005年	2006年	2007年	2008年	2009年	2010年	2011年	2012年
全　　市	**621.3**	**608.0**	**580.9**	**549.1**	**481.3**	**474.0**	**383.1**	**377.4**
芙蓉区	581.0	523.6	469.0	424.3	404.0	394.3	338.7	363.5
天心区	725.9	702.8	681.6	676.8	545.6	522.9	421.2	364.9
岳麓区	693.7	656.6	630.5	572.8	547.7	516.6	365.6	455.1
开福区	825.3	757.4	687.2	644.8	544.2	518.0	453.0	357.8
雨花区	478.0	492.1	453.9	483.3	411.0	404.8	346.6	350.9
望城区	587.9	691.5	642.9	617.9	531.6	523.0	532.3	565.9
长沙县	779.8	771.7	754.7	628.0	456.6	443.6	348.2	357.9
浏阳市	444.4	466.2	503.3	423.6	416.2	451.2	347.7	366.4
宁乡县	595.0	548.4	549.9	526.3	539.2	535.0	361.4	329.5

16-11 区县(市)固定资产投资主要指标完成情况(2012年)

单位:万元

区县(市)	合计	城镇固定资产投资	农村固定资产投资
全　　市	**40119564**	**37423204**	**2696360**
芙蓉区	2486765	2478595	8170
天心区	5704013	5050332	653681
岳麓区	4760994	4731055	29939
开福区	4076477	4063318	13159
雨花区	4324192	4317112	7080
望城区	3362352	2947837	414515
长沙县	4882911	4766213	116698
浏阳市	4359867	3627934	731933
宁乡县	4923422	4202237	721185

16－12 区县(市)财政收入(2012年)

单位:万元

指标	全市	市本级	芙蓉区	天心区
公共财政预算收入	4906482	2312537	301258	258640
税收收入	3367544	1525149	200501	164376
营业税	1243894	420041	128704	89278
国内增值税和消费税	2608850	731110	150480	132410
企业所得税	390218	244952	14622	13764
个人所得税	157569	109813	5918	5302
资源税	2170	226		
固定资产投资方向调节税				
城市维护建设税	310127	246728		
房产税	123215	41942	17867	8548
印花税	65943	22373	5628	4940
城镇土地使用税	89988	52671		
土地增值税	264841	78011	12714	19714
车船税	33931	27669		
船舶吨税				
车辆购置税				
关税				
耕地占用税	108322	2194		9589
契税	302925	205418		
烟叶税	13516			
其他税收收入				
非税收入	1538938	787388	100757	94264
专项收入	127034	87161		
行政事业性收费收入	771591	612288	3325	4018
罚没收入	72877	25209	1497	1492
国有资本经营收入	33657	21657		
国有资源(资产)有偿使用收入	446504	18782	86144	85695
其他收入	87275	22291	9791	3059
政府性基金预算收入合计	2827932	1783843	508	497

岳麓区	开福区	雨花区	望城区	长沙县	浏阳市	宁乡县
185786	267358	325146	228554	535004	247313	244886
140555	185455	258373	150338	374845	179079	188873
74032	115793	139812	52565	133966	39163	50540
45200	84200	140420	161410	746630	233710	183280
6970	18067	26220	3893	27406	18948	15376
3084	6771	7115	1625	5801	5072	7068
			143	36	345	1420
			8235	24859	22259	8046
3286	5998	17428	2774	12278	6269	6825
2299	3137	10320	1907	8147	4850	2342
			7842	14862	5039	9574
22054	20569	31580	14553	29631	15762	20253
			640	2150	1783	1689
24310	6700	11856	12102	11835	13297	16439
			27918	29211	18006	22372
					4915	8601
45231	81903	66773	78216	160159	68234	56013
			5181	18164	9707	6821
3365	2852	1634	26003	82822	15306	19978
1775	4770	1244	8916	4575	10763	12636
					12000	
39121	72990	43133	38116	46217	10723	5583
970	1291	20762		8381	9735	10995
114	235	660	380282	320299	103821	237673

16-13 区县(市)财政支出(2012年)

单位:万元

指标	全市	市本级	芙蓉区	天心区	岳麓区	开福区
公共财政预算支出	6246207	2389713	359008	324382	280887	358000
一般公共服务	955208	159292	88021	112814	80922	122283
科学技术	167458	104210	5917	5779	5538	6164
交通运输	161577	88921	930	573	858	2121
农林水事务	400387	68341	8656	2182	17017	22272
环境保护	184592	104397	1550	946	1768	1805
城乡社区事务	1354076	755570	119189	81858	43219	47272
文化体育与传媒	76739	31689	684	1215	1814	1541
教育支出	1166756	323452	82948	72113	67106	78451
医疗卫生支出	308218	74753	8105	8935	19089	12893
商业服务业等事务	126310	81186	234	5670	1453	4778
社会保障和就业	536018	198241	17395	16000	28038	37608
公共安全	344317	206653	8464	7148	7781	11905
外交支出						
其他支出	1419759	352300	104936	121963	87206	131190

16-13 续表

指标	雨花区	望城区	长沙县	浏阳市	宁乡县
公共财政预算支出	423670	380230	788551	460549	481217
一般公共服务	101614	54768	105602	59785	70107
科学技术	6147	7356	16205	4421	5721
交通运输	713	5431	33626	15661	12743
农林水事务	8050	59054	85275	61182	68358
环境保护	2203	11615	37971	10544	11793
城乡社区事务	129798	20685	102869	33078	20538
文化体育与传媒	4413	8728	11347	9085	6223
教育支出	96271	79887	166862	98204	101462
医疗卫生支出	13660	29601	50911	44309	45962
商业服务业等事务	1755	6984	5376	9432	9442
社会保障和就业	22189	41972	54783	57555	62237
公共安全	11409	21571	27416	18570	23400
外交支出					
其他支出	127062	87346	195910	98508	113338

16-14 区县(市)社会消费品零售总额(2012年)

单位:万元

指标	全市	芙蓉区	天心区	岳麓区	开福区
总计	**24547118**	**5026269**	**2925387**	**1769464**	**4308330**
按销售单位所在地分组					
城镇	23544457	4965738	2921930	1757541	4242093
# 城区	20799041	4897980	2921930	1757541	4100049
乡村	1002661	60531	3457	11923	66237
按行业分组					
批发零售业	21877371	4322099	2517726	1545179	3877555
限额以上	12244394	2400319	1518909	624591	1986174
限额以下	9632977	1921781	998818	920588	1891381
住宿餐饮业	2669747	704170	407661	224285	430775
限额以上	1178048	377497	287108	61384	163825
限额以下	1491699	326672	120553	162902	266951

16-14 续表

指标	雨花区	望城区	长沙县	浏阳市	宁乡县
总计	**4672149**	**547497**	**2195521**	**1580794**	**1521707**
按销售单位所在地分组					
城镇	4671393	418287	2084443	1323585	1159447
# 城区	4664931	168280	343235	1164747	780348
乡村	756	129210	111078	257209	362260
按行业分组					
批发零售业	4299694	484343	2118495	1387736	1324545
限额以上	2829936	170874	1942996	398367	372229
限额以下	1469758	313468	175499	989369	952316
住宿餐饮业	372455	63154	77026	193058	197163
限额以上	176863	14620	31477	34535	30740
限额以下	195592	48534	45550	158523	166422

17 全国三十五个直辖市、省会和副省级城市主要经济社会指标

全国三十五个城市主要经济社会指标(2012年)

单位:亿元

城市	地区生产总值				第一产业增加值			
	2012年	位次	比上年±%	位次	2012年	位次	比上年±%	位次
长沙	**6399.91**	**15**	**13.0**	**9**	**272.31**	**12**	**4.0**	**23**
郑州	5546.98	16	12.0	16	142.40	24	4.0	23
太原	2311.43	29	10.5	23	36.02	31	5.2	12
合肥	4164.30	23	13.6	6	229.00	16	5.4	9
武汉	8003.82	8	11.4	20	301.21	11	4.5	20
南昌	3000.52	25	12.5	11	147.19	23	4.6	19
石家庄	4500.20	19	10.4	25	452.20	3	3.6	26
南宁	2503.55	27	12.3	13	324.09	8	5.2	12
成都	8138.94	7	13.0	9	348.07	6	3.8	25
西安	4369.37	21	11.8	18	195.59	18	6.0	7
贵阳	1700.30	31	15.9	2	72.28	27	8.5	2
昆明	3011.14	24	14.1	4	159.16	21	6.4	5
兰州	1564.41	32	13.4	8	45.14	30	7.6	3
乌鲁木齐	2060.00	30	17.3	1	25.00	34	6.5	4
西宁	851.09	34	15.0	3	31.17	32	5.3	10
呼和浩特	2475.57	28	11.0	21	120.52	26	4.5	20
银川	1140.83	33	12.5	11	51.06	29	5.5	8
沈阳	6606.80	13	10.0	27	315.20	10	5.1	14
长春	4456.60	20	12.0	16	317.50	9	4.3	22
哈尔滨	4550.10	18	10.0	27	506.80	2	9.2	1
福州	4218.29	22	12.1	14	367.64	5	4.7	17
海口	820.58	35	9.4	31	57.74	28	6.2	6
南京	7201.57	11	11.7	19	184.64	19	4.9	16
杭州	7803.98	9	9.0	32	255.93	14	2.5	31
广州	13551.21	3	10.5	23	220.72	17	3.3	27
济南	4812.68	17	9.5	30	252.92	15	4.7	17
北京	17801.02	2	7.7	34	150.25	22	3.2	28
上海	20101.33	1	7.5	35	127.80	25	0.5	33
天津	12885.18	5	13.8	5	171.54	20	3.0	30
重庆	11459.00	6	13.6	6	940.01	1	5.3	10
大连	7002.80	12	10.3	26	451.40	4	5.1	14
青岛	7302.11	10	10.6	22	324.41	7	3.2	28
宁波	6524.70	14	7.8	33	269.97	13	1.6	32
深圳	12950.08	4	10.0	27	5.56	35	-18.2	35
厦门	2817.07	26	12.1	14	25.21	33	0.4	34

续表 1

单位:亿元

城市	第二产业增加值				第三产业增加值			
	2012 年	位次	比上年±%	位次	2012 年	位次	比上年±%	位次
长　沙	**3592.52**	**11**	**14.5**	**13**	**2535.08**	**16**	**12.0**	**9**
郑　州	3208.42	15	14.8	11	2196.15	19	8.4	34
太　原	1035.57	27	9.7	29	1239.84	27	11.3	17
合　肥	2303.90	17	15.4	8	1631.40	23	12.3	6
武　汉	3869.56	7	13.2	15	3833.05	10	10.0	28
南　昌	1735.85	23	13.6	14	1117.48	30	11.9	11
石家庄	2240.70	19	12.0	20	1807.30	22	10.0	28
南　宁	958.96	28	18.1	3	1220.50	28	9.6	30
成　都	3790.62	8	15.6	6	4000.26	7	11.5	16
西　安	1893.79	22	11.8	22	2279.99	18	12.2	8
贵　阳	717.32	32	18.8	1	910.70	31	14.1	3
昆　明	1378.48	25	16.1	4	1473.50	24	13.0	4
兰　州	744.70	31	12.2	18	774.57	32	14.8	2
乌鲁木齐	878.00	30	16.0	5	1157.00	29	18.6	1
西　宁	439.52	34	18.3	2	380.40	35	11.8	12
呼和浩特	902.30	29	12.1	19	1452.75	25	10.8	20
银　川	624.91	33	15.1	10	464.86	34	10.1	25
沈　阳	3389.10	14	11.4	24	2902.50	13	8.9	33
长　春	2291.50	18	13.1	16	1847.60	21	11.8	12
哈尔滨	1638.90	24	10.9	25	2404.40	17	9.4	31
福　州	1917.00	21	14.8	11	1933.65	20	10.6	21
海　口	201.66	35	10.3	27	561.17	33	9.4	31
南　京	3170.78	16	11.9	21	3846.15	9	11.8	12
杭　州	3626.88	10	8.5	31	3921.17	8	10.1	25
广　州	4713.16	5	9.9	28	8617.33	3	11.1	18
济　南	1938.14	20	9.2	30	2621.62	15	10.1	25
北　京	4058.31	6	7.5	32	13592.46	1	7.8	35
上　海	7912.77	1	3.1	35	12060.76	2	10.6	21
天　津	6663.68	2	15.2	9	6049.96	5	12.4	5
重　庆	6172.33	3	15.6	6	4346.66	6	12.0	9
大　连	3634.80	9	10.6	26	2916.70	12	10.6	21
青　岛	3402.23	13	11.5	23	3575.47	11	10.5	24
宁　波	3516.73	12	6.0	34	2738.00	14	10.9	19
深　圳	5737.64	4	7.3	33	7206.88	4	12.3	6
厦　门	1374.01	26	12.6	17	1417.85	26	11.7	15

续表 2

单位:亿元

城市	规模以上工业增加值				固定资产投资			
	2012 年	位次	比上年 ± %	位次	2012 年	位次	比上年 ± %	位次
长沙	**2309.62**	**10**	**16.8**	**6**	**4011.96**	**12**	**20.3**	**25**
郑州	2613.77	6	17.2	4	3561.00	18	22.7	18
太原	782.96	20	13.5	16	1320.63	29	28.9	9
合肥	1653.54	14	17.4	3	3803.04	14	19.7	28
武汉	2711.47	5	15.2	12	5031.25	8	20.0	27
南昌	967.26	18	14.8	15	2623.03	22	31.0	6
石家庄	1800.20	13	13.5	16	3673.30	17	21.4	21
南宁	633.67	23	22.0	2	2517.61	23	28.1	10
成都	2589.00	7	17.2	4	5890.10	4	17.7	31
西安	1144.29	16	13.0	18	4243.43	10	26.6	11
贵阳	480.23	25	22.1	1	2482.56	24	55.1	2
昆明	900.29	19	15.7	10	2345.91	25	25.1	14
兰州	538.15	24	11.5	21	1239.18	31	42.3	3
乌鲁木齐	750.00	21	15.5	11	1010.00	32	59.0	1
西宁	323.14	27	15.1	13	700.48	34	32.7	4
呼和浩特			11.0	23	1301.43	30	26.2	12
银川	430.00	26	16.0	9	918.73	33	25.2	13
沈阳	3304.70	4	11.0	23	5625.40	5	23.3	16
长春	1822.30	12	11.0	23	3172.90	20	30.4	7
哈尔滨	677.40	22	10.0	30	3950.00	13	31.1	5
福州	1436.38	15	15.1	13	3234.78	19	21.1	23
海口	126.47	28	9.3	31	510.38	35	29.2	8
南京	2571.98	8	11.1	22	4558.49	9	21.3	22
杭州	2393.59	9	10.9	27	3722.75	16	20.1	26
广州	4256.67	3	10.9	27	3758.39	15	10.1	33
济南			10.1	29	2186.08	27	20.4	24
北京			7.0	33	6462.81	3	9.3	34
上海	6446.14	1	2.9	35	5254.38	7	3.7	35
天津			16.1	8	8871.31	2	18.1	29
重庆			16.3	7	9380.00	1	22.9	17
大连			11.0	23	5624.40	6	23.5	15
青岛			11.6	20	4153.91	11	22.3	19
宁波	2132.50	11	5.0	34	2901.43	21	21.6	20
深圳	5091.42	2	7.3	32	2314.43	26	12.3	32
厦门	1072.57	17	12.5	19	1332.64	28	18.1	29

续表 3

单位:亿元

城市	社会消费品零售总额				公共财政预算收入			
	2012 年	位次	比上年 ± %	位次	2012 年	位次	比上年 ± %	位次
长沙	**2454.71**	**13**	**15.7**	**15**	**490.65**	**16**	**15.2**	**25**
郑州	2289.90	17	15.2	25	606.70	15	20.8	10
太原	1129.51	26	16.1	11	215.67	30	23.4	4
合肥	1293.62	24	16.7	9	389.50	19	15.1	27
武汉	3432.43	7	16.0	12	828.58	8	23.1	6
南昌	1116.54	27	18.4	3	240.02	28	28.3	2
石家庄	1894.80	21	15.6	17	272.27	25	23.1	6
南宁	1255.59	25	17.0	6	229.73	29	23.3	5
成都	3317.67	8	16.0	12	781.02	9	18.9	17
西安	2236.06	19	15.5	18	396.96	18	24.6	3
贵阳	683.19	32	16.9	8	241.20	27	28.9	1
昆明	1493.80	23	17.5	4	378.40	22	19.1	16
兰州	749.12	31	17.1	5	103.73	34	19.9	14
乌鲁木齐	834.00	30	20.0	1	252.01	26	22.2	8
西宁	317.46	34	17.0	6	122.71	32	20.4	12
呼和浩特	1022.25	28	14.9	29	178.60	31	18.0	21
银川	316.02	35	15.1	27	113.13	33	20.7	11
沈阳	2802.20	11	15.5	18	715.00	13	15.3	24
长春	1739.60	22	15.0	28	340.80	24	18.1	19
哈尔滨	2394.60	14	15.7	15	354.70	23	18.1	19
福州	2259.03	18	19.1	2	382.01	20	19.4	15
海口	436.26	33	12.7	32	73.17	35	20.1	13
南京	3080.58	9	15.4	23	733.02	11	15.4	23
杭州	2944.63	10	15.5	18	859.99	7	9.5	34
广州	5977.27	3	15.2	25	1102.25	6	12.5	30
济南	2323.60	16	14.9	29	380.82	21	17.0	22
北京	7702.82	1	11.6	33	3314.93	2	10.3	32
上海	7387.32	2	9.0	35	3743.71	1	9.2	35
天津	3921.43	6	15.5	18	1760.02	3	21.0	9
重庆	3961.19	5	16.0	12	1705.10	4	14.6	28
大连	2224.00	20	15.5	18	750.10	10	15.2	25
青岛	2564.50	12	14.9	29	670.20	14	18.4	18
宁波	2329.30	15	15.4	23	725.50	12	10.3	32
深圳	4008.78	4	16.5	10	1482.08	5	10.6	31
厦门	882.11	29	10.2	34	422.91	17	14.1	29

续表 4

单位:亿美元

城市	进出口总额(海关口径)				出口总额			
	2012 年	位次	比上年 ± %	位次	2012 年	位次	比上年 ± %	位次
长沙	**86.93**	**25**	**16.1**	**10**	**51.74**	**25**	**26.7**	**10**
郑州	358.30	14	124.0	1	202.60	15	110.3	2
太原	84.74	26	-0.6	26	42.42	26	21.1	13
合肥	176.42	18	43.3	5	136.28	16	74.3	4
武汉	203.54	16	-11.0	33	107.48	17	-8.3	31
南昌	82.87	27	5.2	19	64.66	21	14.4	15
石家庄	129.50	21	-8.7	31	73.40	19	3.6	23
南宁	41.47	31	65.2	4	25.17	30	51.5	6
成都	475.39	13	25.5	7	303.61	13	32.4	8
西安	130.14	20	3.3	23	72.99	20	25.3	11
贵阳	50.51	29	34.0	6	42.14	27	51.6	5
昆明	144.10	19	20.1	8	56.86	24	-13.9	33
兰州	33.94	32	83.4	2	26.92	29	123.8	1
乌鲁木齐	103.97	23	15.2	11	80.64	18	20.5	14
西宁	9.34	35	14.5	12	6.62	35	11.6	16
呼和浩特	17.01	33	-16.0	35	8.33	34	-18.6	35
银川	13.64	34	12.7	14	10.75	33	32.5	7
沈阳	127.50	22	20.1	8	59.70	22	23.6	12
长春	196.80	17	13.5	13	29.00	28	27.9	9
哈尔滨	53.30	28	4.2	21	18.60	31	-17.8	34
福州	311.33	15	-10.3	32	211.46	14	-12.3	32
海口	42.16	30	-0.7	27	17.98	32	6.2	21
南京	552.35	11	-3.7	30	319.01	12	3.4	25
杭州	616.80	10	-3.6	29	412.60	8	-0.6	28
广州	1171.31	4	0.8	24	589.12	5	4.3	22
济南	91.47	24	-12.1	34	57.20	23	-5.4	30
北京	4079.16	3	4.7	20	596.50	4	1.1	26
上海	4367.58	2	-0.2	25	2068.07	2	-1.4	29
天津	1156.23	5	11.8	16	483.14	6	8.6	19
重庆	532.04	12	82.2	3	385.71	10	94.5	3
大连	641.13	9	6.8	17	346.82	11	11.2	17
青岛	732.08	8	4.2	21	408.20	9	3.6	23
宁波	965.70	6	-1.6	28	614.50	3	1.0	27
深圳	4667.85	1	12.7	14	2713.70	1	10.5	18
厦门	744.91	7	6.2	18	454.02	7	6.5	20

续表 5

城市	实际使用外商直接投资(亿美元)				城镇居民人均可支配收入(元)			
	2012 年	位次	比上年 ± %	位次	2012 年	位次	比上年 ± %	位次
长　沙	**29.77**	**15**	**14.4**	**16**	**30288**	**12**	**14.5**	**4**
郑　州	34.30	14	10.6	23	25301	22	12.6	19
太　原	7.82	27	15.2	14	22587	27	12.1	25
合　肥	16.01	21	23.1	7	25434	21	13.2	12
武　汉	44.44	12	18.2	11	27061	18	14.0	5
南　昌	19.03	18	13.1	19	23602	23	13.8	7
石家庄	8.50	25	130.9	1	23038	24	12.2	23
南　宁	5.03	28	17.2	12	22561	28	12.8	16
成　都	85.90	5	31.1	3	27194	17	13.6	8
西　安	24.78	17	23.6	6	29982	13	15.4	3
贵　阳	4.74	29	70.1	2	21796	32	12.2	23
昆　明	15.88	22	24.7	5	25706	20	17.0	1
兰　州					18443	33	15.6	2
乌鲁木齐	1.93	31	21.0	8	18400	34	14.0	5
西　宁					17634	35	11.3	30
呼和浩特	0.19	33	-76.9	33	32646	9	13.1	14
银　川	1.46	32	-22.0	32	21900	31	12.4	21
沈　阳	58.00	7	5.5	26	26431	19	13.3	11
长　春	8.50	25	9.9	24	22970	25	12.1	25
哈尔滨	19.00	19	18.8	10	22499	29	12.3	22
福　州	13.39	23	4.8	28	29399	15	12.9	15
海　口	4.53	30	11.1	21	22331	30	13.2	12
南　京	41.30	13	15.8	13	36322	8	12.8	16
杭　州	49.61	9	5.1	27	37511	6	10.1	34
广　州	45.75	11	7.1	25	38054	3	11.4	29
济　南	12.20	24	10.9	22	32570	10	12.7	18
北　京	80.42	6	14.0	17	36469	7	10.8	33
上　海	151.85	1	20.5	9	40188	2	10.9	32
天　津	150.16	2	15.0	15	29626	14	10.1	34
重　庆	105.33	4	0.0	31	22968	26	13.4	9
大　连	123.50	3	12.2	20	27539	16	13.4	9
青　岛	46.00	10	27.8	4	32145	11	12.5	20
宁　波	28.53	16	1.5	30	37902	4	11.3	30
深　圳	52.29	8	13.7	18	40742	1	11.6	28
厦　门	17.75	20	2.8	29	37576	5	11.9	27

续表 6

城市	城镇居民人均消费性支出(元)				城市居民消费价格指数(%)	
	2012 年	位次	比上年 ± %	位次	2012 年	位次
长沙	**19460**	**16**	**9.4**	**22**	**102.3**	**29**
郑州	16779	24	14.9	4	102.7	18
太原	13970	32	6.6	32	102.1	33
合肥	18758	19	19.5	2	102.2	31
武汉	18813	18	9.8	17	102.8	13
南昌	16450	26	8.0	28	102.9	11
石家庄	13378	34	6.9	30	102.8	13
南宁	15292	30	10.5	13	102.9	11
成都	19054	17	7.1	29	103.0	8
西安	18016	20	9.5	21	102.8	13
贵阳	15718	29	9.9	16	102.6	23
昆明	16990	23	20.4	1	103.1	6
兰州	14110	31	14.2	6	102.4	27
乌鲁木齐	13785	33	17.3	3	103.4	1
西宁	12114	35	14.8	5	102.7	18
呼和浩特	21095	9	10.4	14	103.1	6
银川	16390	27	9.8	17	102.6	23
沈阳	20002	15	10.2	15	103.0	8
长春	17863	21	9.4	22	102.3	29
哈尔滨	17615	22	8.5	26	103.2	5
福州	20040	12	12.3	8	102.2	31
海口	15736	28	9.7	20	103.3	3
南京	23493	6	13.1	7	102.7	18
杭州	22800	8	0.7	35	102.5	26
广州	30490	1	9.8	17	103.0	8
济南	20032	13	11.0	10	102.4	27
北京	24046	5	9.4	22	103.3	3
上海	26253	3	4.6	34	102.8	13
天津	20024	14	8.7	25	102.7	18
重庆	16573	25	10.7	12	102.6	23
大连	20417	10	8.3	27	103.4	1
青岛	20391	11	5.7	33	102.7	18
宁波	23288	7	6.9	30	101.7	35
深圳	26728	2	11.0	10	102.8	13
厦门	24922	4	11.7	9	102.1	33

续表 7

城市	农民人均纯收入(元)				城乡居民储蓄存款余额(本外币)(亿元)			
	2012 年	位次	比上年±%	位次	2012 年	位次	比年初±%	位次
长　沙	**15763**	**7**	**17.6**	**5**	**3004.10**	**19**	**18.9**	**7**
郑　州	12531	13	13.4	20	3845.50	14	18.2	10
太　原	10079	22	13.4	20	3021.50	18	13.3	28
合　肥	9081	24	15.5	9	2065.57	24	22.3	2
武　汉	11190	20	14.0	16	4683.37	10	17.2	15
南　昌	9730	23	14.7	12	1853.57	26	15.6	18
石家庄	8993	26	15.0	10	3735.50	16	15.2	21
南　宁	6777	33	15.9	8	1863.80	25	17.9	12
成　都	11301	19	14.2	13	7060.00	6	18.8	8
西　安	11442	17	16.9	7	4787.03	9	15.2	21
贵　阳	8848	27	15.0	10	1498.20	30	19.8	4
昆　明	8200	29	18.0	4	2967.02	20	13.4	27
兰　州	6224	34	18.5	3	1743.18	27	17.8	13
乌鲁木齐	10356	21	22.8	1	1715.97	28	16.7	16
西　宁	7802	31	17.6	5	823.15	34	21.9	3
呼和浩特	11361	18	13.2	22	1243.27	31	18.0	11
银　川	8068	30	14.1	14	901.47	33	24.3	1
沈　阳	13045	12	12.7	27	4318.80	12	15.8	17
长　春	8570	28	12.1	29	2767.40	23	18.4	9
哈尔滨	11443	16	19.1	2	3381.20	17	15.6	18
福　州	11492	15	13.7	19	2929.92	21	15.3	20
海　口	9048	25	8.1	34	952.15	32	13.2	29
南　京	14786	8	12.8	25	4465.37	11	14.2	24
杭　州	17017	3	11.6	32	6022.00	8	9.7	34
广　州	16898	4	14.0	16	11310.69	3	12.7	31
济　南	11786	14	13.2	22	2888.70	22	19.0	6
北　京	16476	5	11.8	30	21644.94	1	13.2	29
上　海	17401	2	11.2	33	21512.01	2	13.7	26
天　津	13571	10	14.1	14	7055.38	7	15.2	21
重　庆	7383	32	13.9	18	8361.64	5	19.6	5
大　连	15990	6	12.5	28				
青　岛	13990	9	13.1	24	3758.00	15	17.5	14
宁　波	18475	1	11.8	30	4176.00	13	13.9	25
深　圳					8661.04	4	11.6	33
厦　门	13455	11	12.8	25	1680.19	29	12.1	32

注：1. 上海指标为农村居民人均可支配收入。

2. 深圳城乡一体化以后农村居民人均纯收入指标取消。

18 国民经济主要指标解释及计算方法

长沙统计年鉴

国民经济主要指标解释及计算方法

1. 总产出 是指常住单位在核算期内生产的货物和服务的价值总和。它是货物和服务的全部价值,包括转移价值和新增价值两部分。

2. 地区生产总值 是指按市场价格计算的一个地区所有常住单位在一定时期内生产活动的最终成果。

3. 三次产业 我国国民经济三次产业的划分如下:

第一产业 是指农、林、牧、渔业。

第二产业 是指工业和建筑业。

第三产业 除上述第一、二产业外的其他行业。

4. 增加值 增加值是指常住单位在生产过程中创造的新增价值和固定资产的转移价值。它反映本单位对社会所作的贡献,社会经济各部门(即第一、第二、第三产业)的增加值之和为地区生产总值。

5. 农林牧渔业总产值 是以货币表现的农林牧渔业的全部产品总量和对农林牧渔业生产活动进行的各种支持性服务活动的价值,它反映一定时期内农林牧渔业生产的总规模和总成果。

6. 农业机械总动力 是指主要用于农林牧渔业的各种动力机械的动力总和。包括耕作机械、排灌机械、收获机械、农产品加工机械、运输机械、植保机械、牧业机械、林业机械、渔业机械和其他农业机械。

7. 农用化肥施用量 指报告期内实际用于农业生产的化肥数量,包括氮肥、磷肥、钾肥及复合肥。施用量要求按实物量和折纯量两种方法计算。

8. 工业总产值 是以货币表现的工业企业生产的产品总量,反映一定时期工业生产的总成果和总规模。

9. 轻工业 指提供生活消费品和制作手工工具的工业,是为满足人们的吃、穿、用需要的工业,按其所使用的原料不同,可分为两大类:①以农产品为原料的轻工业,是指直接或间接以农产品为基本原料的轻工业;②以非农产品为原料的轻工业,是指以工业品为原料的轻工业。

10. 重工业 是指生产生产资料的工业,为国民经济各部门提供物质技术基础的工业。按其生产和产品用途,可以分为下列三类:①采掘工业,是指对自然资源的开采;②原材料工业,是指提供国民经济各部门使用的原料、动力和燃料的工业;③制造工业,是指对原材料进行加工制造的工业。

11. 能源消费总量 指一定时期内用于生产和生活的各种能源消费量的总和。包括原煤和原油及其制品、天然气、电力的消费量,可分为三部分,即终端能源消费量、能源加工转换量和损失量。它是观察能源消费水平、构成和增长速度的总量指标。

12. 单位 GDP 能耗 指在一定时期内,某地区每创造一万元生产总值(GDP)所耗用的各种能源的总和。目前国家考核的指标是以包含生产和生活的各种能源消费量的总和和形成的 GDP 之间的总量对比。

13. 单位规模工业增加值能耗 指在一定时期内,某地区规模以上工业企业每创造一万元工业增加值所耗用的各种能源的总和。

14. 货(客)运量 指运输业实际运送的货物(旅客)数量。货运按吨计算,客运按人计算。货物不论运输距离长短,货物类别,均按实际重量统计;旅客不论行程远近或票价多少,均按一人一次作为客运量统计。

15. 货物(旅客)周转量 指运输业运送的货物(旅客)数量与其相应运输距离的乘积之总和,通常以吨公里和人公里为计算单位。它是反映运输业生产总成果的重要指标。

16. 邮电业务总量 指以货币表现的邮电部门为用户传递信息和提供其他邮电服务的总量。它综合反映了一定时期邮电工作的总成果,是研究邮电业务量构成和发展趋势的重要指标。

17. 建筑业总产值 是以货币表现的建筑业企业在一定时期内生产的建筑业产品和服务的总和。建筑业总产值包括建筑工程产值、安装工程产值和其他产值三部分内容。

18. 固定资产投资额 是以货币表现的在一定期内建造和购置固定资产的工作量以及与此有关的费用的总和。它是反映固定资产投资规模、速度、比例关系的综合性指标。

19. 新增固定资产 是指已经完成建造和购置过程,并以交付生产或使用单位的固定资产价值。它是反映固定资产投资成果的价值量指标。

20. 房屋施工面积 指报告期内施工的全部房屋建筑面积。包括本期新开工的面积、上期跨入本期继续施工的房屋面积、上期停缓建在本期恢复施工的房屋面积、本期竣工的房屋面积以及本期施工后又停缓建的房屋面积。多层建筑应填各层建筑面积之和。

21. 房屋竣工面积 指在报告期内房屋建筑按照设计要求已全部完工,达到住人和使用条件,经验收鉴定合格或达到竣工验收标准,可正式移交使用的各栋房屋建筑面积的总和。

22. 固定资产交付使用率 又称固定资产动用系数,是指一定时期新增固定资产与同期完成投资额的比率。它是反映固定资产动用速度,衡量建设过程中宏观投资效果的综合指标。

23. 建设周期 是指报告期(年)所有正式施工项目全部建成平均需要的时间。它是从宏观角度反映建设速度的指标。

24. 房屋建筑面积竣工率 是指一定时期内房屋竣工面积与施工面积的比率。它是从房屋建筑施工速度的角度反映投资效果的指标。

25. 未完工程占用率 是指年末未完工程累计完成投资额占全年实际完成投资额的比率,是从资金占用的角度反映固定资产投资效果的指标。

26. 社会消费品零售总额 指各种经济类型的批发零售贸易业、餐饮业和其他行业对城乡居民和社会集团的消费品零售额总和。这个指标反映通过各种商品流通渠道向居民和社会集团供应的生活消费品来满足他们生活需要,是研究人民生活、社会消费品购买力、货币流通等问题的重要指标。居民的消费品零售额:指销售给城乡居民用于生活消费的商品。社会集团的消费品零售额:指销售给机关、团体、部队、学校企业、事业单位和城市街道居民委员会、农村村民委员会用公款购买的用作非生产、非经营使用的消费品。

27. 商品交易市场成交总额 指市场所有摊位商品交易总额之和。

28. 旅游收入 游客(入境游客和国内游客)在旅游过程中(由游客或游客的代表为游客)支付的一切旅游支出就是国家(省、区、市)的旅游收入。旅游支出应包括(过夜)旅游者和一日游游客在整个游程中行、游、住、食、购、娱,以及为亲友、家人购买纪念品、礼品等方面的旅游支出,不包括为商业目的购物、购买房、地、车、船等资本性或交易性的投资、馈赠亲友的现金及给公共机构的捐赠。旅游收入包括国际旅游(外汇)收入和国内旅游收入。

29. 国际旅游(外汇)收入 入境游客在中国(大陆)境内旅行、游览过程中用于交通、参观游览、住宿、餐饮、购物、娱乐等全部花费。

30. 国内旅游收入 指国内游客在国内旅行、游览过程中用于交通、参观游览、住宿、餐饮、购物、娱乐等全部花费。

31. 利用外资 指我国各级政府、部门、企业和其他经济组织通过对外借款、吸收外商直接投资以及用其他方式筹措的境外现汇、设备、技术等。

32. 外商直接投资 指外国企业和经济组织或个人(包括华侨、港澳台胞以及我国在境外注册的企业)按我国有关政策、法规,用现汇、实物、技术等在我国境内开办外商独资企业、与我国境内的企业或经济组织共同举办中外合资经营企业、合作经营企业或合作开发资源的投资(包括外商投资收益的再投资),以及经政府有关部门批准的项目投资总额内企业从境外借入的资金。

33. 外商直接投资实际到位资金 外商直接投资指外国投资者在我国境内通过设立外商投资企业、与中方投资者共同进行合作开发以及设立外国公司分支机构等方式进行投资,包括外国投资者以现金、实物、技术等作为投资,外商投资收益的再投资,以及在批准的项目投资总额内,企业从境外借入的资金。

34. 进出口总额 指实际进出我国国境的货物总金额。包括对外贸易实际进出口货物,来料加工装配进出口货物,国家间、联合国及国际组织无偿援助物资和赠送品,华侨、港澳台同胞和外籍华人捐赠品,租赁期满归承租人所有的租赁货物,进料加工进出口货物,边境地方贸易及边境地区小额贸易进出口货物(边民互市贸易除外),中外合资企业、中外合作经营企业、外商独资经营企业进出口货物和公用物品,到、离岸价格在规定限额以上的进出口货样和广告品(无商业价值、无使用价值和免费提供出口的除外),从保税仓库提取在中国境内销售的进口货物,以及其他进出口货物。进出口总额用以观察一个国家在对外贸易方面的总规模。我国规定出口货物按离岸价格统计,进口货物按到岸价格统计。

35. 居民消费价格指数 是综合反映居民所购买各种消费品和生活服务项目价格变动程度的重要经济指标。通常简记为 CPI。在居民消费价格指数中分为八大类,即食品、烟酒及用品、衣着、家庭设备用品及维修服务、医疗保健和个人用品、交通和通信、娱乐教育文化用品及服务、居住。

36. 商品零售价格指数 反映市场各种零售商品(不含服务项目)价格变动的指数。它包括销售给居民和社会集团的生活消费品和办公用品价格,还包括餐饮业商品价格。

37. 年末自来水生产能力 指年末城建部门管理的自来水厂和社会单位自备水源的取水、净水、送水、出厂输水干管等环节的实际生产能力。

38. 年末实有公共汽车(电车)辆 指年底可参加营运的全部车辆数,包括年底营运的车辆数和库存查封未参加营运的车辆,不包括非营运车辆,如架线车、油灌车、工程车、货车及其他专用车辆和借入的客运车辆。

39. 城市园林绿地面积 指城市专用绿地、生产绿地、防护绿地、郊区风景名胜区等的全部面积。

40. 城市人口用自来水普及率、用气普及率 指城市人口中的非农业人口用自来水,用煤气(包括人工煤气、液化石油气、天然气用气人口)的普及情况。

41. 工业废水排放总量 指经过企业厂区所有排放口排到企业外部的工业废水量。包括生产废水、外排的直接冷却水、超标排放的矿井地下水、与工业废水混排的厂区生活污水。

42. 工业废气排放总量　指企业燃料燃烧和生产工艺过程中产生的各种排入空气的含有污染物的气体的总量，以标准状态下亿标立方米表示。

43. 工业粉尘排放量　指企业在生产工艺过程中排放的能在空气中悬浮一定时间的固体颗粒物重量。如钢铁企业的耐火材料粉尘、焦化企业的筛焦系统粉尘、烧结机的粉尘、石灰窑的粉尘、建材企业的水泥粉尘等。不包括电厂排入大气的烟尘。

44. 烟(粉)尘排放量　指调查年度企业在燃料燃烧和生产工艺过程中排入大气的烟尘及工业粉尘的总质量之和。烟尘或工业粉尘排放量可以通过除尘系统的排风量和除尘设备出口烟尘浓度相乘求得。

45. 工业固体废物产生量　指企业在生产过程中产生的固体状、半固体状和高浓度液体状废弃物的总量，包括危险废物、冶炼废渣、粉煤灰、炉渣、煤矸石、尾矿、放射性废物和其他废物等；不包括矿山开采的剥离废石和掘进废石（煤矸石和呈酸性或碱性的废石除外）。

46. 工业固体废物综合利用量　指通过回收、加工、循环、交换等方式，从固体废物中提取或者使其转化为可以利用的资源、能源和其他原材料的固体废物量（包括当年利用往年的工业固体废物累计贮存量）。如用作农业肥料、生产建筑材料、筑路等。综合利用量由原产生固体废物的单位统计。

47. 艺术表演团体　指从事戏曲、音乐、舞蹈、杂技等专业艺术表演的，有独立帐户，实行单独核算的团体。不包括半工半艺、半农半艺的业余剧团。

48. 等级运动员人数　指经考核正式批准授予等级运动员称号的人数。运动员等级分为国际级运动健将、国家级运动健将、一级运动员、二级运动员、三级运动员、少年级运动员。

49. 等级裁判员人数　指经考核正式批准授予等级裁判员称号的人数。裁判员等级分为国际裁判、国家级裁判、一级裁判、二级裁判、三级裁判。

50. 医院　指名称为医院，设有固定床位能收容病人住院并能为病人提供医疗、护理服务的医疗机构。包括综合医院、中医医院、中西医结合医院、民族医院、各类专科医院和护理院，不包括专科疾病防治院、妇幼保健院和疗养院。

51. 卫生技术人员　指卫生事业机构支付工资的全部固定职工和合同制职工中现任职务为卫生技术工作人员。包括执业医师、执业助理医师、注册护士、药师（士）、检验技师、影像技师（士）、卫生监督员和见习医（药、护、技）师（士）等卫生专业人员。不包括从事管理工作的卫生技术人员（如院长、副院长、党委书记等）。

52. 执业医师和执业助理医师　指具有医师执业证书及其“级别”为“执业医师和执业助理医师”且实际从事医疗、预防保健工作的人员，不包括实际从事管理工作的执业医师和执业助理医师。执业医师类别分为临床、中医、口腔和公共卫生。

53. 劳动力资源总数　指在劳动年龄内，具有劳动能力，在正常情况下，可能或实际参加社会劳动的人口数。劳动力资源的范围为：劳动年龄内（16 周岁以上），有劳动能力，实际参加社会劳动和未参加社会劳动的人员。劳动力资源也可划分为：经济活动人口和非经济活动人口。

54. 经济活动人口　指在劳动年龄内，有劳动能力，参加或要求参加社会经济活动的人口，包括从业人员和失业人员。

55. 从业人员　指从事一定社会劳动并取得劳动报酬或经营收入的人员。

56. 失业人员　指在劳动年龄内，有劳动能力，在调查期间无工作并以某种方式正在寻找工作的人员。

57. 在岗职工　指在本单位工作并由单位支付工资的人员。以及有工作岗位，但由于学习、病伤、产假等原因暂未工作，仍由单位支付工资的人员。

58. 从业人员工资总额　指各单位在一定时期内直接支付给本单位全部从业人员的劳动报酬总额。包括计时工资、计件工资、奖金、津贴和补贴、加班加点工资、特殊情况下支付的工资，是在岗职工工资总额、劳务派遣人员工资总额和其他从业人员工资总额之和。

59. 城市居民人均可支配收入　是指居民家庭可用于最终消费支出和其他非义务性支出以及储蓄的总和，即居民家庭可以用来自由支配的收入。它是家庭总收入扣除交纳的所得税、个人交纳的社会保障支出以及调查户的记帐补贴后的收入。

计算公式为：可支配收入 = 家庭总收入 - 交纳的所得税 - 个人交纳的社会保障支出 - 记帐补贴

60. 城市居民人均消费性支出　指家庭用于日常生活的全部支出，包括食品、衣着、家庭设备用品及服务、医疗保健、交通和通讯、娱乐教育文化服务、居住、杂项商品和服务八大类。

61. 农村居民人均纯收入　指农村住户当年从各个来源得到的总收入相应地扣除所发生的费用后的收入总和。纯收入主要用于再生产投入和当年生活消费支出，也可用于储蓄和各种非义务性支出。

计算方法:纯收入＝总收入－家庭经营费用支出－税费支出－生产性固定资产折旧－赠送农村外部亲友支出

62. 农村居民人均可支配收入 指农村住户获得的经过初次分配与再分配后的收入。可支配收入可用于住户的最终消费、非义务性支出以及储蓄。

计算方法:

农村住户可支配收入＝农村住户总收入－家庭经营费用支出－税费支出－生产性固定资产折旧－财产性支出－转移性支出

63. 城乡居民储蓄存款年末余额 包括城镇居民储蓄和农民个人储蓄两部分的年末余额。不包括工矿企业、部队、机关团体等集团存款。

64. 服务业 即为社会生产和人们生活提供服务的行业。按新国民经济行业分类的服务业包括农林牧渔服务业,交通运输、仓储和邮政业,信息传输、软件和信息技术服务业,批发和零售业,住宿和餐饮业,金融业,房地产业,租赁和商务服务业,科学研究和技术服务业,水利、环境和公共设施管理业,居民服务、修理和其他服务业,教育,卫生和社会工作,文化、体育和娱乐业,公共管理社会保障和社会组织,国际组织,即第三产业加上第一产业中的农林牧渔服务业。

65. 当年价格 指报告期的实际价格,如工厂的出厂价格,农产品的收购价格、商业的零售价格等。按当年价格计算,是指一些以货币表现的物量指标,如工农业总产值、国民生产总值等,按照当年的实际价格来计算总量。

66. 不变价格 用某一时期的同类产品的平均价格作为固定价格,来计算各个时期的产品价值。目的是为了消除各时期价格变动的影响,使产品价值在前后时期之间、地区之间、计划与实际之间具有可比性,建国以来我国分别使用了1952年、1957年、1970年、1980年、1990年、2000年不变价格。

67. 可比价格 指在不同时期的价值指标对比时,扣除了价格变动的因素,以确切表示物量的变化。

68. 平均每年增长速度 在我国计算平均增长速度有两种方法,一种是习惯上经常使用的“水平法”,又称几何平均法,是以间隔期最后一年的水平同基期水平对比来计算平均每年增长(或下降)速度。另一种是“累计法”,又称代数平均法或方程法,是以间隔期内各年水平的总和同基期水平对比来计算平均每年增长(或下降)速度。

公式为:平均增长速度＝期次最后一期水平/基期水平×100%－100%

排 名 榜 (2012)

一、工业30强

(按主营业务收入排序)

排　位	企　业　名　称
1	中联重科股份有限公司
2	三一集团有限公司
3	湖南中烟工业有限责任公司
4	蓝思科技股份有限公司
5	湖南晟通科技集团有限公司
6	湖南金龙国际铜业有限公司
7	湖南红太阳新能源科技有限公司
8	博世汽车部件(长沙)有限公司
9	北汽福田汽车股份有限公司长沙汽车厂
10	长沙新振升集团有限公司
11	远大空调有限公司
12	山河智能装备股份有限公司
13	金杯电工股份有限公司
14	威胜集团有限公司
15	湖南湘江涂料集团有限公司
16	湖南华电长沙发电有限公司
17	湖南旺旺食品集团公司
18	湖南金龙电缆有限公司
19	广汽菲亚特汽车有限公司
20	中国铁建重工集团有限公司
21	加加食品集团股份有限公司
22	湖南海利高新技术产业集团有限公司
23	永清环保股份有限公司
24	广汽三菱汽车股份有限公司
25	恒天九五重工有限公司
26	长城信息产业股份有限公司
27	湖南同心实业有限责任公司
28	湖南稀土新能源材料有限责任公司
29	湖南梦洁家纺股份有限公司
30	湖南丽臣实业股份有限公司

二、工业利税大户

(一)利税过500亿元企业

湖南中烟工业有限责任公司

(二)利税过100亿元企业

中联重科股份有限公司
三一集团有限公司

(三)利税过10亿元企业

蓝思科技(湖南)有限公司
远大空调有限公司

(四)利税过亿元企业

湖南晟通科技集团有限公司
博世汽车部件(长沙)有限公司
湖南旺旺食品集团有限公司
中国铁建重工集团有限公司
长沙娃哈哈有限公司
湖南金龙国际铜业有限公司
加加食品集团股份有限公司
九芝堂股份有限公司
湖南金沙利彩色印刷有限公司
威胜集团有限公司
北汽福田汽车股份有限公司长沙汽车厂
长沙远大住宅工业有限公司
山河智能装备股份有限公司
湖南隆平种业有限公司
中冶长天国际工程有限责任公司
长沙新奥燃气有限公司
长沙三诺生物传感技术有限公司
湖南梦洁家纺股份有限公司
湖南湘江涂料集团有限公司
长沙市燃气实业有限公司
湖南华电长沙发电有限公司
楚天科技股份有限公司
湖南湘能电力股份有限公司
中国电子科技集团公司第四十八研究所
湖南浏阳南方水泥有限公司
湖南东方时装有限公司
长城信息产业股份有限公司
湖南宁乡南方水泥有限公司
长沙新奥燃气发展有限公司
金杯电工股份有限公司
湖南省忘不了服饰有限公司
长缆电工科技股份有限公司
湖南尔康制药股份有限公司
湖南省浏阳金生花炮有限公司
湖南泰尔制药股份有限公司
湘北威尔曼制药股份有限公司
湖南千山制药机械股份有限公司
长沙威胜信息技术有限公司
湖南丽臣实业股份有限公司
长沙水业投资管理有限公司
湖南中大创远数控装备有限公司
长沙开元仪器股份有限公司
湖南创业电力高科技股份有限公司
湖南方盛制药股份有限公司
湖南迪诺制药有限公司

三、建筑业总产值前50名企业

位次	单　位　名　称	位次	单　位　名　称
1	中国建筑第五工程局有限公司	26	湖南麟辉建设集团有限公司
2	中建五局第三建设有限公司	27	中建五局工业设备安装有限公司
3	湖南省第六工程有限公司	28	湖南省西城建设有限公司
4	湖南省建筑工程集团总公司	29	湖南省西湖建筑集团有限公司
5	中国水利水电第八工程局有限公司	30	湖南东方红建设集团有限公司
6	湖南路桥建设集团公司	31	湖南广福建筑股份有限公司
7	中建五局土木工程有限公司	32	湖南园艺建筑有限公司
8	中铁五局集团第一工程有限责任公司	33	湖南岳麓山建设集团有限公司
9	二十三冶建设集团有限公司	34	湖南环达公路桥梁建设总公司
10	湖南望城建设(集团)有限公司	35	湖南格塘建筑工程有限公司
11	湖南望新建设集团股份有限公司	36	湖南省送变电工程公司
12	湖南北山建设集团股份有限公司	37	长沙市红星建筑工程有限公司
13	湖南高岭建设集团股份有限公司	38	湖南长沙榔梨建筑工程有限公司
14	湖南中格建设集团有限公司	39	湖南华侨建设开发集团有限公司
15	湖南省第二工程有限公司	40	湖南捞刀河建设集团有限公司
16	湖南对外建设集团有限公司	41	湖南金沙路桥建设有限公司
17	湖南星大建设集团股份有限公司	42	中铁二十五局集团第三工程有限公司
18	湖南长大建设集团股份有限公司	43	湖南省长沙湘华建筑工程有限公司
19	长沙市建设工程集团有限公司	44	湖南奉天建设有限公司
20	湖南省沙坪建筑有限公司	45	长沙桐木建设股份有限公司
21	湖南顺天建设集团有限公司	46	湖南创高建设有限公司
22	中南市政建设集团股份有限公司	47	湖南尚上公路桥梁建设有限公司
23	中铁十二局集团第七工程有限公司	48	湖南楚湘建设工程有限公司
24	中航建筑工程有限公司	49	湖南长沙坪塘建设(集团)有限公司
25	湖南黄花建设集团股份有限公司	50	中铁建电气化局集团第四工程有限公司

四、房地产投资额前50名企业

位次	单 位 名 称	位次	单 位 名 称
1	长沙北辰房地产开发有限公司	26	湖南东润房地产开发有限责任公司
2	九龙仓(长沙)置业有限公司	27	湖南金麓房地产开发有限公司
3	长沙中建梅溪房地产开发有限公司	28	湖南省大德房地产开发有限公司
4	长沙开福万达广场投资有限公司	29	长沙宝瑞房地产开发有限公司
5	长沙中海兴业房地产有限公司	30	长沙融科智地房地产开发有限公司
6	湖南湘水雅境房地产开发有限公司	31	湖南德思勤投资有限公司
7	华润置地(湖南)发展有限公司	32	湖南丽星房地产开发有限公司
8	长沙复地房地产开发有限公司	33	湖南运达房地产开发有限公司
9	湖南保利房地产开发有限公司	34	湖南省源城置业有限公司
10	长沙奥克斯广场置业有限公司	35	长沙市领域房地产开发有限公司
11	湖南湘水雅境房地产开发有限公司	36	长沙凯通置业有限公司
12	长沙新城万博置业有限公司	37	浏阳金碧置业有限公司
13	长沙方兴盛荣置业有限公司	38	长沙盛和房地产开发有限公司
14	五矿建设(湖南)嘉和日盛房地产开发有限公司	39	湖南佳兆业房地产开发有限公司
15	长沙南山新城房地产有限公司	40	长沙旭海房地产开发有限公司
16	湖南金光华海赋房地产开发有限公司	41	长沙汉青房地产开发有限公司
17	湖南湘电房地产开发有限公司	42	通用地产长沙有限公司
18	湖南华驰置业有限公司	43	湖南富基置业有限公司
19	绿地地产集团长沙置业有限公司	44	长沙市柏宁房地产开发有限公司
20	长沙橘韵投资有限公司	45	湖南省山水投资置业有限公司
21	湖南省中信控股有限公司	46	长沙港湾置业有限公司
22	长沙南湖广场置业有限公司	47	湖南中建信和芙蓉置业有限公司
23	湖南省黑金时代房地产开发有限公司	48	浏阳碧桂园房地产开发有限公司
24	华润置地(湖南)有限公司	49	湖南勤诚达地产有限公司
25	湖南发展高新置业有限公司	50	湖南中锴置业有限公司

五、高新技术产品产值前50名企业

位次	企业名称	位次	企业名称
1	中联重科股份有限公司	26	湖南同心实业有限责任公司
2	三一集团有限公司	27	湖南海利高新技术产业集团有限公司
3	蓝思科技股份有限公司	28	袁隆平农业高科技股份有限公司
4	湖南晟通科技集团有限公司铝箔分公司	29	湖南雅城新材料发展有限公司
5	湖南红太阳新能源科技有限公司	30	湖南梦洁家纺股份有限公司
6	中建五局第三建设有限公司	31	恒天九五重工有限公司
7	北汽福田汽车股份有限公司长沙汽车厂	32	湖南省茶业有限公司
8	湖南山河智能机械股份有限公司	33	湖南五强产业集团股份有限公司
9	快乐购物有限责任公司	34	长沙海大铝业有限公司
10	国药控股湖南有限公司	35	湖南松井新材料有限公司
11	威胜集团有限公司	36	澳优乳业(中国)有限公司
12	金杯电工股份有限公司	37	绿之韵生物工程集团有限公司
13	远大空调设备有限公司	38	湖南东方时装有限公司
14	长沙双鹤医药有限责任公司	39	长城信息产业股份有限公司
15	湖南经阁投资控股集团有限公司	40	长沙隆泰微波热工有限公司
16	中冶长天国际工程有限责任公司	41	湖南锦峰钢结构工程有限公司
17	中国水电顾问集团中南勘测设计研究院	42	湖南利洁生物化工有限公司
18	中国铁建重工集团有限公司	43	湖南华纳大药厂有限公司
19	湖南金龙电缆有限公司	44	湖南省忘不了服饰有限公司
20	湖南湘江涂料集团有限公司	45	广汽长丰汽车股份有限公司
21	长沙新奥燃气有限公司	46	湖南尔康制药股份有限公司
22	湖南星电实业集团股份有限公司	47	湖南泰尔制药股份有限公司
23	中建五局工业设备安装有限公司	48	长沙拜特生物科技研究所有限公司
24	湖南永清机械制造有限公司	49	湖南康源制药有限公司
25	中铁十二局集团第七工程有限公司	50	湘北威尔曼制药股份有限公司

六、销售额前20名批发企业

位次	企　业　名　称
1	南方建材股份有限公司
2	湖南有色国贸有限公司
3	湖南省烟草公司长沙市公司
4	湖南大唐燃料开发有限责任公司
5	湖南萍钢工贸有限公司
6	湖南晟通贸易有限公司
7	湖南省茶业有限公司
8	长沙双鹤医药有限责任公司
9	湖南粮食集团有限责任公司
10	湖南博长钢铁贸易有限公司
11	湖南省新华书店有限责任公司
12	湖南新华联国际石油贸易有限公司
13	湖南晟通营销有限公司
14	湖南陆地石油有限责任公司
15	湖南湘钢工贸有限公司
16	湖南时代阳光医药有限公司
17	湖南全洲医药消费品供应链有限公司
18	湖南盛世欣兴格力贸易有限公司
19	湖南盐业股份有限公司
20	湖南铭伦石油化工有限公司

七、零售额前20名零售企业

位次	企　业　名　称
1	中国石油化工股份有限公司湖南长沙石油分公司
2	湖南友谊阿波罗商业股份有限公司
3	长沙通程实业(集团)有限公司
4	快乐购物有限责任公司
5	中国石油天然气股份有限公司湖南长沙销售分公司
6	中国石油化工股份有限公司湖南石油销售分公司
7	平和堂(中国)有限公司
8	国药控股湖南有限公司
9	湖南家润多超市有限公司
10	湖南博瑞新特药有限公司
11	长沙王府井百货有限责任公司
12	长沙步步高商业连锁有限责任公司
13	湖南省瑞格医药有限公司
14	湖南中汽南方汽车销售服务有限公司
15	湖南仁孚海润汽车销售服务有限公司
16	湖南新一佳商业投资有限公司
17	湖南汽车城永通有限公司
18	长沙瑞宝汽车销售服务有限公司
19	湖南世茂汽车销售服务有限公司
20	湖南苏宁电器有限公司

八、营业额前20名住宿企业

位次	企业名称
1	湖南运达酒店管理有限公司
2	湖南华雅国际大酒店有限公司
3	华天酒店集团股份有限公司
4	湖南国际金融大厦有限公司（潇湘华天大酒店）
5	湖南芙蓉国酒店管理有限公司
6	湖南小天鹅戴斯酒店管理有限公司
7	长沙通程国际广场置业发展有限公司
8	长沙世纪金源大饭店有限公司
9	湖南富丽华大酒店
10	湖南圣爵菲斯投资有限公司
11	长沙神农酒店管理有限公司
12	长沙明城国际大酒店有限责任公司
13	湖南湘投金源大酒店有限公司
14	中国长沙蓉园宾馆
15	长沙通程龙腾投资发展有限公司通程温泉大酒店
16	湖南宾馆
17	长沙融程花园酒店有限公司
18	湖南芙蓉华天大酒店
19	普瑞温泉酒店有限责任公司
20	湖南枫林宾馆

九、营业额前20名餐饮企业

位次	企　业　名　称
1	长沙肯德基有限公司
2	湖南麦当劳(餐厅食品)有限公司
3	湖南省徐记餐饮有限公司
4	长沙饮食集团长沙火宫殿有限公司
5	湖南金太阳大酒店有限公司
6	长沙新长福餐饮管理有限公司
7	长沙金牛角王中西餐厅有限公司
8	浏阳市银天大酒店有限公司
9	湖南餐谋天下餐饮管理有限公司
10	长沙长福餐饮服务有限公司
11	湖南大碗厨餐饮管理有限公司
12	湖南紫龙湾温泉度假有限公司
13	长沙饮食集团长沙玉楼东有限公司
14	浏阳华天酒店有限公司
15	长沙新怡园餐饮娱乐管理有限公司
16	浏阳市神农山庄酒店管理有限公司
17	长沙映日银山徐记酒店有限责任公司
18	湖南筷乐潇湘餐饮管理有限公司
19	长沙金牛角王餐饮服务有限公司
20	长沙市全家园实业有限公司

十、经济社会发展综合实力十强乡镇街道

序号	单　位　名　称
1	长沙县星沙街道
2	长沙县湘龙街道
3	宁乡县玉潭镇
4	开福区捞刀河镇
5	长沙县泉塘街道
6	宁乡县白马桥乡
7	浏阳市集里街道
8	芙蓉区定王台街道
9	雨花区左家塘街道
10	岳麓区岳麓街道

十一、经济社会发展十快乡镇街道

序号	单　位　名　称
1	望城区乌山镇
2	宁乡县城郊乡
3	长沙县黄兴镇
4	望城区新康乡
5	宁乡县金洲镇
6	长沙县高桥镇
7	宁乡县南田坪乡
8	岳麓区银盆岭街道
9	芙蓉区火星街道
10	天心区桂花坪街道